Petra Rechenberg-Winter / Esther Fischinger

Kursbuch
systemische Trauerbegleitung

Mit 14 Abbildungen und einer Tabelle

Vandenhoeck & Ruprecht

Download-Material unter:
http://www.vandenhoeck-ruprecht-verlage.com/
kursbuch-systemische-trauerbegleitung
Code: anaqov

Bibliografische Information der Deutschen Nationalbibliothek:
Die Deutsche Nationalbibliothek verzeichnet diese Publikation in der
Deutschen Nationalbibliografie; detaillierte bibliografische Daten sind
im Internet über http://dnb.de abrufbar.

3., vollständig überarbeitete und erweiterte Auflage 2018

© 2018, 2010, 2008, Vandenhoeck & Ruprecht GmbH & Co. KG,
Theaterstraße 13, D-37073 Göttingen
Alle Rechte vorbehalten. Das Werk und seine Teile sind urheberrechtlich
geschützt. Jede Verwertung in anderen als den gesetzlich zugelassenen Fällen
bedarf der vorherigen schriftlichen Einwilligung des Verlages.

Satz: SchwabScantechnik, Göttingen
Druck und Bindung: ⊕ Hubert & Co. BuchPartner, Göttingen
Printed in the EU

Vandenhoeck & Ruprecht Verlage | www.vandenhoeck-ruprecht-verlage.com

ISBN 978-3-525-40651-9

Keines bleibt in derselben Gestalt,
und Veränderungen liebend schafft die Natur stets neu aus anderen Formen,
und in der Weite der Welt geht nichts, das glaubt mir, verloren.

Ovid, Metamorphosen

Inhalt

Vorwort zur dritten, vollständig überarbeiteten und erweiterten Auflage   11

1 Konzeptidee Kursbuch 13
    1.1 Anliegen 13
    1.2 Systemische Einbindung 14
    1.3 Aufbau 15

2 Einführung in systemisches Arbeiten und Trauererleben 17
    2.1 Zum Verständnis von System 17
        2.1.1 Entwicklung des systemischen Weltbilds –
            ein kurzer Überblick 17
        2.1.2 Systembetrachtung 20
        2.1.3 Systemaspekte 27
    2.2 Zum Verständnis von Trauer 32
        2.2.1 Begriffsklärung 32
        2.2.2 Trauermodelle 33
    2.3 Trauererleben 39
        2.3.1 Trauerverläufe unter erschwerten und traumatisierenden
            Bedingungen 39
        2.3.2 Besonderheiten traumatischer Erfahrungen in der Kindheit   54
        2.3.3 Generationenübergreifende Traumafolgen 60
        2.3.4 Exkurs in neuere Forschungsansätze 63

3 Systemische Trauerbegleitung 65
    3.1 Zum Verständnis von systemischer Trauerbegleitung 65
        3.1.1 Trauer als (systemischer) Entwicklungsprozess 66
        3.1.2 Trauer und die Frage nach dem Sinn 68
    3.2 Trauer, Kultur, Religion und Geschlecht 72
        3.2.1 Soziokulturelle und religiöse Determinanten 72
        3.2.2 Geschlechtsspezifischer Trauerausdruck 73
    3.3 Trauerbegleitung im Lebensverlauf 80
        3.3.1 Trauer in der Kinder- und Jugendzeit:
            Verlust von Bindungspersonen und Bezugssystemen 80
        3.3.2 Trauer in der Kinder- und Jugendzeit: Verlust des
            eigenen Lebens (pädiatrische Palliativversorgung) 98
        3.3.3 Trauer in der Lebensmitte 106
        3.3.4 Trauer im Alter 113

3.4 Begleitung von Trauersystemen 118
  3.4.1 Haltung der Begleiterinnen 118
  3.4.2 Beziehungsgestaltung 124
  3.4.3 Kommunikation 127
  3.4.4 Prozessgestaltung und Interventionen 132

4 Zur Illustration systemischer Trauerbegleitung: Fiktives Fallbeispiel 146
4.1 Kontaktaufnahme als systemische Intervention 147
4.2 Erstgespräch im Einzelsetting 148
4.3 Erste Familiensitzung – Stützende Intervention und Auftragsklärung 150
4.4 Zweite Familiensitzung – Zusammenhalten des Systems 153
4.5 Dritte Familiensitzung – Bilanzierung der Erfahrungen 156
4.6 Erstes Paargespräch 160
4.7 Zweites Paargespräch 163
4.8 Delegation und kollegiales System 167
4.9 Katamnestische Zwischeninformation 167

5 Kasuistische Szenarien 168
5.1 Einführende Gedanken: Das »Gesicht der Trauer« 168
5.2 Begleitetes Abschiednehmen im Kontext großer Weltreligionen und östlicher Weisheitslehre 170
  5.2.1 Beispiel einer Trauerbegleitung nach der Halacha (Jüdisches Gesetz) 170
  5.2.2 Beispiel einer Trauerbegleitung aus der christlichen Kultur   174
  5.2.3 Beispiel einer Trauerbegleitung im islamischen Glaubensverständnis 177
  5.2.4 Beispiel einer Trauerbegleitung in der Begegnung mit buddhistischen Wertvorstellungen 181
5.3 Kaleidoskop kollegialer Erfahrungen 185
  5.3.1 Trauer an biografischen Wendepunkten 185
  5.3.2 Trauer bei tabuisierten Verlusten 190
  5.3.3 Trauer um Veränderung und Verlust von Identität bei lebensverkürzender Erkrankung 193
  5.3.4 Trauer im Ringen um Normalität 196
  5.3.5 Trauer nach Unfall 202
  5.3.6 Trauer und soziale Schwierigkeiten 208
  5.3.7 Trauer bei Migration 211
  5.3.8 Trauer am Lebensende 216
  5.3.9 Trauer nach Suizid 220
  5.3.10 Trauer im System der Helfer 224

5.3.11 Trauer und ihre frühe Symbolik in Kinderzeichnungen –
Bildunterstützte Trauerwahrnehmung aus systemischer
Perspektive 229
5.3.12 Trauer und Trauma mit künstlerischen Mitteln begegnen:
Flüchtlingskinder und geflüchtete Jugendliche in der
Kunstwerkstatt von Refugio 239
5.3.13 Trauerbegleitung bei Jugendlichen im (Online-) Netzwerk
der Nicolaidis YoungWings Stiftung 243

6 **Selbstverständnis als Trauerbegleiter** 250
   6.1 Identität 250
   6.2 Selbstreflexion 252
   6.3 Leitbilder 255

7 **Literatur** 257

8 **Ausgewählte Literaturempfehlungen zu Trauer
bei Kindern und Jugendlichen** 266

9 **Inhaltsverzeichnis Download-Material** 271

Vorwort zur dritten, vollständig überarbeiteten und erweiterten Auflage

In unseren Dankeszirkel schließen wir all die liebevollen privaten Begleiter ein, die uns geduldig und verlässlich Unterstützung boten über die vielen Jahre, in denen sie uns Eigenzeit für ein Herzensanliegen in Gestalt dieses stetig wachsenden und sich beständig entwickelnden Buchprojektes zur Verfügung stellten.

Ohne die Menschen, die sich uns anvertraut haben und ihre Erfahrungen in Psychotherapie und Supervision mit uns teilten, wäre dieses Buch nicht entstanden. Ihnen sind wir in einer ganz besonderen und respektvollen Dankbarkeit verbunden. Viel gelernt haben wir in der Fallarbeit mit unseren Kolleginnen und Kollegen, deren Beiträge unser Anliegen nun in den verschiedensten Facetten reichhaltig ergänzen. So danken wir Ulrike Aldebert, Beate Augustyn, Michael Clausing, Christina Fuchs, Christiane Knoop, Thomas Malenke, Katrin Normann, Margit Papamokas, Martina Plieth, Traugott Roser, Ahmed Selim, Hafes Shalabi, Ali Shehata, Monika Weis, Friedrich Winter, Regina Wolf-Schmid, Dinah Zenker und Jörg Zerban sowie Silvia Pless und Marianne Bundrock, die mit ihren Stelen das Download-Material um eindrucksvolle Trauersymbole bereichern, ebenso Felix-Maria Kühnl, Astrid Simader und Walther Stamm für ihren Ausstellungsbericht.

Als wir uns fast in all unseren vielfältigen Überlegungen, Vorstellungen und Ansprüchen verlaufen hätten, hatten wir in Michael Clausing einen freundschaftlichen, kompetenten Wegbegleiter, dem wir dafür herzlich danken.

Sandra Englisch war in sorgsamem, anregendem und darüber hinaus gut gelauntem redaktionellem Einsatz für das Manuskript tätig. Die erweiterte dritte Auflage wurde von Johanna Mohrmann trotz der Herausforderung unterschiedlicher Dateiformate und anwachsender Volumina professionell betreut.

Und da Zirkelbewegungen keinen Anfang haben, steht unser Gruß an Günter Presting auch nicht an letzter Stelle. Seinem Vertrauen in unsere Ideen und seinem wertschätzenden Zuspruch sind wir außerordentlich dankbar.

1 Konzeptidee Kursbuch

1.1 Anliegen

Obwohl nach wie vor ein eher ungeliebtes Kapitel menschlichen Seins, boomt es auf dem Büchermarkt zum Thema Trauer. Die Medien greifen zunehmend die Palette menschlicher Verlusterfahrungen in Dokumentationen und Filmen auf und entsprechende Veranstaltungen sind in der Regel gut besucht. Es scheint, als hole sich die Gesellschaft einen zu lange ausgegrenzten Erfahrungsbereich in ihren Lebensraum zurück. Aufregung und Aufbruchsstimmung sind spürbar und erzeugen eine ganz eigene Dynamik – aus einem Tabu entwickelt sich mancherorts ein Faszinosum mit euphorischen Idealisierungen und Ästhetisierung menschlichen Leidens. Während sich die einen darüber freuen, dass endlich Bewegung in das Schattendasein eines existentiellen menschlichen Themas kommt, sorgen sich andere bereits wegen inflationärer, kommerzialisierter Angebote und voyeuristischem Aktionismus um Nachhaltigkeit und Qualität.

Besonders all die Fachbereiche, in denen Menschen mit Menschen arbeiten, wenden sich vermehrt und differenziert menschlichen Verlusterfahrungen zu. Dass sich Pädagogik, Psychologie, Philosophie und Theologie, Palliative Care und Hospizarbeit mit den Phänomenen von Abschied, Trauer und Neubeginn auseinandersetzen, ist nicht verwunderlich, werden doch gerade diese Berufe schwerpunktmäßig mit vielfältigen Veränderungsprozessen und schicksalhaften Brüchen im Lebenslauf ihres Klientels konfrontiert. Vermehrt werden professionelle Dialoge über die Trauer gefördert, Trauerprozesse untersucht und wirksame Unterstützungsmöglichkeiten entwickelt. Trauerbegleitung ist ins Feld interdisziplinärer Bemühungen gerückt. Bundesweit gibt es inzwischen kompetente Qualifizierungsangebote für Begleitende, die sich Qualitätsstandards verpflichten (www.bv-trauerbegleitung.de).

In Deutschland tun wir uns mit diesen Entwicklungen aufgrund der historischen Brüche besonders schwer. Mitte des 20. Jahrhunderts richtete man sich nach den gesamtgesellschaftlichen Traumen beider Weltkriege auf eine effektive Überlebensstrategie aus. Es entwickelte sich in Folge von bis dahin unvorstellbaren kollektiven Leiderfahrungsdimensionen, die mit tiefen Scham- und Schuldgefühlen einhergingen (Marks, 2007), ein gesteigertes Bedürfnis nach Sicherheit und Bestandswahrung. Das gerettete Leben sollte ein Leben für immer sein. (Technischer) Fortschritt und (wirtschaftliches) Wachstum waren unhinterfragte Axiome. Die Hoffnung auf ein Nie-Wieder und begeisterte Reaktionen auf das Ende des Kalten Krieges bildeten das psychische Bollwerk gegen die Erkenntnis unserer dauerhaften existentiellen Bedrohtheit. Inzwischen manifestieren sich jedoch in der aktuellen Weltpolitik Störungsfelder unserer Selbst- und Fremdidealisierungsleistungen. Wir erleben eine Rückkehr der Schrecken, die in den wechselseitigen Zuschreibungen von Aggression dazu beitragen, neue Unrechtshierarchien zu etablieren.

1.2 Systemische Einbindung

Das Grundlagenwissen über die Langzeitwirkung unverarbeiteter Traumata und die heilkräftige Fähigkeit zu trauern (Mitscherlich u. Mitscherlich, 2007) wird heute ergänzt von der Einsicht in zirkuläre Prozesse, in denen trauernde Menschen, ihre Bezugspersonen und auch involvierte Helfersysteme gleichermaßen ihre einander bedingende Funktion erfüllen.

Konzepte der Individualisierung haben uns ein hohes Gut freiheitlich verantworteter Lebensführung und die postmoderne Ausgestaltung persönlicher Spielräume beschert. Doch letztendlich scheiterte der Versuch, existentielle Bedürfnisse mit einer verführerischen Bandbreite an Konsumangeboten zu sättigen. Ein Alltag, der kaum Räume für spirituelle Reflexion bereitstellt, sondern virtuelle Bühnen anbietet, auf denen Lebenserfahrungen im doppelten Wortsinn austauschbar sind, verstärkt die Verunsicherung im Umgang mit irreversiblen Verlusten. Beschleunigte Abfolgen von Wunsch und Erfüllung als Grundlage von Glücksempfindung einerseits (Schopenhauer) und das Einfrieren in Idealzuständen von Alterslosigkeit, immerwährender Gesundheit und Schönheit andererseits sind Versuche, die immer wieder aus dem Un- und Vorbewussten aufdämmernde, erschütternde Ahnung von Endzeitlichkeit zu kontrollieren. Um Transzendierung bemühen wir uns nicht länger im Übergang vom Diesseits ins Jenseits, sondern durch ein infinitives Gegenwartserleben.

Das »Unbehagen in der [an einer] Kultur« (Freud, 1930/2004), die eine dem Leben immanente Verlaufsgestalt ausblendet, führte in den letzten Jahren zu einer verstärkten Suche nach alternativem Verständnis von Vergänglichkeit und verantwortungsvollen Verhaltensoptionen. »Damit ist aber auch der Versuch einer *irrationalen Todesvermeidung um jeden Preis* aufgegeben. Der Mensch besinnt sich auf seine Endlichkeit, nicht um diese tatenlos und gleichgültig zu akzeptieren, sondern um aus solcher Erkenntnis Motivation für sein Leben zu schöpfen« (Condrau, 1991, S. 10).

Einen weiteren notwendigen Paradigmenwechsel signalisiert die Infragestellung des Ich-Ideals auch bei den Helfersystemen. Menschen, die sich in Extremsituationen befinden, gewähren uns Betreuenden existentielle Einblicke in Lebenserfahrungen, in die wir selbst noch gar nicht hineingewachsen sind, und erweitern damit unseren Horizont. Daneben muten sie uns aber auch (Selbst-)Erfahrungen zu, die wir mitunter nur schwer ertragen können. Rebellion und aufsässiges Verhalten, Enttäuschungen, (irrationale) Ängste und verzweifelte Untröstlichkeit, Gefühle voller Wucht und Intensität können bei uns Abwehrreaktionen, Kränkungsempfindungen,

Insuffizienzgefühle und Sorge um das eigene Standing auslösen. Sich der eigenen Ambivalenz und vielschichtigen Motivationen bewusst zu sein, ist unverzichtbare Voraussetzung für prozessorientierte Trauerbegleitung. In diesem Spannungsfeld sind wir Professionelle in unserem scheinbar unantastbaren Rollenverständnis zu besonderer Selbstwachsamkeit aufgefordert.

1.3 Aufbau

Was kann nun ein Buch zum Thema begleiteter Trauer aus systemischer Perspektive beitragen? Was unterscheidet es von den zahlreichen anderen Veröffentlichungen, die sich ebenfalls um Informationsgewinn für eine wachsende Lesergemeinde bemühen?

Aus Sicht des Einen ergänzen wir die Perspektive des Anderen (Stierlin, 1976). Den einen, systemischen Blick, vertreten von Petra Rechenberg-Winter, vertieft Esther Fischinger mit ihrem kinder- und jugendlichenpsychotherapeutischen Erfahrungshintergrund. Gemeinsam nutzen wir mit Freude unsere fachlichen wie persönlichen Ressourcen, um das Modell der systemischen Trauerbegleitung praxisrelevant zu erarbeiten.

So führen wir im ersten Teil ausgewähltes Grundlagenwissen zum Verständnis von System und Trauer zusammen (Kapitel 2), um im zweiten Teil unseren Ansatz systemischer Trauerbegleitung vorzustellen (Kapitel 3). Theoretische Betrachtungen ergänzen wir mit praxiserprobten methodischen Zugängen und illustrieren ausgewählte Aspekte und Vorgehensweisen anhand eines fiktiven Fallbeispiels (Kapitel 4). Diesen Praxisteil erweitern Kolleginnen und Kollegen aus unterschiedlichen Arbeitsfeldern. Mit ihren Kasuistiken bieten sie in Kapitel 5 Werkstatteinblicke, die bei aller Verschiedenheit des Settings und der Verlustsituationen der gemeinsame Nenner verbindet, trauernde Menschen in Umbruchsituationen ihres Lebens entwicklungsorientiert zu begleiten. Um das Selbstverständnis als Trauerbegleiter geht es in Kapitel 6.

Einen Schwerpunkt bildet – aufgrund seiner besonderen Bedeutung und der Relevanz von Systemreflexion bei diesem Thema – die Situation trauernder und sterbender Kinder.

Das Format eines Kursbuches haben wir gewählt, um Wissen möglichst praxisnah zu vermitteln. Im Viererschritt von Selbstreflexion – Theorie – Methodik – Praxistransfer bieten wir systemische Zugänge mit wechselnden Blickwinkeln (Willke, 2004). Dabei orientieren wir uns am Modell des »experimental learning« (Kolb, 1984), das individuelles Reflektieren von aktiv Erprobtem mit theoretischem Sachwissen verwebt, um die persönliche Entwicklung von Kenntnissen, Fertigkeiten und Haltungen möglichst effektiv zu unterstützen (siehe Handout – H Erfahrungslernen und handlungsorientiertes Lernen).

Zur leichteren Orientierung fassen wir an dieser Stelle das wiederkehrende methodische »Instrumentarium« zusammen:

- *Impulse* (als solche gekennzeichnet) werden Sie in einen neuen Abschnitt einführen und als Impulsgeber innerhalb einer Lerneinheit zu eigenen Selbstreflexionen und weiterführenden Fragen anregen.
- In einem Online-Anhang finden sich *Arbeitsblätter* (AB) mit Interventionen der systemischen Trauerbegleitung. Sie beschreiben die einzelnen Methoden und bieten gleichzeitig die Möglichkeit, sich an den Inhalten selbstständig zu erproben. Diese Interventionen sind keine (vor)schnellen Rezepte, um gefragt oder ungefragt eine belastende Situation für die Betroffenen zu beenden, diese zu schützen oder gar stellvertretend für sie Verantwortung zu übernehmen. Vielmehr handelt es sich um Interventionen in ihrer ursprünglichen Form als »dazwischen treten, vermitteln, einem Prozess beitreten«. Begleitend, anregend und wertschätzend wollen sie »beisteuern« statt »steuern«.
- *Handouts* (H) im Online-Anhang fassen Wesentliches der Lerninhalte zusammen oder ergänzen im Detail.
- Zur Reflexion des persönlichen Lernens und Begleitens bieten wir ein Modell zur systemischen Auswertung (AB Auswertung von Impulsen, Übungen, Methoden) und ein Schema zur Fallpräsentation (H Prozessablauf und -reflexion) an.

Wir haben uns entschieden, in unserer Schreibweise gendergerecht weibliche und männliche Wortendungen – ohne geschlechtsspezifische Zugehörigkeiten andeuten zu wollen – abwechselnd zu gebrauchen.

Mit dem Kursbuch richten wir uns an Fachkräfte und Interessierte, die sich ergänzend zu ihrer Berufsausbildung in Trauerbegleitung qualifizieren möchten und dabei Lust verspüren, Wissen im Kontext persönlicher Fragestellungen und professioneller Identität zu reflektieren und neugierig andersartige Betrachtungszugänge zu erforschen.

Dieses Buch verstehen wir als einen Zwischenstopp in unserem eigenen lebendigen, systemischen Lernprozess. Wir sind gespannt auf die weitere Entwicklung und außerordentlich interessiert an Rückmeldungen, Anregungen und Ergänzungen unserer Leserinnen. Bitte fühlen Sie sich dazu herzlich eingeladen.

2 Einführung in systemisches Arbeiten und Trauererleben

2.1 Zum Verständnis von System

2.1.1 Entwicklung des systemischen Weltbilds – ein kurzer Überblick

> Wir Menschen sind Engel mit nur einem Flügel.
> Um fliegen zu können, müssen wir uns umarmen.
> (Luciano de Crescenzo)

Der Begriff System bedeutet im Griechischen Zusammenstellen, Verbinden einzelner Teile zu einem Gebilde, dessen wesentliche Elemente aufeinander bezogen sind. In ihrem wechselseitigen Zusammenspiel bilden sie ein einzigartiges Ganzes, das aufgabenbezogen, sinngebunden oder zweckorientiert als Einheit mehr darstellt als die Summe seiner Teile.

Dieses *phänomenologische Konzept* wurde Anfang des 20. Jahrhunderts aufgegriffen und weiterentwickelt. Als die mechanischen Erklärungsmodelle der Physik und Biologie nicht mehr ausreichten, um komplexe Ordnungs- beziehungsweise Unordnungszustände und Systemveränderungen zu erklären, führten naturwissenschaftliche, philosophische, erkenntnistheoretische, ökonomische, künstlerische und politische Betrachtungen zu einem Paradigmenwechsel. An Stelle der logisch-mathematischen Theorie einer allgemein gültigen Wirklichkeit trat die Erkenntnis, dass es endgültiges Wissen gar nicht geben kann. Vielmehr ist das, was jeweils als Wirklichkeit anerkannt ist, eine von ihren Betrachtern aktiv erzeugte Konstruktion. Bei dieser handelt es sich lediglich um den Versuch, ausgewählte Aspekte einer in ihrer Komplexität nicht zu erfassenden Wirklichkeit verstehbar darzustellen. Folglich wurden Theorien generell als Systemaktivitäten menschlicher Gesellschaften erkannt, als relative Überzeugungen, die auf eine bestimmte Bezugsgröße ausgerichtet sind *(Relativismus)*. Sie bieten lediglich ein reduziertes Bild von der betrachteten Welt. Folglich können sie immer nur von vorläufiger Gültigkeit sein, bis neuere Erkenntnisse sie revidieren.

1928 formuliert Ludwig von Bertalanffy (Biologe und Philosoph, 1901–1972) seine »Allgemeine Systemtheorie«. Allgemein ist hier nicht mit allgemeingültig gleichzusetzen. Denn wenn unabhängige, objektive und feststehende Erkenntnisse unmöglich sind, dann trifft dies ebenso auf eine systemische Universaltheorie zu. Konsequenterweise gelten *Systemtheorien* immer nur innerhalb ihres Bezugsrahmens und heben je nach Systemansatz unterschiedliche Elemente hervor.

Einige ihrer Vertreter seien an dieser Stelle kurz aufgeführt: Humberto Romesín Maturana, Francisco J. Varela und Frederic Vester gehen vom *biologischen Systemverständnis* aus. Anhand lebender Zellen beschreiben sie deren Abgrenzung (mittels einer Zellmembran) und die operativ-autonome Selbstproduktion ihrer Bestandteile (z. B. Zellkern). Eine Zelle verwirklicht sich als materielle Einheit, indem sie als Regelwerk chemischer Reaktionen jene Teile und Prozesse erzeugt, die sich selbst erzeugen. Für dieses Phänomen der Selbstherstellung führen Maturana und Varela den Begriff Autopoiese (griechisch: Selbstmachen) ein. Das Prinzip der Selbstorganisation lebender Systeme, sprich der Fähigkeit eines Systems, sich mittels Rückkoppelung innerhalb gewisser Grenzen selbst in einem stabilen Zustand zu erhalten, bezeichneten sie als Homöostase (griechisch: Gleichstand) beziehungsweise Homöodynamik.

Aus sozialwissenschaftlichem Blick formuliert Niklas Luhmann die *Konzeption sozialer Systeme,* in der er Gesellschaft ansieht als ein System aller Kommunikationen, denen er die beiden Systeme Leben (Gesamtheit aller biologischen Prozesse) und Bewusstsein (Gesamtheit der intrapsychischen kognitiven Vorgänge) gegenüberstellt. Da diese drei Systeme in sich geschlossen und füreinander Umwelt sind, kommt der Kommunikation dieser Systeme untereinander die zentrale Bedeutung zu. Inwieweit sie sich untereinander verständigen können, hängt davon ab, wie anschlussfähig die Informationen, sogenannte Codierungen, für das jeweilige System sind und welche Aspekte der Kommunikation in die Bewusstseinsprozesse der Beteiligten aufgenommen werden.

Aus der Kybernetik vertreten Heinz von Foerster und Ernst von Glasersfeld den *Aspekt der reflexiven Selbstreferenz.* Indem sich Systeme ausschließlich auf sich selbst beziehen, gewährleisten sie ihre Autonomie gegenüber ihrer Umwelt, von der sie sich zur Sicherung ihrer eigenen Identität abgrenzen. Im Kontakt miteinander befinden sich beobachtende und beobachtete Systeme in einer permanenten gegenseitigen Kontextsteuerung. Dieses *Schleifenkonzept* griffen Max Wertheimer in der Gestaltpsychologie und Jean Piaget in der Lernpsychologie auf, ebenso der Erkenntnistheoretiker Gregory Bateson und Paul Watzlawick bei seinen Kommunikationsaxiomen.

In den 1950er Jahren begann in größerem Umfang die Entwicklung systemischer Konzepte und Interventionen in der Psychotherapie, bei der nicht mehr der einzelne Patient im Mittelpunkt psychotherapeutischer Bemühungen steht, sondern dessen *Bezugssystem.* Wer Schwierigkeiten zeigt und Probleme äußert, wird jetzt nicht mehr als behandlungsbedürftige Person definiert, sondern als ein *Symptomträger* angesehen, der es auf sich nimmt, Störungen seines Familiensystems darzustellen. Damit gilt er als derjenige, der einen Veränderungsbedarf öffentlich anzeigt und auf diese Weise die Mitglieder seines Systems herausfordert, sich anders als bisher zu verhalten, sprich Einstellungen und Verhalten zu verändern. So ist er es auch, der so für das gesamte System Entwicklungschancen eröffnet. Für das Beratungsverständnis bedeutet dies, dass Beraterin und Klienten miteinander vorzugsweise die zwischenmenschlichen *Kommunikationsmuster* betrachten und deren Wirkung auf die

Entwicklungsmöglichkeiten der einzelnen Familienmitglieder ermitteln. Mit Hilfe entsprechender Interventionen lädt die Beraterin das System ein, rigide Schleifen (Selvini Palazzoli, Boscolo, Cecchin u. Prata, 2003) eingefahrener Problemmuster aufzuweichen und entwicklungsförderliche Handlungsoptionen für alle Beteiligten zu eröffnen.

Die frühen Ansätze systemischen Arbeitens entstammten unterschiedlichen Konzepten. Die *psychoanalytisch orientierte Familientherapie* übertrug Konfliktkonzepte der Psychoanalyse auf die Dynamik der Familienmitglieder. Besonders bekannt sind hier das Kollusionskonzept von Jürg Willi, das von Ivan Boszormenyi-Nagy als Metapher eingeführte Kontobuch generationenübergreifender Schuldverschreibungen und die dynamische Familientherapie nach Helm Stierlin, die die wechselseitige Individuation der Familienmitglieder in den Fokus stellt.

Die *erfahrungsorientierten Ansätze* stellten die Beziehungen der Familienmitglieder untereinander dar. Peggy Papp entwickelte dazu das psychodramatische Element der Familienskulptur, Virginia Satir betonte den Selbstwert und innere Freiheit als zentrale Faktoren für Wachstum und Beziehungsgestaltung (H Die fünf Freiheiten). Ihre vier Kommunikationsformen (1979) verbinden personenorientierte Aspekte mit interaktionellem Geschehen.

Auf Salvador Minuchin gehen die Ansätze zurück, die sich auf *strukturelle Kriterien* funktionierender Familien konzentrieren und hier besonders die Grenzen innerhalb des Systems nach außen oder Rollen und Funktionen der einzelnen Mitglieder bearbeiten.

Familie als kommunikatives System betont besonders die *strategische Familientherapie* der 1980er Jahre, die das Spiel eines Systems erfasst, dessen Regeln belastende Symptome aufrechterhält. Mit Hilfe entsprechender Aufgaben, die die Therapeutin den Systemmitgliedern als eine Art Hausaufgabe vorschlägt, sollen der Familie neue Erfahrungsräume als Möglichkeiten zur Veränderung eröffnen. Besonders ist in diesem Zusammenhang Mara Selvini Palazzoli zu nennen. Der Schwerpunkt therapeutischer Betrachtung lag zu dieser Zeit auf dem interaktionellen Geschehen eines Systems, die Symptome einzelner Familienmitglieder fanden dagegen nur geringe Beachtung.

Die Erweiterungen dieser genannten Konzepte berücksichtigt heute besonders die Kybernetik 2. Ordnung, die Therapeuten in die Geschichten, Sinndeutungen und Verhaltensweisen ihres Klientels eingebunden sieht. An Stelle distanzierter Interventionen führen nun alle Anwesenden eine Art Konversation, bei der die therapeutische Aufgabe schwerpunktmäßig darin liegt, einen Prozess der Veränderung zu eröffnen, bei dem einengende Geschichten zugunsten neuer Perspektiven, Ideen und Handlungsmuster zurücktreten. Steve de Shazer betont in seiner *lösungsorientierten Kurzzeittherapie* vorhandene Ressourcen eines Systems, ebenso Tom Anderson, der beim »reflecting team« (H Reflecting Team) mittels wertschätzender Konnotationen die Entwicklung konstruktiver Lösungsentwürfe unterstützt.

Narrative Ansätze, wie beispielsweise der von Eugene K. Epstein, verstehen den Dialog zwischen Therapeutin und Klienten als einen gemeinsamen Erzählvorgang.

Im Miteinander schaffen beide Seiten zu den bisherigen nun solche alternative Geschichten, die den Handlungsspielraum des Klienten erweitern und zu wirksamen Problemlösungen beitragen.

Auch wenn Menschen fortlaufend interaktionell eingebunden sind, so erleben sie sich selbst doch als Zentrum ihres Lebens. Dieser Aspekt findet wieder zunehmend mehr Beachtung im zyklischen Entwicklungsprozess systemischer Schulen. Hier sei die *personenzentrierte Systemtheorie* genannt. Sie betrachtet die Lebenswelt der einzelnen Systemmitglieder in ihrem gegenseitigen Wechselspiel und die sich daraus ergebenden Musterbildungen von Wahrnehmungen, Erlebensprozessen, Handlungen und Sinnstrukturen.

Inzwischen haben sich diese Betrachtungen von den Familien auf andere Systeme wie Gruppen, Institutionen und Gesellschaften erweitert, und systemische Modelle haben dank Peter M. Senge und Chris Argyris (Senge, 2006; Argyris, 1996) längst auch in der Organisations- und Managementtheorie Einzug gehalten. Auch in der Supervision sind sie inzwischen fester Bestandteil (Rappe-Giesecke, 2003; Ebbecke-Nohlen, 2015).

2.1.2 Systembetrachtung

Als Mittelpunkt diverser Umlaufbahnen unseres privaten Planetensystems sehen wir uns eingebunden in unser individuelles Beziehungssystem. Doch was genau ist unter einem System zu verstehen?

Impuls: System und Netzwerk

Wäre es nicht wunderbar, die eigene Welt noch einmal mit den Augen und der Entdeckerfreude eines Kindergartenkindes betrachten zu können?

Das Bewusstsein, dass alles möglich ist (magisches Denken), die Lust am schöpferischen Gestalten und die Empfindung, selbst der »Nabel der Welt« zu sein, lässt Kinder in diesem Alter sich als Mittelpunkt eines Sonnensystems erleben.

Übernehmen Sie diese kraftvolle Haltung für einen Augenblick, erlauben Sie sich eine 10-Minuten-Pause und organisieren Sie sich Stifte und Papier (da Sie viel Raum benötigen, empfiehlt sich mindestens Größe A2 – übliche Zeichenblockgröße).

Nun beginnen Sie mit Ihrer Person und malen Sie eine gelbsaftige energiesprühende Sonne in die Mitte des Blattes, darum herum elliptische Bahnen für die sie umkreisenden Planeten.

In die der Sonne am nächsten liegende Umlaufbahn zeichnen Sie die Menschen, die Ihnen spontan als sehr wichtig gegenwärtig sind (wahrscheinlich sind einige Menschen momentan für Sie besonders bedeutungsvoll). In die zweite und dritte Umlaufbahn zeichnen Sie entsprechend die Menschen, mit denen Sie vielleicht auch den Alltag teilen, aber die nicht die gleiche überragende Bedeutung für Sie haben wie die Personen, die Sie in den innersten Kreis aufgenommen haben. Weitere Bahnen werden so lange entworfen, wie es notwendig ist, um alle diejenigen aufzunehmen, die Sie als zugehörig empfinden. Auch wichtige Tiere sind erlaubt!

Manchmal entsteht der Wunsch, verstorbene Angehörige und Freunde zu positionieren, und mitunter tauchen Erinnerungen an Menschen auf, mit denen Sie länger keinen Kontakt hatten, die Ihrem Gefühl nach aber auch mit eingetragen werden sollten – entsprechen Sie Ihrem Bedürfnis und kennzeichnen Sie diese »Planeten« mit einem kleinen symbolischen Hinweis (Tipp: Lassen Sie sich auch für Veränderungen Zeit!).

Wenn Ihr Werk vollendet ist, betrachten Sie es in Ruhe.

Fragen:
- Wie ist es Ihnen ergangen mit dieser Aufgabe?
- Welche Zuordnungen fielen Ihnen leicht beziehungsweise schwer?
- Wie viele und welche speziell für Sie wichtigen Menschen bilden Ihr »Netzwerk«?
- Von wem wünschen Sie mehr Nähe? Von wem weniger?
- Sind räumliche Entfernung und empfundene Distanz im »Maßstab« übersetzbar?
- Spüren Sie bei dieser Betrachtung Veränderungsimpulse?
- Angenommen, Sie würden diesen nachgehen, was würde das für Sie bedeuten?
- Wer in Ihrer Umgebung würde Sie darin unterstützen?
- Von wem erwarten Sie Ablehnung? Wie könnten Sie sich darauf vorbereiten?

Ergänzung »Partnerübung«
Lassen Sie Ihre Eltern/Ihren Freund/Ihre Ehepartnerin/eine Kollegin Ihres Vertrauens etc. ebenfalls ein »Sonnensystem« für Sie erstellen und vergleichen Sie die (übereinstimmende oder abweichende) Sicht der Dinge.

Systembegriff: Bereits bei der Begriffsbestimmung von System beginnt es systemisch zu werden, denn viele Wissenschaftsgebiete erklären ihre verschiedensten Phänomene physikalischer, biologischer, ökologischer, politischer oder sozialer Natur mit diesem Ansatz. Gegenseitig beeinflussen sie sich in ihrem Bemühen, komplexe Organisationsprozesse und Entwicklungen zu beschreiben. Dabei gehen sie, wie bereits beschrieben, von der Grundannahme aus, dass alles Betrachtete sich ausschließlich aus einer persönlichen Perspektive der Beobachtenden darstellt und Erkenntnisse immer in wechselseitigem Einwirken von Vorwissen, Kontext und Erwartungen entstehen.

So können wir immer nur die Welt erklären in Abhängigkeit unserer Verortung in derselben, denn als Betrachtende sind wir bereits ein Teil dessen, was wir so gern objektiv beschreiben würden und doch nie können. Leider? Das mag Wahrheitssuchende enttäuschen, doch enttarnen die Vertreter des konstruktivistischen Denkmodells jeden Allgemeingültigkeitsanspruch als Hybris und bringen uns entspannt in die Position, das Leben als eine Vielfalt möglicher Wirklichkeiten zu betrachten.

Wahrheit ist also immer mein persönliches Verständnis dessen, was ich im Austausch mit meiner Umgebung aktuell für wahr nehme, für wahr halte und mit dem ich mich von meinen Mitmenschen weniger oder mehr unterscheide. Es ist meine Interpretation beobachteter Phänomene (AB Wahrnehmungszirkel).

So definiert jede Fachdisziplin »System« entsprechend ihres kontextuellen Selbstverständnisses und abhängig von ihren jeweiligen Wissensgrundsätzen, Frage- und Aufgabenstellungen. An dieser Stelle sei unser Verständnis dargestellt.

In die systemische Begriffsbestimmung dieses Buches fließen unser Fachwissen, vielfältigste persönliche Erfahrungen sowie berufliche Einblicke ein. Besonders berücksichtigen wir Beobachtungen, die wir den von uns begleiteten trauernden Menschen verdanken.

So verstehen wir unter System ein biopsychosoziales Netzwerk miteinander verbundener Menschen, die wechselseitig aufeinander bezogen leben. Ständig beeinflussen sie sich gegenseitig in ihren Einstellungen, Haltungen und Handlungen. In diesem lebendigen Miteinander bilden sie ein einzigartiges Gesamtes. Analog einem Mobile reagieren alle Elemente fein im Windspiel ihrer Umwelt. Im jeweils eigenen Rhythmus verhalten sie sich gemäß ihrer Regeln und entsprechend ihrer aktuellen Belastbarkeit. Sie nutzen ihre spezifischen Kenntnisse und Fähigkeiten, um für ihren Lebenszusammenhang angemessen pragmatisch die Herausforderungen ihres Alltags zu beantworten und ihre Existenz zu sichern.

Dynamisch besitzen sie die permanente Tendenz zur zielorientierten Entwicklung. Beständig wählen sie aus einer Reihe von möglichen Lösungen die für sie bedeutsam und wirkungsvoll erscheinenden. Systeme sind nichts Statisches, sondern sie geschehen! In unendlich komplexen Rückkoppelungsschleifen sind sie auf ihre ureigene Weise bemüht, ihr Gleichgewicht entweder zu halten oder in Zeiten tiefer Erschütterung sobald als möglich wieder herzustellen. Im Bemühen um Effektivität nach innen wie nach außen investieren die Systemmitglieder mitunter ungeheure Energien, verwickelte Mobilefäden zu entwirren, Verstrickungen zu lösen, Kontakte in Balance zu bringen und Bündnisse zu sichern. Verhaltensweisen, die Außenstehenden mitunter bizarr erscheinen, ergeben für das betrachtete System vor dem Hintergrund seiner ureigenen Geschichte einen tiefen Sinn und sollten von den Betrachtenden erst einmal als bestmögliche Anpassungsleistung dieses Systems an eine außerordentliche Situation gewürdigt werden (H Systemkompetenz).

Hier erfordert Begleitung, immer wieder respektvoll nachzufragen, was das Erlebte für die einzelnen Mitglieder des Systems bedeutet. Was heißt es für jede und jeden individuell, in der aktuellen Situation zu bestehen? An welchen Erfahrungen leiden sie? Was stärkt? Was gibt ihnen Kraft und welche Hoffnungen begleiten sie? Wie wirken sich diese unterschiedlichen persönlichen Erfahrungen auf das System aus? Was erscheint für wen förderlich? Was wird von wem als hinderlich erlebt?

In Zeiten existentieller Veränderungen, wie sie Trauersituationen darstellen, erfolgt eine massive Irritation des bisher austarierten Gleichgewichts im Beziehungsgefüge. Das gesamte Leben aller Systemmitglieder wendet sich. Im wechselseitigen Zusammenspiel sind alle herausgefordert, sowohl individuell wie auch gemeinsam, den Verlust als eine neue Realität in ihrem Leben zu begreifen. Das ist schmerzhaft, und die damit verbundenen Empfindungen wollen in ihrer persönlichen Bedeutungsgebung gewürdigt werden. Erfahrungen sowie unterschiedlichste Erinnerungen gilt es wahrzunehmen und sie auf allen Ebenen des Menschseins auszuhalten. Um sich allmählich in eine grundlegend veränderte Lebenssituation hineinzufinden, ist es für alle eine Aufgabe, sich fürs Weiterleben zu entscheiden. Was im äußeren Miteinander nicht mehr lebbar ist, gilt es einem komplexen Verwandlungsprozess zuzuführen. Dem schmerzhaft Vermissten in persönlicher Verbundenheit eine sichere seelische Repräsentanz, einen angemessenen inneren Platz zu geben, erfordert viel Entwicklungszeit. Verständlicherweise dauert es meist entschieden länger als ein traditionelles Trauerjahr, bis es dem System möglich ist, eine neue Homöostase auszubalancieren (Rechenberg-Winter, 2017).

Diese Ausgleichsanstrengungen ähneln Pendelbewegungen, denn ein Trauerprozess verläuft wie alle Entwicklungen niemals linear. Als zyklischer Wachstumsprozess ist sein Verlauf bei den Einzelnen ebenso wenig vorhersehbar wie im Gesamtverbund. Vorerst ist offen, welche komplexen Veränderungen daraus resultieren. Mit welchen Entwicklungssprüngen der Verlust beantwortet werden kann oder ob der Verlust langfristig zu einem Systemzusammenbruch führt, hängt nicht zuletzt davon ab, welche sinnstiftende Erklärungen als tragend erlebt und welche Selbstheilungskräfte aktualisiert werden können. Im Wechselspiel zwischen Chaos und Struktur ist das System beständig bemüht, manchmal bewusst erfahrbar, aber ebenso oft unbemerkt, erlebte Widersprüche pendelnd auszugleichen und sich erneut stabil zu organisieren.

Beziehung und Kontext: Keiner lebt für sich allein! Als Beziehungswesen leben Menschen auf Menschen bezogen, selbst die konsequentesten Einzelgänger reagieren auf ihre Umgebung und diese auch auf sie.

Menschen leben eingebunden in diverse Systeme wie Familie, Nachbarschaft, Arbeitsumfeld, politische Partei oder Gemeinde. Entsprechend der jeweiligen Rollen und Funktionen, die sie dort innehaben, nehmen sie ihre Mitmenschen wie sich selbst unterschiedlich wahr. In ihren Begegnungen kommunizieren sie offen und verdeckt, tauschen Erfahrungen und Sichtweisen aus und sind sich gegenseitig Spiegel. Permanent orientieren sie sich an ihren Beziehungssystemen, reflektieren deren Zusammenhalt und setzten sich mit ihren persönlichen Verpflichtungen auseinander. So beeinflussen sich nicht nur die Mitglieder eines Systems gegenseitig. Einzelne Systeme wirken gleichermaßen im größeren Zusammenhang aufeinander und sind ihrerseits wiederum in geografische, kulturelle, politische und biografische Kontexte eingebunden (von Schlippe u. Schweitzer, 2016).

Systeme 1. und 2. Ordnung: Neben dieser persönlichen Zuordnung zu Bezugssystemen unterscheiden wir in der systemischen Begleitung Systeme nach ihrer Zusammensetzung und den Funktionen ihrer Mitglieder. Unter Systemen 1. Ordnung verstehen wir die unmittelbaren Bezugssysteme, in die ein Mensch eingebunden ist, während in Systemen 2. Ordnung, wie zum Beispiel in der Beratungssituation, ein bis dahin Außenstehender hinzutritt. Es ist für alle Beteiligten klar, dass er nicht Mitglied dieses Systems 1. Ordnung werden wird. Doch ist er auch kein unbeteiligter Beobachter, denn er beeinflusst bereits mit seiner Anwesenheit das System

1. Ordnung. Bespricht nun dieser Berater Aspekte seiner Begleitarbeit mit seiner Supervisorin, bilden beide thematisch ein System 3. Ordnung. Es versteht sich von selbst, dass alle drei Systemebenen wechselseitig aufeinander einwirken.

Ein Beispiel mag dieses komplexe Zusammenspiel verdeutlichen: Menschen wirken wechselseitig aufeinander, orientieren sich also an ihrer Umgebung, verhalten sich gemäß ihres sozialen Kontextes, beantworten sensibel die von ihnen wahrgenommene Realität und fordern damit gleichzeitig ihre Umgebung heraus. In diesem Interaktionszirkel ist jede Interpunktion von Ereignisfolgen willkürlich (H Kommunikationsaxiome); die Frage »Wer hat angefangen?« lässt sich nie beantworten. Ist Anna mit ihrem Weinen schuld, dass Frank sich zurückzieht, oder weint Anna, weil Frank sich verweigert? Anders betrachtet, das heißt nicht aus der Opferperspektive, könnten wir fragen, zieht Frank sich zurück, damit Anna weint, weint Anna, damit sich Frank verweigert? Fragen nach der Verursachung sind wenig ergiebig und führen regelmäßig aufs Glatteis. Niemand ist schuld, beide sind an einem Zirkel beteiligt und tragen entsprechend Verantwortung für ihr Verhalten. Frank zieht sich zurück, obwohl Anna weint und Anna weint trotz Franks Verhalten.

Möchten Anna und Frank sich nun mit einem Berater besprechen und nehmen Kontakt mit Max auf, dann erweitern sie ihr Beziehungssystem (1. Ordnung) im Moment der Kontaktaufnahme. Ein Dritter kommt ins Spiel und Anna wie Frank werden sich in Gegenwart von Berater Max, im sogenannten System 2. Ordnung, (ein wenig) anders erleben und verhalten. Max kann sich jetzt folglich nur ein Bild vom Zusammenspiel beider machen, das sich ihm in seiner Anwesenheit bietet. In seiner Rolle beeinflusst er die Beziehungsdynamik des Paares, allein seine Präsenz ist eine Intervention. Er wird sich berichten lassen, wie Anna und Frank ihr Zusammenleben außerhalb dieses Kontextes erleben, welche Entwicklungswünsche sie aneinander haben. Anna wird in diesem Dreierkontakt neue Erfahrungen sammeln, Frank wird sich und Anna auf eine andere Art erleben, Max gewinnt neue Einblicke. Damit haben die drei im System 2. Ordnung ein Lernfeld eröffnet, dass es ihnen ermöglicht, ihre Betrachtungsweisen, Interpretationen und Verhaltensoptionen zu erweitern und in ihr System 1. Ordnung zu übersetzen (H System 1., 2. und 3. Ordnung).

Systemische Trauerbegleitung im System 2. Ordnung verlangt, dass die Reaktionen im System 1. Ordnung auf die Begleitarbeit immer wieder aufmerksam miteinander beobachtet werden. Im Metadialog werden sie mit den Ratsuchenden besprochen und die so gewonnenen Einsichten in den weiteren Begleitprozess einbezogen. Gleichermaßen verlangt der systemische Blick aufs Beratungsgeschehen, dass sich die beratende Person über alle Stationen der Begleitung hinweg mit der eigenen Einwirkung auf das von ihr unterstützte System beschäftigt. Es liegt in der Verantwortung der Beraterin, inwieweit sie ihre Reflexionen dem ratsuchenden System mitteilt oder mit welchen weiteren Interventionen sie sich fürs System nutzbringend einsetzt. Es versteht sich von selbst, dass dem Beratungsprozess eine wertschätzende Haltung den verschiedenen Systemleistungen gegenüber entgegengebracht wird. Darüber hinaus ist die Bereitschaft zu paritätischer Begegnung conditio sine qua non.

Impuls: Netzwerkkarte

Erstellen Sie eine grafische Darstellung Ihres aktuellen persönlichen oder beruflichen Kontextes. Es handelt sich dabei um eine Momentaufnahme, denn zu einem anderen Zeitpunkt würde Ihre Netzwerkkarte ein wenig anders aussehen.
Zeichnen Sie sich in die Mitte und davon ausgehend mit Pfeilen Ihre sozialen Kontakte, Hilfssysteme und Unterstützungspersonen. Charakterisieren Sie nun die einzelnen Beziehungen je nach der persönlichen Bedeutung, die Sie im jetzigen Moment für Sie besitzen – beispielsweise als dicke, gestrichelte, unterbrochene Linien, kurze oder längere Pfeile oder mit Symbolen versehen, je nach erlebter Qualität.

Fragen:
– Wenn Sie die fertige Netzwerkkarte betrachten: Was empfinden Sie, nehmen Sie Impulse wahr und wenn ja, welche?
– Was denken Sie: Wie würden die von Ihnen ausgewählten Netzwerkpartner, Freunde, Kollegen, Kolleginnen, Unterstützer, Unterstützerinnen die dargestellten Beziehungen zeichnen? Würden diese Menschen beziehungsweise Systeme Sie als Netzwerkpartner wählen?

Netzwerke: Als Beziehungswesen sind wir Menschen auf soziale Einbindungen angewiesen, die in den einzeln Segmenten unserer Netzwerkkarte entsprechend ihrer Beziehungsqualität höchst unterschiedlich erlebt werden. Der Begriff »Network« stammt aus den USA Mitte der 1970er Jahre. Ähnlich der deutschen Gemeinwesenarbeit handelt es sich dabei um eine soziale Arbeitsform. Die Networker verstehen sich nicht als diejenigen, die an der Lösung arbeiten, denn darin sehen sie die originäre Aufgabe des Netzwerkes. Sie steuern lediglich einen Lösungsprozess, in dem sie gewichten, moderieren und darauf achten, dass die Netzwerkmitglieder sich nicht überfordern, sondern kleine, machbare Veränderungsziele anstreben.

Bis heute ist der Netzwerkbegriff zentrales Element in der systemischen Arbeit. Dabei umfasst ein Netzwerk sämtliche Bezugssysteme, in denen ein Mensch lebt. Seine Familie, Freundschaften, Verbände, in denen er sich ehrenamtlich engagiert, und die Nachbarschaft zählen dazu, seine Vorgesetzten, Kolleginnen ebenso wie Mitanbieter und Konkurrenten auf dem Arbeitsmarkt – kurz: Er und all die Personen, die ihn herausfordern, unterstützen, enttäuschen und lieben, werden in ihrer Verbundenheit betrachtet.

Funktionale, erfolgreiche und tragfähige Netzwerke benötigen unterschiedliche Menschen, die sich nicht nur in ihrem Alter, Geschlecht und ihren Ressourcen unterscheiden, sondern sich auch so weit als möglich ergänzen und eine große Bandbreite unterschiedlicher Verhaltensweisen erlauben.

Da systemisch ausgerichtete Begleitung das Beziehungsgeschehen in den Mittelpunkt stellt, interessiert sich die Begleiterin von Anfang an für die emotionalen und sozialen Vernetzungen der einzelnen Systemmitglieder. Das soziale Netz lässt sich anhand der VIP-Karte (H Netzwerkkarte) miteinander besprechen: »Bei welchen Menschen können Sie sich Unterstützung, Zuspruch, Anregungen, Trost holen?«

Nachdem in die persönliche Netzwerkkarte aktuell bedeutsame Menschen in der jeweilig angemessenen Nähe beziehungsweise Distanz zum Mittelpunkt eingezeichnet oder mittels stellvertretender Figuren aufgestellt sind, kann folgende Besprechung stattfinden:
- Welche Beziehungen erleben Sie aktuell besonders unterstützend?
- Auf welche Art und Weise?
- In welchen Situationen nehmen Sie dies mehr, in welchen weniger wahr?
- Wie viel Kontakt wird Ihnen vom wem in Ihrer aktuellen Lebenssituation zugestanden?
- Wie ausbalanciert im Hinblick auf Geben und Nehmen erleben Sie die einzelnen Beziehungen?
- Welche Beziehungen haben sich in früheren Krisen bewährt? Trifft diese Qualität auch gegenwärtig zu?
- Wie viel Zeit und Energie benötigen Sie, um die Ihnen wichtigen Menschen anzusprechen?
- Ist dieses aktuelle Netzwerk für Sie auseichend?
- Sollten einzelne Beziehungen verstärkt und/oder neue aufgebaut werden?
- Von wem sollten Sie sich gegenwärtig fern halten?
- Wer und was könnte Sie dabei unterstützen?

Gemeinsam mit den Ratsuchenden erforscht sie die persönlichen Bedeutungen relevanter Beziehungen für die aktuelle Lebenssituation und bespricht mögliche Veränderungswünsche. Welche sozialen Ressourcen werden hilfreich erlebt? Wo finden unterstützende Begegnungen statt? Was sollte beibehalten und was verändert werden?

Uns begegnen in der Praxis gelegentlich trauernde Familien, die diese unterschiedlichen Reaktionsweisen ihrer einzelnen Mitglieder konflikthaft erleben. »Durch mich fließen die Tränen der ganzen Familie«, klagt da die Mutter ihren Partner an, der »so gar keine Gefühle zeigen kann«. Beide Eltern wiederum können nicht verstehen, dass ihr Sohn »die Nächte in der Disco durchtanzt«.

Unverständnis, Enttäuschung und Zorn, die dem Verlust gelten, sind plötzlich aufeinander gerichtet, Streit tritt wie von selbst auf, kaum, dass sie sich begegnen. Wenn es ihnen jetzt möglich ist, über ihr unterschiedliches Erleben zu sprechen, und ihre persönlichen Empfindungen auszutauschen, dann erleben sie oftmals ihre unterschiedlichen Verhaltensweisen nicht mehr als gegeneinander gerichtet, sondern als sinnvoll für sich selbst und beitragend zum Erhalt ihrer Familie. Im Nachvollziehen und Würdigen erfahren sie sich als zwar belastete, aber auch belastbare Crew, die gemeinsam in stürmischer See unterwegs ist und in der jeder das ihm zur Zeit Mögliche tut, um den Kurs ins Ungewisse zu halten/auszuhalten. Schon das Benennen, immerhin bis hierher gekommen zu sein, bis zu diesem Augenblick überlebt zu haben und Zwischenstation (in einem Hafen) machen zu können, stellt Energien für künftige Herausforderungen bereit.

2.1.3 Systemaspekte

Der folgende Impuls verdeutlicht: Auf die Blickrichtung meiner Betrachtung kommt es an, was ich sehe. Damit treffen wir auf eine der zentralen Grundannahmen systemischen Verständnisses, den Konstruktivismus.

Impuls: Circle in the Air (Booth, aus Kriz, 2000, S. 211 f.)

Um die Annahme zu illustrieren, dass jede Realitätssicht abhängig vom jeweiligen Blickwinkel ist, und damit prinzipiell legitim, sei folgendes Experiment empfohlen:
- Strecken Sie einen Arm senkrecht nach oben.
- Mit ausgestrecktem Zeigefinger schreiben sie nun im Uhrzeigersinn einen großen Kreis in die Luft und wiederholen diese Runde mehrmals.
- Senken Sie nun langsam den Arm, ohne die kreisende Bewegung zu unterbrechen, den Zeigefinger halten Sie dabei weiterhin nach oben.
- Wenn Sie Ihre Kreisbildung nun von oben betrachten, werden Sie entdecken, dass Ihr Zeigefinger sich gegen den Uhrzeiger dreht.

Fazit: Derselbe Vorgang wird je nach Perspektive unterschiedlich, ja bisweilen auch gegensätzlich, erlebt und interpretiert!

Konstruktivismus: Der Konstruktivismus versteht Wirklichkeit als ein persönliches Gebilde, als eine Konstruktion, die in der kaleidoskopartigen Betrachtung des einzelnen Menschen entsteht. Statt der Kategorien richtiger und falscher Wahrnehmung gilt jede Realitätssicht als ernstzunehmend, da sie Aspekte aus einem persönlichen Blickwinkel benennt: »Du hast recht aus deiner Sicht, ich hab' recht aus meiner!« (AB Mentale Modelle).

Die objektive Wahrheit, so es sie geben sollte, wäre viel zu umfassend, als dass sie von uns Menschen in ihrer Komplexität erfasst werden könnte. Bestenfalls gelingt uns ein ausschnittartiges Bild, und auch dies ist nicht dauerhaft gültig, sondern nur vorübergehende Erklärung. Neuere, ergänzende Erkenntnisse können es jederzeit erforderlich machen, diese Sichtweise schon bald wieder zu revidieren. »Die fraglos angenommene Voraussetzung der Berechenbarkeit alles Wirklichen wird [...] mit allem Nachdruck in Frage gestellt und als *vor*wissenschaftlicher, wissenschaftlich nicht beweisbarer Glaubenssatz entlarvt« (Condrau, 1991, S. 43).

Damit treffen wir bei jeder Realitätssicht auf eine individuelle, kontextabhängige Wahrnehmung. »Wir sehen die Dinge nicht, wie sie sind, sondern wie wir sind«, heißt es im Talmud. Auch der Konstruktivismus selbst ist eine solche Wirklichkeitskonstruktion und ein Versuch, Komplexität, analog einer Landkarte, auf eine verstehbare Formel zu reduzieren.

Menschen strukturieren ihre Lebenswelt, erstellen und korrigieren ihre innere Landkarte, passen diese beständig ihren individuellen Erfahrungen an. Aktiv gestalten sie ihre eigene Orientierung. Durch die Brille dieser persönlichen Kartografie betrachten sie ihre Umwelt, interpretieren das Verhalten ihrer Mitmenschen und filtern entsprechend aus all den vielen Eindrücken heraus, was mit ihren mitgebrachten Erwartungen und Befürchtungen übereinstimmt. »Immer passiert mir das!«, sagen sie dann und bringen auf den Punkt, was unter dem Begriff der selbsterfüllenden Prophezeiungen bekannt ist. Indem ich etwas erwarte, begünstige ich damit, dass es eintritt. Nicht das Ereignis als solches bestimmt, welche Bedeutung es für mich erhält, sondern ich selbst setze den Rahmen, innerhalb dessen ich Ereignisse wahrnehme, interpretiere und entsprechend meiner individuellen Logik handele. »Eine aus einer selbsterfüllenden Prophezeiung resultierende Handlung [...] schafft erst die Voraussetzung für das Eintreten des erwarteten Ereignisses und erzeugt in diesem Sinne recht eigentlich eine Wirklichkeit, die es ohne sie nicht gegeben hätte« (Watzlawik, 1984, S. 92).

Meine Vorannahmen, Vorurteile sind das Ergebnis meiner bisherigen Lebenserfahrungen und wie ich sie bewerte. In sie fließt die Realitätssicht meiner Familie, meiner Umgebung und meiner Kultur ein. Sie haben es mir bisher ermöglicht, dass ich mich in der Welt gut zurechtfinde. Das macht sie einerseits zu wertvollen Orientierungshilfen, gleichzeitig begrenzen sie meine Betrachtungsmöglichkeiten, Ideen und Impulse.

Will ich mehr lernen, dann bin ich auf die Auseinandersetzung mit anderen Menschen angewiesen. Verstehen und Bedeutungsgebung vollziehen sich immer in der Interaktion handelnder Menschen, die als autopoietische, also sich selbst organisierende Bewusstseinssysteme (Maturana) jeweils individuell unterschiedlich ihre Erkenntnisse in ihrer inneren Landkarte verzeichnen. Übereinstimmung entsteht, wenn eine Erkenntnis als passend, gangbar oder brauchbar eingeschätzt wird (Viabilität).

Für die Begleitung trauernder Menschen bedeutet dieses konstruktivistische Verständnis, dass es nie um richtig und wahr gehen kann, einzig um Möglichkeiten. Bedeutsam ist für den Einzelnen der Rahmen, in dem er seine Geschichte erzählt, und die persönlichen wie sozialen Konsequenzen, die sich für ihn daraus ergeben.

Zeigt er Widerstand, also ein Verhalten, das einzig den Erwartungen der Begleiterin widerspricht, ist dies sein interaktiver Spielzug, mit dem er auf die Unterschiedlichkeit der Bewertungen hinweist. Wer verfügt nun über die Definitionsmacht, Verhalten (einseitig) zu etikettieren?

Erfolgreiche Zusammenarbeit, also eine strukturelle Kopplung, entsteht immer dann, wenn es gelingt, einen wechselseitigen Bezug betroffener Bewusstseins- und Verhaltenssysteme herzustellen. Dann verstärkt sich die Orientierung der Anwesenden aufeinander, Wahrnehmungspräferenzen können ausgetauscht und sequentiell verknüpft werden. Es entstehen abgestimmte Räume parallelen Denkens und Verhaltens. In ihnen ist es möglich, bisherige Sichtweisen, Werthaltungen und Kommunikationsmuster in Frage zu stellen, zu dekonstruieren, und gemäß hinzugewonnener Erkenntnisse zu erweitern, zu rekonstruieren.

Konstruktionen verändern sich während der Auseinandersetzung mit dem reflektierten Gegenstand. Helfendes Tun ist ein Interaktionsprozess zwischen gleichberechtigten und gleichwürdigen Wirklichkeitskonstruktionen aller Beteiligten, ein wechselseitiger Prozess der Kundigkeit (Hargens, 2004, S. 147 ff.) (AB Wahrnehmungszirkel). Möglichkeiten werden konstruiert, statt Wirklichkeitsvorstellungen festzuschreiben! Interventionen der Begleiter sind dabei Einladungen an die Begleiteten, ihr Realitätsverständnis vor ihrem persönlichen Hintergrund und entsprechend der Grundlage ihrer Kulturmuster (Mythen, Rituale, alltägliche Gewohnheiten) zu überprüfen und im Rahmen ihrer aktuellen Möglichkeiten eventuell eigenverantwortlich zu verändern. In diesem Prozess sammelt der Begleiter seinerseits wertvolle Erfahrung für sich selbst und seine Konstruktionen. Auf diese Weise eröffnet Begleitung ein dynamisches Entwicklungsfeld gegenseitigen Voneinander-Lernens und Miteinander-Wachsens.

Zirkularität: Zu einer der großen Herausforderungen systemischen Denkens zählte der Abschied vom linearen Denken, nach dem auf den Auslöser A Reaktion B erfolgt und ein bestimmter Input zum vorhersehbaren Ergebnis führt. Doch menschliche Begegnungen sind nichtlineare dynamische Systemprozesse. Es lässt sich nicht voraussehen, welche kognitiven und emotionalen Erfahrungen eine Begebenheit für die einzelnen Beteiligten auslösen. Auch für Menschen, die in engem Kontakt stehen, ist jedes Mal ein erstes, weil neues Mal.

Die Rückkopplungsschleifen unserer Handlungen sind nicht prognostizierbar, ihre Einordnung in die jeweils individuellen Wert- und Sinnerfahrungen findet immer nur in dieser aktuellen Situation statt. Somit ist die Gegenwart einmalig und voll neuer Möglichkeiten für unerwartete Wendungen. Ins Bild des Mobiles übersetzt: Ein Systemteil bewegt sich und keines der anderen bleibt davon unberührt. Zu jeder Zeit sind diese zirkulären Prozesse wirksam, im ständigen Reagieren wirken alle Teile aufeinander ein. Dieser Prozess wird so lange fortgeführt, bis das Mobile eine stabile, wiederum nur vorübergehende (Ruhe-)Position für das Gesamte austariert hat.

Systemische Trauerbegleitung thematisiert diese individuellen Bedeutungszusammenhänge und sozialen Realitätskonstruktionen. Dabei helfen zirkuläre Fragen, die dynamischen Systemprozesse zu verstehen: »Wie, denken Sie, erlebt Ihre Frau diese Situation? Was könnte Ihre Tochter dazu meinen? Und was, denken Sie, denkt Ihr Sohn darüber, wie ich Ihnen als Familie helfen könnte?« Ungewöhnliche Fragen, die zu ungewöhnlichen Gedanken über individuell unterschiedliches Erleben und deren Wechselwirkungen im Beziehungsgeschehen einladen. Sie erforschen parallel die Entwicklungsprozesse in den Systemen 1. und 2. Ordnung und beobachten sie in ihrer gegenseitigen Beeinflussung (H Zirkuläres Fragen).

Autoorganisation und Steuerung: Systeme leben in ständigem Bestreben, ihr Gleichgewicht, das heißt die Homöostase ihres Denkens, Wahrnehmens und Handelns, so weit als möglich aufrechtzuerhalten und in einer lebensfähigen Balance zu bleiben. Sie organisieren dieses Zusammenleben mittels Regeln; selbst eine Vereinbarung, fortan ohne Regeln zu leben, wäre eine Regel. Analog zu Watzlawicks Kommunikationsregel (H Kommunikationsaxiome), nicht nicht kommunizieren zu können, kann man nicht nicht regeln.

Diese Regeln lassen sich unterscheiden in unverrückbare, an denen keinesfalls gezweifelt werden darf, da sie als existentiell grundlegend angesehen werden, und in offene, über die kommuniziert werden kann. Letztere sind allen im System bekannt, dürfen angesprochen werden, gelten als verhandel- und veränderbar. Virginia Satir sieht in diesen Erwartungsregeln *psychische Überlebensregeln,* an denen sich die Einzelnen ausrichten, um geschätzt, geliebt und fürs System bedeutsam zu sein.

Auf diese Weise steuert jedes System sich selbst im Kontext seiner Umgebung. Das Mobile schwingt im Windzug und versucht auf seine ihm ureigene Art, die Balance zu bewahren. Manche Spielregeln stimmen mit dem Mainstream überein, andere sind kulturell und gesellschaftlich abweichend und original auf spezifische Bedürfnisse abgestimmt. Zwischen Tradition und Neuerung findet ein beständiger Pendelprozess statt. Auf jede Veränderung reagieren Systeme in zwei gegenläufige Richtungen, das heißt Entwicklung als auch Bewahrung, und geben damit das ihnen mögliche Anpassungstempo vor (AB Bewahrer und Visionäre). So geht Wachstum immer mit bewahrenden, konservativen Kräften Hand in Hand.

Steuerungen von außen, wie beispielsweise Interventionen im Begleitkontext, sind als solche nicht möglich. Nach der radikalen Theorie der *Autopoiese* (Schiepek, 1999, S. 124) trifft jedes von außen kommende Umweltereignis auf die aktuelle Struktur eines Menschen und auf dessen intrapsychische Dynamiken. Und dort entscheidet es sich, ob und in welcher Weise diese Einflussnahme weiter wirkt und zu welchen strukturellen Veränderungen sie beiträgt. Alle Interventionen und Angebote führen durchs Nadelöhr des Sich-Einlassens (»self-relatedness«) der angesprochenen Menschen.

Systemische Trauerbegleitung hat sich dem Rhythmus der Autoorganisation eines begleiteten Systems anzupassen. Grundsätzlich erhebt sich die Frage, ob und wie viel Steuerung von außen möglich ist. Wir schlagen in diesem Zusammenhang den bescheideneren Begriff der *Prozessarbeit* anstelle von Prozesssteuerung vor und berücksichtigen damit, dass psychisch allenfalls eine punktuelle Steuerung möglich ist und Zielsetzungen von außen psychisch wenig Veränderungseinfluss auf das System nehmen können. Konstruktive, entwicklungsförderliche Begleitung findet im Rahmen der Gesetzmäßigkeiten eines Systems statt und denkt die physische, psychische, soziale und spirituelle Autoorganisation mit. Mittels hilfreicher Interventionen kann sie Aspekte der Systemsteuerung von außen anstoßen, doch bleibt dieser Einfluss begrenzt und störanfällig. Mit den Klientinnen wird sie auf die Steuerungsbedingungen achten, die wahrgenommenen Erwartungen, Realitätsinterpretationen, Umgebungsbedingungen besprechen und das Systemerleben in Richtung Erweiterung bearbeiten.

Eine Grundregel systemischen Arbeitens lautet: Die Verantwortung für die Systemsteuerung liegt beim System, das eigenverantwortlich entscheidet, welche Erfahrungen es wie in ihren Alltag umsetzt. Die Prozesssteuerung der Begleitung dagegen ist Aufgabe des Begleitenden (AB (Selbst-)Steuerung).

> Die *Wahrheit des Denkens* besteht darin, einen Gedanken nach seiner ganzen Tiefe, Höhe und Breite durchzuführen und vor keiner Konsequenz zurückzuscheuen. Die *Wahrheit des Tuns* ist anders. Sie besteht darin, die schmale Stelle der Möglichkeiten zu suchen und die eigenen Kraft in das rechte Maß zu bescheiden, wissend, dass der vollzogene Ansatz durch die innere Logik des Lebens selber weitergeführt wird.
> (Romano Guardini)

Rollen und Funktionen: Jedes Teil eines Systems, Netzwerks oder Mobiles, um im Bild zu bleiben, hat seinen speziellen Platz zugewiesen bekommen und übernommen. Das geht mitunter blitzschnell. Wer in einer Ehe zum ersten Mal die gemeinsame Steuererklärung bearbeitet hat, behält diesen Job oft lebenslang. Da ist er für die Geburtstagsgrüße zuständig und sie für die Fütterung des Goldfisches. Abgesprochen oder unbemerkt zugeteilt?

Menschen bekleiden in ihren diversen Bezugssystemen Rollen, über die sie sich identifizieren und in denen sie von ihrer Umgebung wahrgenommen werden. Die Rolle des Freundes, Ingenieurs und Partners wird im Lauf des gemeinsamen Lebens ergänzt mit der des Vaters, des Elternbeiratsvorsitzenden, des Onkels. Verliert er seinen Arbeitsplatz, erwartet ihn die Rolle des Arbeitssuchenden, später findet er sich vielleicht als Patient liegend im Krankenhaus wieder oder als Rentner in einer bisher unbekannten Lebenssituation. Alle seine Rollen sind mit bestimmten Funktionen verknüpft, mit Erwartungen, die er an sich stellt, die seine Mitmenschen von ihm fordern oder von denen er meint, dass seine Umgebung sie an ihn stellt. Bleiben wir doch noch ein wenig bei diesen Überlegungen und fragen uns, was diese Rollenentwicklung für seine Partnerin bedeuten könnte. Wie wirkt es sich möglicherweise auf ihr Selbstverständnis aus, plötzlich nicht mehr die Frau eines beruflich erfolgreichen und engagierten Mannes zu sein, sondern eines arbeitslosen? Welche Rollen und Funktionen kämen nun auf sie zu? Und welche Veränderungen sind für die Kinder denkbar? Welche Konsequenzen sind für das Familiensystem vorstellbar?

Biografische Wendepunkte stellen Rollen und Funktionen in Frage. Sie fordern Einzelne wie das Gesamtsystem dazu heraus, die Plätze im System der neuen Situation entsprechend anzupassen, Rollen neu zu klären und die damit verbundenen Funktionen neu zu bestimmen. Trauerbegleitung wird an diesen biografischen Wendepunkten angefragt, dann, wenn es bei den Ratsuchenden um Umverteilung und Hineinwachsen in veränderte, noch unklare Rollen geht. »Was kommt da auf mich zu?«, ist eine der Fragen, die die Menschen beschäftigt, und »Wie bin ich dem gewachsen?«

Systemisch vorzugehen bedeutet in diesem Zusammenhang, die veränderten Erfahrungen zu fokussieren. Was bedeutet die Neuverteilung ihrer Rollen und Funktionen für die Einzelnen und was außerfamiliär? Wie wirken sie sich in den anderen Bezugssystemen aus? Welche Entwicklungsaufgaben erkennen die einzelnen Systemmitglieder für sich (AB Rolle und Funktion)?

Nähe und Distanz: Systeme regeln bei ihrer Rollenverteilung sehr differenziert, wie viel Nähe unter den einzelnen Mitgliedern als angemessen gilt und wer zu wem wie viel Distanz zu halten hat. Generationengrenzen werden gezogen und Untergruppen mit mehr Nähe, wie beispielsweise Kindergruppe und Elternsubsystem, bilden sich heraus. Räume zur Verselbstständigung und Eigenentwicklung werden ebenso abgesteckt wie Zeiten unverzichtbarer Gemeinsamkeit. Systemische Arbeit fragt danach, wie ein System Nähe und Distanz regelt, wie viel Spielräume für die Einzelnen bestehen und inwieweit sie den unterschiedlichen Bedürfnislagen der Einzelnen entsprechen.

Auch zu ihrer äußeren Umgebung regeln Systeme Nähe und Distanz. Sogenannte *geschlossene Systeme* wählen mehr Abgrenzung zu ihrer Umgebung, leben nach festen Regeln und sind stärker auf sich bezogen als *halboffene*. Diese verfügen über durchlässigere Grenzen und nehmen mehr Anteil an der sie umgebenden Welt. *Offene Systeme* zeichnen sich durch große Kontaktfreudigkeit bei geringem inneren Reglement aus (H Systemtypen).

Nach innen wie nach außen ist jedes System(mitglied) bemüht, zwischen Kontakt und Abstand, zwischen Verbundenheit und Rückzug seine Autonomiebedürfnisse einerseits mit dem Beziehungswunsch andererseits in Einklang zu bringen. Für den Einzelnen bedeutet dieses Ausloten von Nähe und Distanz eine ständige Leistung als Individuum, das gleichzeitig Eigenwesen ist und als *Beziehungswesen*, als »zoon politicon«, angewiesen ist auf die Gemeinschaft und von Natur aus danach strebt (Aristoteles).

2.2 Zum Verständnis von Trauer

2.2.1 Begriffsklärung

Impuls: Trauer ist ...
Bitte vervollständigen Sie spontan folgenden Satz mit einem Begriff oder einer bildhaften Umschreibung: *Trauer ist für mich wie ...*

Alles klar, was unter Trauer zu verstehen ist? In unseren Fortbildungen erhalten wir auf diese Frage meist so viele Antworten wie Menschen, die sich an diesem Impuls beteiligen.

Sigmund Freud (1916/1917, S. 197) charakterisierte Trauer als »Reaktion auf den Verlust einer geliebten Person oder einer an ihre Stelle gerückte Abstraktion wie Vaterland, Freiheit, ein Ideal usw.« In der angloamerikanischen Literatur begegnen wir differenzierten Begriffen, die nicht synonym zu verwenden sind: »Bereavement« bezeichnet die Situation eines Todes- oder Trauerfalls, »grief« bezieht sich auf dessen individuelles Erleben eines Menschen und auf seine Befindlichkeiten, während »mourning« den sichtbaren Ausdruck des Trauerverhaltens im sozialen Kontext bezeichnet. Analog verwenden einige deutschsprachige Autorinnen *Kum-*

mer im Sinne von »grief« für die innerpsychischen, körperlichen, sozialen und verhaltensmäßigen Reaktionen auf alle Arten von Verlust, während sie unter *Trauer* (»mourning«) die bewussten wie unbewussten Prozesse und Handlungsverläufe verstehen. Trauer umfasst somit mehr als die überwiegend passiven Reaktionen des Kummers, indem sie die Bewegung hin zu Neuorientierung der Beziehungen zum Verlorenen, zu sich selbst und der Umwelt einschließt (Rando, 2003).

2.2.2 Trauermodelle

Impuls: Fluss des Lebens

Angenommen, ich würde mir mein Leben wie einen großen weiten Fluss vorstellen, der von der Quelle bis zur Mündung durch unterschiedlichste Regionen fließt. Unwegsames Gelände und felsige Engpässe, Stromschnellen und weite Landschaften könnte er durchziehen. Und immer wieder würden Klippen das Wasser zum Strudeln bringen; vielleicht stauen Menschen ihn auf, um sein Weiterfließen zu steuern? Wasserfälle könnten ihn erwarten.
Wie sähe mein Lebensfluss aus?
– Welche Jahreszeiten, Wetterlagen hätte er in welchen Gegenden durchströmt?
– Welche Hindernisse hätte er zu passieren gehabt, wo stünden die größten Klippen?
– Wie habe ich gefährliche Bereiche bisher gemeistert?
– Auf welche meiner Fähigkeiten kann ich mich verlassen?
– Was hat mich unterstützt?
– Wer hat mir geholfen und womit?
– Welche Kräfte sind mir daraus erwachsen?
– Auf welche Erfahrungen kann ich jetzt zurückgreifen?

In Fortsetzung dieses persönlichen Trauerbildes lohnt sich der Blick auf die historische Entwicklung ausgesuchter Trauermodelle. Erste Trauertheorien finden wir in der Psychoanalyse. Sigmund Freud beschreibt in »Trauer und Melancholie« (1916/1917) die intrapersonale Dynamik, die auf den Verlust eines Liebesobjekts erfolgt. Im langwierigen Prozess der *Trauerarbeit* wird die libidinöse Bindung vom Objekt abgelöst und das Ich des Hinterbliebenen wieder frei. Karl Abraham vertrat die Ansicht, dass Trauer nicht zu einer solchen vollständigen Ablösung führe, sondern zum Aufbau *(Inkorporation)* innerer Repräsentanten des Verstorbenen (Cremerius, 1972).

Aus dem Erfahrungsfeld der Krisenintervention legte Erich Lindemann in den 1940er Jahren sein Konzept zur akuten Trauer und zur Trauer mit Krankheitswert vor. Letztere charakterisierte er mit somatischer Erschöpfung, starker Beschäftigung mit dem Bild des Verstorbenen, Schuldgefühlen, feindseliger Reaktion und Verlust von Verhaltensmustern. Diese *morbiden Trauerreaktionen* diskutierte er als Verformungen normaler Trauer, die mittels kurzer Behandlung (wieder) in gesunde

Reaktionen überführt werden können. Auch führte er das bis heute umstrittene Konzept der vorweggenommenen, *antizipatorischen Trauer* ein.

Ab den 1950er Jahren entwickelte John Bowlby in enger Zusammenarbeit mit seinem Kollegen Collin Parkes die *Bindungstheorie*. Menschen sind als Beziehungswesen existentiell auf *affektive Bindungen* zu zentralen Bindungsfiguren angewiesen. In ihrem Bindungsverhalten sind sie von frühen Bindungserfahrungen geprägt. Diese beeinflussen nicht nur die Art und Weise individueller Beziehungsgestaltung, wie Gefühle des Vertrauens und der Sicherheit, sondern auch, wie Personen Verluste erleben. Bindung bezeichnet somit ein Motivationssystem, das in Gefahrensituationen ein spezielles Bindungsverhalten auslöst. Beispielsweise wird die Suche nach Schutz und Sicherheit (bei älteren Artgenossen) im Allgemeinen von der Umgebung mit Fürsorge und Pflege beantwortet.

Trauer um das Ende einer Beziehung ist analog zu deren Beginn ein Anpassungslernen. In vier Phasen führt es nach Bowlby von der Betäubung (»numbing«) und unterbrochen von intensivsten Emotionen (»distress and anger«) über Sehnsucht und Suchverhalten (»yearning and searching«) und anschließender Desorganisation und Verzweiflung (»disorganization and despair«) zu einer Reorganisation (»reorganization«) der Betroffenen.

Ende der 1960er Jahre fand ein weiteres Phasenmodell internationale Verbreitung: Elisabeth Kübler-Ross erfasste in ihrem Ansatz die Breite menschlicher Trauerreaktionen und ordnete Verhaltensweisen, die bisher als pathologisch eingestuft wurden, als sinnvolle Aspekte komplexer Verlustbearbeitung in ihrem Modell ein (Kübler-Ross, 1969). Die einzelnen Phasen nannte sie in linearer Reihenfolge Nichtwahrhabenwollen (»denial«), Zorn (»anger«), Verhandeln (»bargaining«), Depression (»depression«) und Zustimmung (»acceptance«).

In diese Zeit fällt auch die Entwicklung der *kognitiven Stresstheorie* von Richard S. Lazarus und Mardi J. Horowitz. Nicht das belastende Ereignis an sich ruft Stress hervor, sondern die Relationen von Umweltbedingungen, Anforderungen an die persönliche Anpassungsleistung, Bewertungen beziehungsweise Einschätzungen der Situation und individuelle Ressourcen. In ihrem *Defizitmodell von Partnerverlust* griffen Margret und Wolfgang Stroebe in den 1980er Jahren drei dieser Stressfaktoren speziell für Trauersituationen auf: die spezifischen Situationsanforderungen (Stressoren), Bewältigungsressourcen und Bewältigungsstrategien. Ein Personenverlust erfordert es vom trauernden Menschen, vielfältige Defizite aktiv zu verarbeiten, die die Verluste instrumenteller, validierender, emotionaler und sozialer Unterstützung mit sich bringen. Von den ihnen zur Verfügung stehenden Bewältigungsstrategien hängt es ab, wie sie die persönliche Sinnsuche (»search for meaning in the experience«), ihr Hineinwachsen in einen veränderten Alltag (»regaining of mastery«), das Entwickeln eines neuen Selbstgefühls (»self-enhancement«) und die Neuordnung ihrer sozialen Bezüge (»social networking«) lösen können.

1982 legte William W. Worden erstmals ein *Aufgabenmodell* vor, das er später weiterentwickelte und das bis heute viel Anerkennung und Verwendung findet. Im Vergleich zu körperlichen Heilungsprozessen formulierte er vier Aufgaben des Trauerns als eine Art Lernprozess: den Verlust als Realität akzeptieren; den Trauerschmerz durchleben; sich an eine Umwelt anpassen, in der der Tote fehlt; der oder dem Toten einen neuen inneren Platz zuweisen und weiterleben (H Kommunikation mit Trauernden). Ausdrücklich versteht er diese Traueraufgaben als ein spiraliges, nicht linear aufeinander folgendes und zyklisches Geschehen (Worden, 1991).

Den Aspekt, Verstorbene als innere Repräsentanten zu integrieren, finden wir auch bei Dennis Klass. Aufbauend auf die Bindungsforschung von John Bowlby entwickelte er in den 1990er Jahren das *Modell der fortdauernden Bindungen* und sieht in diesen »continuing bonds« gesunde und dauerhafte Bewältigungselemente. Trauer bedeutet für ihn, Erinnerungen an die Toten dauerhaft in der eigenen Biografie zu (re)konstruieren, um eine fortgesetzte Interaktion mit ihnen führen zu können (Klass, 2000).

In Deutschland sind zwei weitere Trauerbegleitmodelle entwickelt worden: In ihrem *Modell Trauer erschließen* beschreibt Ruthmarijke Smeding spiralförmig wiederkehrende Gezeiten der Trauer nach dem Tod eines nahestehenden Angehörigen. Zu Beginn der Januszeit steht zwischen Tod und Bestattung die Schleusenzeit. Trauernde sind untröstlich über die Endgültigkeit ihres Verlustes. In der weiteren Januszeit erleben sie sich zerrissen wie der römische Gott Janus, der mit zwei Gesichtern in entgegengesetzte Richtungen schaute. Sie sehnen sich nach der gemeinsamen Vergangenheit und sehen sich gleichzeitig gezwungen, nach vorne zu schauen. Die anschließende Labyrinthzeit ist eine Phase schmerzhaften Lernens mit fünf Traueraufgaben: Trauer und deren Belastungen aushalten, sie tragen lernen, den Verstorbenen loslassen, sich auf die neue Situation aktiv einstellen und die Dinge, die der verstorbene Mensch übernommen hatte, eigenständig ausfüllen oder neu lernen. Die Regenbogenzeit schafft Perspektiven in die Zukunft für einen persönlichen Lebensweg, ohne dabei die verstorbene Person aufzugeben. Dieser Prozess führt nicht zu einem Ende, vielmehr lernen Menschen, mit der sich beständig verändernden Trauer zu leben. Smedings Begleitkonzept, basierend auf internationalen Forschungsergebnissen, sieht Unterstützung Trauernder besonders in deren Ermutigung und Befähigung (Smeding u. Heitkönig-Wilp, 2005).

Jorgos Canacakis entwickelte das *Lebens- und Trauerumwandlungsmodell* aus der MyroAgogik© (LTUM©), das alle Arten von Verlust einbezieht. Sein Begleitungskonzept hat zum Ziel, Trauernde in ihrer gesunden Trauerfähigkeit dahingehend zu unterstützen, dass sie ihre lebenshindernde Trauer in eine lebensfördernde umwandeln. Im wirklichen Loslassen wird neue Lebenskraft freigesetzt und lebendige Lebensgestaltung wieder möglich. Als Gestalttherapeut arbeitet Canacakis betont erlebnis- und erfahrungsorientiert (Canacakis, 2002, 2013).

Inhaltliche Systematik: Die bisherige Theoriebildung im Trauerbereich ist uneinheitlich und streckenweise verwirrend. Eine praxisorientierte Übersicht internationaler Modelle haben Heidi Müller und Hildegard Willmann (2017) vorgelegt.

Tabelle 1: Theoriebildung im Trauerbereich

explikatorische Modelle	Verlust als Objektverlust: intrapersonale Dynamik von Trauerarbeit Theorem der depressiven Position psychodynamische Bewältigungsmechanismen	*Psychoanalyse* Sigmund Freud Melanie Klein Yorick Spiegel	*Interventionsschwerpunkt:* Realisierung des Verlustes und der damit verbundenen Gefühle
	Verlust als Bindungsverlust: Bindungstheorie Fortsetzung einer modifizierten Bindung Ablösung und fortdauernde Bindung	*Verhaltensforschung* John Bowlby Collin Parkes Dennis Klass	*Interventionsschwerpunkt:* Suchverhalten und Bindungsbestrebungen als Lernprozess begleiten
	Verlust als Verlust von Verstärkung: gestorbene Streicheleinheiten Steuerung durch soziale Verstärkung	*Behaviorismus* R. W. Ramsay J. Gauthier et al.	*Interventionsschwerpunkt:* Neustrukturierung mittels Verstärkung adaptiven Verhaltens
	Verlust als Verlust genetischer Überlebenschancen	*Soziobiologismus* Christine H. Littlefield u. J. Philippe Rushton	
	Verlust als Verlust von Sinn-, Bedeutungsstrukturen in Umbruchsituationen	*Kognitionspsychologie* Peter Marris	*Interventionsschwerpunkt:* Kontinuität von Zuwendung, Rekonstruktion sinnvoller Lebensgeschichte
	Verlust als Auslöser multipler Verluste Coping Trauer als Stresssituation	*Kognitive Stresstheorie* Richard S. Lazarus Mardi J. Horowitz Margret u. Wolfgang Stroebe	*Interventionsschwerpunkt:* personale, soziale Ressourcen zur Deckung entstandener Defizite identifizieren helfen
deskriptive Modelle	Symptomatologien pathologische Trauer	Erich Lindemann Collin Parkes Ralf Jerneizig u. Arnold Langenmayr Beverley Raphael u. Warwick Middleton	*Interventionsschwerpunkt:* Vermittlung von Trauerwissen klientenzentrierte Beratung
	Phasen- und Verlaufsmodelle	Bowlby Elisabeth Kübler-Ross Yorick Spiegel Verena Kast	*Interventionsschwerpunkt:* phasenspezifische Unterstützung
	Aufgabenmodelle Trauerstile	Yorick Spiegel William W. Worden (AB) Michael Schibilsky	*Interventionsschwerpunkt:* aufgabenbezogene Begleitung

Explikatorische Modelle beziehen sich schwerpunktmäßig auf die Deutung der Verlusterfahrung. So sind Erklärungsmodelle aus Psychoanalyse, Verhaltensforschung, Behaviorismus, Sozialbiologismus, Kognitionspsychologie und Kognitiver Stresstheorie schwerpunktmäßig verlust- und deutungsorientiert. *Deskriptive Modelle* dienen der Beschreibung von Trauerreaktion und umfassen Symptomatologien, Verlaufs- und Phasen- sowie Aufgabenmodelle.

Sozialkonstruktivistische Beiträge (Jane Littlewood) und systemische Betrachtungen (Hans Goldbrunner) erweitern diese individuellen Ansätze um die Wechselwirkungen von Trauerverhalten im sozialen und gesellschaftlichen Kontext.

Margarete Stroebe und Henk Shut berücksichtigen kulturelle Aspekte, sozialen Ausdruck und Erscheinungsformen Trauernder (»mourning«) und verstehen Bewältigungsstrategien wie Bewertungsprozesse als Konstrukte einer jeweiligen Gesellschaft. In ihrem *Modell des doppelten Prozesses in der Verlustbewältigung* (DPM) beschreiben sie zwei kulturübergreifende Aspekte mit Verlustorientierung (Auseinandersetzung mit der Verlusterfahrung) versus Wiederherstellungsorientierung (Anpassung an grundlegende Veränderungen), zwischen denen Trauernde im Auseinandersetzen versus Ausweichen schwingen und oszillieren (Stroebe u. Shut, 2010; Stry, 2012). Dabei ist in jeder Kultur die Bewertung und Sinngebung des Verlustes für diesen dynamischen Prozess von zentraler Bedeutung (Paul, 2002, 2006).

Dynamische Gesichtspunkte: Als Kehrseite differenzierter Beziehungserfahrungen bilden Trauererfahrungen vielmehr schwer erträgliche Spannungsfelder von Widersprüchlichkeiten, die das ganze Menschsein in körperlichen, psychischen, seelischen und sozialen Dimensionen betreffen.

Der Notwendigkeit, sich vom Verlorenen zu lösen, steht das Bedürfnis nach fortdauernder Bindung gegenüber. Gefühl und Verstand klaffen streckenweise schier unerträglich und unvereinbar auseinander, passives Ertragen kollidiert mit aktivem Anklagen, Ohnmachtsempfinden löst mitunter blitzschnell die gerade noch erlebten Größenphantasien, »Ich kann das alles hier schaffen«, ab. Gegensätzliche Impulse des Einzelnen sind gleichermaßen im sozialen Kontext an der Tagesordnung. In ihrer wechselseitigen Dynamik überfordern sie streckenweise das Kontrollvermögen der Beteiligten, latente Konflikte brechen auf. Unterschiedliche Verarbeitungsformen werden vielleicht als entfremdend erlebt, während sich gleichzeitig Menschen in einer neuen Intensität verstehend begegnen, die sie so bisher nicht miteinander geteilt hatten. Hans Goldbrunner (2006) hat diese spannungsgeladenen Situationen in der Trauer als Ringen um Ausgewogenheit zwischen verschiedenen Kräften herausgearbeitet. Sein Ansatz verfolgt die Pendelbewegungen im Spannungsfeld polarisierender Impulse als Entwicklungsaufgabe hin zu einer integrativen Versöhnung und versteht die daraus resultierenden Konflikte als zentrale Bestandteile gesunder Trauerprozesse. Harte Arbeit also, bei der sich Trauernde oftmals mit dem griechischen Helden Sisyphus vergleichen, dessen Strafe darin bestand, einen Felsblock einen steilen Hang hinaufzurollen. Doch entglitt ihm dieser regelmäßig kurz vor dem Ziel, so dass er beständig von vorn beginnen musste. Mühsam Erarbeitetes wird wieder und wieder in Frage gestellt, trauernde Menschen sehen sich gefangen in einer seelischen Zerreißprobe. Kognitive Erklärungen für das Unbegreifliche lassen sich nicht wirklich greifen, vertraute Sinnkonstruktionen erweisen sich gleichzeitig als brüchig. Bemühungen, diese Dynamik zu steuern, schwanken zwischen Kapitulation und Triumph. Mit dieser Aufgabe, die Todes- mit der Lebensperspektive versöhnlich zu verbinden, sind wir wohl lebenslang in widersprüchlicher Auseinandersetzung beschäftigt – eine individuelle wie gleichermaßen gesellschaftliche Herausforderung!

Trauer als dialektischen Diskurs zu verstehen, der sich zwischen den Polen von These A und Antithese B langsam und höchst mühsam zur Synthese C im gegenseitigen Wechselspiel eines System hinarbeitet, eröffnet einen erklärenden Blick auf das vielfältige Konflikterleben Trauernder und ihrer Umgebung.

Wohl jeder Trauerprozess ist irgendwann einmal begleitet von Gefühlen des tiefen Zorns und der ohnmächtigen Wut. Im Wechselspiel mit der Sehnsucht nach dem Verlorenen und der empfundenen Bindung daran werden sie nicht selten als innere Zerreißprobe erlebt. Sie droht den einzelnen Trauernden ebenso zu vernichten wie auch dessen Lebenssystem. Vorwürfe an sich selbst, Anklagen an andere, empörte Auflehnung gegen das Schicksal und Angst, diesen intensiven Emotionen nicht standhalten zu können, kosten alle Beteiligten immense Kraft. Alte Verletzungen und Kränkungen können wieder aufbrechen und von den einzelnen Systemmitgliedern aufeinander gerichtet werden. Die Trennungsquote bei Paaren liegt in dieser Zeit statistisch gesehen signifikant höher als in anderen Lebensabschnitten.

Manche Systeme lenken diese Konfliktdynamik nach außen, betrachten andere Menschen als für ihren Verlust verantwortlich und führen womöglich aufwändige Prozesse. Die bereits beschriebene Dialektik der Trauer mit ihren Widersprüchen kreist im Einzelnen wie im System, während soziales Umfeld und Gesellschaft ihrerseits in dieser Konfliktspirale reagieren.

Systemische Trauerbegleitung beachtet und thematisiert diese Dynamik, sie hält ihr stand und bietet einen Rahmen für Ausdruck und Entwicklung. Im systemischen Verständnis ist ein Konflikt ein Abstraktum, eine Konstruktion, die es individuell zu übersetzen gilt: Was bedeutet diese Situation, die ich konflikthaft erlebe, für mich? Welche Gefühle und Erfahrungen löst sie bei mir aus? Welche persönlichen Bedürfnisse sollten gesehen, respektiert und erfüllt werden?

2.3 Trauererleben

2.3.1 Trauerverläufe unter erschwerten und traumatisierenden Bedingungen

Terminologie und grafische Darstellung: Da in der Literatur eine sehr unterschiedliche und mitunter in sich widersprüchliche Terminologie bei der Abhandlung der Nahtstelle zwischen Trauererleben und Traumaerfahrung gebräuchlich ist, und darüber hinaus eine verwirrende Vielfalt paralleler »Systematiken« in der Fachpresse existiert, möchten wir an dieser Stelle unseren Sprachgebrauch und unser Begriffsverständnis deutlich machen (vgl. Abbildung 1).

Verluste werden durch die sinnhafte und gesunde Reaktion der Trauer beantwortet. Trauerreaktionen stellen immer ein prozessuales Geschehen dar. Verlust unter erschwerten Bedingungen kann zu *verkomplizierten Trauerverläufen* führen, zum Beispiel können sich vegetative Symptomatik oder Aggressivität als Einzelaspekte exklusiv über einen längeren Zeitraum manifestieren. Mit entsprechender, gezielter Unterstützung kann der Prozess wieder verflüssigt und in einen gesunden Trauerprozess zurückgeführt werden.

Unter *Trauma* verstehen wir im lateinischen Wortsinn eine tiefe physische oder psychische Verletzung. Ein traumatisierendes Ereignis begreifen wir im Sinne Chris Pauls als ein *hochbelastendes Geschehen,* in dem sich für die betroffenen Personen »zu viel«, »zu schnell« und »zu plötzlich« abspielt (2006, zit. nach einem Vortrag im Trauerinstitut Deutschland e. V.).

Dies führt zu damit verbundenen traumatischen Erfahrungen. Für eine *Traumaerfahrung* ist der Aspekt der existentiellen Bedrohtheit gekoppelt mit empfundener

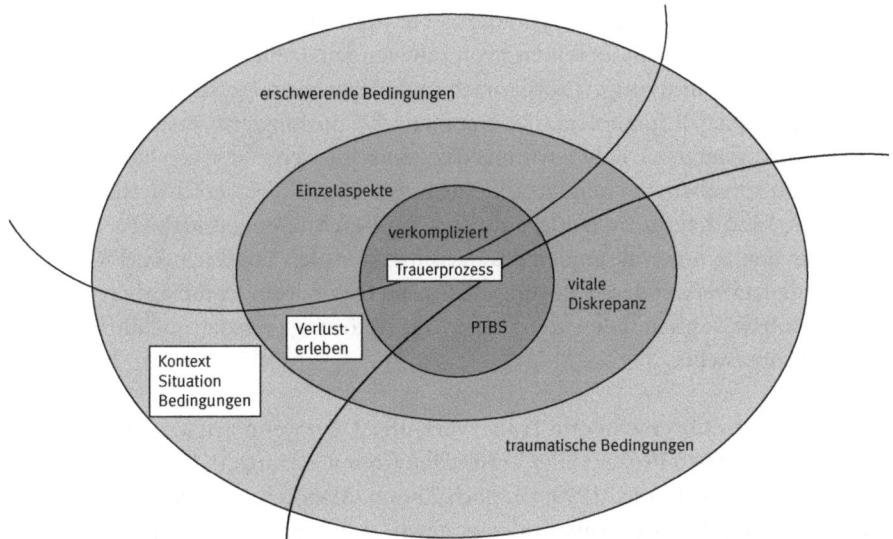

Abbildung 1: Trauer und Trauma

Ohnmacht und Kontrollverlust definierendes Kriterium. Wir lehnen uns hier an die kompakte Darstellung von Fischer und Riedesser (2003) an, die eine Traumaerfahrung als ein »vitales Diskrepanzerleben zwischen bedrohlichen Situationsfaktoren und den individuellen Bewältigungsmöglichkeiten« (S. 82) beschreiben. Dieses Erlebnis führt zu einer tiefen Erschütterung des Selbst- und Weltverständnisses.

Die *Traumareaktion* stellt eine Überlebensstrategie auf eine traumatogene Exposition dar. Dabei verändern sich auf charakteristische Weise zumindest vorübergehend Wahrnehmung und Wahrnehmungsverarbeitung. Störungen des Bewusstseins und der Aufmerksamkeit können sich einstellen, Affekte ausgeblendet oder übermäßig ausagiert werden. Ein Teil des Personenkreises, der einem Trauma ausgesetzt ist, prägt eine offensichtliche *posttraumatische Belastungsstörung (PTBS)* aus.

Immer wieder trifft man auch auf den Begriff der *Traumafolgestörung*. Die Bezeichnung Traumafolgestörung deckt noch einen erheblich größeren Bereich von Reaktionsmöglichkeiten und Störungsbildern auf traumatische Ereignisse ab als eine PTBS. Beziehungs-Traumata, also Traumatisierungen, die durch Menschen initiiert werden, sich häufig und über längere Zeit ereignende Traumatisierungen, solche, die sich sehr früh im Leben eines Betroffenen ereignen und beispielsweise ein sehr hohes Gewaltmaß beinhalten, führen häufig zu anhaltenden und weitreichenden Problemen. Aus den Folgen einer solchen Traumatisierung kann somit auch eine gestörte Persönlichkeitsentwicklung resultieren, man spricht dann von »komplexer Traumafolgestörung«.

Dissoziativen Störungen (Störungen, die die Unversehrtheit der Identität betreffen), chronische somatoforme Schmerzstörungen, und die emotional-instabile Persönlichkeitsstörung werden beispielsweise als gravierende Traumafolgestörungen beschrieben

Da es eine allseits bekannte geradezu »babylonische Sprachverwirrung« in der vielfältig nuancierten Beschreibung von schwierigen Trauerverläufen gibt, die die Historie der Veränderungen von Forschungsansätzen und gesellschaftlichen Entwicklungen spiegelt (pathologische, traumatische, prolongierte, erschwerte Trauer, complicated grief u. a.), haben wir uns dazu entschlossen von »(ver-)komplizierter Trauer« zu sprechen, verwenden aber auch den Begriff der »erschwerten Trauer« synonym. Eine diagnostisch relevante Zustandsbeschreibung und die Fachbezeichnung für den Symptomkomplex des derzeitigen in den Leitlinien und Klassifikationsschemata verwendeten Störungsbildes einer »persistant complex bereavement disorder« bzw. »anhaltenden komplexen Trauerstörung« werden ausführlicher auf Seite 49 vorgestellt.

Risikofaktoren für erschwerte Trauerverläufe: Auch wenn Schätzungen zu Folge nur in etwa 5 bis 15 Prozent aller Trauerfälle Komplizierungen der Trauerverläufe zu erwarten sind (Jacobs, 1999; zit. nach Znoj u. Maerker, 2004, S. 401), lehrt uns die Erfahrung, dass wir früher oder später in der Begleitung komplexen Trauerprozessen beggnen. Oft beinhalten sie mehrere Verlustereignisse, sind über Ge-

nerationen hinweg wirksam und Hilfsangeboten wenig zugänglich. Dann handelt es sich möglicherweise um einen erschwerten Trauerweg oder eine sogenannte *verkomplizierte Trauer* (»complicated grief«). Charakteristika solcher Trauersysteme sind die bereits unabhängig vom Akutereignis vorbestehenden Vulnerabilitäten, die durch frühere oder andauernde Belastungen ein erhöhtes Risiko für Dekompensation (Zusammenbrechen der Anpassungsleistungen und Beeinträchtigung alltagstauglicher Funktionen) darstellen. Ein erschwerter Verlauf wird durch das Vorliegen folgender Aspekte einer Trauerbiografie wahrscheinlicher:
– unklare, uneindeutige Verlustsituationen (verschwundene, verschollene Personen);
– tabuisierte Verluste (Schwangerschaftsabbruch, Abgabe eines Kindes in Adoption);
– von der Gesellschaft negierte Liebesobjektverluste (z. B. bei Dreiecksbeziehungen oder bei verschwiegener, weil als »illegitim« konnotierte Elternschaft, siehe Priesterkinder);
– vorausgegangene besonders belastende Beziehungskonstellationen mit der betrauerten Person;
– mehrere existentielle Verlusterfahrungen, in der Literatur als »kumulative Verluste« (Khan, 1963), »sequentielle Verluste« (Keilson, 1979) oder serielle Verluste bezeichnet;
– selbstverschuldete Todesursache (alkoholisierter Unfallfahrer);
– unzureichende Bearbeitungsmöglichkeiten (bei vorrangiger Existenzsicherung, eingeschränkte kognitive Fähigkeiten etc.);
– generationenübergreifende »Langzeiteffekte« mit stellvertretend Trauernden;
– seelische Vorverwundungen (psychotische Erkrankungen, neurotische Störungen, Ich-Funktion-Schwäche, ausgeprägte emotionale Labilität);
– fehlende Netzwerke, nicht vorhandene oder nicht ausreichende Unterstützung durch das System (bei Randgruppen und Minderheiten, z. B. von sozialer Isolation betroffene, behinderte, alte, kranke, drogenabhängige Personen, bei heimatentwurzelten und kulturentfremdeten Flüchtlingen);
– wenig hilfreiche Kommunikationsformen, fehlender emotionaler Austausch und Vermeidung der Auseinandersetzung mit dem Erlebten.

Ängstigende religiöse Vorstellungen und Bewertungen zählen ebenso zu den möglichen belastenden Faktoren wie hochambivalente oder durch Abhängigkeiten gekennzeichnete Beziehungen zum Verlorenen. Wird ein Verlust sozial negiert, als hätte er nicht stattgefunden, oder das Verlusterleben aus sozialer Verpflichtung für andere unterdrückt, kann auch dies den Trauerentwicklungsweg beeinflussen. Fehlende, unvollständige oder schädigende soziale Netzwerke wirken sich jetzt besonders fatal aus. Gab es zudem vielleicht in der früheren Lebensgeschichte der Trauernden besonders belastende Schicksalsschläge oder muss ein System sich innerhalb kurzer Zeit mehreren Verlusterfahrungen stellen, kann dies zu Überlagerungen, Fixierungen und Stagnationen im Trauerprozess beziehungsweise zu prolongierter Trauer führen. Dramatische Todesursachen wie ein Flugzeugabsturz, der gewaltsame Tod durch Unfall, die Ermordung eines Angehörigen oder auch der Suizid einer nahestehenden Person bedeuten extreme Begleitumstände, die den Einzelnen oder das gesamte System zeitweise oder auch langanhaltend überfordern. Hier würden wir von traumatischen Ereignissen sprechen, die eine qualitativ andere Art der Belastung darstellen und damit auch einen eigenständigen Behandlungsansatz erfordern.

Differentialdiagnostische Einschätzung von Trauer- und Traumareaktion: Menschen, die von derartigen Schicksalswegen erzählen, haben ein erhöhtes Risiko für einen andauernd schmerzhaften und langwierigen Trauerprozess. Die Unterscheidung zwischen einem – wenn auch erschwerten – Trauerverlauf und weniger eindeutigen Symptomen einer zum Beispiel bislang unerkannten Traumafolgestörung kann unter Umständen diffizil sein. Dennoch mag es in unseren anamnestischen Gesprächen und trauerbiographischen Explorationen wiederholt Hinweise auf eine vorliegende traumatische Erfahrung geben, die wir keinesfalls übersehen dürfen. Dann ist abzuwägen, ob zusätzlich oder alternativ zur ursprünglich geplanten Trauerbegleitung eine traumatherapeutisch geschulte Fachkraft die Versorgung zu verantworten haben sollte, denn wir wissen heute, dass das Vorliegen eines unbehandelten Traumas prognostisch zu verkomplizierten stagnativen Trauerprozessen führt, sodass es eine klare Prämisse für Trauerbegleiter geben muss: »Trauma first« meint die Vorrangigkeit in der Behandlungsabfolge von traumatherapeutischen Interventionen vor trauerbegleitenden Maßnahmen.

Ein zentrales Thema für die geforderte Differenzierung und (fach-)kundige Einordnung ist der Umgang der Klientin mit ihren Erinnerungen. Normalerweise sind sie für uns zweifelsfrei auf einer »Zeitachse« gespeichert. Dass es sich bei dem erinnerten Ereignis um ein vergangenes handelt, schafft die Möglichkeit, sich diesem Ereignis anzunähern oder sich von ihm zu distanzieren. Meist ist die Erinnerung (als Bild, als Skulptur) eingebettet in einen biografischen Gesamtzusammenhang, hat einen umrissenen Kontext und einen nachvollziehbaren Ablauf. Jede Erinnerungswiedergabe wird sich ein bisschen anders anhören, mit dem vielfachen Erzählen verändert sich das Dargestellte und wird in zunehmend seelisch verträglicher Weise ins persönliche Welt- und Selbstverständnis integriert. Diese *Narrationen* ermöglichen die Aneignung der Leiderfahrung in einem sukzessive fortschreitenden, zirkulär wirksamen Prozess. Zum einen wird auf der Suche nach dem »Sinn« des Verlustschmerzes das Ereignis in den persönlichen Lebenszusammenhang eingebettet, zum anderen überlagern sich durch die fortgesetzte formatierende Aktivität der wiederholten Schilderung die Spuren des Geschehens in unserem Gedächtnis so lange, bis mit Hilfe dieser Verbuchungstechnik ein integrierbares und für das eigene Weiterleben die Voraussetzung schaffendes Erinnerungsmosaik hinterlegt wurde. Dieses Kreisgeschehen wiederholt sich in unserer Lebenstrauer, aktualisiert durch die Herausforderungen unserer jeweiligen Gegenwartstrauer, unendlich viele Male.

»Ich fing endlich an, mit dem Thema ›Tod meines Kindes‹, das mir mein Leben nun mal serviert und aufgetischt hatte, ›zu arbeiten‹. Bewusst und intensiv. Ich habe mich

überwiegend schreibend damit auseinandergesetzt. Alleine vor meinem Computer zuhause rang ich acht Jahre lang um eine Fassung der Geschichte, mit der ich leben konnte […] Anfangs waren die Schriften, die dabei herauskamen, Elendspapiere, die vor Tränenfluten tropften und die niemand würde lesen wollen […]
Ich konnte sie selbst nicht ertragen so. Wieder und wieder schrieb ich die Tragödie meines Lebens neu, unter immer neuen Aspekten, anderen Gesichtspunkten, in tausend verschiedenen Fassungen, in meinen Bemühungen, eine Sichtweise zu finden, mit der ich leben konnte« (Aumeier, 2007).

In der zeitgenössischen, oftmals im zweifachen Wortsinn ausgezeichneten Kinderliteratur finden wir häufig einen anderen, nicht minder bewegenden Versuch, »Erinnerung zu gestalten«: nämlich den erlittenen autobiografischen Verlust durch einen Gegenentwurf spiegelbildlich zu verarbeiten. Autoren, die in der Schilderung einer optional erlösbaren Kindheit voller zauberhafter Attribute – vergleiche unter anderem die Werke Michael Endes – »fast verzweifelt versuchen, sich im Erwachsenenalter die glückliche Kindheit zu imaginieren und schreibend sie nachzuschaffen, die sie nie erlebt haben« (Maar, 1994).

Von einem dauerhaften Wechselspiel unserer kognitiven und emotionalen Verarbeitungsmechanismen und einer andauernden dynamischen Anpassungsleistung des Erinnerns ist auszugehen (Brockmeier, 2015). Trauernde durchqueren ihre innere imaginierte Trauerlandschaft in Entsprechung einer adaptiven Neuvernetzung und Neubemusterung der cortikalen Karten ihres Gehirns, worauf neuropsychologische Forschungsergebnisse verweisen (Onnasch, 2009). Die Spuren im Gedächtnis stellen somit keine invarianten Größen dar, sondern einen gleichzeitig aktiv unser Memorieren beeinflussenden und durch unseren Abruf der Erinnerung (das Bemühen, dafür erklärende Worte beziehungsweise sinnstiftende Bilder zu finden) permanent substantiellen Eigenveränderungen unterliegenden Gestaltungsvorgang.

Traumainduzierte Erinnerungen weisen demgegenüber spezifische Abweichungen auf. Ein zumeist rasch ablaufendes dramatisches Ereignis bietet keine Chance, sich mit ausreichender Zeit schrittweise anzunähern, darüber hinaus gibt es wenig oder gar keine Möglichkeit, auf den Ablauf Einfluss zu nehmen. Eine überwältigende Flutwelle von akustischen, optischen, haptischen, olfatorischen Reizen durchdringt die Abwehrmöglichkeiten, führt zu nachweislich hirnphysiologisch veränderten Informationsverarbeitungsprozessen und damit zu Desorganisation und Desintegration. Je früher, je schwerer, je häufiger Traumatisierungen einwirken, desto radikaler die Auswirkungen. Fühlen und Denken werden in Mitleidenschaft gezogen. Langfristig verändert sich das Identitätserleben.

Wird nun eine Traumaerfahrung berichtet, erleben wir entweder fast eine Art Redezwang (schnelles, abgehacktes Vielsprechen) oder es fehlen die Worte, stattdessen sind es machtvoll einströmende Sinneseindrücke, die sich unwillkürlich aufdrängen. Kontrolle über diese so bezeichneten *Flashbacks* (horrorfilmartig wiederbelebte detaillierte Szenerien aufgrund ähnlicher Sinneswahrnehmungen (gleicher Geruch, Farbeindruck, Anblick einer bestimmten Pflanze usw.) oder Intrusionen (unkontrolliert eindringende Erinnerungen)) kann anfangs auch bei größter Willensanstrengung nicht erlangt werden. Getriggert durch Auslöserreize erfolgt eine unfreiwillige »Zeitreise«, die Vergangenheit wird zur ständig wiederbelebten Gegenwart: Alles ist hier und jetzt real gefährdend. Sie retraumatisiert den Menschen jedes Mal aufs Neue.

Je deutlicher das Erinnern mit negativen Gefühlen verbunden ist, desto höher ist die Wahrscheinlichkeit, dass – aufgrund der unerträglichen Rückkoppelung – die Tendenz besteht, das Erinnern zu vermeiden. Was berichtet werden kann, wirkt fragmentarisch, bruchstückhaft und manchmal wie »fremderlebt«. Das die eigene physische oder psychische Existenz bedrohende Geschehen wird ausgelagert und ist als automatisiert ablaufende, zeit- und raumunabhängige Erinnerungssequenz gespeichert, die in die eigene Biografie nicht integrierbar erscheint.

Diese spezielle Art, sich (unbewusst) zu »erinnern«, unterteilt Anette Streek-Fischer (2006) bei adoleszenten Traumapatienten in der Tradition von Perry und Pollard (1998) anschaulich in ein Spektrum von Erregungs- und Dissoziationsmustern. Zwischen der Neigung zu Überreaktion auf der einen und Abwesenheitszuständen auf der anderen Seite stellt sie verschiedene Reaktionsweisen und ihre Mischformen einander gegenüber. Auf dem Pol der Übererregung finden wir hyperkinetisches, aufmerksamkeitsaktiviertes, impulsives, destruktives, angstbesetztes Erleben, auf der Gegenseite eher Symptome des sogenannten »numbings«, von Rückzug, Betäubung, Sprachlosigkeit, Einengung und Erstarrung. Isolierte Körper- oder Gefühlswahrnehmungen, verschiedene Zustände des Ich-Erlebens (Dissoziationen) sind ebenfalls traumaspezifische Formen des Erinnerns vom faktisch nicht Erinnerbaren.

Der *Schockzustand* der ersten Trauerreaktion hält nur vorübergehend an und wird von Pendelbewegungen zwischen Auflehnung, Niedergeschlagenheit, Suchbewegungen, Realitätsanerkennung und Neuorientierung abgelöst. Bei einer Traumareaktion dagegen treffen wir auf eine überdauernde Höchstspannung, mit der sich ein Mensch ständig bereithält, auf die Herausforderungen eines Ausnahmezustandes zu reagieren. Oder aber er zeigt den gegenteiligen Verhaltensausdruck, ein »Eingefrorensein« (»frozen status«), das es ihm unmöglich macht, adäquat dem Ereignis zu begegnen. Aufgrund des verheerenden, alle Vorstellungen übersteigenden Geschehens werden archaische Impulse von Flucht und Kampfhaltungen ausgelöst, wobei uns die Umsetzung verwehrt ist. Eine Art *Totstellreflex* scheint Rettung zu bringen, so versucht die Seele die im Erleben ständig wiederkehrende Alarmsituation auszublenden und sich durch Abspaltungsmechanismen zu schützen. Dies führt zu den unter anderem beobachtbaren »tranceähnlichen« Abwesenheiten der Betroffenen. Damit gehen aber Sicherungsstrategien, die aus der Vergegenwärtigung des Bewusstseins fürs Hier und Jetzt resultieren, zeitweise verloren, die Verarbeitung wird blockiert, der Prozess stockt.

Als Ausdruck eines tiefen Verlustes erleben wir in der Trauerantwort physische Grenzgänge: Erschöpfung bei gleichzeitiger Schlaflosigkeit, Übelkeit, Herzrasen, Zittern und möglicherweise oft geradezu *körperliche Schmerzen*. Allerdings ist eine verstehende Zuordnung sehr wohl möglich, die Beschreibung erfolgt bewusstseinsnah und oft in sich selbst erklärenden Bildern: Enge in der Brust, schweres Herz,

Loch in der Körpermitte, die Beine versagen den Dienst, das Gefühl, regelrecht amputiert worden zu sein und Phantomschmerz zu erleiden.

Der von einer traumatischen Erfahrung Betroffene leidet eher unter einem Sich-selbst-nicht-mehr-spüren-Können, berichtet von einer erhöhten Neigung, zu »verunfallen«, seine körperlichen Beschwerden sind ebenso radikal wie diffus, die Symptome »flottieren« (verändern sich häufig, sind wenig fassbar) und verwandeln sich unbehandelt oft in funktionelle Störungen, die den Organismus auf Dauer auch manifest erkranken lassen können.

In der Trauer treffen wir auf eine wiederkehrende Fülle, eine ganze Farbenpalette unterschiedlichster emotionaler Befindlichkeit. Je nach Momentaufnahme können Scham, Trotz, Schmerz, Hoffnung, Sinnlosigkeit, Angst, depressive Verweigerung, Demut, Fassungslosigkeit, rasender Zorn oder Verzweiflung große Bedeutung haben. Die traumatisierende Erfahrung dagegen bedeutet, invasiven und introversiven Kräften so sehr ausgeliefert zu sein, dass das seelische Extremszenario primär mit Gefühlen abgrundtiefer Angst (Überlebensangst) und bodenloser Wut (Vernichtungswut) beantwortet wird.

Klassifikationsschemata und persönliche Verantwortung: Eine genaue anamnestische Exploration zu Lebensbedingungen und Vorerfahrungen ist von großer Bedeutung, um individuelle Bewältigungsstrategien zu stärken und die konkreten Bedürfnisse des jeweiligen von der schädigenden Einwirkung betroffenen Systems herauszufiltern. Danach wird eine Einschätzung der kurz- beziehungsweise langfristig erforderlichen Interventionen notwendig. Dieses *Erfassen der Bedarfslage* wird immer alternativlos die derzeitigen »Symptome« und frühere Verwundungen berücksichtigen, sollte aber nachdrückliches Gewicht auf bereits erfolgreich überstandene Herausforderungen, auf konsolidierende Bedingungen, erhaltene Unterstützungen (Drittpersonen) und das bisherige wie vorweggenommene (Selbst-)Hilfemanagement legen. Das Feedback der Ersteinschätzung der Helfer an die Familie ist entscheidend für deren Zutrauen in die eigene Befähigung, mit den tragischen Erlebnissen umgehen zu lernen.

Durch unsere Art der Beschreibung (Nosologie) fördern oder hemmen wir positiv wirksame Selbstattributionen in Bezug auf eine mögliche Bewältigung (Zuschreibungen an das eigene Ich, mit der Katastrophe fertig zu werden). Im Rahmen von Medizintreue und klinischen Systematisierungswünschen betrachtete das »Spezialistentum« einen allein deskriptiven Zugang zu Verhaltensbesonderheiten bei traumatischen Erfahrungen und erschwerten Trauerverläufen als nicht ausreichend und einigte sich auf kategoriale Ordnungssysteme für Störungsbilder. Damit richtet sich der Fokus seither automatisch auf eine explizit einzufordernde Phänomenologie von »Defiziten«.

Prozesshafte Trauer- und auch Trauma-Antworten des Menschen auf erschütternde Lebensereignisse sind nach unserer Überzeugung jedoch trotz (möglicher) klinischer Manifestation und oft deutlicher Beeinträchtigung der Betroffenen keine psychopathologischen Krankheitsbilder im engeren Sinne, wenngleich die Struktur unseres Gesundheitssystems eine solche Etikettierung zwingend vorschreibt, um für die erforderlichen Heilbehandlungen die Frage der Kostenübernahme (Finanzierung durch Krankenkassen, Rententräger) zu klären.

Trotz aller Kontroversen zum Thema ist jedoch mittlerweile unstrittig, dass es bei einem kleinen Prozentsatz von Trauer betroffener Mitmenschen – die Deutsche Gesellschaft für Palliativmedizin spricht von etwa 3 Prozent – zu dysfunktionalen und damit entwicklungshemmenden Trauerverläufen kommt. Diese wirken sich auf Person und Umfeld nachteilig und schädigend aus und müssen als Störungsbilder benannt, erfasst und behandelt werden. Eine differenzierende, abwägende und fein justierte Stellungnahme der DGP, deren nach allen Seiten sondierenden Argumentation den Nachvollzug der Entscheidungsfindung unserer Ansicht nach sehr gut ermöglicht, stellen wir mit Erlaubnis der Herausgeber in aller Ausführlichkeit im Handout zur Verfügung (H Stellungnahme der DGP).

Klassische differentialdiagnostische Einordnung: An dieser Stelle können die dem ICD-10 (Internationales Klassifikationsschema der WHO, 2004, Kapitel V (F)), entnommenen notwendigen *Kriterien für die Diagnosen* der »akuten Belastungsreaktion«, der »posttraumatischen Belastungsstörung« und der »Anpassungsstörung« Vorschläge zur Einordnung bieten. Eine Trauerstörung konnte bislang nur unter einer akuten Belastungsstörung, einer posttraumatischen Belastungsstörung und einer Anpassungsstörung bzw. affektiven Störungsbildern wie einer Depression diagnostiziert werden. Es ist darauf hinzuweisen, dass die kategorialen Zuordnungssysteme – ob DSM (Diagnosemanual der American Psychiatric Association) oder ICD als verbindliche und anerkannte internationale Diagnosemanuale – oftmals weder in der Lage sind, die jeweilige subjektiv empfundene »Wirklichkeit« der Betroffenen abzubilden, noch sind diese deckungsgleich mit unseren Einschätzungen der Entstehung und Aufrechterhaltung von komplizierten, prolongierten, blockierten Trauerverläufen (in unseren Augen zirkuläre und nichtlineare Prozesse). Obwohl es sich also um eine ziemlich rigide und für unser Thema nicht sehr suffiziente störungsorientierte Nomenklatur handelt, werden die bisherigen Diagnosekriterien aus Gründen der Praxisrelevanz hier kurz beschrieben (hier nach ICD-10, S. 345 f.).
- *Akute Belastungsstörung F43.0* (Krisenreaktion): Vorübergehende Störung von beträchtlichem Schweregrad, die sich bei einem psychisch nicht manifest gestörten Menschen als Reaktion auf eine außergewöhnliche körperliche und/oder seelische Belastung entwickelt und im Allgemeinen innerhalb von Stunden oder Tagen abklingt.

Diagnostische Kriterien der akuten Belastungsreaktion sind:
- »ungewöhnliche Belastung«
- Beginn der Symptome »sofort« oder »innerhalb von Minuten« nach der Belastung
- »gemischtes« und »wechselndes Bild« mit emotionaler »Betäubung«, »Depression, Angst, Ärger, Verzweiflung, Überaktivität und Rückzug«, wobei kein Symptom längere Zeit vorherrschend ist.

- Die Symptome sind »rasch rückläufig« und »gewöhnlich nach 3 Tagen nur noch minimal vorhanden«
(ICD-10, Dilling et al. 2011).
- *Posttraumatische Belastungsreaktion F43.1 (PTBS):* Verzögerte oder protrahierte (verlängerte) Reaktion auf ein belastendes Ereignis oder eine Situation kürzerer oder längerer Dauer, mit außergewöhnlicher Bedrohung oder katastrophalem Ausmaß, die bei fast jedem eine tiefe Verzweiflung hervorrufen würde.
Als Kernsymptome werden das (intrusive) Wiedererleben, das Vermeidungsverhalten und die sog. Übererregbarkeit benannt. Die Kriterien der PTBS lauten:
  - »traumatisches Ereignis von außergewöhnlicher Schwere«
  - Auftreten der Symptome »innerhalb von 6 Monaten nach« dem traumatischen Ereignis
  - »wiederholte unausweichliche Erinnerungen oder Wiederinszenierung des Ereignisses in Gedächtnis, Tagträumen oder Träumen« (sogenanntes Wiedererleben/Intrusionen)
  - »Vermeidung von Reizen, die eine Wiedererinnerung an das Trauma hervorrufen könnten« (sogenanntes Vermeidungsverhalten) sowie »Gefühlsabstumpfung« (sogenanntes Numbing)
  - »vegetative Störung« in Form von Übererregtheit (sogenanntes Hyperarousal/Übererregung)
  (ICD-10, Dilling et al. 2011).
- *Anpassungsstörungen F34.2:* Zustände von subjektiver Bedrängnis und emotionaler Beeinträchtigung, die im Allgemeinen soziale Funktionen und Leistungen behindern und während des Anpassungsprozesses nach einer entscheidenden Lebensveränderung oder nach belastenden Lebensereignissen auftreten. Diagnostische Kriterien der Anpassungsstörung sind:
  - »ungewöhnliche Belastung«
  - Beginn der Symptome innerhalb eines Monats nach Beginn der ungewöhnlichen Belastung
  - Es zeigen sich unterschiedliche, z. B. depressive oder ängstliche Symptome oder Veränderungen im Sozialverhalten, z. B. aggressives oder dissoziales Verhalten. Keine Symptome erfüllen die Kriterien der einzelnen Störungen, wie z. B. einer sozialen Phobie. Es können gemischte Störungsbilder auftreten.
  - Symptome dauern nicht länger als sechs Monate
  (ICD-10, Dilling et al. 2011).

Die diagnostische Beschreibung der Anpassungsstörung war bisher am ehesten als Klassifikationseinheit anzuwenden auf »verkomplizierte« Trauerprozesse. Für die Kostenübernahme therapeutischer Interventionen wird derzeit meist auf diese Kategorie zurückgegriffen. Ein Link von der komplizierten Trauer ergibt sich wiederum zur »major depression« mit einer Komorbiditätsrate von 20 bis 50 Prozent (Rosner, 2008; Vortrag an der Ludwig-Maximilians-Universität München am 15.01.2008). Immer deutlicher kristallisierte sich in den letzten Jahren heraus, dass die komplizierte Trauer gemeinsam mit Symptomen der

PTBS und depressiven Störungen auftreten kann, wenngleich sie ein »eigenes Profil« zeigt. Ausführlicher werden Anhaltspunkte zur inhaltlichen Abgrenzung zwischen Trauer und depressiver Entwicklung jeweils gesondert für das Kindes- und Jugendalter in Kapitel 3.3.1 und für die »Nahtstelle« zwischen Trauerreaktionen und Depression im Alter in Kapitel 3.3.4 dargestellt.

Die »posttraumatische Belastungsstörung« (PTBS) ihrerseits ist ein mittlerweile international fundiert untersuchtes und durch viele wissenschaftliche Veröffentlichungen bekannt gewordenes, wenngleich noch immer heterogen diskutiertes Störungsbild. Zur Thematik der komplizierten oder prolongierten Trauer ergibt sich eine relevante Beziehung, da bei unter erschwerten Bedingungen Trauernden eine Komorbiditätsrate von etwa 30 bis 40 Prozent mit PTBS gefunden wurde. In den Leitlinien der psychotherapeutischen Medizin und Psychosomatik, Herausgeber ist die Arbeitsgemeinschaft der wissenschaftlichen Fachgesellschaften (AWMF), wird darauf hingewiesen, dass die Häufigkeit, mit der sich eine PTBS einstellt, nicht unabhängig von der Schwere und der Art der Traumatisierung beantwortet werden kann. Die höchsten Prävalenzraten (Wahrscheinlichkeit des Auftretens) ergeben sich mit bis zu 50 Prozent nach Vergewaltigung und bei Kriegs- und Vertreibungsopfern. Circa 25 Prozent derjenigen, die anderen Gewaltverbrechen ausgesetzt waren, und jeweils 15 Prozent der Verkehrsunfallopfer wie der Patienten mit schweren Organerkrankungen zeigen ebenfalls die Symptomatologie einer PTBS (AWMF-Leitlinien-Register 05/010, letzte Aktualisierung Januar 2006). Die Lebenszeitprävalenz wird im Schnitt zwischen 1,7 und etwa 7 Prozent angegeben.

Wie in einer deutschlandweiten, mit 2.462 Befragten repräsentativen und 2008 von Maercker et al. publizierten Studie aufgezeigt wurde, fallen die Zahlen zur Häufigkeiten der PTBS auch in verschiedenen Nationen je nach Art des erhobenen Traumas (Naturkatastrophen/Missbrauch u. a.) unterschiedlich hoch aus und sind aufgrund der Varianz des untersuchten Altersspektrums selten vergleichbar. So gibt es in der genannten epidemiologischen Erhebung einer Stichprobe zwischen 14- bis 95-Jährigen eindeutig einen offensichtlichen Altersgipfel in Deutschland – das Vorkommen einer posttraumatischen Belastungsstörung war in der ältesten Gruppe der Befragten am häufigsten gefunden worden. Da in dieser Studie, die sorgfältig zwischen Traumagruppen, Vollbild und partiellen Syndromen unterscheidet, jedoch aufgrund der breiten Datenmenge nur eine 1-Monatsprävalenzrate erhoben wurde, fallen die veröffentlichten Prozentzahlen bei Punktprävalenz (hier 2,3 Prozent Vollbild-PTBS und 2,7 Prozent subsyndromales/partielles Störungsbild) typischerweise niedriger aus als bei erhobener Lebenszeitprävalenz anderer Studien (oft aus dem angloamerikanischen Raum mit durchschnittlich angegebenen Lebenszeitprävalenzen von 5 bis 10 Prozent). Wiewohl eine »late-onset-PTBS« beschrieben wird, ist das erstmalige Auftreten der Symptomatik nach Ablauf eines Jahres nach Eintreten des Traumas eher selten.

Neue und erweiterte Klassifizierung: In den letzten Jahren wurde intensiv an einer Überarbeitung des ICD 10 gearbeitet und ab 2018 wird eine neue, die 11. Version, zur Verfügung stehen. Hierin wird auch erstmals die »anhaltende Trauerstörung« ihren Platz als diagnostische Kategorie finden, die somit Krankheitsstatus erhält.

»Eine allgemeingültige Normierung der normalen Trauer (ist) schwierig. So weisen Studien darauf hin, dass auch eine fehlende oder eine verzögerte Trauerreaktion möglich ist und es sich dabei um weitere Variationen des Bewältigungsprozesses handelt. Zusammenfassend ist festzuhalten, dass sich ein normaler, nicht pathologischer Trauerprozess nur schwer normieren lässt, da sowohl die Intensität als auch die Dauer individuell unterschiedlich sein können.« (Steinig u. Kersting, 2015)

Die Autorinnen verweisen im Weiteren darauf, dass »etwa 10 % der Trauernden den Trauerprozess nicht abschließen« können und dieses Klientel eine anhaltende komplexe Trauerreaktion entwickelt. Diese sei wissenschaftlichen Untersuchungen zufolge als Krankheitsbild anzusehen, für das empirisch validierte Kriterien bestehen. »Es ist abgrenzbar von anderen psychischen Erkrankungen, die häufig mit einer anhaltenden komplexen Trauerreaktion komorbid auftreten (z. B. Depression, Angststörungen oder PTBS)«.

Gerade im Bereich der Erfassung von Trauer- und Trauma-Reaktionen wird international um eine Verbesserung der Abbildung der Probleme der Betroffenen gerungen. Auch der DSM-Katalog (Diagnosemanual der American Psychiatric Association) wurde für eine Neufassung (DSM-5) überarbeitet und bildet seit 2013 im angloamerikanischen Raum ein aktualisiertes Referenzschema. Eine von affektiven Erkrankungen unabhängige »Klasse« für spezielle trauma- und stressbezogene Störungen wurde etabliert. Auf eine eigenständige Kategorisierung, »prolonged grief disorder« (PGD), konnte man sich allerdings nicht einigen, das Manual wurde jedoch um ein vergleichbares definiertes Störungsbild ergänzt, die »Persistant Complex Bereavement Disorder (anhaltend komplexe Trauerreaktion)« kurz PCBD, (Maciejewski et al., 2016), welche mit dem Hinweis versehen wurde, es seien weitere Forschungsbemühungen notwendig – und die somit erneut eine gewisse Relativierung erfuhr. Die anhaltenden Diskussionen um eine Differenzierung zwischen »normaler« Trauer und Trauer mit »Krankheitswert« in den Ausschüssen und Leitliniengremien und innerhalb der beauftragten und leider wiederholt mit Pharmalobbyismus in Verbindung gebrachten Expertenkreise treiben allerdings auch immer wieder höchst fragwürdige »Stilblüten«, wenn z. B. eine länger als 14 Tage dauernde Trauerreaktion einer Depression subsumiert werden sollte. Mittlerweile ist der zeitliche Korridor gestreckt worden, und von einem auffälligen Verlauf der Trauer im Sinne einer Störung darf erst nach 12 Monaten (Erwachsene) bzw. 6 Monaten (Kinder) und nur bei Vorliegen prägnanter Symptomatik gesprochen werden, wie
- Fortbestehende Sehnsucht/Verlangen nach dem Verstorbenen.
- Intensive Sorge und emotionaler Schmerz als Reaktion auf den Todesfall
- Gedankliches Verhaftetsein mit dem/der Verstorbenen.
- Übermäßige Beschäftigung mit den Umständen des Todesfalls.

sowie bei besonderer Belastung wie
- Beträchtliche Schwierigkeiten, den Tod zu akzeptieren
- Unglaube oder emotionale Taubheit über den Verlust
- Schwierigkeiten, positive Erinnerungen an den Verstorbenen zuzulassen
- Bitterkeit oder Ärger über den Verlust
- Dysfunktionale Bewertungen der eigenen Person in Bezug auf den Verstorbenen oder seinen Tod (z. B. Selbstvorwürfe)
- Übermäßiges Vermeiden von Erinnerungen an den Verlust (z. B. Vermeidung von Personen, Plätzen oder Situationen, die mit dem Verstorbenen verbunden werden)

Komplizierte Trauer und Postraumatische Belastungsstörung voneinander unterscheidbarer zu machen, war die Aufgabe der Forschung der letzen Jahre. Es konnten ein paar sehr hilfreiche Kriterien entwickelt werden:
- Angst bezieht sich bei Trauerreaktionen auf die Trennung von der verlorenen Person, auf die Zukunft ohne diesen Menschen, bei der PTBS ist die Angst auf das traumatisierende Ereignis und die Erinnerung daran geknüpft,
- Menschen mit einer Traumastörung sind gewöhnlich in ihrem Sicherheitsempfinden stark beeinträchtigt, Trauernde erleben dies normalerweise nicht
- (Abgrund-)tiefe und nicht enden wollende Traurigkeit ist eher das Merkmal einer komplizierten Trauerreaktion und nicht zwingend ein Kriterium der PTBS
- Das umfassende anhaltende und sich nicht verändernde Sehnsuchtsgefühl nach einem verstorbenen Menschen ist kein Merkmal einer PTBS, sondern zeigt den immensen Trauerschmerz
- Vermeidungsverhalten bezieht sich in der komplizierten Trauer auf den vermissten (abwesenden) Menschen, bei der PTBS auf das traumatisierende Ereignis und die eventuell damit assoziierten Personen
(Fallbeispiele sowie eine übersichtliche tabellarische Gegenüberstellung finden sich bei Wagner, 2013, S. 24)

Begleitung an den Schnittstellen von Trauer, komplizierter Trauer und Traumafolgestörungen: Ob eine, und wenn ja welche, Antwort vom biopsychosozialen Gesamtkunstwerk Mensch auf ein belastendes, ja sogar außergewöhnlich schwerwiegendes Lebensereignis gegeben wird, hängt von einem kaum überschaubaren Bedingungsgefüge ab: unter anderem von der idiosynkratischen *Vulnerabilität* (der individuellen »Verletzungsanfälligkeit«, der persönlichen Disposition), den augenblicklichen Lebensbedingungen, dem sozialen Netzwerk, den kulturellen und religiösen Kontexten, in denen gelebt und praktiziert wird, und nicht zuletzt von den nun zunehmend interessierenden *Resilienzfaktoren* (Schutzmechanismen).

Um es noch einmal hervorzuheben: Keineswegs folgt auf jedes potentiell traumatisierende Ereignis eine Anpassungs-, eine andauernde Belastungsstörung oder gar eine PTBS. Dennoch sollte in jeder Begleitung auf mögliche Traumatisierungen in der aktuellen Verlustsituation oder in der Vorgeschichte geachtet werden. Auch wenn es traumatisierten Menschen gelingt, in einen weitgehend normalen Lebensvollzug zurückzukehren, so ist dieser doch sehr filigran und leicht erschütterbar.

Sowohl bei der akuten Belastungsstörung als auch der PTBS sehen Marion Krüsmann und Andreas Müller-Cyran eine Vermeidungsstrategie und eine Tendenz zur Abspaltung von Trauergefühlen. Kurzfristig hat diese »Panzerung« jedoch eine protektive (bewahrende) und weiteres Fragmentieren (Auseinanderbrechen) verhindernde Funktion. Ehe nicht für ausreichend innere Sicherheit gesorgt werden kann, darf diese »seelische Ummantelung« keinesfalls durch ein wohlmeinendes Fördern von Gefühlsäußerungen zerstört werden. »Die Entscheidung zu einer bewussten Vermeidung (!), da wo die Angst zu groß oder realistisch ist, erweitert den Handlungsspielraum in den Fällen, in denen man sich gegen die Vermeidung entscheiden [kann]« (Krüsmann u. Müller-Cyran, 2005, S. 207).

Unsere langfristigen Angebote müssen sich dann allerdings an der Wiederbefähigung der Betroffenen messen lassen, die dem Ereignis zugehörigen adäquaten Emotionen so weit zuzulassen, dass die Klienten für ihr zukünftiges Leben über größtmögliche Freiheitsgrade und Schwingungsfähigkeiten verfügen. »Ziel und Sinn [von Trauerverarbeitung] sind es, sich auf das Leben und die sozialen Beziehungen zu andern Menschen wieder neu einlassen zu können« (Nicolaidis u. Zehentner, 2005, S. 72).

Die Beziehungen im sozialen Gefüge trauernder »Hinterbleibender« (siehe S. 92) verändern sich zwangsläufig nach einem Schicksalsschlag. Sie können sich jedoch auch intensivieren und eine intimere Qualität besitzen als jemals zuvor. In der Retrospektive berichten von existentiellen Verlusten Betroffene oftmals von einer »Verwesentlichung« ihres Selbst- und Weltbezugs. Unter dem Stichwort des »posttraumatischen Wachstums« (englisch: PTG für »posttraumatic growth«) versuchen Wissenschaftler seit Jahren, der komplizierten Verbindung zwischen Trauerschmerz, Notreifung und Persönlichkeitswachstum in der Zeit nach dem Erleben eines einschneidenden (traumatischen) Ereignisses nachzuspüren. Von Tedeschi und Calhoun (1996) wurden Veränderungen auf drei Hauptachsen beschrieben: Bei der Selbstwahrnehmung, in den Beziehungen zu anderen Menschen und in der Lebenseinstellung scheinen sich grundsätzliche Neuausrichtungen nachweisen zu lassen, die über eine dem Leben allgemein innewohnende Entwicklungstendenz hinausgehen.

Maercker und Zoellner (2004) betonen die »Janus-Köpfigkeit« dieser neuen Lebenserfahrung, sie besitze immer positiv-adaptive, aber auch eindeutig nichtadaptive Anteile in unterschiedlicher Melange. Strittig ist noch immer, inwieweit dieses Wachsen an leidvollen *life events* als das Endergebnis einer gelungenen Bewältigung, einer Integrationsleistung oder doch eher als Instrumentarium, als Strategie des Überlebens im Prozess der Anpassungsbemühungen anzusehen ist. Einige Forscher sehen das posttraumatische Wachstum als kompromissbildendes Resultat in der Bewältigung von widersprüchlichen und unangenehmen Gedanken und Gefühlen: »PTG can be measured as an outcome but it may more strongly be related to coping as in making meaning or in accepting what cannot be changed.

It has been argues that PTG is the result of coming to terms with adverse or conflicting cognitions and emotions« (Znoj, 2006). Mehrfach wird in der Literatur trotz aller Trendwende von defizit- zu ressourcenorientierter und perspektivischer Trauerbegleitung darauf hingewiesen, dass der Preis für diesen Zugewinn an – so die Selbstbeschreibung Trauernder – individueller Stärke und Selbstwirksamkeit, an gesteigertertem Wahrnehmungsvermögen, an größerer Innigkeit in sozialen Beziehungen, an bewussterer Lebensführung oder beispielsweise an spiritueller Verbundenheit, ein extrem hoher ist. Finden sich Anhaltspunkte für PTG bei Betroffenen, so finden sich laut Znoj nichtlineare Beziehungen zwischen dem persönlichen Wachstum und der Bewältigung des Trauerschmerzes, bzw. der Metamorphose der Not (es bedeutet also keineswegs, frei zu sein von Verlustschmerz und ambivalenten Emotionen, wahrscheinlich ist aber die Toleranz belastenden Gefühlen gegenüber erhöht). Grundsätzlich scheinen resiliente Menschen gut in der Lage, auch mit existentiellen Verlusten fertig zu werden, dennoch gibt es in geringerer Anzahl Personen mit nachhaltigen seelischen Problemen, die uns aufzeigen, dass es möglich ist, auch schwerste Verwundungen zu überwinden und trotz des scheinbaren Widerspruchs zwischen Leid-Empfindung und Belastungszeichen einerseits und Entwicklung, Wachstum und Reifung andererseits, eine tiefgreifend und umfassend gelingende Transformation ihres Menschseins zu vollbringen. Erzählen Trauernde von den positiven Auswirkungen einer veränderten Lebensgestaltung, der erreichten Akzeptanz des Geschehenen und ihrer neuen Sinnfindung, gehört es zur Kompetenz der (therapeutischen) Begleiter, dies zu würdigen und wertzuschätzen, auch wenn sie antizipieren, dass die jeweiligen »Selbstbekräftigungen« und das geschilderte Bewältigungshandeln zum entsprechenden Zeitpunkt noch wunscherfüllende oder gar illusionäre Züge tragen und sich der Coping-Prozess weiterhin in Pendelbewegungen vollziehen wird (Zoellner u. Maercker, 2006).

Hintergrundwissen für eine Unterscheidung zwischen natürlicher, wenngleich sich manchmal heftig äußernder Trauer und erschwerter Trauer ist für Trauerbegleitende ebenso erforderlich wie die Kenntnis von Reaktionen auf ein Akutereignis und der PTBS, denn für eine regelgerechte Hilfestellung sind jeweils andere Interventionen notwendig. Scheinbar harmlose Reizkonstellationen wie Lichteinfall, Stimmfärbungen oder Hintergrundgeräusche reichen aus, heftige Erinnerungen auszulösen. Das kann unbeabsichtigt durch Übungen und Rituale ausgelöst oder in Gruppenstunden initiiert werden, in denen erschreckende Details ohne entlastenden Ausgleich berichtet werden. Eine schwer traumatisierte Person zur wiederholten Schilderung des Ereignisses zu ermutigen, bedeutet, die *Chronifizierung* (Verfestigung) eines Störungsbilds zu betreiben, die den Leidensweg verlängert und den Gesundungsprozess erschwert. Klassische Debriefing-Verfahren sind deshalb aus gutem Grund ins Kreuzfeuer der Kritik geraten!

Stattdessen sollte das persönliche Sicherheitsgefühl gestärkt und die Fähigkeit zu Selbstschutz und Selbstwert besonders fokussiert werden. Haltgebende Körperübungen, die den Boden unter den Füßen und körperliche Grenzen spüren lassen, können als hilfreiche Konturierungen eingesetzt werden.

Im späteren Verlauf der Begleitung gleichen sich die unterstützenden Maßnahmen für Trauernde und Traumatisierte zunehmend an. Voraussetzung hier wie dort ist eine Atmosphäre wahrnehmbarer Geborgenheit, die bevorzugt mit Hilfe von Imaginationen und Wahrnehmungsübungen geschaffen werden kann (AB Innerer sicherer Ort).

Ein vorsichtiger Umgang mit uneindeutigen Phänomenen an den Nahtstellen zwischen entwicklungsförderlicher Trauer, einer krankheitswerten Trauerstörung und Traumareaktionen ist von Trauerbegleitern bei der Übernahme von Klientinnen gefordert. Genaue Anamnese und Auftragsklärung sind Voraussetzung, ebenso eine erhöhte Wachsamkeit bezüglich wahrgenommener Gegenübertragungsphänomene wie beispielsweise eigene Verwirrung oder starke Angstempfindungen. Grundsätzlich ist eine Unterstützung durch kompetente Supervision unerlässlich. Mitunter wird eine Traumaerfahrung vom trauernden Menschen nicht erinnert und bleibt innerhalb gekonnter Selbstschutzmechanismen verborgen.

Klienten mit traumatisierenden Erfahrungen in ihrem Trauerprozess zu unterstützen, verlangt zum einen, über ein Spektrum professioneller Methodik zu verfügen, zum anderen setzt es in hohem Maße die immer wieder zitierte Eigenreflexion als Prämisse für verantwortliches Handeln sich und dem anderen gegenüber voraus. Diese Herausforderung betrifft primär die therapeutisch tätigen Kollegen. Dorothea Weinberg (2000, S. 438) formuliert es in ihrem Praxisbericht unmissverständlich: »Traumatherapie bedeutet Selbsterfahrung für den Therapeuten.« Auch für Begleitende heißt es einmal mehr, den eigenen Selbstschutz ganz ernst zu nehmen, denn Traumatisierungserlebnisse triggern machtvoll ihre Umgebung (AB Persönliche Checkliste).

Es ist dringend geboten, im Zweifel ärztlichen, psychiatrischen oder psychologischen Rat einzuholen. »Zweigleisigkeit« in Form einer Versorgung, zum Beispiel durch den Traumatherapeuten und die Einzelbetreuung durch den Trauerbegleiter oder die Teilnahme an einer Trauergruppe, muss genauestens auf ergänzende oder gegenseitig interferierende Aspekte hin überprüft werden und kann nur in Absprache gelingen.

Eine Überweisung in ein Traumazentrum, eine fachtherapeutische Ambulanz oder Praxis kann notwendig werden oder zumindest hilfreich sein (AB Vernetzungscheckliste). Sie setzt jedoch eine vorbereitende, behutsam ablösende gemeinsame Arbeit an diesem Schritt zwingend voraus, um nicht erneut pathogen wirksame Trennungsverläufe zu reinszenieren.

Ergänzend und vervollständigend sollen in diesem Zusammenhang der Zugang der Verhaltenstherapie zum einen kurz skizziert und internetbasierte Behandlungsansätze mit kognitiv-behavioralen Interventionen zum anderen Erwähnung finden (vgl. Knaevelsrud u. Lange, 2004). Grundsätzlich ist darauf zu verweisen, dass bis vor einigen Jahren größere Effektstärken von den meist eher verhaltensorientierten Hilfeangeboten bei erschwerter Trauer nur bedingt nachgewiesen werden konnten, da ein unterschiedliches und sehr heterogenes Klientel mit einer großen Bandbreite von Interventionen bedacht wurde (Rosner, 2008). Mittlerweile gibt es mehrere gut evaluierte Studien zu verhaltenstherapeutischen Konzepten im Rahmen gezielter trauertherapeutischer Maßnahmen, die allgemein-supportiven Angeboten überlegen sind. Therapiemodule zur Psychoedukation und Verbesserung der Alltagsorganisation, mit Schwerpunkten bei der Kommunikationsförderung, der Erleichterung von Sozialkontakten, angeleitete Hilfestellungen zur kognitiven Umstrukturierung, die unterstützend wirken bei Grübelzwängen und negativen, schuldfixierten Gedanken u. v. m. sind heute insbesondere bei der Behandlung der komplizierten Trauer im breiten Einsatz (Wagner, 2013). Auch haben Wagner und Kollegen Studien zu kontrollierten internetbasierten Interventionen für die Behandlung der komplizierten Trauer vorgelegt, deren Effekte zur Symptomreduzierung längerfristig (über ein Jahr) nachweisbar waren (Wagner, 2006, 2007, 2008).

Die diesen Behandlungsansätzen zugrunde liegende konkret-verhaltensstrukturelle Herangehensweise und an individueller Funktionalität orientierte einübende und positiv verstärkende Arbeit mit Trauernden ist ein wichtiges Angebot bei massiven Störungen mit deutlichen Einschränkungen im Lebensalltäglichen und kann zu Beginn weiterführender und systembezogener Trauerbegleitung eine entlastende Rolle spielen.

2.3.2 Besonderheiten traumatischer Erfahrungen in der Kindheit

Durch eine oder gar multiple Traumaerfahrung(en) können wir für die Entwicklung eines angemessenen Trauerprozesses fundamental gehandicapt sein, zumindest beeinflussen die erlittenen Traumata den Trauerprozess nachhaltig.

Die Wahrscheinlichkeit als Kind oder Jugendlicher einem potentiell traumatisierendem Ereignis ausgesetzt zu sein, ist höher als ein Laie sie vermutlich erwartet. Sie liegt in den USA und Westeuropa etwas oberhalb von 50 Prozent, manche sprechen von bis zu 60 Prozent. Damit liegt natürlich noch keine Aussage zur *tatsächlichen Traumatisierungsrate* von Kindern vor, denn nur etwa 15,9 Prozent der einem solchen Erlebnis ausgelieferten Kinder und Jugendliche (Alisic et al., 2014 zitiert nach Rosner, 2017) prägen im Anschluss an das Ereignis das Vollbild einer posttraumatischen Belastungsstörung aus. Die allgemeine Prävalenzrate im Durchschnitt der jungen Bevölkerung für eine PTBS liegt noch einmal mit unter 9 Prozent deutlich niedriger, betroffen sind mehr Mädchen als Jungen. Natürlich ist die Wahrscheinlichkeit einer posttraumatischen Belastungsstörung bei Traumata, die sich im »interpersonellen« Raum ereignen (besonders wenn sie von Bezugspersonen, Familienangehörigen, Bekannten, Nachbarn zugefügt werden) erhöht im Vergleich zu Traumata, deren Ursache z. B. in Naturkatastrophen *(non man-made traumas)* liegen, ebenso bei in früher Kindheit beginnendem, sich wiederholendem oder fortgesetzt stattfindendem (»kumulativen«) traumatischem Stress, der oft chronifizierte und komplexe Traumafolgestörungen verursacht. »Frühkindliche Traumata haben wegen der noch unausgereiften neuronalen und Persönlichkeitsstruktur besonders tiefgreifende Folgen. Vortraumatisierte Menschen bleiben verletzlicher und sind oft durch winzige Hinweisreize triggerbar. Frühe Gewalt und Bindungstraumata aktivieren die archaischen Notfallprogramme des Hirnstamms. Die traumabedingten Strukturen werden gewissermaßen zur Basis der weiteren Entwicklung des Gehirns und der Persönlichkeit und Identität.« (Ulrike Beckrath-Wilking, 2013). Sind Kinder und Jugendliche schon früh in ihrem nahen Beziehungsnetzwerk Machtmissbrauch und gewaltsamen Übergriffen (dazu zählt auch sexuelle Gewalt) ausgesetzt gewesen, so bleiben sie prädisponiert, und es können sich auch viel später und rein singulär ereignende, vielleicht wenig »spektakulär« erscheinenende Traumata, sogenannte einzelne Mono-Traumata, mit diesen weichenstellenden Erfahrungen verbinden und diese reaktivieren, womit wir die Ebene der relativ überschaubaren PTBS verlassen und in der Diagnostik mit den klinisch oft relevanteren »Entwicklungs-Traumastörungen« konfrontiert sind, die durch diffusere und umfassendere (»verzerrte«) Symptomatiken imponieren (Krüger, 2017).

Für Kinder und Jugendliche mit Fluchterfahrungen und erst recht für minderjährige unbegleitete Flüchtlinge, wird ein deutlich erhöhtes Risiko, Traumafolgestörungen zu erleiden, berichtet. Kriegerische Auseinandersetzungen, Folter, Armutsmigration führen zu gewaltsamen Trennungs- und existentiellen (besonders schwer erträglich: uneindeutigen) Verlusterfahrungen, zerstörten Bindungen, in ungeklärtem Status in den Aufnahmeländern lebenden non-funktionalen Rumpfsystemen mit ihrerseits hoch belasteten Erwachsenen, die oft durch eigene psychotraumatische Verwundungen und die Anstrengungen einer neuen Existenzgründung absorbiert sind. Durch den Überlebenskampf haben sie sich sehr verändert. Ihr unterdrückter Schmerz über die erlittenen Extremerfahrungen und ihre aufgrund der dauerhaften Anforderung nicht lebbare Trauer manifestieren sich mitunter in Langzeitfolgen, wie Identitäts- und Bindungsstörungen auf allen Systemebenen (intrapsychisch wie interpersonell).

Den Heranwachsenden wird damit ihre wesentlichste Ressource entzogen: die Sicherheit und Geborgenheit intakter selbstwirksamer familiärer Strukturen.

Kinder, die aus Krisenregionen fliehen oder aufgrund wirtschaftlicher Not emigrieren müssen, machen eine besondere Verlust-Erfahrung. Manche von ihnen müssen das Land ihrer Geburt für immer verlassen, sie verlieren dann vollständig und dauerhaft ihre ursprüngliche kulturelle und zwischenmenschliche Verwurzelung am Ort ihrer Kindheit, ihre Beheimatung in bewährten Sozialstrukturen wie Schule und Nachbarschaft. Sie verlieren einen oder mehrere Angehörige, ihr Zuhause, ihre Privatsphäre, müssen ihre Freunde und die vertrauten »Spiel-Räume« zurücklassen. Die Trauer dieser jungen Menschen umfasst und durchdringt jeden Lebensbereich.

»Das Kontinuum, welches das Kind darstellt, setzt sich aus seinem Körper und seiner Affektivität zusammen. Sein Körper ist in einen bestimmten Raum hineingewachsen, in dem sich seine Eltern bereits befanden bevor es da war. Wenn nun die Eltern fortgehen, dann verändert sich dieser Raum: Dann verliert das Kind das Gefühl für Raum und Zeit und damit auch für seinen Körper, denn diese Bereiche sind eng miteinander verknüpft« (Dolto, 1996, S. 21).

Eine »doppelte Sprachlosigkeit« (Hanna Shah, 2017) im Sinne des widerfahrenen »Unaussprechbaren« und der Unfähigkeit, über körper-seelische Befindlichkeit, über unklare Schmerzzustände und verwirrende Emotionen in fremden Worten zu kommunizieren, erschwert es, adäquate Hilfe zu erhalten. Umso wertvoller sind traumapädagogisch fundierte kreativtherapeutische Angebote für Flüchtlingskinder wie sie z. B. das Beratungs-und Behandlungszentrum Refugio München anbietet (siehe entsprechenden Werkstatteinblick Kapitel 5).

Mit ihrem Aufruf »Trauma First« (1999) haben Reddemann und Sachsse klar gemacht, dass wir uns der Dominanz psychotraumatologisch relevanter Ereignisse in Kindheit und Jugend sehr bewusst sein müssen, um Patienten mit schwerwiegenden und komplexen psychischen Erkrankungen helfen zu können. Darüberhinaus meint »Trauma first« auch (siehe differentialdiagnostische Überlegungen Kapitel 2.3.1), die unstrittige Erkenntnis, dass wir uns bei vorliegenden traumatischen Verlusterfahrungen zuerst um die Behandlung etwaiger Traumafolgestörungen zu kümmern haben und erst nach erfolgreicher Intervention die Trauer den ihr zustehenden Raum gewährt bekommen wird.

Ein Elternteil durch ein (insbesondere unerwartetes) Todesereignis (insbesondere unter ungewöhnlichen) Umständen zu verlieren, hat tatsächlich mit hoher Wahrscheinlichkeit traumatische Erlebnisqualität. Es gibt allerdings auch bei weniger dramatisch verlaufenden Verlusterfahrungen Hinweise darauf, dass verwaiste Kinder und Jugendliche eine höhere Prävalenz für die Ausprägung eines depressiven Störungsbildes aufweisen. Dies gilt als die häufigste Form einer pschischen Beinträchtigung nach Tod eines oder gar beider Elternteile. In einer (retrospktiven) US-Studie zeigten Erwachsene, die als Jugendliche ein Eltternteil verloren, deutlich erhöhte Depressionswerte im Vergleich zu einer Kontrollgruppe aus intakten Familienstrukturen, übrigens auch verglichen mit einer Gruppe ehemaliger Scheidungskinder (Mack 2001).

Besonders früh verwaiste und durch Suizid verwaiste Kinder scheinen im späteren Leben anfälliger für behandlungspflichtige affektive Störungen zu sein. Eine umfassend angelegte Studie belegte dies für Dänemark (Appel et al., 2013).

Das Risiko für selbstverletztendes Verhalten (Ritzen, Verbrennen etc.) ist bei verwaisten Kinder und Jugendlichen ebenfalls größer. »Verwaiste Jungendliche zeigen eine signifikant höhere Wahrscheinlichkeit sich selbst zu verletzen, einen Suizidversuch zu unternehmen oder Suizid zu begehen. Desweiteren zeigt sich ein erhöhtes Risiko für gesundheitsschädigendes Verhalten.« (Wagner, 2013)

David Trickey, ein in London tätiger klinischer Psychologe, zieht folgendes Fazit aus seiner Arbeit mit trauernden Kindern und Jugendlichen nach Suizid und Gewaltverbrechen (2006): Traumatische Botschaften dominieren über selektiv negative Wahrnehmungen die ursprünglich vorhandenen positiven Grundüberzeugungen bei Kindern. Fühlen sie sich am Geschehen (mit)schuldig oder glauben sie andere mit ihren Fragen zu sehr zu belasten, dann vermeiden sie es, über das traumatische Ereignis zu sprechen. Die Chance auf eine »Korrektur« wäre damit aber zumindest fürs Erste vertan.

Deshalb müssen nach einer Traumaerfahrung, an der die Strukturen des Alltags zu zerbrechen drohen, vorrangig der vertraute Lebensraum der Kinder – soweit möglich – stabilisiert und die vorhandenen familiären und sozialen Ressourcen – soweit sie zur Verfügung stehen – aktiviert und supportet werden. Insbesondere sind ehrliche und altersangemessene Informationen (psychoedukatives Angebot) entlastende und stabilisierende Maßnahmen, eventuell traumakonfrontative Interventionen im professionellen Rahmen bereitzustellen, ehe der Trauerprozess die ihm zustehende Bedeutung erlangen kann.

Traumatisierung bei Kindern und Jugendlichen trifft auf einen im Werdeprozess stehenden Menschen, der mit der Lösung hochspezifischer und dicht aufeinanderfolgender Entwicklungsaufgaben, zum Beispiel Exploration von Selbstwirksamkeit, Erweiterung der Sozialkompetenz, Ablösung vom Elternhaus in der Pubertät u. ä. m., befasst ist. Das einbrechende traumatische Erlebnis kann die Energien, die zur Bewältigung dieser Aufgabe bereitgestellt werden müssen, abziehen und den anstehenden Entwicklungsschritt auf eine bestimmte Zeitdauer hin »aussetzen«. Die bei psychisch vorbelasteten Kindern bereits bestehenden Verzögerungen und Schwierigkeiten können unter »dem Brennglas des traumatischen Prozesses vergrößert werden. Der emotionale und kognitive Rückgriff auf eine längere Wegstrecke guter Lebenserfahrungen bei der Integration von traumatischen Lebenserfahrungen ist bei Kindern nicht möglich, weil diese Strecke noch sehr kurz ist. Das könnte einer der Gründe dafür sein, dass traumatische Lebenserfahrungen in der Kindheit besonders tief greifen [...] und im besonderen Maße veränderte Einstellungen zu sich selbst und zur Umwelt zur Folge haben können« (A. Krüger, Leiter der Trauma-Ambulanz für Kinder und Jugendliche und deren Familien an der Universitätsklinik Hamburg-Eppendorf, Vortrag im Lacrima-Zentrum für trauernde Kinder der evangelischen Jugend in München, September 2006).

Schwerwiegende Veränderungen im Selbstkonzept sehen wir deutlich bei sexuell missbrauchten Kindern, die oft genug die Erfahrung machen müssen, dass es zugehörige oder nahestehende Personen aus ihrem unmittelbaren Umfeld sind, die ihnen durch die Grenzüberschreitung nicht nur das Vertrauen in Bindungsangebote, sondern auch in subjektive Wahrnehmungsvorgänge, persönliche Unantastbarkeit und Eigenwert rauben. Zusätzlich erschwerend wirkt es, wenn andere Bezugspersonen verschweigend das Familiengeheimnis mittragen. Die damit verbundene Isolierung des Kindes trägt dann zu einer mehrfachen Traumatisierung bei. In einem Interview mit Michaela Huber formulierte Onno van der Hart 2006 einen pointierten Leitgedanken: »Ich glaube, dass der Kern jeder Traumatisierung in extremer Einsamkeit besteht« (Quelle: http://www.michaela-huber.com/files/links/michaela_huber_interview_mit_onno_van_der_hart_0609191.pdf). Ähnlich wie bei Vernachlässigung oder direkter Gewaltanwendung droht ihnen neben dem Verlust der körperlichen oder seelischen Integrität, dass sie nach der Öffentlichmachung des Tabus stigmatisierenden Reaktionen ihrer Umgebung ausgesetzt sind. Bei Herausnahme aus ihrer Familie verlieren sie auch all ihre anderen vertrauten, (wenn auch manchmal durch Mitwisserschaft pathogen wirksamen) Beziehungen.

Zusätzlich bedeutet dies darüber hinaus oft für sie, ehemals stützende Subsysteme des erweiterten sozialen Netzes wie Kindergarten oder Schule verlassen zu müssen.

Der bei Verfolgung der Verdachtsmomente für das Kind entstehende Loyalitätskonflikt ist immens, ihm kann nicht ausgewichen werden. »Die Loyalität eines Kindes gegenüber seinen misshandelnden/missbrauchenden Eltern ergibt sich – neben seiner objektiven Abhängigkeit und Verbundenheit – wesentlich aus dem Gespür dafür, dass der Angriff auf die Eltern den ›eigenen Seelenkörper‹ zerstören würde« (Weinberg, 2000, S. 437 f.). Das Ausmaß dieser sekundär traumatisierenden Folgen einer unumgänglichen Intervention ist anfangs kaum abzuschätzen und muss langfristig im Auge behalten werden.

Um eine Übersicht über *empirische Wirksamkeitsstudien* (»state of the art« und praxisrelevantes Verständnis) bei der Behandlung von PTBS bemühte sich unter anderem die Klinik für Kinder- und Jugendpsychiatrie der Universität Ulm in Zusammenarbeit mit dem Zentrum für Psychiatrie Weissenau (Kraft, Schepker, Goldbeck u. Fegert, 2006). Die Autoren trugen 19 kontrollierte und randomisierte Studien mit den Schwerpunkten in kognitiv-behavioraler Therapie, EMDR und multisystemischen Therapieansätze zusammen. Eine traumafokussierte kognitive Verhaltenstherapie (VT) unter Einbeziehung der Eltern war dem unspezifischen, ausschließlich kindorientierten VT-Verfahren überlegen.

Grundsätzlich ist eine höhere Wirksamkeit von Kinder-Psychotherapie bei stärkerer Einbindung der Eltern seit langem belegt, darüber hinaus wird von Steil und Rosner (2009) berichtet, dass die Erfassung von begünstigenden Faktoren durch unterstützende Elternarbeit bzw. erschwerenden Faktoren (non-funktionalen Anteilen der elterlichen Bezugspersonen) eine prospektiv zuverlässige Einschätzung von Behandlungserfolgen bei der Bewältigung von Traumafolgestörungen gestattet.

Die Wichtigkeit der Bezugspersonenarbeit wird auch immer wieder von Ahrens-Eipper betont (u. a. in ihrem Vortrag 2015 beim interdisziplinären Trauma-Fachtag in Itzehoe). Sie hat gezielt ihre Aufmerksamkeit auf die Unterstützung des Familiensystems gelegt und die Module der Trainingsprogramme entsprechend gestaltet. Von Ahrens-Eipper und Kathrin Nelius sind psychoedukative Materialien für Kinder, Jugendliche und junge Erwachsene mit posttaumatischer Stresserfahrung erschienen (2015, 2017) sowie auch ein Behandlungsmanual (2014) für Kinder mit Traumafolgestörungen.

Die Leitlinienempfehlungen sprechen sich ebenfalls mehrheitlich für die traumafokussierte kognitive Verhaltenstherapie (TF-KVT) unter Einbeziehung der Eltern oder anderer Vertrauenspersonen aus. Ebenso wird die Narrative Expositionstherapie für Kinder empfohlen. Zu diesen therapeutischen Konzepten und im Praxiseinsatz bewährten Materialien gibt es mittlerweile eine große Anzahl wissenschaftlich fundierter Untersuchungen. Erste erfolgversprechende Ergebnisse konnten auch für die (wie so oft viel schwieriger im Studiendesign nachzubildenden) psychodynamischen und multisystemischen Therapieangebote aufgezeigt werden.

Frühinterventionsangebote werden von den Fachleuten als notwendig und regional diversifiziert für besonders sinnvoll erachtet. Am Beispiel von Nordrhein-

Westfalen wird von der Arbeitsgruppe um Renate Schepker ein solches Modell vorgestellt (Reddemann, 2006). Durchschnittlich fünf Sitzungen werden an verschiedenen in einem Netzwerk arbeitenden Traumaambulanzen für die Frühintervention bei frisch traumatisierten Kindern vorgehalten. Diese Minimalintervention zeigte stabilisierende Effekte.

Allgemein gilt: Für den Umgang mit akut schwer verstörten Kindern ist jede Intervention auf die Beendigung des Schockzustandes, die Distanzierungsmöglichkeiten vom Geschehen (Ich beobachte, also bin ich mehr als das Beobachtete) und auf die Restitution der Fähigkeit zur Selbsttröstung und zum neuen Selbstentwurf des Bezugssystems hin anzulegen. Das bedeutet in der Regel auch, verstärkt Impulsgeber zu sein und dezidiert weniger Energie auf das stellvertretende Handeln als professioneller Helfer zu verwenden.

Neben der mit den eigenen Grenzen vertrauten, ehrlichen Zuwendung, einer angemessenen Umsorgung, neben Körperkontakt(angeboten), der Verständlichkeit und Genauigkeit von Sprach(-Bildern) sowie den entlastenden kreativ gestalterischen Maßnahmen ist letztendlich die geleistete Überzeugungsarbeit, dass die Welt *jetzt* ein subjektiv ausreichend sicherer Ort ist, entscheidend für die erfolgreiche Begleitung der betroffenen Kinder. Um diese Wiederherstellung der Geborgenheit des Lebensgefühles in der Realität zu erreichen, muss oft zuerst indirekt auf der Vorstellungsebene regelrecht geübt werden. Die grundlegenden Arbeiten Luise Reddemanns (2004), der wir die Einführung des (imaginierten) »sicheren Orts« – nun fast überall in der Begleitung mit seelisch verletzten Menschen Standard – verdanken, seien hier zur Vertiefung empfohlen (AB Innerer sicherer Ort).

Mit Kindern kann in Phantasiereisen, über das angeleitete Spiel, Bastelarbeit und vor allem das Malen (bei Älteren das Cartoon-Zeichnen) dieser »sichere innere Ort« entdeckt und systematisch aufgesucht werden. Die Transferleistung, den eigenen in sich selbst gefundenen, geschützten und unantastbaren Platz auch im Alltag abrufen zu können, ist hochwirksam. Von Jugendlichen, die in ihrer Ausrichtung an Vorbildern und idealisierten Modellen orientiert sind, werden Anregungen, sich an geheimen (sicheren) Orten mit den besonderen Kräften ihres Helden zu verbinden, gut angenommen. Bei kleineren Kindern stellen die symbolischen Helfer oft starke Tiere mit ihren zu internalisierenden Eigenschaften der Unverwundbarkeit oder Schnelligkeit dar. Der pauschale Einsatz von Tiefenentspannungsverfahren ist nicht zu empfehlen, da sie Regressionen und Angst vor Kontrollverlust auslösen, die Funktionsebene der Ich-Struktur schwächen können und eventuell auch unerwünschten Dissoziationen Vorschub leisten.

Neben all den hier nur andeutungsweise genannten *Entlastungsstrategien* ist grundsätzlich der Fokus darauf zu richten, die Einzelhilfe für das Kind in ein Netzwerk mehrerer unterstützender Angebote einzubetten. Isolierte Maßnahmen in einem geschützten Kontext mögen z. B. in therapeutischen Settings anfangs ein unverzichtbares Mittel der Wahl sein. Dennoch darf nie vergessen werden, dass letztlich nur die Einbeziehung der primären Ansprechpartner des Kindes die Handlungsspielräume für eben dieses Kind entscheidend erweitert. Eltern, Angehörige, Freunde der Familie und Peers waren und sind Teil des Lebens der Kinder und können wesentlich zu heilsamer Entwicklung beitragen, sofern sie von uns Fachleuten darin unterstützt werden, schädigendes und verletzendes Verhalten zu identifizieren, Schutz zu gewähren und ihre Einfühlung in die Folgen von Traumatisierung zu verbessern. »Kinder brauchen ›große Mengen‹ realer guter Beziehungserlebnisse«, schreiben Reddemann und Krüger in ihrer Einführung zur Psychodynamisch imaginativen Traumatherapie für Kinder und Jugendliche, und weiter: »Heilung findet letztlich im Kind selbst und durch die Liebe der Menschen statt, die [...] [es] im täglichen Leben begleiten und dem Grauen die wiederholt gute Erfahrung entgegensetzen« (Krüger u. Reddemann, 2007, S. 32).

»Kinder sind sehr leicht vom Leben zu überzeugen« (Krüger, Vortrag im Lacrima-Zentrum für trauernde Kinder der evangelischen Jugend in München, September 2006). Ein machtvolles Selbstheilungsprogramm wirkt den Verletzungen ihrer Psyche entgegen. Diese Selbstheilungstendenzen zu unterstützen, heißt jedoch auch, primär dafür Sorge zu tragen, dass das unmittelbare Beziehungsumfeld über ausreichend Information bezüglich möglicher Verhaltensveränderung verfügt. Und es bedeutet, das familiäre Kernsystem darin zu unterstützen, selbständig sein Trauererleben zu integrieren und stabilisierende, mit der Zeit auch wieder freudevolle Bedingungen in den Alltag zu »implantieren«. Da die meist ebenfalls betroffenen Bindungspersonen des traumatisierten Kindes dies nicht aus eigenen Kräften schaffen können, ist die ressourcenorientierte Einbeziehung der vorhandenen sozialen Infrastruktur wie Freundes- und Bekanntenkreis, Kindergarten, Schule, Nachbarschaft, Gemeinde goldene Regel. Wandelt man ein oft zitiertes Sprichwort aus Afrika ab, so könnte man sagen: »Um einen Patienten zu heilen, braucht es das ganze Dorf.« Diese Weisheit gilt in herausragendem Maße für die Begleitung traumatisierter Kinder.

2.3.3 Generationenübergreifende Traumafolgen

Nur sehr langsam erlangen die durch die nationalsozialistische Ära in Deutschland gesamtgesellschaftlich erlittenen Traumata der Kriegs- und Nachkriegszeit das Interesse einer breiteren Öffentlichkeit. Das Schweigen der zwischen 1931 und 1945 geborenen Menschen über die von ihnen erlittenen vielfältigen Verluste, der Widerstand gegen das Erinnern macht Hartmut Radebold in seinen psychoanalytischen Fallstudien eindrücklich zum Thema (2004). Erst als sich der Forscher Radebold in seiner eigenen Zugehörigkeit zu dieser Gruppe von Vaterlosen bewusst selbst dem ausstehenden Trauerprozess stellt, vertieft sich seine schmerzvolle Erkenntnis über die Wechselwirkung der »vergrabenen seelischen Trümmer« und ihre »(oft unbewusst gebliebenen) Auswirkungen« der kriegsbeschädigten Kindheiten – auf die unmittelbar durch das Schicksal Herausgeforderten wie auf die nachfolgend indirekt Betroffenen. In der Einleitung zur dritten Auflage resümiert Radebold:

»Wir haben eine Geschichte und wir *sind* Geschichte – wir tragen sie in uns und wir *verkörpern* sie!« (S. 14 ff.).

Auch Hilke Lorenz beschreibt in ihrem viel beachteten Buch »Kriegskinder« (2003) den gescheiterten Versuch, sich aus der gefahrvollen, weil überwältigenden Trauerarbeit davonzustehlen: »Die Toten unter dem Schutt waren da, aber man träumte sich von ihnen fort. Die eigenen Erlebnisse wurde man nicht los, aber man dachte an sie, als wären sie anderen zugestoßen. Als seien sie dadurch, dass sie im bösen Kern jedem widerfahren waren, auf viele Schultern verteilt. So, dass sie am Ende keinem widerfahren waren. Diese Fiktion ist brüchig« (S. 294).

Die gesellschaftlichen Reaktionen gleichen denen einer Familie, in der nach einem schweren Verlust alle verstummen. Jeder sieht sich im anderen, keiner will sich den anderen Familienmitgliedern aufbürden, denn alle haben Angst davor, das Gesamtgefüge ein für alle Mal aus den Angeln zu heben. Jeder versucht sich und die geliebten Nächsten vor ihrer eigenen Trauer zu schützen und dem Schmerz der anderen auszuweichen, um für sich ausreichend Kraft zum Überleben zu behalten.

So hatte sich eine ganze Generation junger Frauen und Männer in den 1950er Jahren der Abkehr und der Abwehr von Scham, Schuld und Trauer verschrieben – in der Hoffnung auf Wiedergutmachung durch »Zukunftshandeln«.

Eine Vision des »Neuen« schien nur möglich in der gemeinsamen Zurückweisung eines das ganze Volk innerlich paralysierenden Verlustschmerzes. Die Kriegskinder gaben ihrerseits ihren Söhnen und Töchtern die oft rigide Überlebensideologie eines unter Verschluss zu haltenden Innenlebens und der Ausrichtung an Anerkennung von (materiell) Geleistetem weiter. Gegen die starren Vorgaben und die partielle Unterdrückung von Gefühlen rebellierten wiederum die Nachgeborenen in antizyklischer Bewegung. Die restituierenden Machtanmaßungen und der Versuch einer Wiedererlangung von (Pseudo-)Sicherheiten durch Besitztum veranlasste diese nachfolgende Generation zur totalen Infragestellung des Erreichten, zum friedlichen Flowerpower-Protest, zum subversiven Boykott, aber auch zu terroristischer Aktivität der 1960er und 1970er Jahre. Später wurde auch das antiautoritäre Diktat wieder abgelöst und heute, nach einer Übergangsphase des sozial verträglichen Individualismus, dominieren Durchsetzungsfähigkeit und optimierte Effizienz eine Gesellschaft, die erneut unter Spaltungsvorgängen leidet, diesmal die erfolgreichen von den am Anspruch permanenter Leistungssteigerung und Gewinnmaximierung versagenden Mitglieder trennend.

Systemisch denkende und arbeitende Psychotherapeuten erleben in ihren Praxen nun bei einigen ihrer Patientinnen die erstaunliche Vulnerabilität einer nachfolgenden Generation. Sie begegnen deren Identitätsunsicherheit und Misserfolgsorientierung und beobachten Depressionen, Suizidalität oder Substanzmissbrauch, die manchmal überraschend deutlich zurückführen zu den Spuren unbetrauerter Familienangehöriger, zu unbearbeiteten schuldhaften Konfliktkonstellationen, zur traumatischen Qualität der lebenstäglichen Erfahrungen ihrer Urgroßeltern (Müller-Hohagen, 2008). Im Gruppensetting bietet die systemische Familienrekonstruktion unter therapeutischer Leitung eine anerkannte Bearbeitungsform transgenerationaler Themen (v. d. Recke und Wolter-Cornell, 2016).

Besonderes Augenmerk richtet naturgemäß die Holocaust-Forschung auf die systemisch imponierende, zeit- und raumübergreifend wirksame Täter-Opfer-Verstrickung. Eine Drei-Generationen-Perspektive hat Wolf Ritscher vorgelegt (2003). Er beschreibt die Einbettung der ersten, zweiten und dritten Generation der Familien von Opfern und Tätern des deutschen Nationalsozialismus in »diachrone, das heißt vor ihrer Zeit geknüpfte Zusammenhänge und die damit verschlungnen gegenwärtigen (= synchronen) Handlungssysteme, an denen wir direkt und indirekt beteiligt sind« (Ritscher, 2003, S. 85). Indem er die Wirksamkeit generationenübergreifender Informationen im interaktiven Wechselspiel herausarbeitet, wird die psychische Umgestaltung wahrgenommener Informationen zu einer (tradierten) persönlichen Botschaft deutlich. In der persönlichen Auseinandersetzung mit (erzählten) Geschichten, deren Werthaltungen und Erfahrungen zwischen und innerhalb der lebenden und bereits verstorbenen Generationen wirken diese weiter fort oder transformieren sich bei den einzelnen Familienmitgliedern. Auf diesem Weg können Extremerfahrungen und schwer belastende Themen von einer Generation zur nächsten bearbeitet werden, wenn eine Generation sie allein nicht zu lösen vermag. Diese Rekonstruktionsprozesse bergen die Chance einer »transgenerationellen Korrektur« (Willi, 1989), sprich einer lösenden Entwicklung aus traumatisierenden Erfahrungen in sich. »Wenn die erste Generation in äußerst beeinträchtigenden Blockaden verwickelt ist, hinsichtlich deren Auflösung sie viel versucht, aber noch wenig erreicht, gelingt der zweiten Generation in einem kürzeren Zeitraum schon eine verstärkte Öffnung, und die dritte Generation vermag eventuell schon wieder den freien Fluss herzustellen« (Ritscher, 2003, S. 89). Seiner Hypothese zufolge ist jetzt der dritten Generation eine Moderationsfunktion im Dialog zwischen Eltern und Großeltern möglich, da sie für beide Generationen ein Symbol wieder erreichter Normalität darstellt.

Wir, die wir trauernde Menschen begleiten, sind in diese gesamtgesellschaftliche Auseinandersetzung einbezogen. Wir haben unsere persönlichen wie familiären Geschichten zu reflektieren, uns unserer Verortung bewusst zu sein und sind aufgefordert zur »Bereitschaft der diskursiven gemeinsamen Annäherung« (Ritscher, 2003, S. 107) an die Geschichten unseres Klientels. Unter allen Umständen haben wir uns ihren Themen anzupassen, denn: »Das Sprechen zur ›falschen Zeit‹, das Wissenwollen zu einer Zeit, in der die Uhr der Familie und die Zeitvorstellungen des Therapeuten gegeneinander laufen, das Insistieren ohne Respekt vor den augenblicklichen Ressourcen zur Versprachlichung treiben alle Beteiligten in die familiendynamische und therapeutische Sackgasse« (Ritscher, 2003, S. 94).

2.3.4 Exkurs in neuere Forschungsansätze

Heute bezweifelt niemand mehr, dass das frühen, schwerwiegenden und anhaltenden Traumatisierungen Ausgesetztsein ein erhöhtes Risiko für spätere gesundheitliche Probleme in sich trägt. Psychosomatische Beschwerdebilder, Immunschwäche und eine höhere Anfälligkeit gegenüber Krebserkrankungen, Alkoholabhängigkeit und Drogenmissbrauch werden beschrieben. Über die Quantifizierung des Problems, die (wahrscheinlichkeitsbezogene) »Bezifferung« des entsprechenden Ausmaßes existieren aufgrund der schwierigen Datenlage noch wenige und sehr unterschiedliche Aussagen.

Ein über die potentielle Schädigung des individuellen Lebens hinausreichender Gedanke erlangt immer mehr Aufmerksamkeit und hat weitreichende Konsequenzen. Der Forschungszweig der »Epigenetik«, eine neue und aufregende Sicht der Dinge, beschäftigt sich mit der Interaktion von Genausstattung und Umwelteinflüssen. Mit der Idee, dass Gene auch ein Erfahrungsgedächtnis besitzen, dass es eine Grundlage der Vererbung *jenseits* der DNA geben könnte, wird die Vererbungs- und Krankheitslehre um einen revolutionären Aspekt erweitert. Die Weitergabe von genetischer Information scheint zusätzlich der Kontrolle sogenannter »epigenetischer Schalter« zu unterliegen, die von Umwelterfahrungen, Nahrungsbedingungen und auch (traumatischem) Stress beeinflusst, schlummernde Dispositionen »aktivieren« können. Spuren von Traumata würden also nicht mehr nur durch die unmittelbaren Auswirkungen oder auf indirekte Weise durch das Milieu weitergegeben und übertragen, sondern auch über biologische Prozesse transportiert. Die so häufig beschriebenen Langzeitwirkungen von Traumata in Familiensystemen, die transgenerationale Weitergabe komplexer Reaktionsbildungen auf gravierende Stress-Erfahrungen von Eltern, Großeltern und Urgroßeltern werden in diesem Kontext nachvollziehbarer.

Die Epigenetiker gehen davon aus, dass extreme Lebensumstände in den Gencode eingespeist und als abgespeicherte Information den Nachkommen in der sensiblen Phase der Keimzellentwicklung »kommuniziert« werden. Untersuchungen beschäftigten sich zum Beispiel mit dem Zusammenhang von Ernährungsbedingungen bei Großeltern und Stoffwechselstörungen in der Enkelgeneration. Für das Tierreich konnte der dauerhaft schädigende Einfluss einmalig invasiver negativer Umwelteinflüsse auf den Gencode der dritten beziehungsweise vierten Generation dokumentiert werden (hormonelle Vermittlungswege wurden ausgeschlossen).

Die vielfach beschriebene *Überlieferung von Traumata* bei Holocaustopfern bis in die Urenkel-Generation sei, so die bisherige Lehrmeinung, durch die postulierte Teilhabe an den immer wieder erzählten Greueltaten verständlich. Können die erworbenen Konzepte der Hilflosigkeit oder der Überlebensschuld in Nachfolgegenerationen diese Phänomene jedoch wirklich mittels Identifikationsprozessen und Modell-Lernen hinreichend erklären? Wie erklärt sich eine normabweichende Irritabilität auf der Adrenalin-Cortisol-Achse (neuroendokrine Stress-Achse) bei (gesunden) Kindeskindern von Vergewaltigungs- oder Folteropfern? Hier gibt uns die Epigenetik neue Anstöße der Hypothesenbildung bezüglich im Körperzellgedächtnis verankerter Spuren einer existentiellen Bedrohung im Kollektiv der Vorfahren eines Menschen.

Die ersten systematischen Nachweise eines zusätzlichen epigenetischen Transportweges für transgnerational relevante Informationen lassen vermuten, dass wir in der Genogramm- und Skulpturarbeit bei familiär gehäuften Krankheits- und Todesereignissen nicht nur auf Reaktionsbildungen des Einzelnen bzw. auf Konstrukte, die auf der Beziehungsebene generationsübergreifend übermittelt sind, treffen, sondern auf ein Prozessgeschehen, das »schädigend« Erlebtes physiologisch repräsentiert, im wahrsten Sinne des Wortungetüms »biopsychosozial« repliziert. Die Nachhaltigkeit von Systemeffekten wäre aus dieser Perspektive auf allen Ebenen evident.

Keinesfalls soll hier der Eindruck entstehen, wir würden Menschen durch »genetische Übermittlung« traumainduzierter Störungen in einem unentwegten Kreislauf gefangen sehen, vielmehr möchten wir die Aufmerksamkeit darauf richten, dass es der umfassenden Kenntnis von verschiedensten »Transportwegen« in der Weiterleitung einer traumatischen Erfahrung bedarf, um effektive Interventionen für die betroffenen Familien zu entwickeln. Beispielhaft seien primäre Präventionshilfen wie SAFE von Karl Heinz Brisch und Mitarbeiterinnen erwähnt, die elterlichem Risikoklientel frühzeitig und niederschwellig stützende Angebote in Form von begleiteten Trainings unterbreiten. Da wir aufgrund »von Traumatisierungen Bindungsstörungen über Generationen diagnostizieren können« (Brisch, 2007, S. 28), ist es Ziel, für die – oft durch projektive Übertragungen nur unvollständig oder verzerrt wahrgenommenen – Bedürfnisse der Kinder zu sensibilisieren und die Voraussetzungen für eine sichere Bindungsentwicklung zu verbessern.

Politische und gesellschaftliche Kräfte müssen zunehmend ein Bewusstsein dafür entwickeln, dass militärische Auseinandersetzungen, Umweltkatastrophen und Großschadensereignisse sich potenzierenden Risiken für die physische und psychische Gesundheit nachfolgender Generationen darstellen, wir tragen Verantwortung dafür im Falle einer Exposition mit kritischen vulnerabilisiernden Lebensereignissen, die Zugangsvoraussetzungen, wo nötig, zu umfassender professioneller Hilfe zu verbessern und müssten die bestehende Unterversorgung (insbesondere von Kindern und Jugendlichen) deutlich ausweiten.

So verstanden unterstreicht die Epigenetik die Bedeutung salutogenetischer, präventivmedizinischer und resilienzorientierter Forschungsansätze. Eine Zusammenschau der vielfältigen »Replikationswege« von Leiderfahrung einerseits und Ergebnissen der Resilienzforschung andererseits würde uns bei heutigem Kenntnisstand sowohl in die Lage versetzen als auch verpflichten, präzise multidisziplinäre, transnationale, kultursensible Präventionsprogramme aufzulegen.

3 Systemische Trauerbegleitung

3.1 Zum Verständnis von systemischer Trauerbegleitung

Veränderungen sind ein zentrales Merkmal aller Lebensrhythmen. Im Werden, Vergehen, Neuentstehen durchziehen sie kontinuierlich jede Biografie und bringen neben dem sich neu Gestaltenden immer auch Verluste mit sich. Bereits mit der Geburt haben wir einen existentiellen Wandel erlebt, als wir aus einem vermutlich behaglichen Wohnraum ungefragt in die Welt eintraten. Und weitere Wendepunkte erwarteten uns und werden uns bis zum letzten großen Übergang am Lebensende herausfordern.

Wenn Veränderungen lebensimmanent sind, dann sind Menschen auch entsprechend ausgestattet, diesen zu begegnen. Die Fähigkeit, die wir dazu benötigen, ist unsere *Trauerfähigkeit*: Trauer bedeutet Verlustbearbeitung von körperlichen und geistigen Fähigkeiten, von Lebenskonzepten, geliebten Menschen und von Lebensraum.

Damit verstehen wir *Trauerprozesse* als individuelle Reifungsprozesse und systemische Entwicklungszeiten. Ein bis dahin gelebter Zustand (Homöostase) ist nicht länger lebbar, Chaoszeiten, in denen wir uns herumgewirbelt fühlen wie Herbstblätter im Wind, müssen durchstanden und mitunter schmerzhaft durchlitten werden, bis sich allmählich ein neues Gleichgewicht einstellt. Das kann nie das alte sein, ist es doch ein um all die Erlebnisse, Erfahrungen, Erkenntnisse und Veränderungen erweiterter, bisher noch nicht da gewesener Zustand, der seinerseits Ausgangspunkt für weitere Entwicklungen im System ist.

Impuls: Schritt in Neuland

»Wie auf schwankendem Boden«: Diese Redewendung beschreibt Empfindungen von Unsicherheit. Wenn Halt und Orientierung nicht mehr verlässlich erscheinen, stellt sich die Frage: »Worauf kann ich setzen?« Körperlich können wir der Frage nach dem, was trägt, nachgehen und das, was wir bei folgender Übung erfahren, auf die aktuelle Lebensrealität übertragen.

Wir könnten, statt unsere Füße unüberlegt und eilig einen vor den anderen zu setzen, bewusst und mit ungeteilter Aufmerksamkeit einen symbolischen Schritt gehen. Indem ich, so langsam es mir möglich ist, einen Fuß ein wenig, später etwas stärker anhebe, bemerke ich, wie wackelig mein Stand ist. Ich schwanke bereits zwischen der Gefahr, umzufallen, und der Chance, weiterzukommen. Wie im richtigen Leben sind die beiden zwillingsartig zur Stelle, wenn neue Entwicklungsschritte zu gehen sind.

Instabil ist es auch beim anschließenden langsamen Absetzen am neuen Standort. Trägt dieser Boden mich, und wie ist dieser Untergrund, auf den ich meinen Fuß setze, eigentlich beschaffen? Scheint alles in Ordnung, kann ich hier »Tritt fassen«. Kurze Erleichterung? Leichte Entspannung? Doch dieses Aufatmen, dieses »Es ist ja gar nicht so schwer« entpuppt sich schnell als Zwischenstation, bevor der zweite Fuß abgelöst und wieder neu positioniert werden soll. Noch einmal fühle mich instabil, und doch bin ich tatsächlich einen halben Schritt weiter und habe bereits eine Ahnung, was mich im Neuland erwarten könnte ... Hole ich entschlossener und mutiger den zweiten Fuß nach?

3.1.1 Trauer als (systemischer) Entwicklungsprozess

Wie können wir uns das Prozessgeschehen individueller und kollektiver Trauer vorstellen? In unserer Praxis verwenden wir gern zur Illustration das von uns systemisch erweiterte Piktogramm (H Piktogramm) von Waldemar Pisarski (2002) und skizzieren auf einem Blatt Papier das Beispiel von zwei Menschen, die, eingebunden in ihre jeweiligen Bezugsgruppen, sich eines Tages begegnen. Das Märchen beginnt. Sie sehen sich an, hören sich zu, finden sich attraktiv, denken aneinander und gehen bald, wie es in idealtypischen Beispielen so einfach und schnell möglich zu sein scheint, eine Beziehung ein. Sie unterstützen sich, gestalten gemeinsam ihre Freizeit und leben Sexualität miteinander. Sie entwerfen sich gegenseitig ein »Wertbild und Werdebild«, geben sich »Wertantwort« (Brathuhn, 2006, S. 41) und lieben tief verschwiegene Seiten in sich (Kast, 2000).

Nun, in dieser um die Rolle eines Partners beziehungsweise einer Partnerin erweiterten Lebenslage, bewegen sie sich in ihren alten Systemen, was dort zu mehr oder weniger Unruhe und Veränderungen sorgt und wiederum ihr gemeinsames Beziehungsleben beeinflusst. Doch nicht nur mehr »Sympathiefühler« wachsen im gemeinsamen Beziehungsfeld. Auch belastende Auseinandersetzungen, Streit und Ärger schaffen ihrerseits Verbindungslinien, ebenso wie unerfüllte Wünsche und unbefriedigte Sehnsüchte. Es entstehen zunehmend dynamische Verbindungen unterschiedlichster Qualität und ein ganz eigenes, lebendiges Beziehungsmuster.

Wenn nun diese Verbindung nicht mehr lebbar ist, sei es aufgrund einer Trennung oder weil ein Partner stirbt, fühlt sich der einzelne Mensch wie vom Leben abgeschnitten und hat das Gefühl, den Boden unter den Füßen zu verlieren. Die Verbindungsfühler greifen ins Leere. »Meine bessere Hälfte fehlt«, hören wir oft, »ich bin ja nur noch halb.« Im Beziehungsfeld klafft eine riesige Wunde, doch alle Sensoren sind weiterhin auf den anderen ausgerichtet. Die Identität ist bedroht und herausgefordert. »Hatte ich meine Identität verloren? Oder erfuhr ich erst jetzt, wer ich wirklich war?« (Rey, zit. nach Brathuhn, 2006, S. 47). Im Erleben einer persönlichen Wirklichkeitskrise steht ein langer Entbindungsprozess an. Nur ganz langsam werden im Zuge der Erinnerungsarbeit die nach außen ragenden Fühler »eingeholt« und der Schatz an geteiltem Leben »hereingerollt«, um im Inneren einen guten Platz für den Verlorenen zu schaffen und Bindungs- und Verlusterfahrungen versöhnlich in die eigene Biografie zu integrieren. Im Bewusstwerden dieses persönlichen Wandels liegt bereits eine neue Aufgabe.

Diese verdichtete Konzentration auf sich selbst bildet sich ab im althochdeutschen Wort »truren«, das bedeutet »die Augen niederschlagen, den Kopf senken« (Kluge, 1989). Trauer als Kehrseite von ganzheitlicher Bindung zu verstehen, heißt gleichzeitig zu akzeptieren, dass sich durch existentielle Verlusterfahrungen die ganze Welt der Hinterbliebenen verändert; Selbstbild, Weltbild, Sinnkonzepte, Lebensperspektiven und alle sozialen Kontakte unterliegen diesem Entwicklungsprozess, einem Spiralprozess, bei dem die Linienführung in wechselnder Geschwindigkeit und unterschiedlichem Abstand wieder und wieder dieselben Stellen umkreist. Alle Dimensionen des Menschseins sind betroffen, die somatische, emotionale, kognitive, spirituelle und soziale Ebene.

Bis zum Erkennen des Verlustes als unwiederbringlicher Realität kann einige Zeit vergehen. Viele Trauernde verfügen vorerst nur in einer ganz diffusen Weise über die Erkenntnis, dass etwas Schreckliches geschehen ist. Vielleicht spüren, riechen, sehen sie den anderen und sind darüber irritiert, denn sie wissen, dass dies nicht möglich sein kann und erleben es doch als Realität. Die Erklärung, dies könne ein Zeichen dafür sein, dass die Fühler noch suchend auf den anderen ausgerichtet sind, kann dabei helfen, unerklärliche Erfahrungen in ein gesundes, normales Konzept einzuordnen und von der oft zusätzlich belastenden Angst »verrückt« zu werden, befreien.

Gelangt das Ausmaß des Verlustes zunehmend ins Empfinden, wird der Trauerschmerz in zahlreichen Facetten vielschichtig erfahren und durchlebt. Der Verlust wird wieder und wieder »durchschmerzt« (Kast, 1984, S. 77) im allmählichen Neuorientieren und Anpassen an eine Umwelt, in der nichts ist mehr ist wie es vorher war. Mit Dekonstruktion und Metamorphose der individuellen psychosozialen Bindung des Trauernden an den für immer Verlorenen verschieben sich alle Gewichtungen im Trauersystem, welches sich, einem Mobile gleich, neu austarieren muss. Veränderte Rollen, neue Funktionen, das Ringen um aktuell angemessene Nähe und Distanz untereinander wie nach außen machen alle Systemmitglieder zu Beteiligten (AB Lebensthemen). Empfindungen und soziale Erfahrungen des Anders- oder Verändertseins werfen tiefe Sinnfragen auf. Allerdings, »was Vernichtung sein kann, ist zugleich der Weg zur Existenz«, charakterisiert Karl Jaspers (zit. nach Brathuhn, 2006, S. 77) das existentielle Spannungsfeld Einzelner in ihrem sozialen Umfeld. Dies trifft in besonderem Maße für den Nachtrauerkontext zu, indem Kohärenzempfinden und Identitätsgefühl neu erworben werden müssen. Es gibt ihn nicht, den Trauernden und seine Angehörigen, sondern alle, die miteinander und mit dem verlorenen Menschen in irgendeiner Weise verbunden sind und waren, sind unterwegs in Metamorphosen, auf der Suche nach Kohärenz und Identität.

Wordens vierte Aufgabe lautet: dem Verlorenen emotional einen neuen Platz geben, lernen, die Erinnerungen mitzunehmen und weiterleben. Unserer Ansicht nach gilt es, diese individuelle Anforderung um eine explizite Netzwerkperspektive (AB Netzwerkkarte) zu erweitern. Alle Mitglieder einer Trauergemeinschaft treffen auf ein verändertes Bezugspunktesystem. Alle müssen auch für sich in plötzlich frei schwingenden Koordinaten ihren Platz im Leben neu bestimmen und diesen in Abstimmung miteinander ausfüllen und gestalten.

Weiterzuleben heißt, bewusst oder unbewusst in einen systemischen Entwicklungsprozess im veränderten Kontext einzuwilligen. Trauer übernimmt hierbei eine wichtige kommunikative Funktion, im Zeigen beziehungsweise Verbergen agiert sie in und reagiert sie auf die vorhandenen Beziehungen. Diese gegenseitige Beeinflussung individueller Trauerreaktionen aktiviert bei allen Beteiligten die biografischen Bindungs-, Verlust- und Trauererfahrungen und findet in offener oder verdeckter Auseinandersetzung mit den tradierten Mustern der Herkunftsfamilie statt; nicht wertgeschätzte Trauer wird auf diese Weise delegiert und auf andere Personen oder in die nächste Generation verschoben. Auch historisch gewachsene Strukturen für den Umgang mit einschneidenden Verlusten und spezifische kulturelle Gegebenheiten befinden sich im Wechselspiel mit der persönlichen Trauerantwort.

Wenn wir Trauerprozesse auf diese systemische Weise einordnen, dann wird noch einmal mehr deutlich, wie wenig hilfreich die Kategorie der individuellen *pathologischen Trauer* ist. Wir werden den Klienten nicht gerecht, wenn wir sie ohne die Dynamik ihres Beziehungsnetzes wahrnehmen und es versäumen, die Art des Verlustes in seiner unterschiedlichen Bedeutung für die vielfältig Betroffenen einzubeziehen. Die Trauerleistung Einzelner ist in ihrer Sinnhaftigkeit immer nur bezugnehmend auf das involvierte – ob stabilisierendes, beschädigtes oder gar fehlendes – System zu entschlüsseln.

Noch einmal zurück zum Piktogramm unserer Liebesgeschichte. Mit diesem Bild lassen sich auch andere Verlustsituationen verdeutlichen. Erkrankt einer der beiden, beispielsweise der versorgende Partner, chronisch oder akut lebensbedrohlich, dann kann er seine Rolle als Ernährer nicht mehr wie bisher ausfüllen, dann tritt er zunehmend seltener als Vater in Erscheinung. Damit verschiebt sich die gesamte Proportion innerhalb des Beziehungsfeldes. Die Person ist zwar immer noch Teil des ursprünglich unversehrten Systems und steht doch nur noch reduziert zur Verfügung. Im Bild gesprochen, wird sie kleiner. Wem wird angesichts dieser »uneindeutigen Verluste« (Boss, 2000, 2008) welche Trauer zugestanden? Wird die Situation des parentifizierten Kindes wahrgenommen, das jetzt im Bild über seinen Vater hinauswächst oder die der Partnerin, die für sie bedeutsame Aspekte ihrer Partnerschaft nicht mehr in der ihr bisher so wertvollen Form leben kann?

Der große (systemische) menschliche Entwicklungsprozess liegt wohl darin, dauerhaft im Paradoxon einer »unbalanced balance« leben zu müssen und zu können (Leidfaden 2015/03).

3.1.2 Trauer und die Frage nach dem Sinn

In der Begleitung trauernder Menschen nehmen Sinnfragen im Vergleich zu anderen Beratungskontexten einen besonders großen Raum ein, weshalb auch wir diesem Thema an dieser Stelle einen Platz einräumen.

Gefühle von Verflüchtigung der eigenen Identität, von Verlorensein und Ratlosigkeit werden häufig mitgeteilt. Trauernde erleben sich in ihrem Halt- und Heilsuchen völlig verändert, kennen sich selbst kaum wieder auf dem ihnen zugemuteten Weg, der ihnen mitunter unbegehbar erscheint.

Es ist wohl zutiefst menschlich, angesichts existentieller Verluste die Frage nach dem Warum zu stellen. Und während sich die kleine Warum-Frage noch klären lässt – weil sie diese Krankheit hatte, weil es im Heimatland keine Existenzgrundlage gab, weil 200 Stellen wegrationalisiert wurden –, gibt es auf die große Sinnfrage keine Antwort mehr. Warum ich? Warum wird gerade mir dies zugemutet?, fragen wir das Leben, das uns diese Anfrage unbeantwortet zurückspielt. Welchen Sinn gibst du den Ereignissen deines Lebens?, fragt Viktor Frankl, der den Menschen zu beständiger Sinnfindung herausgefordert sieht (Manteufel, 2005, S. 654).

Sich diesen tiefen Menschheitsfragen zu stellen, ist auch Auftrag an Kultur und Gesellschaft. Im jeweiligen geografischen, historischen und sozialpsychologischen Kontext bieten sie mit Mythen und Bildern Perspektiven auf schicksalhafte Erfahrungen an. Sie versuchen, existentielle Krisen zu deuten, die über das bewusste Erklärungsvermögen des Menschen hinausgehen und in die er sich doch immer wieder hineingestellt sieht.

Ihre Sinnkonzepte sind immer Beziehungskonzepte. Deren Warum-Fragen richten sich an die Beziehungen zwischen Menschen, thematisieren deren Bezüge zur Umwelt sowie die Positionen, die sie innerhalb dieser Beziehungen einnehmen. In kognitiver und sinnlicher Zuwendung zur Außenwelt suchen sie Antworten. Mit Betrachtungen der Innenwelt erforschen sie Gesinnungen oder sie fragen nach dem Verhältnis, in dem sich ein Mensch zu seiner Bezugsgruppe erlebt.

Sinnfragen werden vor allem von all denen gestellt, die mit der Enttäuschung ihres bisherigen Weltverständnisses konfrontiert sind, mit dem erlebten Ende einer nun scheinbar als »Täuschung« identifizierten Erfahrung. Erfahrungen, die nicht in den Rahmen des bisherigen Sinnkonzeptes einzuordnen sind, erzeugen Angst vor einem sinnlosen oder von Sinnlosigkeit bedrohten Leben. Möglicherweise provozieren sie Verzweiflung, Vermeidung, Zynismus oder/und die aktive Suche nach einem neuen tragfähigen Sinnkonzept.

Jede Kulturgeschichte ist gleichzeitig die Geschichte ihrer *kollektiven Sinnkonzepte*. Deren Grundideen beschreiben die ihnen angemessenen Idealtypen einer Epoche, an denen die einzelnen Menschen ihre erlebte Wirklichkeit messen. *Archaische Sinnkonzepte* gelten als nichtreflektierte (Tiedemann, 1993). Sie entstehen unbewusst und können sich ohne subjektives Empfinden einer Sinnkrise verändern.

Dagegen setzten *reflektierte Sinnkonzepte* als bewusst durchdachte Betrachtungen die Auseinandersetzung mit erlebten Sinnkrisen voraus, von Karl Jaspers als »Achsenzeit« bezeichnet. Analog zum »biogenetischen Grundgesetz« (Ernst Haeckel), nach dem jede individuelle Entwicklung (Ontogenese) die abgelaufene Entwicklung ihrer Gattung (Phylogenese) nachvollzieht, wiederholt die individuelle Bewusstseinsgeschichte die Kulturgeschichte ihrer Gattung. Selbstbewusstsein und Weltbewusstsein sind immer aufeinander bezogen. So wandeln sich individuelle

Achsenzeiten an biografischen Wendepunkten von der Allidentität, die ein kleines Kind erlebt, hin zu einem sich ständig ausdifferenzierenden Bewusstsein von (Rollen-)Identitäten, Selbstempfinden und Relationalität in Beziehungssystemen. Jede Sinnkrise fordert dabei die Einzelnen in ihrem System explizit heraus, Veränderungsmöglichkeiten zu erwägen und gemäß vorhandener Alternativen eigenverantwortete Entscheidungen zu treffen.

Erfahrungen des Ich, sich in seiner Differenz zur Welt und vereinzelt zu erleben, greifen sogenannte *fragmentierte Sinnkonzepte* auf. In deren Weltanschauung sind sinnstiftende Beziehungen eher zweckrational. Sie definieren die Welt und Beziehungen zu ihr konsequent als bloße Fiktion und postulieren eine jenseitige bessere Welt. Halt vermitteln dogmatische Lehren mit klaren Orientierungen.

Einen anderen Blickwinkel bieten die *konventionalen Sinnkonzepte*. Sie legen die Spaltung einer chaotisch erlebten Natur von einer Kultur mit sinnstiftenden Strukturen zugrunde. Als eine von den Menschen erstellte Ordnung stellt Kultur eine sinnvolle Verbindung zwischen den Mitgliedern einer solidarischen Kulturgemeinschaft her. Der einzelne Mensch, der eigenverantwortlich seine persönliche Lebensform konstituiert, entscheidet sich initiativ für diese Konvention. Als ein Zugehöriger erlebt er seine Vereinzelung aufgehoben und sich in die Geborgenheit seines Bezugssystems einbezogen. Er orientiert sich an dessen Leitideen und empfindet ein entsprechend ausgefülltes Leben als sinnvoll.

Perspektivische Sinnkonzepte dagegen gehen davon aus, dass immer nur gewisse Lebensaspekte zum Gegenstand von Erkenntnis werden können. Diese werden als Teile eines großen, umfassenden Ganzen angenommen, das mehr als die Summe seiner Teile ausmacht. Wie beim perspektivischen Zeichnen liegt dieses Ganze als Bezugspunkt außerhalb des Gesichtsfelds und ist somit kognitiv nicht zu erfassen. Wahrheit rückt jetzt als perspektivischer Punkt außerhalb menschlicher Einsichts- und Zugriffsmöglichkeit.

Den Zusammenhang von Weltanschauung und gesellschaftlichen Entwicklungsphasen stellt auch Fritz Oser in seinem religionspsychologischen Modell her. Die Frage, wie Menschen Gott, Welt und Mensch in einer für sie tragenden Sinnkonstruktion zusammenbringen, stellt er kulturübergreifend dar und geht ausgehend von Piagets Entwicklungsmodell und Kohlbergs Stufenkonzept der Moralentwicklung nach (Oser 1992/1993). Persönliche Sinnkonstruktionen entwickeln sich danach durch erlebte Dilemmata, in der Auseinandersetzung mit den Grenzen bisherigen Verständnisses und Argumenten der nächsthöheren Entwicklungsstufe. Der lebenslange Prozess individueller Sinnkonstruktion führt von der Vorstellung, als Mensch von einer absoluten Gottesmacht abhängig zu sein (Heteronomie), über die Orientierung an beschränkter Autonomie zur Orientierung absoluter menschlicher Autonomie. Nach dieser Phase, kulturgeschichtlich vergleichbar der Zeit der Säkularisierung, in der der Mensch sich selbstverantwortlich und von einer Gottesmacht unabhängig erlebt, erfolgt in Osers Modell eine Rückkoppelung an Transzendentes, in der menschliche Freiheit an ein weltanschauliches Heilssystem gekoppelt wird. Die letzte Stufe ist mit der Orientierung an religiöser Intersubjektivität erreicht, in der Integration von göttlicher und menschlicher Autonomie, in der Gott als beziehungs- und ereignistragend wahrgenommen wird, vergleichbar mit Martin Bubers Verständnis, dass im Zwischenraum der Ich-Du-Begegnungen das Göttliche zu finden ist.

Die Wahl nun, mit welchen Aspekten sich ein Mensch auseinandersetzt, ist von dessen jeweiligen Interessenlage bestimmt, von seinem aktuellen Erkenntnisstand und nicht zuletzt von der Tatsache, eine Frau oder ein Mann zu sein. Auf den Zusammenhang von Geschlechtszugehörigkeit, moralischer Orientierung und Sinnkonstruktion hat Carol Gilligans (1994) ausführlich hingewiesen. Entsprechend der persönlichen Lebenslage erfolgt jede Sinngebung medial und ist als eine Idee anzusehen, deren Gültigkeitskriterium allein die in der Selbstwahrnehmung erlebte Tragfähigkeit ist. So ist jeder Mensch in der Sinnsuche vollständig auf sich selbst und seine Bezugssysteme zurückgeworfen. Individuell werden allen Systemmitgliedern ungeheure Anstrengungen bei der Selbstdeutung ihrer persönlichen Existenzen abverlangt, gemeinsam sind sie herausgefordert, existentielle Erfahrungen sinnvermittelnd zu beantworten und eine neue sinnstiftende Homöostase ihres Beziehungsgefüges zu entwickeln.

Robert Neimeyer fokussiert in seinem Begleitansatz besonders die in Frage gestellte Identität, die ein in seinen Grundannahmen erschütterter Mensch von sich entwickelt. Er unterstützt Trauernde in ihrer Auseinandersetzung um einen neu zu konstruierenden Gesamtzusammenhang der persönlichen Bezugswelt, in der Gegenwart, Vergangenes und Zukunft einen sinnvollen Platz finden können.

Auch systemische Trauerbegleitung greift diese Themen auf. Wir verstehen den einzelnen Menschen als eine polyphrene (vielseelische) Person, die zum gegebenen Zeitpunkt miteinander verkoppelte kognitiv-emotionale Prozesse als Kohärenzen abrufen und rekonstruieren kann (Ludewig, 2007). Im achtsamen Erforschen der verschiedenen Sinnverständnisse arbeitet sie mit den Systemmitgliedern deren Kohärenzgefühle (Aaron Antonovsky) in ihren individuellen Unterschieden und gemeinsamen Abstimmungen heraus. Dabei geht es nicht selten um Konkurrenz und Wettbewerb der einzelnen »Eigensinnigen«, welches denn nun das richtige Sinnverständnis sei. Hier ist es wichtig zu verdeutlichen, dass jedes System über basale Sinnübereinstimmung verfügt. In Krisenzeiten kann dieses gemeinschaftlich gedachte Sinnverständnis derart erschüttert werden, dass es nicht mehr von allen Systemmitgliedern als tragend erlebt wird. Isolierte Aspekte treten in den Vordergrund, die dann von Einzelnen eventuell polarisierend und konkurrierend übernommen werden. Doch können wir diese unterscheidende Auffächerung des ehemals Gesamten als wertvolle Facetten eines gemeinsamen Ganzen reframen, das von den Einzelnen in seiner Komplexität nicht aufgegriffen werden kann. Begleitung kann dann danach fragen: Was lässt sich langfristig mit wie viel Übereinstimmung wo im gemeinsamen Sinnkonzept einbauen und was bleibt/wird individuelle Orientierung? Woran erkennen die Einzelnen, ob oder dass eine übergeordnete Kraft wirksam ist?

Als allparteiliche Begleiterin kann ich in dieser Situation auf die kulturhistorischen Dimensionen verweisen und damit die Unterschiedlichkeit der autonomen

Sinnvorstellungen wertschätzen. Was unvereinbar erschien, kann in diesem Blickwinkel vielleicht vom System als angemessen und ergänzend eingeordnet werden, als unterschiedliche Sinnverständnisse, die neben- und miteinander Sinn ergeben.

Noch ein Wort zur Begleitung: Um den schicksalhaften Erfahrungen der Trauernden mit deren tiefgreifenden Lebensanfragen respektvoll standzuhalten, ist es unverzichtbar, sich als Begleitende den eigenen Sinnkonzepten zu stellen (AB Sinnkonzepte), ohne diese persönlichen Konstrukte mit dem Anspruch auf Verbindlichkeit generalisieren zu wollen.

> »[…] und ich möchte Sie bitten, so gut ich es kann, bitten, lieber Herr, Geduld zu haben gegen das Ungelöste in Ihrem Herzen und zu versuchen, die Fragen selbst lieb zu haben wie verschlossene Stuben und wie Bücher, die in einer fremden Sprache geschrieben sind. Forschen Sie jetzt nicht nach Antworten, die Ihnen nicht gegeben werden können, weil Sie sie nicht leben könnten. Und es handelt sich darum, alles zu leben. Leben Sie jetzt die Fragen. Vielleicht leben Sie dann allmählich in die Antworten hinein« (R. M. Rilke, Brief an F. X. Kappus, 1903).

3.2 Trauer, Kultur, Religion und Geschlecht

3.2.1 Soziokulturelle und religiöse Determinanten

Trauern zu können ist ein universelles menschliches Gut. Als Empfindung ist es weder rationalem Verstehen noch einer Begrifflichkeit unterworfen, denn bevor Menschen eine Vorstellung von Verlust und eine Sprache für Trauer entwickeln, sind bereits Angst, Wut und Schmerz Begleiter ihrer zahlreichen Verlusterfahrungen. So trauern wir wohl schon als Ungeborene, synchron schwingend mit einem leidvollen Erleben der Mutter, und müssen gleichzeitig, je bedrohlicher diese Erfahrung ist, umso vehementer bereits um unser eigenes Überleben kämpfen. Der Zeitpunkt unserer Geburt fordert von uns den Abschied von einer zumindest im Sinne biologischer Anpassungsprozesse optimierten, bestenfalls aber auch für unsere mentale und psychische Entwicklung paradiesischen Einheit mit der Mutter. Der Schrei, der die ersten Atemzüge in ein eigenständiges Leben begleitet, zeugt sowohl von Qual als auch von Selbstbehauptung. Im Laufe unserer Kindheit trauern wir darum, nicht in unserer Einzigartigkeit wahrgenommen zu werden, trauern um die nicht (ausreichend) erfüllten Bedürfnisse und trauern, wenn wir uns allein gelassen fühlen. Spätestens der unwiederbringliche Verlust einer emotionalen Bindung ist Teil der wachsenden Einsicht in ein verletzliches Dasein auf Zeit. Die damit verbundenen »schwierigen« Gefühle wahrzunehmen, ihnen Ausdruck zu verleihen und uns darüber verständigen zu können, sie als Teil der eigenen Persönlichkeit anzuerkennen, ist ein Weg gemeinsamen lebenslangen Lernens.

Die Bedeutung, die wir den Verlusten, dem zu Betrauernden geben, hilft uns, das Erleben einzuordnen. Maßgeblich ist sie von familiären, aber auch umfassend wirksamen soziokulturellen Einflüssen geprägt. Der interkulturelle Alltag unserer globalisierten Gesellschaften macht uns wechselseitig vertraut mit Weisheits- und Glaubenslehren. Diese konnotieren irreversible Verluste und die sie begleitenden Trauerreaktionen sinnstiftend und versuchen durch »logotherapeutische« Einbettung des singulär Traumatisierenden in ein größeres Ganzes zu entlasten. Sie stellen der Vereinzelung des Schicksals eine kollektiv verbindende, transzendentale Bedeutungsebene gegenüber.

So wird im islamischen Selbstverständnis Krankheit und Tod als eine Entscheidung Allahs akzeptiert. Diese zu hinterfragen, hieße am Willen des Allerbarmers zu zweifeln. Seine Allmacht und den Wunsch, Teil einer ewig währenden und ewig nährenden Gemeinschaft mit anderen wahrhaft Gläubigen zu sein, gilt es zu bezeugen. Die Vorstellung, den Verstorbenen durch die Gnade Gottes in einer besseren Welt aufgehoben zu wissen und durch diese Gewissheit als Hinterbliebener getröstet zu sein, hat auch im jüdisch-christlichen Weltbild Tradition. Im hinduistischen Verständnis eröffnet die Erlösung vom irdischen Dasein die Hoffnung, in der Inkarnationsspirale eine weitere Stufe auf dem Weg zur ersehnten Vollendung, der Auflösung jeder Individualität, erreicht zu haben. Das Tragen weißer, reiner Kleidung ist traditioneller Ausdruck dieser freudigen Einstimmung. Die Lehre des Buddhismus, radikal konstruktivistisch entwickelt von ihrem Begründer Siddhartha Gautama, betrachtet jedes Leiden in der Welt letztlich als Projektion des Menschen – im Zustand der Erleuchtung kann es keine Trauer mehr geben.

Übereinstimmungen wie Unterschiede lassen sich in den großen Weltreligionen ausmachen, sie haben sich gegenseitig angereichert und sind von den alten Schöpfungsmythologien gespeist. Sie nutzen die elementare Disposition aller Menschen, Verluste mit Trauer zu beantworten, sich der Trauer zuzuwenden in einem kathartischen Prozess, sich einer Trauergemeinschaft in ihrem ritualisierten Trauerverhalten anzuschließen, um nach erfolgter Trauerauszeit Aufbruch und Neubeginn (siehe Kapitel 6.4) zu wagen.

Ob jedoch eine Traueräußerung als adäquat oder aber als unangemessen bewertet wird, ist von erlernten Übereinkünften abhängig, die wir in unserer jeweiligen Lebensform miteinander definiert haben. In der kindlichen Sozialisation wird sie von Generation zu Generation weitergereicht. Das macht den Ausdruck der Trauer, ihre Gestalt trotz der universellen Gültigkeit so unterschiedlich.

3.2.2 Geschlechtsspezifischer Trauerausdruck

Kulturelle und gesellschaftliche Vorstellungen knüpfen ganz bestimmte Erwartungen an das Trauerverhalten von Frauen und Männern. Betrachten wir doch einmal die Zusammensetzung von Initiativen zur Trauerbegleitung, überprüfen wir die Gender-Zugehörigkeit beim Besuch von Trauercafés oder der Referenten beziehungsweise Teilnehmerinnen im Kontext von Fortbildungsveranstaltungen zur Trauer! Wie so häufig im sozialen Feld, wird auch hier die Dominanz von Frauen deutlich. Dies berechtigt zur Nachfrage, welche Faktoren hier Einfluss nehmen auf diese Ungleichgewichtung. Es ist sicherlich ein gesellschaftliches und kein individuelles Phänomen, dass Frauen sich der Trauer eher »zugeordnet« fühlen, ihre ihnen zugewiesene Zuständigkeit für die Kummerseite des Lebens oft fraglos umsetzen in die erforderlichen Maßnahmen zur Unterstützung der Betroffenen. Sind wir nicht immer schon die besseren »Trösterinnen« gewesen?

In der biologisch verankerten Mutterfunktion und dem damit verbundenen, rasch zu aktivierenden instinktiven Trostverhalten der weiblichen Mitglieder einer (zumindest westlichen) Gesellschaft hat diese scheinbar »natürliche« Rollenzuweisung ihre Grundlage für eine geschlechtsspezifische Ausrichtung. Aufgrund der real existierenden Arbeitsaufteilungen früherer Zeiten ergab eine geschlechtseindeutige Profilierung Vorteile für beide Seiten. Die aktiv voranschreitende, auch Verluste unbeirrbar in Kauf nehmende und dadurch Überleben garantierende Einstellung wurde primär von Männern ausgefüllt. Frauen übernahmen prädominant die zentrierend-bewahrende, Nestwärme erzeugende Haltung, zu der es auch gehörte, die unvermeidbaren oder in Kauf genommenen Verluste zu betrauern. War nicht zur Aufrechterhaltung des Kodex der berühmte schmerzunempfindliche Indianer – in Unkenntnis expressiver Abschiedsriten ursprünglicher Kulturen – über Jahrzehnte hinweg zu einem Vorbild für den starken Jungen im Gegensatz zum schwachen Geschlecht hochstilisiert worden? Der erschöpfende Weg der Selbstverleugnung bei Männern, die in einem heftigen oder still verzweifelten Kampf gegen die eigene Emotionalität oder gar Sentimentalität verstrickt sind, ist hinlänglich Thema und immer wieder für Bestseller-Listenplätze gut.

Es gab und gibt die damit perfekt korrespondierenden Lebenswege nicht allzu weniger Frauen, die sich das Klischee in Potenzierung angeeignet haben, um – mangels Alternativen – mit diesen für sie und ihre Angehörigen leidvollen Strategien Bedeutung für sich zu generieren: »Diese Frau hatte ihr ganzes bisheriges Leben lang versucht, andere von ihrem Unglück zu befreien, in dem sie es auf sich nahm. Unbewusst, wie anscheinend viele Frauen in unserer Kultur, nahm sie das Unglück anderer in sich auf und litt für diese [...] In ihrer psychischen Realität verdiente sie sich Liebe [...] und wertete dadurch auch ihre Vorstellung von sich selbst auf« (Schafer, 1995, S. 167).

Dennoch hat sich die Art und Weise unseres Zusammenlebens in den letzten Jahrzehnten in der westlichen Welt sukzessive ins nicht mehr geschlechtstypisch Generalisierbare ausdifferenziert. Erwünschte typisch männliche oder weibliche Verhaltenseigenschaften werden in zirkulären Anpassungs- und Abstimmungsprozessen immer wieder neu ausgehandelt. Ein verändertes Männer- und Väterbild hat zu großen Irritationen geführt. Die Stärkung der sensitiven Anteile erbrachte die unabweisbare Bereitschaft und Kompetenz zu einstmals weiblichen Familienmitgliedern vorbehaltenen Versorgungsleistungen. Die Generation der pflegenden Söhne und der Kuschelväter ist konkurrenzfähig angetreten und Diskussionen über die Freistellungen zur Elternzeit und die damit implizierten Finanzanreize werden weitere Entwicklungen anstoßen.

Nichtsdestotrotz liegt nach wie vor insbesondere bei der Generation der 45- bis 60-jährigen Frauen die Hauptlast im Einsatz für »soziale Dienste« im privaten wie im gesellschaftlichen Bereich. Und so ist ihre zahlenmäßige Überlegenheit im Ausbildungsweg für Trauerbegleitung und im diese Inhalte vermittelnden Kreis der Lehrtätigen wenig erstaunlich.

Der Eindruck verschiebt sich, sobald wir die (Studien-)Literatur zum Thema untersuchen, denn da finden sich mehr männliche als weibliche Autorinnen. Noch immer ist es für uns wohl selbstverständlicher, dass Frauen öffentlich und offensiv mit ihrer Trauer umgehen, Männer hingegen das Thema aus der Metaebene bearbeiten?

Doch unbestreitbar entdecken auch mehr und mehr Väter die Selbsthilfeszene für ihre Trauerarbeit. Dabei hören wir interessanterweise zunehmend die Forderung nach den Freiräumen einer von Männern geführten Väter- und von Frauen geleiteten Mütter-Trauergruppe! Wo Erfahrungen in diesem Bereich vorliegen, scheinen die Betroffenen sehr zu profitieren! Gibt es also trotz erwünschter Annäherung und den Postulaten zur geschlechterunabhängigen Trauerbefähigung und »gleichberechtigten« Traueräußerung einen Unterschied im »Management« der mit einem Trauerprozess wesentlich verbundenen intrapsychischen und interpersonellen Konflikte?

Die Resilienzforschung nimmt sich im Zusammenhang der Frage, was Menschen befähigt, Krisen durchzustehen und an diesen zu wachsen, auch der Geschlechterfrage an, indem Erkenntnisse aus der Resilienzforschung und den Gesundheitswissenschaften mit der Bedeutung des Faktors Geschlecht zusammengeführt werden (Richter-Kornweitz, 2011) oder unter dem Genderaspekt von Migrationserfahrungen (Kustor-Hüttl, 2011).

Wie oft klagen Frauen, ihre Partner seien nicht in der Lage, ihre schmerzlichen Gefühle zu zeigen und über gemeinsame Verluste zu sprechen. Erzählen nicht Männer dagegen von ihrer Flucht an den Arbeitsplatz, um sich wenigstens für einige Stunden abzulenken, und sich an einem neutralen Ort, einer tränenfreien Zone, aufhalten zu können? Und führt nicht die diskrepante Trauerverarbeitung erschreckend viele partnerschaftliche Beziehungen bis an ihre Bruchstelle? Eine Unterschiedlichkeit im Ausdruck und in der Gestaltung von Trauer lässt sich also kaum leugnen und verdient unsere achtsame Für-wahr-Nehmung (AB Geschlechtsspezifische Trauer – Förderliche Fragen).

Die griechische Mythologie bietet uns das in seinen extremen Konsequenzen aufrüttelnde Schicksal Demeters als paradigmatische weibliche Trauerinitiation, als »Prototypus« mütterlicher Verzweiflung beim Verlust eines Kindes, an. Lassen wir uns kurz auf die Versinnbildlichung einer überpersönlichen Katastrophe ein.

Demeter, die mächtige Göttin der Fruchtbarkeit, steht fraglos im Leben, ihrer Tochter Persephone ist sie in inniger Mutterliebe zugetan. Durch ein Brautversprechen des Vaters Zeus ist es Hades möglich, Persephone in die Unterwelt zu entführen. Demeter verliert ihre Tochter, und damit verliert sie ihr Selbstverständnis und ihre lebensspendenden Kräfte. Sie beantwortet den inakzeptablen Verlust mit Agitation und Rebellion. Als ihre Versuche erfolglos bleiben, zieht sie sich von der Welt zurück. Mit der Einbuße an persönlicher Vitalität geht ein zerstörerischer Einfluss auf die Erde einher; die Vegetation verdorrt, das fruchtbare Leben endet.

In ihrem Schmerz durchlebt Demeter so manche Verwandlung, in ihrer Trauer wird sie mitunter zerstörerisch. Etwas stirbt in ihr und damit stirbt das Leben an sich. Der weibliche Aspekt, der fruchtbare Zyklus erstarrt durch die Verzweiflung. Das Trosthandeln am adoptierten (imaginierten eigenen) Kind am Hof des Königs Keleos bringt nur eine passagere Entlastung. Die Teilhabe am Alltag der gewöhnlichen Menschen befriedigt nicht, eine zeitweise Abwendung, eine Auszeit wird erforderlich. Hilfe bei Zeus, dem männlichen (ur)erzeugenden Prinzip, kann die Göttin nicht finden. Ihre Klage, so wie sie von ihr geführt wird, bleibt ungehört. Erst als sie die Natur verdörren lässt und sich verweigert, tritt eine Wandlung ein. Der drohende, andauernde und alle umfassende Verlust der Fähigkeit der (systemischen) Selbsterneuerung bewirkt die kompromissbildende Intervention des Olymp und es kommt zu einer partiellen Versöhnung. Demeter gewinnt Persephone auf Zeit zurück, doch lebt diese fortan zur Hälfte auf der Erde, in der dunklen Jahreszeit verbindet sie sich (ihre eigenen Schätze suchend) mit den (Un-)Tiefen ihrer Seele und lebt damit wandlungsfähig zwischen Licht- und Schattenreich. Die tiefgreifende Veränderung einer (traumapsychologisch formuliert) immer wiederkehrenden Verlusterfahrung, die persönliche Metamorphose Demeters, wirkt sich nachhaltig auf ihre Umgebung aus und beschert uns allen die unaufhörliche Wiederkehr von lebensförderlichen Wachstumsphasen und den Rückzug aller Energien in einen nicht unmittelbar zugänglichen (vor- und unbewussten) Raum.

Die große Verwundung der Frau durch einen unwiederbringlichen Verlust ihres Kindes, die nahezu nivellierten Schöpfungskräfte, der extreme Trauerausdruck, bei dem die Lebenszuwendung vorübergehend durch destruktive selbst- und fremdschädigende Handlungen abgelöst wird, ist in einer Vielzahl überlieferter Göttersagen und Legenden wiederzufinden. Im altägyptischen Isis-Mythos begegnen wir einer Trauermetapher nach Partnerverlust.

Isis, die als große Muttergöttin analog zu Demeter verstanden wird, zeigt als starkes weibliches Pendant zur männlichen Gottkönigswelt fast eine Besessenheit beim Versuch, das Leben des geliebten Brudergatten Osiris aus dem Totenreich zurückzuerobern. Symbolisierte Reinkarnationsphantasien begleiten die Göttin auf ihrem langen und von wechselnden Erfahrungen und Bündnissen charakterisierten Trauerweg: Isis setzt die Körperteile des Toten wieder zusammen, vereinigt sich mit dem verstorbenen Geliebten und bringt das gemeinsame Kind Horus zur Welt. Nachdem lange Zeit keine männlichen Kräfte zur Versöhnung des Lebens mit sich selbst beitragen konnten, gelingt es endlich durch die Vereinigung der Anliegen von Isis mit dem Schöpfungsprinzip Ra, eine neue glückliche Periode des Wachstums für Menschen wie Götter einzuleiten.

Wie beschreibt nun der Mythos männliche Trauerreaktionen, gibt es auch ein Bild des – von uns Frauen so oft als entemotionalisiert erlebten – trauernden Mannes? Die große Sagengestalt des liebenden Sängers Orpheus lädt zur Betrachtung ein.

»Wie Orpheus spiel ich
Auf den Saiten des Lebens den Tod […]
Aber wie Orpheus weiß ich
Auf der Seite des Todes das Leben […]«
(Bachmann, 1986, S. 21).

Auf seinen Lehr- und Wanderjahren lernt der in dionysischer Lebensfreudetradition erwachsen werdende Orpheus seine außerordentliche musische Begabung gezielt zur Rettung der argonautischen Gefährten, zur Besänftigung der Elemente und Bezwingung von Ungeheuern einzusetzen.

Er heiratet Eurydike, doch ist sein Glück nur von kurzer Dauer. Als Eurydike auf der Flucht vor einem Nebenbuhler durch einen Schlangenbiss stirbt, wird Orpheus halb wahnsinnig vor Trennungsschmerz. Er widersteht mit aller Macht der drohenden Fragmentierung seiner Seele, tritt stattdessen selbst die Reise in die Unterwelt an und setzt an der Schwelle zum Tod mit dem Spiel seiner Leier all die ihm zur Verfügung stehenden Ressourcen ein. Hier begegnen wir wieder Hades und Persephone, die in einen Handel einwilligen. Orpheus erreicht, dass er Eurydike nicht nur wiedersehen, sondern sogar mitnehmen darf. Die Bedingungen sind bekannt, Orpheus erhält den Auftrag, voranzugehen und sich nicht umzudrehen. Der Blick zurück ist ihm nicht gestattet. Dies ist ein fast unlösbarer Konflikt für Orpheus. Würde er seiner Liebe und seinen Verlustängsten nachgeben, hätte das Paar keine gemeinsame Zukunft. Abhängig von den verschiedenen Überlieferungen der Sage besteht Orpheus diese Herausforderung, in anderen Darstellungen versagt Orpheus an dieser schier nicht zu bewältigenden Aufgabe und Eurydike verschwindet für immer im Totenreich.

Den Blick nach vorn richten zu müssen, in die Zukunft zu schauen – die Personifizierung des früher Gewesenen nicht betrachtend –, voranzueilen zurück zur Oberwelt, heißt anzuerkennen, dass nichts bleibt, wie es war. Weiterleben verlangt, nicht in der Retrospektive zu versinken. Vielleicht bedeutet es auch zu akzeptieren, dass sich das Altvertraute im Dienst zukünftigen (Beziehungs-)Lebens wird verändern müssen.

Mythen stellen uns Lebenszäsuren und -übergänge mit all ihren Neuanfängen als Krisen wie Chancen vor. Sie beantworten elementare Fragen symbolisch als Verstehensmodelle ihrer jeweiligen Zeit. Als kollektive archetypische Bilder setzen sie die ethischen Richtlinien einer Gesellschaft und prägen Typologien. Gleichermaßen verknüpfen sie uns mit unseren individuellen, oft unbewussten Ressourcen: »Die Bilder des Mythos sind Spiegelungen der geistigen Möglichkeiten in einem jeden von uns. Indem wir uns in sie versenken, rufen wir ihre Kräfte in unserem Leben wach« (Campbell, 1994, S. 233).

Weibliche wie männliche Protagonisten werden uns in ihrer Rolle – in ihren »geschlechtsspezifischen Mustern« – als Trauernde vorgestellt (wir begegnen einer zeitgenössischen Version im fiktiven Praxisbeispiel, Kapitel 4). Beide gehen an ihre Grenzen, beide erleben sich im Extrem und an der Schwelle. Sie durchschreiten eine raumzeitliche Interimsphase, in der sie sich selbst und damit ihr Bezogensein zum Leben verändern.

Jean Shinoda Bolen bezeichnet diese Übergangszeit als Liminalzustand (von lateinisch »limen«, Schwelle) (Bolen, 1998, S. 212), eine Schwellensituation also zwischen dem Nicht-mehr und Noch-nicht. In dieser Zwischenzeit begegnen wir im jeweiligen kulturellen und sozialen Kontext auch spezifischen, das heißt erlaubten und verwehrten Trauerhaltungen. Frauen wird dabei meist eine größere und auch oft substituierende Trauerkompetenz zugeschrieben. Bereits im alten Ägypten, aber auch in Israel erfüllten professionelle Klagefrauen über mehrere Stunden bis Tage die Aufgabe, stellvertretend Totenklage zu erheben. Auch heute noch beweinen sie im Auftrag der Familie den Verstorbenen, geben die Bedeutung des Ereignisses der Allgemeinheit bekannt, bewerten den Verlust durch die Intensität, mit der sie auf ihn aufmerksam machen, sichern dem Toten das Andenken und bestätigen den Sozialstatus des Auftraggebers.

Einige biblisch-orientalische Trauerriten sind »geschlechtsneutral«, andere werden typischerweise von Männern, so das Bart- oder Glatzescheren, oder von Frauen, wie die Entblößung des Oberkörpers, ausgeführt (Lamberty-Zielinsky, 2002). Ob durch das Zerreißen der Kleidung, Selbstverletzungen, Verhüllungen, das Bestreuen mit Asche oder das Bemalen des weiblichen Körpers, immer »zeugen« die rituell durchgeführten Handlungen von intrapsychischen Vorgängen ebenso wie von Anpassungsbemühungen der Gemeinschaft. Die geschlechtsabhängige Aufteilung der Traueraufgaben erschließt sich dabei als zielführend im Sinne des Bestehens der jeweiligen Sozietät.

Im Laufe des Trauerprozesses beobachten wir Veränderungen im Verhältnis der Geschlechter zueinander. Während anfangs gegenseitiges (synchrones) Verstehen einzufordern versucht wird – und dieser Anspruch zumeist scheitert –, entsteht im Laufe des individuellen und geschlechtsspezifischen Trauerweges eine Umorientierung, die gegenseitiges (analoges) Verstehen ermöglicht. In idealtypischer Ergänzung stellen weibliche und männliche Trauerfacetten unterschiedliche und oft polarisierende, aber immer einander bedingende Energien dar, die gemeinsam das Überleben und eine Neuausrichtung des Systems initiieren.

Beim Verlust eines Kindes, einer der möglichen großen Tragödien von Elternschaft, geschieht immer wieder Entfremdung durch den unterschiedlichen Trauerausdruck. Während Mütter in ihrer Verzweiflung die Auseinandersetzung im Gespräch und die gemeinsame Trauerempfindung suchen, bemühen sich Väter oft betont um den Erhalt von Alltagsnormalität und Funktionalität, verbringen viel Zeit in der Arbeit. Diese Klagen über den jeweils insuffizient (das heißt scheinbar ungenügend bzw. falsch) trauernden Partner führen genauso häufig zu Beratungsbedarf wie das anachronistisch (das heißt nicht zur rechten Zeit) trauernde Geschwisterkind. Systemisch geschulte Begleiterinnen »übersetzen« die so ungleich verteilten Rollen als individuelle Beitragsleistung zur notwendigen Stabilisierung der Familie. In ihrer Eigenschaft als Katalysator fördern sie die Wertschätzung und Anerkennung des Einen für die existentielle Seelenarbeit des Anderen. Eine ausführliche Darstellung dieser Arbeitshaltung findet sich in unserem »fiktiven« Praxisbeispiel: »Es geht nicht darum, bestimmte Teile der Trauer [...], etwa den intensiven Schmerz auszuleben, sondern die unterschiedlichen Arten der Trauer der einzelnen Teile eines sozialen Systems miteinander in Interaktion treten zu lassen [...], um den interpersonalen Austausch wieder zum Fließen zu bringen« (Goldbrunner, 1996, S. 155).

Legen wir die systemtherapeutische Konzeption von Beziehungsgestaltung zugrunde, erwartet uns ein spannender (gender-fairer) Ansatz zum Verständnis geschlechtsspezifischer Trauerverarbeitung. Partnerschaft, ob in ihrer wechselseitigen Bedingtheit als *Kollusion* (Willi, 1975, S. 162 ff.) ausgeleuchtet oder als *choreographischer Tanz* verstanden (Papp, 1991), stellt sich als ein frei schwingendes (Sub-)System dar, in dem sich Wahrnehmungsvorgänge und individuelle wie interaktionelle Verhaltensweisen von Mann und Frau zu mehr oder minder beweglichen »pattern« verdichten. Deren Reziprozität, die umgekehrt proportionale Bezogenheit aufeinander, stellt eine (von un- bzw. vorbewussten biografischen Faktoren beeinflusste) ausgewählte Balancebemühung dar.

Ähnlich einer musikalischen Komposition, die zwar in ihrer Instrumentalführung einzeln analysiert werden kann, jedoch erst im Zusammenspiel – ihrer Polyphonie – Vollständigkeit erlangt und ihre machtvolle Wirkung entfaltet, erklärt sich der einseh- und nachvollziehbare Sinn schöpferischen Partnerschaftshandelns in der Zusammenschau der verteilten Rollen. Im Arrangement der Schrittabfolge zeigt dieses partnerschaftliche Ballett ein für die jeweilige Beziehung charakteristisches mikrokosmisches Drehbuch. Es erlaubt den Darstellern, offen wie verdeckt, Bedürfnisse zu kommunizieren, einen Impuls selbst zu leben oder ihn durch andere vertreten zu lassen. Es bietet einen Rahmen, in dem Verletzungen gezeigt oder verborgen werden und (eigene) Ängste und Hilflosigkeit kompensatorisch in Stärke und Fürsorge (für den anderen) umgewandelt werden können (H Pas de deux).

In Zeiten der Trauer ist das System starken Erschütterungen ausgesetzt. Mitunter verlieren die Tanzpartner ihr Gleichgewicht und die daraufhin als Ausgleichsbewegungen eingeführten solipsistischen Einlagen gefährden den gemeinschaftlichen Rhythmus. Dann sind Begleitende herausgefordert, trauernden Paaren als Dolmetscher zur Seite zu stehen, ihnen beim Deuten unbekannter Figuren zu helfen und ihnen dabei zu assistieren, früher gelungene Feinabstimmung zu erinnern. In der Gegenwartsliteratur illustriert Cees Nooteboom dieses Zusammenspiel eindrücklich:

> »Spanier verbergen ihre Trauer nicht, und schon gar nicht die im Süden. Ich habe selten etwas Traurigeres gehört als die Wehklage der Mutter [...] Weh-Klage [...] Die gesamte Familie saß um die Mutter herum, als diese ihren Kummer aus sich heraus sang. Dafür gibt es kein anderes Wort, Gesang, Lamento, Rezitativ, Kaddisch, lange,

aneinandergereihte Sätze, manchmal kaum verständlich, manchmal nur Klang, Gejammer. Aber doch mit einer FORM, die Sätze führten hinauf und hinunter, hielten inne und begannen von neuem. Wenn die Worte versiegten, um dem Kummer Ausdruck zu verleihen, nahm ein Sohn, eine Tochter die Mutter in den Arm, und dann begann der Vater, wie eine Gegenstimme, tief und staccato, bis das Jammern ihn wieder übertönte und beide Stimmen ineinander flossen. Der Vater verkörperte die Ordnung, die histoire, das Gleichgewicht« (Nooteboom, 2002, S. 52).

Gesellschaftliche Trauermodelle sind also einerseits, unabhängig von ihrer alters- und geschlechtspezifischen Zugehörigkeit, wichtige *Trauerzeugen* in der Familie, jedoch lehren sie die heranwachsende Generation den Umgang mit einschneidenden Lebensereignissen sehr wohl im alters- und geschlechtstypischen Verhaltenskodex ihrer Zeit. Dieser wiederum ist permanentem Wandel unterworfen. Neuausrichtungen von Partnerschaften und Familiensystemen auf zunehmend paritätische Zuständigkeit für externe beziehungsweise interne Arbeitseinsätze zur gemeinsamen wirtschaftlichen Absicherung der Lebensgemeinschaft werden Einfluss nehmen auf den geschlechterneutralen und den geschlechtsspezifischen Umgang mit Gefühlen, so auch auf die Expression von Trauer und deren Bewertung. Veränderte Formen des Zusammenlebens in Patchworkfamilien und Mehrgenerationen-Wohngemeinschaften führen auch weiterhin zu dynamischen Anpassungen im Beziehungsverhalten weiblicher und männlicher aber auch jüngerer und älterer Systemmitglieder.

3.3 Trauerbegleitung im Lebensverlauf

3.3.1 Trauer in der Kinder- und Jugendzeit: Verlust von Bindungspersonen und Bezugssystemen

»Mit einer Weisheit, die keine Tränen kennt,
mit einer Philosophie, die nicht zu lachen versteht,
und einer Größe, die sich nicht vor Kindern verneigt,
will ich nichts zu tun haben« (Gibran, 1983, S. 85).

Kinder trauern über so vieles mehr, als wir uns oft bewusst sind, und manchmal ein wenig anders, als wir es erwarten. In diesem Kapitel werden wir einen weiten Bogen von der natürlichen Trauerbefähigung der Kinder bei entwicklungspsychologisch relevanten und unvermeidbaren (»organischen«) Verlusten über die Trauerantwort auf extreme Belastungen bis hin zur Trauer beim Abschied vom eigenen Leben, der Trauer um den Selbstverlust, spannen. Wir werden versuchen, die vielfältigen Herausforderungen und die reichhaltigen Möglichkeiten der Kinder aufzuzeigen, auch große Leiderfahrungen mit Unterstützung ihrer Bindungspersonen und Beziehungssysteme zu integrieren.

Gegen den Gedanken, dass auch das Trauern wesentlich zu Kindheit und Jugendzeit gehört, wehren sich viele Erwachsene. Dies mag damit zu tun haben, dass wir es als schuldhaft erleben, einen nicht ausreichend geschützten Raum zur Verfügung stellen zu können. In der Akutsituation sind wir aber auch oft so überwältigt vom eigenen Trauerschmerz, dass es unvorstellbar scheint, das eigene Leid im Weinen des Kindes gespiegelt zu sehen, insbesondere sobald erhebliche persönliche Verletzungen aus früherer Lebenszeit mit aufbrechen. Grundsätzlich neigen unsere westlichen Gesellschaften seit der »Erfindung der Kindheit« (Postman, 1982; Aries, 2007) zur im Erhaltungsdienst der Ich-Funktionen stehenden Idealisierung einer von Leiderfahrungen unberührbaren »Kinder-Zeitzone«, einem Schmerz und Kummer abspaltenden »Gegenentwurf« zu den Schattenseiten der (über-)fordernden Realität.

Das Leben unterliegt jedoch einer unentwegten Transformationsbewegung (auf molekularbiologischer Ebene ebenso anschaulich wie in seelisch-geistigen Reifungsschritten evident), und Entwicklung impliziert den zirkulären Prozess von Abschied und Neubeginn in fortlaufend ausdifferenzierenden Wachstumsphasen. So ist die Schlussfolgerung, dass auch Kinder von Beginn an (alle Stufen des un- und vorbewussten Erlebens eingeschlossen) die Erfahrung des Endlichen machen, unabweisbar. Mit der Anerkennung dieser Tatsache würdigen wir ihre Anstrengungen, damit zurechtzukommen.

Trauer: Eine integrale Erfahrung der Kindheit

Der Alltag beinhaltet für Kinder ein »Übungsplateau« im Abschiednehmen: Ein losgerissener Luftballon beim Spaziergang über das Volksfest, Nichteingeladensein auf einen Kindergartengeburtstag, das Aufgebenmüssen von Größenphantasien, der Tod eines Haustieres, der Ausschluss aus der Tratzballmannschaft beim Schulturnen oder das Auf-der-Ersatzbank-sitzen-Müssen beim Fußballturnier. Vielleicht hat der eine oder andere auch noch nicht vergessen, wie es sich anfühlte, mit Beginn der Benotung ein erstes »Mangelhaft« oder »Ungenügend« entgegennehmen zu müssen? Oder die Situation, dass ein Elternteil aus welchen Gründen auch immer nicht mehr erwerbstätig sein konnte und wirtschaftliche Einschränkungen liebgewordene Gewohnheiten wie die alljährlichen Ferien am Meer abrupt beendeten? Möglicherweise taucht auch eine Erinnerung an die erste Ohrfeige oder ein Nichtbeachtetwerden in einer Situation, in der wir uns unbedingte Aufmerksamkeit gewünscht hätten, auf – die Verletzung von physischer oder psychischer Integrität kann Anlass zu verzweifeltem Kummer sein! Später sind dann die Abwahl als Klassensprecherin, die Trennung vom Urlaubsfreund oder eine erste unerwiderte Liebe Beispiele für Erfahrungen und Empfindungen von Verlust.

Françoise Dolto, die bekannte französische Kinderanalytikerin, beschreibt in einem Interview mit Inès Angelino eine »regel-rechte« depressive emotionale Befindlichkeit in der Entwicklung Heranwachsender. Befragt nach ihrer Begründung antwortet sie: »Hier wird ja getrauert; hier wird die bisherige Lebensform zu Grabe getragen [...] Keines der Gefühle ist mehr das, was es zwischen dem achten und dem zwölften Lebensjahr war, auch nicht was es zwischen dem vierten und dem achten Lebensjahr oder der Geburt und dem vierten Lebensjahr war. Diese drei Abschnitte der Kindheit müssen nun betrauert werden« (Dolto, 1996, S. 100).

Die Reihe unspektakulärer (»normaler«) und doch auf unser weiteres Leben Einfluss nehmender Trauererfahrungen ließe sich beliebig fortsetzen. Ob wir jemanden unter den uns zugeneigten Erwachsenen fanden, der uns in die Arme nahm und aushielt, was wir herausschluchzten, oder uns respektvoll in Ruhe austrauern ließ, ist weitaus bedeutsamer als »substitutionelle Tröstung« (die rasche Ersatzbeschaffung des verlorenen oder kaputten Spielzeugs). Einstellungen und Überzeugungen der Eltern und anderer Bindungspersonen zum Umgang mit dem Irreversiblen prägen uns alle nachhaltig.

Öfter als wir denken ereignen sich in der Kinder- und Jugendzeit grenzwertig belastende, existentielle Verlusterfahrungen. Kinder und Jugendliche haben Anspruch auf eine altersentsprechende Teilhabe an diesen Ereignissen in ihrer nächsten Umgebung. Sie haben ein Recht auf das ihnen zuträgliche und hilfreiche Maß an Information. Sie dürfen vom Erleben ihrer Umgebung nicht ausgeschlossen werden und benötigen, wie die Erwachsenen auch, Abschiedsrituale, die sich an ihren individuellen Interessen orientieren.

Kinder, die mit ihren Befürchtungen und der Auseinandersetzung mit ihren oft sehr angstvoll besetzten inneren Bildern alleingelassen sind, werden nicht nur die an einer Krankheit, den Folgen eines Unfalls oder durch Selbsttötung verstorbene oder bei partieller Trennung zumindest zeitweise unerreichbare Person verlieren. Sie erleben zusätzlich auch eine bedrohliche Zäsur in ihrer Lebensgeschichte und eine entscheidende Wandlung der Beziehung zu den verbleibenden Bezugspersonen. Mit Kindern über die Folgen einschneidender Veränderungen zu sprechen, ist für alle Betroffenen wichtig. Indem Erwachsene sich selbst und die kindlichen Verlassenheitsängste ernst nehmen und aufgreifen, beugen sie irrationalen Befürchtungen und Schuldgefühlen vor. Entgegen der landläufigen Meinung, es belaste Kinder, wenn Bezugspersonen sich ihrer eigenen großen Trauer zuwenden und diese zum Ausdruck bringen, zeigen sich die seelischen Schutzmechanismen der Kinder meist als ausreichend stabil, um sich im gemeinschaftlichen Trauererleben dazuzuweinen oder sich durch eine funktionierende Abwehrstrategie vorübergehend unmissverständlich zu entziehen.

Eine für den Moment notwendige *Vermeidungshaltung* eines Kindes lässt jedoch keine Rückschlüsse zu über seine grundsätzliche Befähigung, sich mit den Themen von Verlust, Sterben und Tod auseinanderzusetzen. Wie bei einer Perlenkette reihen sich einzelne Sequenzen gemeinsamer Anstrengung, sich dem Unbegreiflichen zu nähern, aneinander. Altersentsprechende und die persönliche Reife des Kindes berücksichtigende Beschäftigung mit dem Thema verhilft zur Reorientierung und bereichert beide Seiten.

Kinder besitzen wertvolle Selbstheilungskräfte und entwicklungsentsprechende Vorstellungen davon, was für sie selbst und die sie unterstützenden Erwachsenen hilfreich ist. Sie verfügen über ein intuitives Wissen und bieten uns ihre eigenen Erklärungsmodelle an. Die Paradoxie liegt wohl darin, dass wir lernen müssen, uns weniger instruierend als viel mehr zuhörend und begleitend zu verhalten, wollen wir Kinder und Jugendliche während eines drohenden oder nach einem bereits erlittenen Verlust einer Bindungsperson unterstützen.

Trauernde Kinder senden, mehr als Erwachsene dies tun, *nichtsprachliche Signale*. Ihre Mitteilungen an uns verschlüsseln sie in symbolischer Form. Ihre Bilder, Bastel- und Tonarbeiten, ihre Geschenke – somit die kreative Werkschau aller gesammelten Objekte und projektiven Tätigkeiten – dürfen wir als das besondere methodische Rüstzeug ihrer intensiven Auseinandersetzung mit den Ereignissen und als Kommunikationsangebot an uns begreifen. Innere Anteile können sich im gestalteten Trauerausdruck am besten zeigen, sie korrespondieren untereinander und schwingen mit den unbewörteten, nichtbegrifflichen Empfindungen der Bindungspersonen (Fischinger, 2017). Wir sollten in dieser Zeit besonders aufmerksam ihre Spiele, ihre kreativen Äußerungen und ihr unmittelbares Verhalten beobachten. Ungewöhnliche (Verhaltens-)Reaktionen sind dabei durchaus eine angemessene Antwort auf eine außerordentliche Herausforderung und benötigen ein entpathologisierendes Verständnis. Dennoch gibt es charakteristische Hinweise auf manifeste Belastungsreaktionen, die einer zusätzlichen Aufmerksamkeit bedürfen (H Kinder und Jugendliche – Besondere Achtsamkeit in Trauersituationen).

Die Kinder in ihrem Selbsthilfe- und Selbstheilungspotential zu unterstützen, die Familiensysteme und privaten Netzwerke in ihren eigenen Ressourcen zu stärken, ist elementares Anliegen einer professionellen Begleitung (H Symbole und Rituale – Anregungen für das Familiensystem). Um diese Aufgabe erfüllen zu können, ist die Reflexion der persönlichen Verortung beim Thema Umgang mit Trauer im Kindesalter von besonderer Bedeutung (siehe Kapitel 6.1).

Generell bedeuten unfreiwillige und dramatische Abschiede für Kinder, dass sie neben dem aktuellen Verlust auch mit weiteren einschneidenden Veränderungen konfrontiert sein werden. Denken wir an die Notwendigkeiten eines Umzugs nach einem Todesfall, von einem Schulwechsel nach Trennung der Eltern oder auch an die Herausnahme aus der Familie im Kontext von Verwahrlosung, Gewalt und Missbrauch. Auch verändern sich selbst bei erhaltenem Lebensmittelpunkt des Kindes die ursprünglichen Beziehungsmuster zu den verbleibenden Bindungspersonen.

In einem überarbeiteten und aktualisierten Beitrag für den Band »Kindheit und Trauma« stellt Helmuth Frigdor (Hilberg u. Ullmann, 1998, S. 49 ff.) Ergebnisse seiner analytischen Studie über Scheidungskinder vor. Er beschreibt dabei die wegbrechende »Triangulierungsfunktion« des sich aktiv oder gezwungenermaßen trennenden Elternteils und die Bedeutung für den zurückbleibenden Part. Im klassischen Fall der Scheidung mit Verbleib des Kindes im mütterlichen Haushalt verändert die Unterbrechung der (nunmehr verlustangstbesetzten) Beziehung zum Vater im weiteren Verlauf auch die bestenfalls ja kontinuierlich bestehende (aber jetzt ebenfalls konfliktär besetzte) Beziehung zur Mutter. Für die Nachscheidungsreaktion des Kindes ist also nicht allein »wie ursprünglich angenommen – die Intensität und Güte der Objektbeziehung zum Vater, sondern [auch] die Konfliktbelastung der Objektbeziehung zur Mutter verantwortlich« (S. 60).

Nicht nur halt- und strukturgebende Unterstützung in der akuten Phase der Trennung oder Scheidung, sondern darüber hinaus der reflektierte Umgang mit den reaktivierten früheren Beziehungskonflikten, befähigen Kinder zur adaptiven Trauer, die auch und besonders in ihrer aggressiven Qualität verstanden und gewürdigt werden muss. Ältere Kinder, die bereits eine längere Periode günstiger Bedingungen und eine stabile Entwicklung hinter sich haben (Resilienzfaktor), werden in ihrer Trauer davon möglicherweise weniger überlagert als jüngere Kinder. Dennoch kann es insbesondere in Pubertät und Adoleszenz zu erheblichen Einbrüchen in der Selbstwertentwicklung der Kinder kommen. Hier greifen massive Trauerabwehrstrategien, die das Risiko eines Abgleitens in dissoziale oder autoaggressive Ausdrucksmuster potenzieren, die internalisierende (z. B. depressive) Störungsbilder und die Gefahr von Suchtverhalten begünstigen.

Den Tod betrauern

Die Begleitung von Kindern bei der Konfrontation mit Sterben und Tod ist ein Thema, das zahlreichen Menschen am Herzen liegt. Es scheint nach Jahrzehnten der Tabuisierung einen besonderen Sog der Anziehung auf professionelle und ehrenamtliche Helfer auszuüben. Aus diesem Grund möchten wir diesem Thema einen angemessenen Raum gewähren.

Um einen zugehörigen Menschen anhaltend und ausdrucksstark zu trauern, können sich menschliche Gesellschaften erst leisten, seit die verbesserten Überlebensbedingungen für die Hinterbliebenen eine solch langfristige Zuwendung über den Tod hinaus erlauben. Mit der Entwicklung des Bürgertums hat sich zudem die Bedeutung des Einzelnen für die Gemeinschaft verändert. Das Maß an Individualisierung wurde zum Gütekriterium und eine differenziertere Betrachtung der unterschiedlichen Merkmale der jeweiligen Altersklassen setzte ein. Wir vergessen oft, dass Kindsein im Mittelalter hauptsächlich bedeutete, nur begrenzt leistungsfähig, für viele Arbeiten (noch) zu schwach zu sein, dass Kindern überhaupt erst im 16. und 17. Jahrhundert eine spezifische Lebenswelt zugeschrieben wurde und Kindheit im Sinne eines Schutzraumes bis noch vor gut zwei Jahrhunderten ein den privilegierten Schichten (Postman, 1982) vorbehaltener Status war. Fürsorgliches und einfühlendes Verhalten in der Mutter-Kind-Beziehung wurde auf unserem Kontinent erst etwa ab dem 19. Jahrhundert – und immer noch als schichtspezifische Besonderheit – gesellschaftlich unterstützt und gewürdigt. Für die meisten Menschen vor dieser Zeit bedeutete Jung-an-Jahren-Sein keineswegs, sich in einer Schutzzone zu bewegen (Aries, 1975; DeMause, 1980). Im 17. und 18. Jahrhundert finden sich deutliche Hinweise für vernachlässigendes und wahrscheinlich sogar aktiv schädigendes Verhalten von Vätern, Müttern oder Ammen gegenüber Neugeborenen und Kleinkindern. Aber auch später noch war der Tod eines von vielen der meist jährlich auf die Welt kommenden Säuglingen in vielen Familien ein wiederkehrendes und hinzunehmendes Ereignis. »Die erste Beobachtung ist, dass das traditionale Europa an einer ungeheuer hohen Kindersterblichkeit litt. Im Allgemeinen starb ein Fünftel bis die Hälfte aller Kleinkinder in den ersten 12 Lebensmonaten« (Shorter, 1986, S. 505). Hatte das Kind überlebt, galt es, durch Teilnahme an den Verrichtungen der Erwachsenen den leistbaren Teil an der Gemeinschaftsarbeit zu erbringen. Trennungen von der Ursprungsfamilie (durch das Ammenwesen, aber auch die Weggabe der Kinder aus wirtschaftlichen Erwägungen) waren häufig, nicht immer wurden sie in der uns heute geläufigen Art und Weise betrauert.

Kinder begegneten also in vielfältiger Form und von Anfang an der Fragilität des menschlichen Daseins, besonders in Zeiten von Kriegen, Hungersnöten und Pandemien, in denen ihnen vertraute Personen allen Alters mitten aus dem Leben gerissen wurden.

Im 21. Jahrhundert erfahren Kinder und Jugendliche das Sterben selten zu Hause als familiäre Realität, denn kranke und alte Menschen sterben heute mit hoher Wahrscheinlichkeit in dafür besonders ausgewiesenen Einrichtungen wie Kliniken und Seniorenheimen, in immer spezialisierteren Einheiten von Palliative Care und Hospizen.

Dennoch suchen die Heranwachsenden die Konfrontation mit existentiellen Grenzerfahrungen. Wie früher die Märchen, so verschafft heute das elektronische Zeitalter mit digitalen Medien über »Stellvertreterexposition« Zugang zum Thema. Im Fernsehen und im Internet sind Darstellungen von Verletzten, Sterbenden, Getöteten allgegenwärtig, doch die Art der visuellen Präsentation und die im Computerspiel so begehrte beliebige Erneuerbarkeit der künstlichen Existenz (die Protagonisten haben verschiedene »energetische Levels« und mehrere »Leben«) entziehen der Begegnung mit dem Tod die Grundlage einer existentiellen Erfahrung. Die für eine Verarbeitung der intensiven optischen Reize oft nur kurze Zeitspanne und das passive Ausgesetztsein an vorgegebene Handlungsabläufe lassen das virtuelle Sterben austauschbar und wiederholbar werden. Inneres Unbeteiligtsein und die Isolation des Mediennutzers machen die Erfahrung emotional bedeutungslos.

Damit wird Kindern und Jugendlichen die Annäherung an das Verständnis für einen de facto einmaligen, unumkehrbaren und in der Gemeinschaft aktiv zu gestaltenden Abschiedsprozesses erschwert. Die Scheinwelten sind für die komplexe Auseinandersetzung mit einem schweren Verlust kaum geeignet. Sie bieten keinen Zugang zu Gefühlen der Trauer und verhindern die Rückbezüglichkeit auf das eigene Leben. Themen unseres menschlichen Daseins, mit denen wir uns in unserer Gesellschaft nicht mehr bewusst beschäftigen wollen, kehren jedoch aus der Verdrängung wieder und erzeugen eben diese Attraktivität einer Schattenwelt, in der simuliert wird, was nicht gelebt werden kann oder darf.

So ist es von großer Bedeutung, dass wir, die wir trauernden Kindern begegnen, selbst gute Trauermodelle sind. Das heißt, dass wir uns mit unserer Endlichkeit auseinandersetzen, unseren persönlichen Standort reflektieren und Trauer ebenso selbstverständlich zeigen wie wir Freude teilen. Und wir benötigen Wissen um die kognitiven Voraussetzungen kindlichen Todesverständnisses. Kinder und Jugendliche in ihren Trauerreaktionen zu begleiten, setzt den Willen und die Bereitschaft zum Sich-in-Beziehung-Setzen voraus. Ohne die Fähigkeit, sich emotional berühren zu lassen, können kognitive Prozesse nicht angeregt werden.

In der realen Not, (Groß-)Eltern, Geschwister, Freunde für immer verabschieden zu müssen, ist die Bedrängnis auf allen Ebenen enorm: Kinder und Jugendliche stellen in ihrer tatsächlichen und auch selbst so empfundenen Abhängigkeit ganz konkret die Frage, wer sich wohl um sie kümmern wird, sofern es sich um einen versorgenden Elternteil handelt, sie sind unsicher, ob sich das Familiensystem als tragfähig erweist, möchten oft sehr genau wissen, was bei Krankheit und Sterben so alles passiert und machen sich ihre altersentsprechenden Gedanken dazu.

Viele Erwachsene entsprechen diesen Bedürfnissen und beziehen Kinder aktiv in die Versorgung schwerkranker Familienmitglieder mit ein. Doch das Zutrauen in eigene Fähigkeiten ist in Zeiten außerordentlicher Belastungen oftmals begrenzt. Es bleibt für die Eltern die brennendste aller Fragen, wie sie ihre Kinder in dieser Phase gut unterstützen und ihnen die Aufrechterhaltung einer lebendigen nährenden Beziehung zum kranken Angehörigen ermöglichen können, die über den erwarteten Tod der Bindungspersonen hinausreicht.

Damit die spezifische Qualität einer überdauernden liebevollen Beziehung im Kind überleben kann und es die sein Selbst stärkenden Aspekte der verstorbenen Person als *stabile seelische Repräsentanz* verinnerlichen kann, benötigt es eine entsprechende Vorbereitung und geleitete Auseinandersetzung mit dem bevorstehenden Abschied. Es ist wenig hilfreich, wenn versucht wird, eine schwere Erkrankung oder den bevorstehenden Tod eines Angehörigen geheim zu halten. Was als Schutz gedacht ist, entpuppt sich für das Kind als zusätzliche Belastung, denn im Unausgesprochenen erwachsen meist die qualvollsten Phantasien.

Auf die Strategie der »Schonung« greifen Erwachsenen meist dann zurück, wenn sie sich selbst überfordert und hilflos fühlen, ihrer Umgebung nicht zutrauen, sich unterstützend zu verhalten, oder wenn sie bestimmte Personen nicht zusätzlich belasten möchten. Aufklärende und ermutigende Gespräche, die auch konkret entlastende Hinweise enthalten, sind ein wichtiger Rückhalt für betroffenen Familien.

Trauer und ihre (kognitiven) Voraussetzungen: Entwicklungspsychologisch relevante Aspekte

Der Bedarf an kompetenter Unterstützung trauernder Kinder und Jugendlicher ist anhaltend groß. Für sie ist der drohende oder bereits erlittene Verlust von engen Bezugspersonen mit tiefen existentiellen Nöten verbunden. Die in Beratung und Begleitung Tätigen wünschen sich deshalb zu Recht die Vermittlung des derzeitigen Wissensstandes, um Multiplikatorenarbeit leisten zu können. Richten wir deshalb das Augenmerk neben den systemisch-supportiven Überlegungen auf die altersabhängigen und entwicklungsbedingt unterschiedlichen Fähigkeiten der Kinder, sich mit der Unumkehrbarkeit, Unabwendbarkeit und Universalität des Todes, der kausalen Bedingtheit des Todes und der Non-Funktionalität des Körperlichen als definierendes Kriterium für den Tod (fünf zentrale Subkategorien eines umfassenden Verständnisses von Sterben und Tod) auseinanderzusetzen.

Wie reift im Kind eine Ahnung um das Nicht-Sein (H Lebens- und Todeskonzept von Kindern und Jugendlichen)? Wie begreift es diese unfassbarste aller möglichen Erfahrungen? Lässt sich der Tod verstehen? Welche Erklärungen machen in welchem Alter Sinn, um einem trauernden Kind Hilfestellung geben zu können? Sich bewusst zu machen, wie viele alltägliche Begegnungen mit Trennung, Verlust und Abschied Kinder bereits in ihrem frühen Leben zu bewältigen haben, könnte einen ersten hilfreichen Einstieg bedeuten.

Ein paar grundsätzliche Überlegungen sind zudem noch voranzustellen: Leben und Tod gehören für die menschliche Wahrnehmung untrennbar zusammen. Nur wenn ich etwas über das Leben weiß, kann ich auch den Tod erkennen oder in Khalil Gibrans Worten:

»Wenn ihr wirklich den Geist des Todes betrachten wollt, öffnet euer Herz weit dem Leben« (Gibran, 1983, S. 146). Alles Verstehen von der Welt, vom Anderen und von uns selbst entwickelt sich stetig, beginnend mit sensomotorischen Prozessen der Selbsterfahrung, über das anschaulich konkret Begreifbare hin zu abstrakten Überlegungen und Vorstellungen.

Die Vorstellungen, die sich ein Mensch vom Tod macht, sind nicht statisch. Auch wenn wir bestimmte allgemeingültige Tatsachen anerkennen, muss unser Konzept vom Leben und vom Tod dennoch flexibel genug bleiben, um bei neuen Erfahrungen lebenslang erweitert werden zu können. Jede neue Konfrontation mit Verlusten verändert die persönliche Auseinandersetzung mit diesem Thema, beschleunigt reife Verständnisprozesse.

Wie entwickeln sich unsere konkreten Vorstellungen vom Sterben und vom Tod? Im Säuglingsalter lässt sich der Tod natürlich noch nicht mit Verstandesmitteln erfassen. Die schmerzlichst empfundene und elementar erlittene, aber unverständliche Nichtanwesenheit wird jedoch als Bedrohung des eigenen Lebens mit weitreichenden Konsequenzen verspürt. Hält eine Trennung von der Bindungsperson länger an oder ist sie gar endgültig, weigern sich Kinder in diesem frühen Alter vielleicht zu essen, hören auf zu wachsen oder ziehen sich aus dem wichtigen Dialog mit ihrer Umwelt zurück.

Im Kleinkindalter ist der Tod immer noch eine »Abwesenheit auf Zeit«. Reale und phantasierte Welt sind eng miteinander verflochten, Wunsch und Wirklichkeit bedingen sich wechselseitig. Da die eigene Macht als unbegrenzt eingeschätzt wird, können diese entwicklungsbedingten magischen Selbstüberschätzungen schuldbehaftete Vorstellungen über die Ursache von Krankheit und Tod erzeugen. Mitunter mag es vorkommen, dass sich ein Kind im heftigen Streit wünschte, sein Bruder oder seine Schwester wären nicht mehr da. Wenn nun einem Geschwister ein Unglück zustößt, verknüpft das Kind das – in der Realität von ihm natürlich unbeeinflussbare- Ereignis mit seiner internalen Kontrollüberzeugung, wertet die eigenen Gedanken und Gefühle möglicherweise als auslösend und verantwortlich.

Dies gilt auch und besonders für das gesamte Vorschulalter. In diesem Lebensabschnitt lässt die Idee von fließenden Übergängen den Tod als Existenzspielart des Lebens erscheinen. Der Verlust ist längst nicht mehr nur Ahnung. Er kann aber aufgrund der Tragweite des zu Erkennenden nicht dauerhaft ertragen werden. Kinder sprechen über die Tatsache des Todes von Bezugspersonen und sorgen sich gleichzeitig um Bedingungen für deren Wiederkehr. Sie decken den Tisch für den Verstorbenen mit und bringen wärmende Kleidung oder Getränke ans Grab.

Das große Bedürfnis nach Information über Details der gegenständlichen Welt hilft im Grundschulalter, unabänderliche Fakten anzuerkennen. Der Wunsch nach ausführlichen und ehrlichen Erklärungen bei der Suche nach der Wahrheit ist oft bemerkenswert ungeniert. Kinder beschäftigt die Frage, was wohl mit den Toten unter der Erde geschieht und was es mit den Verwesungsprozessen auf sich hat. Tote Tiere werden rituell beerdigt (dies kann sich nahezu täglich in einer Spielzeremonie wiederholen), später wird der Kadaver lustvoll ausgegraben und genauestens beobachtet und – wo gestattet – auch untersucht. Oft stellen sich Erwachsene die Frage, ob ein Kind dieses Alters nicht überfordert ist, an der Beerdigung teilzunehmen. Grundsätzlich ist es jedoch möglich und auch meistens sinnvoll (jedoch keineswegs verpflichtend!), Kindern jeden Alters anzubieten, an Abschiedszeremonien teilzunehmen und sie ihren Neigungen entsprechend in Mitgestaltungswünschen ernst zu nehmen. Selbstgemaltes, Briefe oder Kuscheltiere dürfen mitgegeben, Muscheln und Steine für diesen Tag gesammelt werden, Luftballone und Brieftauben kann man in den Himmel aufsteigen lassen. Diese aktiven Gesten der Antwort auf ein paralysierendes Ereignis führen aus Erstarrung und Lähmung, helfen bei der Rückgewinnung von erster Kontrolle und sind wertvolle Anker für die Weiterlebenden. Werden jüngere Kinder zur Beerdigung mitgenommen, sammeln sie konkrete Erfahrungen, welche ihnen bei der Auseinandersetzung mit der Endgültigkeit und Irreversibilität des Todes behilflich sind. Es sind Trittsteine auf dem Weg in ein Leben, das ihnen noch viele Abschiede zumuten wird. Voraussetzung ist allerdings, dass die zu erwartenden Abläufe vorbesprochen werden, ein Erwachsener sich für das Kind verantwortlich und zuständig fühlt, um ihm in der hochemotionalen Situation ein verlässlicher Nothelfer zu sein. Dies impliziert die Möglichkeit des (zeitweisen) Rückzugs in ein geschütztes Ambiente und auch die mit dem Bestattungsunternehmen abgestimmten Optionen, das Bewegungs- und Aktionsbedürfnis von Kindern in Rituale vor Ort einzubinden.

Immer wahrscheinlicher werdende Vorerfahrungen mit Abschied und Verlust sind im späteren Grundschulalter eine verlässliche Bezugsquelle von Informationen und ermöglichen die Einordnung ins bereits erweiterte kognitive Bezugssystem des Kindes. Die wachsende Einsicht in Krankheitsprozesse und biologische wie physikalische Bedingungen des Sterbevorgangs erleichtert allmählich die Vorstellung des Todes als Stillstand aller lebenswichtigen Funktionen im Organismus. Das Verständnis für die Unausweichlichkeit und Unumkehrbarkeit des Vorganges reift. Die Konsequenzen dieses Erkenntnisgewinnes (eigene Sterblichkeit) müssen oft noch abgewehrt werden. Je weniger das möglicherweise Selbstbetroffensein geleugnet werden kann und umso stärker angstbesetzt dies ist, desto eher wird sich das Kind in der Phantasie mit Vermeidungsstrategien beschäftigen, zum Beispiel einen Verursacher des Verlustes identifizieren und in dessen Rolle schlüpfen, um eine aggressive Auseinandersetzung mit dem Thema zu inszenieren. Spiele und Zeichnungen mit Personifizierungen des Starken, Kämpferischen, Unbesiegbaren dienen zur Auseinandersetzung mit der überwältigenden Herausforderung.

Bei ausreichender emotionaler Stabilität ist in der Vorpubertät eine vermehrt sachliche Annäherung an das Faktenwissen zu erwarten. Das intellektuelle (!) Konstrukt vom Tod ist ausgereift und den Verständnismöglichkeiten Erwachsener vergleichbar, die Betroffenheit dadurch jedoch nicht geringer ausgeprägt.

Besonders konfliktträchtig ist das Verlusterleben für Jugendliche. Aufgrund ihrer hormonellen, emotionalen und sozialen Umbruchssituation sind sie hochvulnerabel. Ihre (sexuelle) Identitätsentwicklung ist erheblich an die libidinöse Besetzung des eigenen Körpers gebunden, der Umgang mit der das physische Erscheinungsbild beeinträchtigenden, gar verstümmelnden Krankheit und dem Tod ist äußerst schwierig. Gleichzeitig gehören Todessehnsüchte, die Wünsche nach Wahrnehmungsgrenzen sprengender Bewusstseinserweiterung (auch durch Drogen) zum Initiationsweg.

Darüber hinaus setzt mitten in ihrem Ablösungsprozess eine zur gewünschten Autonomie gegenläufige (antizyklische) Bewegung ein, sobald Trennungserlebnisse eigenes (angstreduzierendes) Bindungsbestreben aktualisieren und das familiäre Bezugssystem mit einem erhöhten Anspruch auf Präsenz und Zusammenhalt (Kohäsion) reagiert.

Jugendliche nehmen Abschied im Spannungsbogen zwischen Verselbstständigungsprozessen und Zugehörigkeitssehnsüchten. Ihnen ist der Erfahrungsaustausch mit Gleichaltrigen, zum Beispiel im Chatroom, oft eine wichtige Ergänzung zu den Gesprächen zuhause. Eine Homepage, die nach dem Verlust der Freundin durch einen Verkehrsunfall zum virtuellen Gästebuch wird und über Wochen der Clique als Plattform dient, um Wut, Verstörung, Trauer zu äußern, Fragen nach dem Sinn (des Weiterlebens) zu stellen und einander zu trösten, ist ein Beispiel dafür.

Aber auch ein gemeinsamer Diskothekenbesuch aller Freunde und ein »rituelles Besäufnis am Steg« zu Ehren des Klassenkameraden können als Trauerleistung »dechiffriert« und anerkannt werden. Jugendliche suchen mitunter die Abgrenzung zu den Äußerungen der wohlmeinenden Erwachsenen und verfassen Briefe zur Richtigstellung an den Pfarrer, der den Charakter des Verstorbenen in ihren Augen missverstand, sie greifen zu ungewöhnlichen (Fotodokumentation der leeren Wohnung), oft schmerzhaften Mitteln (manchmal selbstgefährdende und selbstverletzende Wege), um gegen den Trend der raschen Rückkehr zu Alltag und Normalität zu protestieren. Sie entdecken aber auch kreative, restituierende Methoden, um tragische Verluste langsam besser zu integrieren (Teilnahme an einer Schreibwerkstatt, Führen von Traumtagebüchern, Gestalten einer Korrespondenzschatulle zur Aufbewahrung der Briefe an den Bruder). Trauererfahrungen in diesem Alter können einschneidend den Lebensweg verändern wie etwa durch einen Schulabbruch, durch Wünsche auszuziehen oder nach vorübergehend mehr Distanz zur Familie in einem Auslandsaufenthalt, durch das Entstehen neuartiger Berufsvorstellungen. Sie können den Verlust jedoch auch mit verstärkten Ausgleichsbemühungen zur

Stabilisierung des Familiensystems beantworten, etwa durch einen noch engeren Zusammenschluss, intensivierte Geschwisterbeziehungen und bewusst gelebter – »gewidmeter« – Kontinuität als Würdigung für den Verstorbenen. Meistens durchlaufen die Jugendlichen beide Pole zu unterschiedlichen Phasen.

Adoleszente und junge Erwachsene, die gerade mit der Umsetzung eigener Lebenskonzepte befasst sind, erleben Abschiede oft als bedrohlich und über die Maßen schmerzhaft. Verstirbt zum Beispiel das geschlechtsidente Elternteil, ist der junge Mensch seines emotionalen Rückhalts, aber auch eines in dieser Phase unentbehrlichen Modells beraubt. Sind bereits eigene Kinder unterwegs oder erst seit Kurzem auf der Welt, kollidiert die Inanspruchnahme durch die Begleitung des werdenden Lebens mit den Prozessen der Verarbeitung von sich zeitparallel ereignenden Verlusten. Das Empfinden, keiner Seite voll entsprechen zu können und sich an zumindest einer der beiden Generationen unwiderruflich schuldig zu machen, kann die Zerreißprobe begleiten.

An dieser Stelle kann nur ein Überblick gegeben werden über bedeutsame entwicklungspsychologische Aspekte des Verständnisses von Endlichkeit. Ausführlicher noch und an Beispielen detailliert illustrierend zeigen Miriam Hagen und Birgit Möller (2013) in ihrem Buch über »Sterben und Tod im Familienleben« wie kognitive Reifung, Lebenserfahrung und kindliche Konzeptualisierung des Todes zusammenfließen. Für das hochirritierte emotionale Selbstverständnis von Jugendlichen in der Trauer ist das Standardwerk der Kollegin Schiens »Und wenn ich falle?« (2001) sehr zu empfehlen. Vertiefende Literatur zu Forschungsergebnissen und handlungsanleitenden Ansätzen in der Begleitung trauernder Kinder bieten u. a. Christ, 2000; Silverman, 2000; Stroebe, 1993 und Webb, 2002.

Trauern unter besonderen Umständen: Suizid von Angehörigen

Jährlich nehmen sich in Deutschland etwa 10.000 Menschen das Leben, dreimal so viel wie bei Verkehrsunfällen ums Leben kommen, etwa 75 Prozent davon sind männlich (Quelle: AGUS e. V. 1/2018). Einer von ihnen ist Merles Vater:

> »Als ich ein kleines Mädchen war, hat sich mein Vater umgebracht. Diese trockenen Wörter beschreiben die harte Realität … und den Umstand, unter dem sich mein Leben komplett verändert hat …
> Die Tatsache, dass ich jemanden liebe und diese Person nicht bei mir sein kann, bereitet mir Schmerzen, die man nicht nachvollziehen kann, wenn man sie nicht selber erlebt hat. Wobei ich zugeben muss, dass diese Tatsache im Alltag ab und zu in den Hintergrund gerät; doch es kommt alles immer wieder hoch und immer wieder versuche ich, das, was gerade wichtig für mich ist, zu verstehen – es ist gut, dass es in vielen kleinen Schritten passiert, weil es sonst irgendwann zu viel für eine einzelne Person wäre und man aufgeben würde. Eins habe ich nämlich gelernt: Wir sind Spezialisten im Nichtaufgeben …

Ich kann von mir behaupten, dass ich ein glücklicher Mensch bin. Natürlich vermisse ich meinen Vater, und oft bin ich auch sehr traurig, doch ich denke, dass ich gerade deswegen die vielen glücklichen Tage wirklich schätzen kann …
Ich bin Merle. Seit neun Jahren lebe ich mit einem Gefühl der Trauer, aber ich lebe.«

So beginnt das Vorwort, das eine damals 15-Jährige dem gemeinsam mit ihrer Psychologin entwickelten Buchprojekt voranstellt, in dem sie – über viele Jahre therapeutisch begleitet – in Tagebuchform den Suizid ihres Vaters bearbeitet (Fischinger, 2017).

Damit ist bereits verdeutlicht, wie mäandernd und pendelnd die Trauerbewegung verläuft, wie gegenwärtig das Vergangene die Trauer heute (und auch morgen noch) beeinflusst, wie tiefgreifend die Verwundung trotz bestens gelungener Alltagsbewältigung in der Trauer nach Selbsttötung eines geliebten Menschen verankert ist.

Der Suizid eines nahen Angehörigen ist ein dramatischer, oft traumatischer Verlust. Plötzlich und mit unbegreiflicher Vehemenz verändert sich alles, was bislang jeden Einzelnen mit dem anderen und die Gemeinschaft untereinander verbunden hat. Die Umstände des Auffindens, Anzeichen schwerer körperlicher Verletzungen, aber auch die einzuleitenden Untersuchungsmaßnahmen (Spurensicherung/polizeiliche und staatsanwaltschaftliche Vorgaben) können eine furchteinflößende Situation fast unerträglich machen. Erschrecken, Angst und Schmerz lähmen, alle vorhandenen Ressourcen reichen nicht aus, um Eindrücke zu verarbeiten, auf die wir uns nicht vorbereiten konnten, und so überfluten die Attribute des Katastrophischen tsunamiartig die Strategien der Abwehr. Der Verlust eines Elternteils oder eines Geschwisters, dessen einzige Erlösungsphantasie die Selbstauslöschung war, bei dem das Nicht-mehr-sein-Wollen stärkere Anziehungskraft hatte als jeder Grund zu leben, wiegt schwer in vielerlei Hinsicht, fühlt sich oft surreal und unvorstellbar an. Suizidtrauer ist deshalb von enormer Wucht, die Gefühle hochambivalent und chaotisch, manchmal möchten wir sogar mit- oder nachsterben in unserer unstillbaren Sehnsucht. Bei einer Selbsttötung scheint dem Schmerz ein »Beizmittel« beigefügt – etwas schwer fassbares Gewaltsames durchdringt den Abschiedsprozess.

Eine langjährige und besonders erfahrene Begleiterin für den Trauerprozess nach Suizid ist Chris Paul. Sie fügt den bekannten Traueraufgaben nach Worden (den Verlust als Realität akzeptieren, den Schmerz verarbeiten, sich an eine Welt ohne die verstorbene Person anpassen, eine dauerhafte Verbindung zu der verstorbenen Person inmitten des Aufbruchs in ein neues Leben finden (Worden, 2011), eine weitere hinzu: »Überleben als Traueraufgabe heisst: Durchhalten, weitermachen, nicht hinterhersterben und alles an die Seite drängen, was dieses Überleben behindert.« (Paul, 2014a)

Merle spricht als eine Überlebende zu uns, sie bringt den zutiefst verletzten Anteil ihres Selbst im Dialog mit ihrem inneren Vater zurück an jene imaginierten heilsamen Orte, die den Schmerz des Beziehungsabbruchs zu lindern imstande sind, und sie bringt sich erneut in Kontakt mit der dem äußeren Auge entzogenen Bindungsperson: Sie erinnert den Vater und sie erinnert sich selbst und – sich somit an sich selbst als geborgen erinnernd – erschafft sie ein unversehrtes Alter Ego.

Als sie sich im Memory Book gestaltend und in der Form(ulierung) Halt suchend, ihrem verschwundenen Vater annähert, »verdoppelt« sich Merle. Sie ist diejenige, die erlebt, und sie ist gleichzeitig diejenige, die sich selbst als ein beschreibendes Ich vom verwundeten Ich abtrennt. »Emotionale Distanz infolge einer solchen Aufspaltung kann also eigenartiger- und bemerkenswerterweise große emotionale Nähe erzeugen – beim Schreiben jedenfalls!« (vom Scheidt, 2006, S. 34).

»Suizide sind von denen, die sie begehen, vermutlich eine Aussage über sich selbst. Aber ihre Angehörigen und Freunde lesen sie als Aussage über die Beziehungen zu ihnen«, so Paul (2014b, S. 194). Dieser zentrale Satz fokussiert noch einmal die Besonderheit der Suizidtrauer. Größte Bedeutung hat deshalb für den Trauerprozess von Kindern und Jugendlichen nach Suizid eines Angehörigen die Arbeit an der inneren Bindung mit einem unversehrten Anteil des verwundeten und gleichzeitig verwundenden Familienmitglieds (die Suizid begehende Person ist sowohl Opfer und Täter). Der verstorbene Mensch wird von seiner physischen Anwesenheit »entbunden« und an einen »inneren sicheren Ort« gebracht, unsere Beziehung zu ihm bekommt ihren festen Platz in der intrapsychischen Welt und bildet dort die spezifische Qualität unseres Miteinanderseins ab. Über den Tod hinaus gewähren »Continuing Bonds« Sicherheit und Schutz durch die psychische Repräsentanz dieser Bindungen. Eine Bindungsperson zu erinnern heißt, eine Bindungsressource zu erinnern, die uns erlaubt, über die jeweilige spezifische Bindungsqualität weiterhin zu verfügen, welche uns »wesentlich« formte. In der deutschsprachigen Fachliteratur ist es der große Verdienst Roland Kachlers, für Trauerbegleiter verbindlich postuliert zu haben, dass es keiner »Ablösung« im trivialen Sinne bedarf (wohl einer Anerkennung notwendiger Beziehungsumgestaltung), sondern der Aufmerksamkeit für den unverzichtbaren innerpsychischen Erhalt der Bindungsperson – wir lernten vom »bedeutsamen Anderen«, vom »Abwesend-Anwesenden« zu sprechen (Kachler, 2010). Zutreffenderweise spricht deshalb Martina Plieth auch Trauernde in einer die Permanenz und Zeitlosigkeit des immerwährenden Getrenntseins erfassenden Wortfindung als »Hinterbleibende« an (Plieth, 2013).

Einer Selbsttötung gehen oft längere Krankheitsphasen voraus. Wesensveränderungen – nicht nur depressive Verstimmungen, auch Impulsdurchbrüche und Aggressionen – beeinflussen nachhaltig Partnerschaft und Familie. Der Betroffene driftet (erkannt oder unbemerkt) in eine fortschreitende Isolation. Suchtverhalten oder andere psychiatrische Störungsbilder können prägenden Einfluss auf den Alltag gehabt haben, so dass sich das Familiensystem möglicherweise selbst in sich »eingeschlossen« hat, um Normalität und Funktionalität als gesellschaftliche Werte zu bedienen. Manche Kinder und Jugendliche, die in diesem Klima aufgewachsen sind, mussten schon vor dem endgültigen Abschied mit den »verschiedenen Gesichtern der Trauer« leben lernen, haben aufgrund einer sich schleichend einstellenden Rollenumkehr seismographische Begabung im Lesen von emotionalen Zuständen entwickelt. Sie fühlten und trugen (den Partnern ähnlich) Verantwortung und verspüren nach dem vollzogenen Suizid Beschämung und Versagen. Empfindungen von Scham, Schuld und Verantwortung können den Trauerprozess dominieren, viele Angehörige von Suizidenten quält der Gedanke der Sinnlosigkeit dieses Todes, sie beschäftigt die erlittene Zurückweisung. Der Umgang mit der (falls überhaupt zugelassenen) Wut sowie die Verunsicherung über eine genetische Disposition und das damit verbundene Vererbungsrisiko der zugrunde liegenden psychischen Erkrankung sind weitere Spezifika im Trauerprozess nach Suizid. Kindliche Suizidangehörige werden in der Literatur häufig im erweiterten Kontext allgemeiner gewaltsamer Umstände des Verlusterlebens thematisiert (wie Unfalltode, Gewalterfahrung in der Familie etc.). Erhöhte Risiken und psychische Vulnerabilitäten für komplizierte Trauer und PTBS berichten Currier, Holland und Neimeyer (2006) und auch Kaltman und Bonanno (2003).

Darf man in Anbetracht dieser immensen Traueraufgaben, insbesondere einem noch relativ kleinen Kind etwa im Kindergarten- bis Grundschulalter, die tatsächliche Todesursache eines Elternteils, eines Geschwisters, das sich selbst tötete, wirklich zumuten? Dass diese Frage alle betroffenen Familien und auch uns Fachleute umtreibt, verhindert hoffentlich den allzu schnellen guten Rat und zwingt uns in die Begegnung mit polarisierenden Gefühlen und verletzten Gewissheiten. »Da Kinder die Welt sehr gegenständlich wahrnehmen, ist die Frage nach dem Wie, Wann, Wo eines Sterbens für sie häufig sehr wichtig. An dieser Stelle fürchten sich die meisten Erwachsenen nach einem Suizid, ihrem Kind die Wahrheit zu sagen. Die Entscheidung liegt bei den Erziehungsberechtigten. Sie müssen unterstützt werden, damit ihre Kinder von ihnen lernen können, über die Selbsttötung eines Familienmitgliedes oder Freundes zu sprechen« (Paul in Röseberg und Müller, 2014). Eine zwingend richtige Entscheidung und den passenden Zeitpunkt dafür zu finden – eigentlich ein unmögliches Unterfangen! Die Verantwortung tragenden Bindungspersonen müssen sich erst selbst der Konsequenzen der Öffnung des Themas bewusst werden, ihre eigenen Belastungsgrenzen dehnen und ihren Kräften trauen lernen; sie benötigen Zeit, ihre eigene Wahr-Nehmung (das »Fürwahr-Genommene«) anzuerkennen. Denken wir kurz über die »Alternative« nach. Verschweigen wir die Umstände des Todes, wird der Trauerorganismus Familie auf andere Art belastet: »Vom frühen Kindergartenalter bis weit ins Grundschulalter hinein (und auch noch darüber hinaus) neigen Kinder dazu, virtuelle Kausalzusammenhänge zu bilden, um das Unverstehbare verstehbar zu machen; dazu zählen aufgrund ihrer anfangs magischen Selbst- und Weltsicht auch Überzeugungen der eigenen schuldhaften Verstrickung bezüglich eines Todesereignisses. Umgibt die Umstände des Abschieds eine Atmosphäre des Vagen, des Unausgesprochenen, sind bei den Bindungspersonen Ambiguität und Anspannung prädominant, liegt es für Kinder in der Tat nahe, Verantwortung für das sie umgebende Gefühlschaos zu übernehmen. Damit betreten Familien mit solchen Geheimnissen ein Nebelland, in dem die Energie der einzelnen Mitglieder dafür aufgewendet werden muss, einander nicht auch noch in der Uneindeutigkeit zu verlieren, da es dann die anderen aus-schließende und mich in mir selbst ein-schließende Gedanken und Gefühle und nur eine partiell teilbare Wirklichkeit gibt« (Fischinger, 2017).

Eduard Zwierlein fasst es karg und treffend zusammen: »Wir lösen kein Problem, indem wir es unwahr verkleinern« (2014, S. 28). Wie schwer ist es aber, altersangemessene Trostworte für einen Abschied zu finden, bei dem »der Schmerz der Trauer das Thema der Schuld durchwandert« (S. 26)? Julie Stokes empfiehlt für die Begleitung trauernder Kinder und Jugendlicher: »Befähigen Sie das Kind, eine kohärente Narration (Geschichte) zu konstruieren, die es im gesamtem weiteren Leben mit emotionaler Integrität erzählen kann […] Erkennen Sie dabei an, dass diese Geschichte sich mit dem Kind verändern und entwickeln wird« (2014, S. 86). Im Kontext einer Selbsttötung ist diese stimmige Narration eine besondere Herausforderung.

Trauer und depressive Entwicklung im Kindesalter: Ein ungleiches Geschwisterpaar: Analog zu den in Kapitel 2 dargestellten Abwägungen zwischen Trauer- und Traumareaktionen möchten wir an dieser Stelle auf Nahtstellen und »Grauzonen« zwischen Trauer und Depression aufmerksam machen. Wie die Reaktion auf einen vorübergehenden, partiellen oder umfassenden und endgültigen Verlust auch immer ausfallen mag – wir bemühen uns, einige der einflussnehmenden Faktoren in komprimierter Form darzustellen – sie ist die »passende Antwort« des Kindes, des Jugendlichen oder jungen Erwachsenen bezogen auf seine individuelle Ausstattung und die Bedingungen seines Bezugspersonensystems.

Können wir nun aber eine so verstandene »angemessene Trauerreaktion« von einer möglicherweise sich entwickelnden krankheitswerten Depression im Kindesalter, in Pubertät und Adoleszenz abgrenzen? Seit einiger Zeit schon hat sich das Verständnis für depressive Störungen im Kindes- und Jugendalter verändert. Die Diagnose einer Depression bei einem Schüler der 2. Grundschulklasse wäre wohl noch vor zwanzig Jahren ungläubig belächelt worden; mittlerweile versuchen wir die unterschiedliche Phänomenologie der Depression, angefangen bei der anaklitischen Depression des in seinen Beziehungen deprivierten Säuglings (René Spitz), über depressive (oft episodische) Erkrankungen im Kindes- und Jugendalter bis hin zur manifesten (und oft andauernden) Depression des Erwachsenenalters in ein diagnostisches Kontinuum einzuordnen. Dadurch sehen wir auch ein erhöhtes Risiko, im Verlauf eines Lebens wiederholt damit konfrontiert zu werden. Gemäß der KiGGS-Studie wird die Prävalenz der Depression bei Kindern auf etwa 3 Prozent und bei Jugendlichen auf etwa 7 Prozent geschätzt.

Bei den 15- bis unter 20-Jährigen sind Depressionen – nach Problemen durch Substanzmissbrauch – der zweithäufigste Grund für eine stationäre Einweisung (Ravens-Sieberer et al., 2007, zitiert im Bericht zur psychischen Gesundheit bei Kindern und Jugendlichen, 2016).

Depressive Störungen werden unter dem Überbegriff der affektiven Erkrankung geführt und in den psychiatrischen Manualen von DSM und ICD nach

Art, Schweregrad, Ausmaß des Einflusses auf die Funktionalität der Person, Beginn, Wiederkehr und Andauer der Symptome sowie Komorbidität mit anderen Störungsbildern klassifiziert. Sie sind meist einer komplexen Causa geschuldet, verschiedene Faktoren greifen ineinander und verstärken sich wechselseitig. Es können genetische Faktoren eine wichtige Rolle spielen, ebenso die Psychodynamik und familiäre Konstellation, erlerntes und verstärkendes Verhalten. Dysregulations- und Dysbalancemodelle im Bereich der Neurotransmitter werden diskutiert und neuroendokrinologische Auffälligkeiten differenziert erforscht. Durch Drogenkonsum ausgelöste und pharmakologisch induzierte Depressionen sind bekannt, auch dass organische Erkrankungen mit depressiven Zuständen einhergehen können.

Ein eindeutiges ätiopathogenetisches Modell zur Erklärung der Depression im Kindes- und Jugendalter existiert aus den genannten Gründen nicht.

Zur Veranschaulichung der Auswirkungen einer Depression folgen wir einer Zusammenschau möglicher Symptome nach Schäfer (1999, S. 17), Schulte-Markwort, Richterich und Forouher (2008, S. 776) sowie den aktuellen Hinweisen des »Deutschen Bündnisses gegen Depressionen e. V.«, das sich unter anderem auf seiner Web-Seite in sehr anschaulicher und ausführlicher Weise um Aufklärung bemüht und zusammenfassend formuliert, dass
- Rückzug von Hobbys und alterstypischen Aktivitäten,
- extremer Leistungsabfall in der Schule,
- extreme Veränderungen in Verhalten und Aussehen,
- Weglaufen von Zuhause,
- Alkohol- und Drogenmissbrauch,
- Selbstisolierung von Familie und/oder Gleichaltrigen

als Alarmzeichen zu werten sind.

Zu ergänzen sind sicherlich die Hinweise auf eine allgemein veränderte Affektlage und auffällige Motivationsverschiebungen:
- depressive Verstimmtheit mit verflachtem Affekt oder aber aggressiven Ausbrüchen
- Antriebsschwäche/verminderte Frustrationstoleranz/psychomotorische Verlangsamung oder übermäßige (agitierte) Betriebsamkeit
- Unangemessene Schuldgefühle/Gefühle von Wertlosigkeit
- eine auffällige Entscheidungsschwäche oder sogar -unfähigkeit
- Wiederholte und unabweisbare Gedanken an den Tod/latente oder chronische Suizidalität

Altersabhängige Signale mit Verdacht auf eine depressive Störung sind:
- *Säuglinge:* zeigen sich apathisch, Schlaf- und Gedeihstörungen können vorliegen, Reizbarkeit und Autostimulationen, ebenso abrupte Kopfbewegungen (Jaktationen), langfristig auch Entwicklungsverzögerungen.

- *Kleinkinder:* sind oft gehemmt und antriebsarm, irritabler, weinen häufiger, Essstörungen und Spielunlust sind möglich, klagen eventuell über Bauchschmerzen ohne organischen Befund, möglicherweise verminderte motorische Aktivität, erzählen, dass sie keiner lieb habe, niemand mit ihnen spielen mag etc.
- *Vorschulalter:* Traurigkeit ist deutlicher zu sehen, Phantasie beim Spiel nimmt ab, mehr Ängste, eventuell Phobien, psychomotorische Hemmung.
- *Schulkindalter:* Traurigkeit wird verbalisiert, sozialer Rückzug, möglicherweise verschlechtern sich die Schulleistungen, Denkhemmungen wie Konzentrationsschwierigkeiten und zwanghafte Gedanken oder Rituale können sich ausbilden, ebenso aber auch Verweigerung und aggressives Verhalten dominieren; häufig fallen unangemessene Schuldgefühle und unangebrachte Selbstkritik auf; nächtliches Einnässen und/oder Einkoten, Gewichtsveränderungen sind möglich, auch bereits Selbsttötungsgedanken.
- *Jugendliche:* Antriebsminderung, Stimmungstief (ähnlich wie bei Erwachsenen in zirkadianen Schwankungen), vermindertes Selbstvertrauen, Grübeln, Schuldgefühle, psychosomatische Beschwerden wie Kopfschmerzen, Gewichtszu- oder abnahme, Schlafprobleme, stark ansteigendes Suizidrisiko (Hinweis: Depressionen erhöhen das Risiko einer Selbsttötung bis zum 20-Fachen, Jungen sind dreimal so stark betroffen wie Mädchen, Androhungen sind immer ernst zu nehmen!).

Dieser Symptomkatalog macht deutlich, dass eine Abgrenzung zum Beispiel einer ersten depressiven Episode von gesunder oder auch komplizierter Trauer, oder dem Beginn einer Anpassungsstörung leider nicht immer ad hoc leistbar ist.

Einige Charakteristika der Depression finden wir jedoch kaum bei Trauerreaktionen: Junge depressive Menschen sprechen oft davon, ihren Zustand als »anormal« zu erleben, sie finden keinen Grund oder Anlass, an dem sie ihre abweichenden Gefühle festmachen können, sie empfinden mitunter eine starke Selbstentwertung und fühlen sich in ihren Gleichaltrigengruppen und sozialen Netzwerken eher entwurzelt. Trauernde Kinder und Jugendliche ziehen sich vielleicht vorübergehend zurück, können aber zumindest zu wichtigen Personen einen intensiven emotionalen Kontakt halten. Schuldgefühle und negative Selbstattribuierungen sind (Erfahrungswerte aus der kinderpsychotherapeutischen Praxis) ausschließlich an konkrete Situationen gebunden, in denen sich Kinder oder Jugendliche z. B. für den Verlust oder den Tod einer Bindungsperson verantwortlich fühlen. Natürlich ist bei anhaltend depressiver Gestimmtheit eine weitere Begleitung ohne pädiatrisch-psychiatrische Abklärung nicht verantwortbar; eine differentialdiagnostische Einschätzung ist entscheidend und notwendig für Prognose und zukünftigen Behandlungsansatz. Wir wollen deshalb in dem für die Trauerbegleitung relevanten Kontext einige Aspekte der aktuellen Depressionsforschung hervorheben.

Jedes traumatische Ereignis im Bindungssystem des Kindes ist potentiell ein Auslöser für eine sich daraus entwickelnde Depression. Es finden sich nachweisbare Zusammenhänge zwischen Traumatisierung, den sich verändernden Lebensumständen und der Entwicklung depressiver Störungen im Kindes- und Jugendalter. Es wird berichtet, dass sich in der Anamneseerhebung depressiver Jugendlicher zwölf Monate vor Beginn der Erkrankung signifikant mehr belastende Lebensereignisse finden als bei den Vergleichsgruppen.

»Abhängig von der kindlichen Persönlichkeit, seinem Entwicklungsstand und seinen Vorerfahrungen sowie der Gesamtheit seiner neurobiologischen Ausstattung bergen [...] [bestimmte] Lebensereignisse ein hohes Risiko, eine depressive Störung zu induzieren« (Schulte-Markwort, Richterich u. Forouher, 2008, S. 780). Genannt werden in diesem Zusammenhang unter anderem:
- Verlust eines Elternteils,
- psychische und/oder körperliche Erkrankung eines Elternteils,
- Deprivation, emotionaler, körperlicher und/oder sexueller Missbrauch,
- längerfristige Trennung im ersten Lebensjahr,
- Scheidung.

Jedoch wäre keinesfalls erlaubt, daraus den Schluss zu ziehen, dass alle traumatisierten Kinder eine Depression entwickeln, wie auch nicht alle Depressionen einem traumatischen Ereignis zuzuordnen sind.

Kinder mit einem oder gar zwei selbst an Depressionen leidenden Elternteilen haben wiederum ein nachweislich um 20 bis 50 Prozent erhöhtes Risiko, selbst eine depressive Störung zu entwickeln. Auch Zwillingsstudien vermitteln Einsicht in die hereditäre Komponente bei Depressionen (Schulte-Markwort, Richterich u. Forouher, 2008, S. 777).

Erinnern wir uns an die (unbewusste) Abstimmung einer (systemischen) Trauerreaktion in einer von einem existentiellen Verlust betroffenen Familie, so können wir nicht nur aufgrund genetischer Dispositionen oder ähnlichen Umgebungsfaktoren, sondern auch aufgrund von zirkulären und generationsübergreifenden Prozessen von einem erhöhten familiären Erkrankungsrisiko ausgehen. Dennoch gilt zu beachten: Depressive Verstimmungen etwa im Rahmen einer Belastungsreaktion oder auch einer Anpassungsstörung sind bei Turbulenzen im Beziehungskontinuum, gar dem endgültigen Verlust einer Bindungsperson im Leben eines Menschen, insbesondere aber im Kindesalter zutiefst normal, ja müssen berechtigterweise erwartet werden dürfen.

Ellen Lang-Langer (2009) beschreibt in ihren zur Lektüre empfohlenen Fallstudien zur Depression eindrücklich, wie langfristig wirksam existentielle Verluste des Kindes- und Jugendalters in den Biografien ihrer Patienten wirksam sind. Die Kollegin verweist in ihrer Beziehungsanalyse auf die gegenseitigen tiefen Verunsicherungen in den Therapien, die deutliche Indikatoren für die oft lange Jahre unter Verschluss gehaltenen Gefühle von Erstarrung, Einsamkeit, Verzweiflung und Ohnmacht sind: »Ich hatte keinen Zweifel daran, dass sie ihre eigenen Existenz als so zerbrechlich erlebten, wie ich meine [in der Gegenübertragung] empfand. Unbewusst waren sie gefangen in [...] Identifikationen mit den getrennten, sie verlassenden und verlorenen Objekten.« Und weiter: »Erfahrungen von Trennung und Verlust, die nicht von einfühlsamen und begleitenden [...] [Bindungspersonen] geteilt werden können, tendieren dazu, das Kind und sein gesamtes Fühlen auszulöschen« (S. 17 ff.).

Unter erschwerten Umständen wie früheren Traumatisierungen, familiären Vorbelastungen, in vulnerablen Entwicklungsphasen, bei fehlenden Netzwerken oder mangelnden Kommunikationsstrukturen kann sich also eine Trauerreaktion mit höherer Wahscheinlichkeit in eine depressive Störung »verwandeln«. Dies würden wir insbesondere daran erkennen, dass das »Ausmaß« (Wie stark sind die depressiven Gefühle?), die »Tiefe« (Wie weit dringen diese Gefühle in verschiedene Lebensbereiche ein?) und die »Dauer« (Wie lange halten diese Gefühle an?) Anhaltspunkte liefern (Kerns, 1997, S. 34). Ebenso wird eine massive, weitgehend und umfassend alle Tagesaktivitäten betreffende Verhaltensveränderung und eine andauernde Beeinträchtigung der emotionalen Schwingungsfähigkeit eines betroffenen Kindes oder Jugendlichen immer auf die Verantwortung einer Abklärung einer depressiven Erkrankung hinweisen.

> »Alles was wir sind, unser Denken, unsere Haltung,
> was und wie wir sprechen, unser Tun und Lassen gestaltet
> die Welt, in der unsere Kinder leben und sterben«.
> (Führer, 2006, S. 15)

3.3.2 Trauer in der Kinder- und Jugendzeit: Verlust des eigenen Lebens (pädiatrische Palliativversorgung)

Wenden wir uns jetzt der außerordentlichen Situation der Trauer in der pädiatrischen Palliativversorgung zu mit folgenden Fragen: Wie trauern Kinder um sich selbst und wie können wir – die wir uns in ihnen betrauern – sie begleiten? Wenn wir mit Sterbenden und ihrer Trauer in Kontakt treten, sind wir in allen Dimensionen unseres professionellen und persönlichen Lebens gefordert. Geht es um den vorzeitigen Abschied von Kindern, werden wir mit jeder denkbaren Qualität unseres Handelns und unserer Haltung versuchen, Sorge zu tragen, die Begleitung dezidiert analog zu den Bedürfnissen der jungen Patienten und im Sinne der Familien zu gestalten (Zernikov u. Nauck, 2008).

Der von den Betroffenen ausgehende Wunsch nach Unterstützung ist – gleich wem gegenüber – immer von intensiven Hoffnungsfunken und gleichzeitig von verzweifelten Versuchen, die aufbrechenden Ängste zu kontrollieren, durchdrungen. Scheinbar objektive Zustandsparameter auf der einen und die subjektive Befindlichkeitsebene der Kinder mit ihrer verdichteten Lebensäußerung auf der anderen Seite beeinflussen unsere Wahrnehmungen, unsere Wertungen und die daraus resultierenden Entscheidungsprozesse. Eine »Trauerbegleitung« mit dem traditionellen Fokus auf das gewordene Sein wäre den wunderbaren Gestaltungskräften der Kinder für das vergegenwärtigende Sein unangemessen. Sterbende Kinder sind – bis in ihre letzten Stunden hinein – mit uns (und manchmal auch für uns) lebende Kinder. Sie vertrauen auf die Bedingungslosigkeit in unserem emotionalen Engagement, sie verlangen kompetente Hilfe in der Symptomkontrolle, sie wünschen sich uns ehrlich: »Ehrlicher Umgang bedeutet dabei nicht, dem Kind Antworten auf Fragen zu geben, die es nicht gestellt hat, sondern die Zeichen des Kindes wahrzunehmen« (Duroux, 2006, S. 125).

Wenn wir uns auf ihren Abschied vorbereiten, ist die Chance größer, dass wir sie nicht daran hindern, den für sie geeigneten Augenblick zu wählen. Die kritische Beleuchtung der eigenen Rolle als Arzt, als Pflegekraft, als Seelsorger, als Pädagoge, Therapeut oder ehrenamtlicher Begleiter ist fundamentaler Bestandteil jeder Initiative, welche, in multidisziplinäre Teamentscheidungen eingebunden, ausschließlich im Dienste der Patientenfamilie steht.

Neben den allgemeinen medizinisch-pflegerischen Versorgungsnotwendigkeiten, sind es besonders die krankheitsspezifischen Faktoren (chronisch-progredienter oder akuter Verlauf; Art der Behinderung, der Organschädigung, Umfang der (Bewegungs-)Einschränkung; terminale Symptomatik), die Einfluss nehmen auf unsere Handlungsoptionen. Weitere Koordinaten stellen die Beurteilung der kognitiven und emotionalen Reife, vor allem aber die Einbettung des Kindes in sein unmittelbares Bezugssystem und wiederum dessen sozialer und kulturell-religiöser Hintergrund dar. In Extremsituationen erlangen die Herkunftswurzeln einer Familie besondere Bedeutung. Kulturgebundene, generationenübergreifende Erklärungsmuster zum Krankheitsverständnis, Traditionen im Umgang mit Körperlichkeit und Vorstellungen über den rituellen Rahmen der Verabschiedung wirken unmittelbar in das Stationsmanagement hinein. Ausführliche (anamnestische) Gespräche vertiefen das Verständnis auf beiden Seiten.

Das vorrangig bewegende Thema in Begleitprozessen im Kontext pädiatrischer Palliativversorgung dreht sich um die Frage der zumutbaren »Wahrheit« auf Seiten der Kinder und, damit verbunden, um das zu rechtfertigende Maß an »Offenheit« auf Seiten der Erwachsenen.

In jedem Kind schlummert ein tiefes (vorbewusstes) Wissen um die Geheimnisse der untrennbaren Zusammengehörigkeit von Leben und Tod. »Sie fordern uns heraus […], überraschen uns […] Sie sind uns möglicherweise mit ihrem Wissen voraus« (Voss, 2007, S. 60). Wenn wir uns trauen, uns bei der Auswahl der stützenden Angebote von den Kindern selbst leiten zu lassen, binden wir sie wieder an ihre eigenen Seelenheilkräfte. Dietrich Niethammer aus Tübingen hat in seinem Buch über das »sprachlose Kind« (Niethammer, 2008, S. 170) als Merksatz zitiert, was die Internationale Gesellschaft für Pädiatrische Onkologie in ihrer Richtlinie entworfen hat: »Die Aufklärung ist kein einmaliges Ereignis, sondern ein prozessualer Vorgang, bei dem immer und immer wieder die Möglichkeit besteht, auf die Bedürfnisse der Kinder und ihrer Eltern einzugehen.« Professor Niethammer hat über Jahrzehnte als vehementer Verfechter der aufrichtigen Kommunikation immer die Bedeutung der wahrheitsgemäßen Sprache mit kranken Kindern vertreten. In einem Vortrag (Evangelische Akademie Tutzing, 2002) entwarf er eine Art »Behandlungsvertrag« für eine respektvolle Kooperation mit seinen kleinen Patienten.

Auf der Grundlage dieser wichtigen Vorschläge stellen wir nachstehend eine um einige Aspekte erweiterte »Charta für schwerkranke Kinder« vor:
- Du darfst wissen, was du wissen möchtest.
- Wir werden dich nicht anlügen.
- Wir werden nur wirklich notwendige Behandlungen durchführen ...
- ... und dafür sorgen, dass es dir dabei so gut wie möglich geht.
- Wir werden darauf achten, dass du Zeit haben wirst, zu spielen, vorgelesen zu bekommen, mit deiner Familie zusammen zu sein, Musik zu hören, zu basteln. Bitte ergänze, was du gern tun möchtest: ...
- Wir werden dir zuhören.
- Du kannst uns sagen, was dir wichtig ist.
- Du wirst nicht allein sein.

Die Art der Trauer sehr kranker Kinder und Jugendlicher ist eine vitale. Sie impliziert Ungeduld, Zornausbrüche, passagere oder andauernde Behandlungsverweigerung (besonders im fortgeschrittenen Krankheitsstadium). Manchmal kommt sie allerdings auch auf leisen Sohlen, nonverbal, in einem Blick oder einer Gestik der Bedürftigkeit nach Halt. Immer aber ist sie Teil des Kampfes um ein Leben in größtmöglicher Normalität.

Viele Kinder sprechen, auch wenn sie dies aufgrund ihres Alters, ihrer geistigen und sprachlichen Möglichkeiten könnten, nicht in der uns vertrauten Weise über ihren bevorstehenden Tod. Einige wollen über Vorgänge in ihrem Körper informiert werden, andere ausdrücklich nicht – zumindest unterscheiden sie immer wieder erstaunlich pragmatisch zwischen denjenigen Personen, die zuständig sind für Aufklärung und lindernde Hilfestellungen, und Menschen, mit denen sie bevorzugt über andere Kanäle (altersangemessene spielerische und kreativ gestalterische Komponenten, Malen und Musik etc.) kommunizieren. Einige von uns werden »frei«-gestellt von belastender Thematik, damit wir sie unterstützen können in ihren Refraktärzeiten, den Pausezeichen zwischen den anstrengenden Behandlungseinheiten; eine Annäherung an den letztmöglichen und irreversiblen Schritt geschieht in wechselvollen Zyklen. Häufiger teilen Kinder sich indirekt mit, indem sie ihre vorbewussten Ahnungen in Bildern ausdrücken (siehe Bürgin, 1978; Beispiele im Download-Material) In der finalen Phase werden unmissverständliche Grundbedürfnisse körpersprachlich kommuniziert: Manche möchten dann in den Arm genommen werden, wollen Kuschelkontakt, gestreichelt, gekrault und massiert werden; nicht wenige ziehen sich zurück, wenden sich nach innen, zeigen uns ihre Erschöpfung und erlauben nicht einmal Mutter oder Vater (möglicherweise auch aufgrund sich krankheits- und medikamentenbedingt entwickelnder Hypersensitivität), sie anzufassen.

Allerdings fragen Kinder oft auch nicht nach dem, was sie wissen möchten, um uns Erwachsene zu schonen. Fast immer erleben wir ihr intuitives Bedürfnis, ihre nächsten Angehörigen zu schützen, da die verunsicherten, durch den Kummer, ihre Tochter, ihren Sohn zu verlieren, seelisch tief verletzten, von Schuldgefühlen geplagten Eltern – schließlich können sie quälende Behandlungsfolgen und den unvermeidbaren Tod nicht verhindern – an ihrer Belastungsgrenze angekommen sind. Signalisieren professionelle Begleiter schweren Herzens aber eindeutig, dass sie den Kindern als Gesprächspartner zur Verfügung stehen, dann tauchen oft sehr konkreten Fragen auf: Was genau passiert beim Sterben? Tut Sterben weh? Was kommt danach? Außerdem beschäftigen Kinder logische Überlegungen wie diese: Wenn ich tot bin, wer versorgt dann meine Zwerghasen? Die Vermächtnisse sind in ihrer Schlichtheit oft extrem berührend. Gegenstände, an denen ihr Herz hängt, sollen eventuell ihren Geschwistern oder Freunden weitergegeben werden, oder sie verfügen, wer vielleicht mit welchem Spielzeug später *nicht* spielen darf. »Kinder werden oft in ihrer letzten Lebensphase zu Gebenden. Für die Älteren ist es manchmal ein großes Bedürfnis, für bestimmte Menschen noch etwas zu basteln oder Dinge, die für sie von großem emotionalem Wert sind, zu verschenken. Kleinere Kinder dagegen verschenken Momente besonderer Aufmerksamkeit, stille Augenblicke inniger Nähe« (Führer, 2006, S. 18).

Den Wünschen der Kinder aufmerksam und ausführlich zuzuhören, sie sich vielleicht diktieren zu lassen, ein Erinnerungsbuch miteinander zu gestalten, Gefühle in farbige Sandsegmente zu übersetzen, mit älteren Jugendlichen eine Fotodokumentation als eine Art »Testament« zu planen, eine »Vernissage« dazu zu organisieren ist, wie man es nennen könnte, »Trauerarbeit in einem bunten Kleid« (siehe »Bilder einer Ausstellung« im Download-Material). Wie wichtig können diese unscheinbaren und oft gänzlich unspektakulären Mitteilungswege für die Kinder selbst, aber auch für die Mitleidenden und Nachlebenden sein! Diesen Personenkreis nach Möglichkeit bereits in den Abschiedsprozess einzubinden, zeichnet ein präventivsystemisches Grundverständnis aus.

Geschwisterkinder in dieser Phase, in der üblicherweise das schwerstkranke Kind fast ausschließliche Aufmerksamkeit generiert, als mitbetroffenes Subsystem in den gestalteten Abschied einzubeziehen, stellt eine zielführende Maßnahme der Frühintervention in der Trauerbegleitung dar. Nicht erst mit dem Tod von Bruder und Schwester ist das »familiäre Mobile« komplett durcheinander gewirbelt. Wir sollten uns bewusst machen, dass die Geschwister bereits ab Diagnosestellung und immer wieder während der vielleicht häufigen Aufenthalte ihres Bruders/ihrer Schwester in Krankenhaus, Reha- beziehungsweise Pflegeeinrichtung oder Hospiz in eine fundamentale Verlusterfahrung eingetreten sind. Ihr Leben ändert sich von Grund auf: Die geschwisterliche Bindungsperson steht nicht mehr in gewohnter Weise zur Verfügung, sie selbst fallen in der Dramatik der Ereignisse aus dem Fokus des Interesses all derer, die sie selbst für ihre eigene Entwicklung so dringend brauchen. Immer wieder werden sie ihr Zuhause, ihren Lebensmittelpunkt eintauschen gegen vorübergehende Unterbringung bei Verwandten, Freunden oder auch in Gästehäusern der hochspezialisierten Kinderheilkundezentren (dankenswerterweise über Stiftungen mittlerweile in großem Umfang gefördert). Durch Abwesenheit von Bruder oder Schwester (zuerst vorübergehend, dann endgültig) ergeben sich neue (Geschwisterrang-)Positionen. Diese erfordern, andere Erwartungshaltungen, veränderte Pflichten und neue Rollenzuweisungen einzuüben. Geschwisterkinder verlieren einen Teil ihrer Kindheit, sie erleben eine tiefe Vertrauenskrise ihrer ursprünglichen Weltsicht und sie verändern ihr Selbstverständnis (Holzschuh, 2000). Die »verbotene« Trauer der jüngeren überforderten Systemmitglieder, oft erst nach dem Tod eines Kindes thematisiert, begleitet den Prozess jedoch von Anfang an (H Geschwistertrauer).

Trotz erheblicher Opfer aller Familienmitglieder können aber auch die bestbetreuten kleinen Patienten nicht ausschließlich und flächendeckend von ihren Familienangehörigen um- und versorgt werden. Für Vertrauenspersonen, die sich das so schwer erkrankte Kind außerhalb seiner Familie sucht, ist das »stellvertretende Zuwendungshandeln« eine große Verführung. Es gibt wohl kaum eine vergleichbare Situation, in der wir alle so sehr dazu tendieren, folgenschwere Fehlhaltungen einzunehmen. Gehen zunehmend (Zukunfts-)Perspektiven verloren, durchlebt auch das Helfersystem Grenzerfahrungen. Verstärkt durch den »Sog« der wachsenden regressiven Bedürftigkeit und Abhängigkeit des Kindes wird der bevorstehende Verlust im Team – ob mit Furcht und Trauer ob des sich Abzeichnenden und teilweisem »Besetzungsabzug« oder stillem Aufbegehren und intensivierter Aufmerksamkeit – mit einer ganzen Bandbreite von Emotionen des Betroffenseins beantwortet.

Im *pädiatrisch-palliativen Behandlungsansatz* sichern, erleichtern und trösten das versierte ärztlich-pflegerische Gesamtkonzept und ein uneingeschränktes Beziehungsangebot des Teams die kranken Kinder. Diesem Impuls folgen wir zumeist, jeder auf seine Weise und in Entsprechung eigener Verlustprägung, die uns sensibilisiert und mindestens im gleichen Maße auch vulnerabilisiert hat. Das Schmerzvolle, aber auch uns Anreichernde der Berührungsmomente mit Kindern in den letzten Lebenswochen, kennen alle involvierten Begleiter. Eltern und andere wichtige Bindungspersonen des kleinen Patienten erreichen ihre Grenzen, manche stehen kurz vor dem Zusammenbruch.

Stabilisierungsvorschläge für die Familien zu entwickeln und zu formulieren, gehört zum Alltag in der pädiatrischen Palliativversorgung. Und natürlich ist die bewusst abwägende kompensatorische Entlastungsofferte in einem partiell definierten Kontext eine ungeheuer wichtige Hilfe, um das primäre Unterstützungssystem zu stabilisieren! Exzellente multidisziplinäre Teamarbeit zeichnet ja gerade aus, dass verschiedene Ansprechpartner in unterschiedlichen Funktionen vom kranken Kind »erwählt« werden können, um seine widersprüchlichen Gefühle an ein variables Außen zu adressieren. Bestenfalls kann es bedarfs- und situationsabhängig auf individuelle »Rezeptoren« der jeweiligen Gegenübers reagieren. Dann vermag es sich aufgrund der von den Helferpersönlichkeiten ergänzend und nicht rivalisierend zur Verfügung gestellten Hilfs-Ich-Funktionen selektiv mitzuteilen, ohne in beziehungsdynamische (Team) oder intrapsychische (Familie) Loyalitätskonflikte verstrickt zu werden (Führer, 2013).

Dennoch müssen wir paradoxerweise in einer Situation, in der besonderer Bedarf besteht und die zu besonderem Engagement herausfordert, auch besonders behutsam agieren. Realisieren und Verleugnen der existentiellen Bedrohung lösen einander gerade bei jungen Kindern in rascher Folge ab. Ebenso wechseln Zeiten der intensiven Inanspruchnahme von Vertrauenspersonen mit Zeiten aktiver oder passiver Zurückweisung. Annäherung und Rückzug von Begleitern spiegeln diesen Prozess. Die Ausgleichsbewegungen sind ständig aufs Neue anzupassen, auch und gerade im Hinblick auf die Priorität des Schutzes der Familienintegrität. Vermitteln Kinder und Jugendliche ihre Erschütterungen, ihre Ängste und auch ihre »Entscheidungen« (zum Beispiel Ablehnung einer Transplantation) bevorzugt Drittpersonen, dann sollte dieser Vertrauensbeweis voller Respekt entgegengenommen und besondere Inhalte in begründbaren Ausnahmefällen auch im Rahmen der Schweigepflicht gewürdigt werden.

Die Auseinandersetzung mit den Themen der Abschiedlichkeit darf jedoch auf Dauer keinesfalls »Geheimnis eines Subsystems« bleiben. Vielmehr muss wohl jede erdenkliche Anstrengung unternommen werden, gemeinsam und sofern es das Entwicklungsalter erlaubt, mit den Patienten zu überlegen, wie sie be- und entlastende Gefühle und Gedanken mit den ihnen nächsten Menschen teilen können. Wir sind verpflichtet, im Auftrag der Kinder zu »dolmetschen«, das heißt ihnen und ihren Angehörigen Möglichkeiten aufzuzeigen und Hilfestellung anzubieten, sich einander auch in großer Trauer und Wut zuzumuten und dabei seelische Verbindung zu halten. Dann können die Familien schwerstkranker Kinder auch wieder an Bewältigungskompetenzen und vorhandene Ressourcen anknüpfen.

Die Empfindung, dass Kinder – in vielen Kulturen als rituell reine Wesen gewürdigt, den Göttern nah, und eine Projektionsfläche des fortdauernden Lebens per se – einfach nicht sterben sollten, sorgt für maximalen Einsatz als Gegenbewegung zu schwer erträglichen Ohnmachtgefühlen. »Im Bilde des Urkindes spricht die Welt von ihrer eigenen Kindheit, davon was Sonnenaufgang ebenso wie die Geburt eines Kindes über die Welt aussagt« (Jung u. Kerenyi, 1999, S. 59). Größenvorstellung und Ich-Idealisierung sind im Medizinsystem wohl unabdingbar notwendige Motivatoren, um auch aussichtslos scheinende Kämpfe gewinnen zu können. Immer wieder ereignen sich Remissionen und Wiedergesundung, oft einem Wunder gleich. Aber im Selbstverständnis des »Kämpfenden« wird ein im Sinne der Heilung oder Rettung des Kindes Nicht-mehr-handeln-Können möglicherweise als persönliche Kränkung oder als »Systemversagen« erfahren und bleibt als prädestinierende Verwundung erhalten.

Ohne durch das sich im vertrauten Kollegenkreis zugestandene oder auch bewusst nur mit sich geteilte Erleben heilsamen Trauerns werden die erlittenen Verluste aber nicht in die berufliche Identität integriert werden können. Die Enttäuschungswut und Verzweiflung von Eltern am Anfang ihres Trauerweges korrespondiert dann mit den Insuffizienzgefühlen der erschöpften Helfer. Wiederbegegnungen mit den »die Wahrheit suchenden« Eltern verstorbener Patienten gehört zu den ganz großen Herausforderungen des klinischen Wirkens. Vermeidung der Wahrnehmung von Betroffenheit und fehlende Anerkennung der Trauer als restituierender Kraftquelle erhöhen die Wahrscheinlichkeit von schleichenden Qualitätsverlusten in der Arbeit und Burnout-Syndrom (die nach dem Propheten benannte Eliasmüdigkeit des stets Erfolgreichen). Weit schlimmer, es kann dazu führen, dass man zur eigenen Entlastung die Verschlechterung des Gesundheitszustandes und den Tod von Patienten mehr oder minder offen mit mangelnder Compliance oder Therapiemüdigkeit auf Seiten des Kindes, des Jugendlichen oder seiner Eltern in Verbindung bringt und damit dem Hinterbliebenensystem zusätzlich zu dessen Scham und »Überlebensschuld« noch die unbewussten Schuldgefühle der Professionellen »überwidmet« (Müller, 2014).

Mit der Stimme unseres eigenen »inneren Trauerkindes«, das viel erfahrener in den Wandlungszuständen einer permanenten Metamorphose ist als wir oft glauben, im Kontakt zu sein, bedeutet auch, sich einzuüben darin, jenseits seiner spezifischen Rolle und unbestrittenen fachlichen Funktion eine Authentizität der Haltung zu pflegen. Die Kunst könnte darin liegen, in einem dafür geeigneten Moment »innezuhalten«, um sich der Weisheit des »one step behind«, das heißt dem Zusammenspiel von Führen und Geführtwerden, anzuvertrauen, wie es Roberto Piumini (2004) in seiner orientalischen Erzählung »Eine Welt für Madurer« so zauberhaft beschrieben hat.

Der Kunstmaler Sakumat soll auf Wunsch des reichen Burban für dessen schwerkranken Sohn durch die bildnerische Ausgestaltung der Palastzimmer die unerreichbar gewordene äußere Welt in die abgeschirmten Gemächer des elfjährigen Jungen bringen. Es entsteht in wechselseitiger Achtsamkeit zwischen dem Maler und Madurer, seinem kleinen Schützling, ein den Initiationsweg beider Protagonisten spiegelnder »innerer Raum« in einer behutsamen gemeinsamen Projektion: »Sakumats Hand war ruhig in ihren Bewegungen. Sie konnte warten, bis die Zeichnung mit dem Wort, dem Lachen und der Erinnerung in Einklang war« (S. 41). Es manifestieren sich Seelenlandschaften, die sich den Phasen der Annäherung an den unausweichlichen Abschied gemäß entwickeln und laufend verändern:

> »Im Vordergrund, gegen die Mitte der Wand zu – denn im Vordergrund war etwas wie leuchtende Luft, eine Durchsichtigkeit, die man sehen konnte – überqueren Nomaden mit einem Karren, der eine hellblaue Plane hatte, auf einer kleinen Holzbrücke einen reißenden Bach. Madurer hatte diese Bild in einem seiner Bücher gefunden und so sehr geliebt, dass Sakumat es auf der Wand nachgemalt hatte. Im Hintergrund aber, auf das kleine gescheckte Pferd, das an den Karren gebunden war, setzen die beiden ein Mädchen mit einem roten Kopftuch und nannten es Talya.
> ›Wo fährt der Karren hin, Madurer?‹
> ›Weit, weit in die Ferne, Sakumat.‹
> ›Ja, aber fährt er zu den Hügeln hinunter oder in die andere Richtung?‹
> ›Warum willst Du das wissen?‹
> ›Schau, hier nach der Kurve ist die Straße noch nicht weitergemalt. Wir können sie jetzt auf den Hügel hinaufführen, in einem großen Bogen bis zu jenem Dorf, oder wir können sie nach rechts abbiegen lassen, auf die neue Wand zu.‹
> ›Was wird auf der neuen Wand sein, Sakumat?‹
> ›Die Welt wird weitergehen. Haben wir vorgehabt, eine Ebene zu malen? Endloses Land bis zum Horizont.‹

›Ja, lass die Straße zur Ebene führen‹, sagte der Junge, ›Talyas Karren fährt genau dorthin. Und wenn er angekommen ist, steigt Talya von ihrem Pferdchen und pflückt Blumen. Aber mach bitte auch eine zweite Straße, die zum Dorf führt. Der Karren wird die andere nehmen, aber weil er es will, nicht weil es nur eine Straße gibt.‹
›Natürlich, Madurer. Es gibt nicht nur eine Straße«« (S. 42 ff.).

Immer sind es gewachsene, dem kindlichen Gespür überantwortete und entschleunigte Entscheidungsprozesse, die der Begleiter Madurers befördert:

»Das Meer wurde im November fertig …
›Was ist denn das?«, fragte Madurer eines Morgens, nachdem er lange schweigend ein Stück des Horizontes betrachtet hatte … Dieser kleine Punkt auf dem Meer, etwas links von der Wolke. Siehst Du ihn?‹
›Ich weiß nicht, was es ist, Madurer‹, sagte der Maler, ›es ist mir noch nicht aufgefallen. Aber irgendwas muss es sein. Ein Vogel vielleicht?‹
›Nein … Vögel in so weiter Ferne sieht man nicht … was aber könnte es sein, Sakumat? Eine weit entfernte Insel?‹
›Natürlich. Oder eine nicht so ferne, aber sehr kleine.‹
›Oder ein Schiff!‹
›Ja.‹
›Wie sollen wir das je erfahren, Sakumat?‹
›Es genügt, wenn wir warten«« (S. 50 ff.).

So wird aus der Anmutung Gewissheit, aus einem statischen ein bewegtes Sujet, die Reise zum Horizont hat ihre dynamische Metapher gefunden. Der Maler durchläuft parallel zu seiner Arbeit mit Madurer einen ganz persönlichen Trauerprozess, er bereitet sich vor:

»Sakumat schritt die gemalten Wände ab, betrachtetet die Berge und die Ebene, die belagerte Stadt und das Meer, das Piratenschiff und die blühende Wiese […] dreimal durchschritt er langsam, wie er es zuvor draußen gemacht hatte, die Landschaften und bemerkte Dinge, von denen er nichts wusste, Formen, Bewegungen und Farben, die er sich nicht erinnerte, geschaffen zu haben.«

Der Begleiter wechselt zwischen Näheerleben und eigener Konsolidierung. Manchmal reitet er allein in die Berge und schaut auf die Ebene, spürt den bevorstehenden Abschied: »Wie aus den Narben eines Astes flossen aus seinen geschlossenen Lidern die Tränen« (S. 77).

Die voranschreitende und unaufhaltsame Krankheit des Kindes veranlasst Sakumat, dem Jungen maximale Autonomie im Gestaltungsprozess zu gewähren; einige Szenen entstehen jetzt in direkter Auftragslage. Auf Wunsch des Kindes wachsen fluoreszierende Ähren, die »in der Dunkelheit leuchten«, auf herbstlichen Feldern, ein Hirte, müde geworden über die Jahre, verschenkt einen Teil seiner

Herde, Bären ziehen sich für einen langen Winterschlaf in ihre Höhlen zurück, die letzte Jahreszeit kündigt sich an. Sakumats Aufgabe ist es nun, die Dyade in die Triangulierung, das Symbolhafte ins Dialogische überzuführen: Er unterstützt Madurers Intentionen, sich dem Vater, der an seinem Bett Wache hält, über das Bevorstehende mitzuteilen.

Madurer legt daraufhin »einen Finger vor den Mund, wie um kein Geheimnis preiszugeben: ›Bald wird Sakumat die Nacht malen, Vater‹« (S. 84). Sich der Trauer des bevorstehenden Verlustes nicht verschließend und doch Madurers Gegenwart reich ausgestaltend, codiert und decodiert der weise Sakumat den Abschiedsprozess; er hilft Vater und Sohn, sich in der Fülle des Gelebten voneinander zu lösen, und: »die Wiese erwacht zum Traum« (S. 99).

Eine dem Tag und der Stunde kostbar leichte Momente schenkende und sich gleichzeitig tiefernsten Begegnungen öffnende Begleitung ähnelt der Schwebekunst des Gleitschirmfliegens. Mit der den schwerkranken Kindern eigenen Kundigkeit für thermische Aufwinde gemeinsam zwischen Himmel und Erde unterwegs zu sein, bedeutet Lufträume zu durchmessen, unsichtbaren Spuren folgend, Spuren für andere hinterlassend. Wie Sandskulpturen haben die Ergebnisse unseres Einsatzes Ästhetik und Gültigkeit just für den einen (ewigen) Augenblick, in dem Begrenzung durch die Zeit und Auflösung in der Zeit zusammenfallen.

Diejenigen, die wir verabschieden, wechseln früher oder später aus der äußeren Realität in eine innere Realität für uns Helfer; sie verwandeln sich durch die spezifische Qualität der jeweiligen Beziehung, die wir mit ihnen aufgenommen haben, in intrapsychische Repräsentanzen, die auch unsere persönliche Entwicklung verändern. Sind wir mutig genug, uns darüber auszutauschen, wird diese Erfahrung zwangsläufig Auswirkungen haben auf die wertschöpfenden Anteile unserer Arbeit mit den betroffenen Kindern sowie den Stil unserer kollegialen Zusammenarbeit (Röseberg u. Müller, 2014).

3.3.3 Trauer in der Lebensmitte

Impuls: Die besten Jahre

Das Hochplateau des besten Alters eröffnet einen gewissen Weitblick auf die aktuelle Lebenssituation, früher gestellte Weichen und persönliche Zukunftsoptionen. Einige Blickwinkel dazu:
– Was heißt für mich als Frau/Mann *Altwerden?* Welche Bilder verbinde ich damit?
– Welche (Vor-)Bilder für *Altsein* finde ich in meiner Herkunftsfamilie? Welche dieser Vorstellungen erscheinen mir nachahmenswert, welche lehne ich für mein Leben ab?
– Welche Bilder zum Thema Alter kenne ich von meiner Partnerin/Freund? Wie wirken sie auf mich? Welche teile ich, welche sind mit meinen unvereinbar?
– Welche meiner Altersentwürfe befürworten die einzelnen Menschen meines Lebenssystems? Welche lehnen sie ab? Gegen welche verwehren sie sich?

- Was ist für mein weiteres Leben unverzichtbar?
- Welche meiner Lebenserfahrungen möchte ich der nächsten Generation vermitteln?

Das sogenannte mittlere Alter, in dem die rechnerische Lebensmitte wohl eher hinter uns liegt, ist weniger von konkreten Jahreszahlen als von spezifischen Erfahrungen bestimmt. In diesem erlebten Zeitraum schärft sich der Blick auf das bisherige Leben und die Zukunft wird kritischer betrachtet. Körperliche Veränderungen machen erst leise, doch zunehmend deutlicher darauf aufmerksam, dass das Kontinuum des Lebens sich jetzt verstärkt mit dem Aspekt seiner Vergänglichkeit zeigt. Diese veränderten Betrachtungen verändern die persönlichen Bewertungen und Prioritäten.

Oftmals ist diese Zeit gekoppelt mit äußeren Veränderungen der Lebenssituation, vielleicht weil die Kinder nicht mehr im Mittelpunkt der Verantwortung stehen oder die eigenen Eltern älter und hilfsbedürftiger werden. Mit veränderten Rollen verschiebt sich das gesamte bisherige Beziehungsgefüge und neue Gestaltungsräume eröffnen sich.

Viele Menschen erleben sich in dieser Zeit auf dem Höhepunkt ihres Lebens, von dem aus sie mit einer gewissen Lebenssicherheit das Erreichte betrachten. Sie haben persönliche Konturen ausgebildet und Standpunkte im realen wie im übertragenen Sinn bezogen. In ihrer Beziehungs- und Liebesfähigkeit differenziert entwickelt, leben sie sozial eingebunden. Sie blicken auf ein erworbenes Fundament, auf dem sich leben lässt, und fühlen sich im besten Alter, von dem sie nicht mehr zurück möchten. Doch so rasant wie bisher mag wohl kaum einer weitergehen. »Ist man im besten Alter, dann folgt kein besseres mehr nach, es sei denn, es erfolgt eine Umbewertung der Werte. Diese Umwertung der Werte aber, diese Veränderung im Identitätsleben, ist ein zentrales Thema der Lebenswende im mittleren Alter« (Kast, 1995, S. 423).

Die Erkenntnis, auch persönlich den allgemeinen Lebensrhythmen ausgesetzt zu sein, fordert heraus, Zwischenbilanz zu ziehen. So rückt die Kehrseite der Medaille in den Blick: Die beschriebenen Eigengesetzlichkeiten von Übergangsphasen gelten auch in dieser Wendezeit. Verhaftetseinwollen und Aufbruchsimpulse entfalten ihre ganz eigene dialektische Dynamik, in deren Spannungsfeld sich mitunter das, was verlässlich erschien, als brüchig erweist und getroffene Entscheidungen und Zielvorstellungen kritisch in Frage gestellt werden. Unruhe, Unzufriedenheit, Sehnsüchte und Resignation können nun den einzelnen Menschen und damit seine Bezugssysteme labilisieren. Schwierigkeiten und Konfliktfelder, die man schon lange hatte, treten verschärft in den Vordergrund und alte Lebensthemen wollen neu bedacht sein. Manches ist nicht mehr lebbar, anderes erst jetzt möglich. Wieder einmal im Leben überschneiden sich Abschied und Neubeginn begleitet von Hoffnungen und Trauer. Nochmals findet eine grundsätzliche Auseinandersetzung mit gesellschaftlichen Rollenzuschreibungen, geschlechtlichen Erfahrungen und sexuellen Erwartungen statt.

Es ist ein Spezifikum dieser Übergangsphase, dass sie in besonderer Klarheit auf Endlichkeit und Unwiederbringlichkeit verweist. Zunehmend deutlicher tritt die Erkenntnis auf, dass auch wir auf den Tod hinleben. Jetzt erscheint das Leben kostbarer und weniger selbstverständlich als zuvor. Und es stellt die Frage, wie die kommende Zeit gestaltet werden soll. Angelika Aliti (1996, S. 6) entwirft für die Lebensabschnitte das Bild einer Insel: Dort beginnt die Menschwerdung aus dem Meer kommend am Strand. Diese Jahre der Kindheit sind von Sonne, Strand und Spiel geprägt, mitunter geht es regnerisch und stürmisch zu. Etwas älter geworden, erweitert sich der Lebensraum und die Jugendlichen begeben sich ins bewachsene Land hinein, erforschen Büsche und Sträucher, in denen sie sich verstecken und unbeobachtet das Leben üben können. Später geht es als Erwachsener weiter in den Wald des Landesinneren hinein, und manche sind in dieser Zeit sehr mit der Erforschung und Eroberung dieses Lebensraums beschäftigt. Noch älter, sind sie so weit vorgedrungen, dass sie langsam mit dem Bergaufstieg beginnen können, um die »Wälder der Wichtigkeit« wieder zu verlassen. Eines Tages haben sie den großen Aussichtspunkt erreicht. Für einige ist dieser Ort der Übergang in eine Phase der Ruhe und des Rückzugs, für andere der Ausgangspunkt zu größerer Aktivität und Hinwendung zum persönlich Bedeutsamen.

Von diesem Aussichtspunkt der Lebensmitte rücken die Konsequenzen der eigenen Lebensplanung in den Blick. Neben den Chancen treten auch die Unzulänglichkeiten mit der tiefen Trauer darüber deutlicher zu Tage. Alfred Adler sieht im ursprünglichen Gefühl der Unzulänglichkeit den Motor, »zulänglich« zu werden, das heißt zuzulangen und zu ergreifen. Wie dieser grundlegende Umgestaltungsprozess des eigenen Lebens gelingt, hängt stark davon ab, wie die Beziehungssysteme auf diese Dynamik reagieren, wie viel Spielräume das jeweilige Mobile zugesteht. Eventuell erweisen sich manche Bezugssysteme auch als zu eng und den neuen Entwicklungen nicht gewachsen. Dann stehen Entscheidungen an und möglicherweise sind diese mit dem weiteren Verlust einer Trennung verbunden. Wie in all den anderen Wandlungsprozessen liegen auch hier im bewussten Erleben vielfältige Chancen für eine wachsende Identität des einzelnen Menschen und veränderte Konfigurationen seiner Lebenssysteme.

Auf zwei in der Fachliteratur bisher noch wenig beschriebene Verlustarten möchten wir in diesem Kontext der Lebensmitte eingehen, auf den Tod eines erwachsenen Geschwisters mit dessen Auswirkungen im familialen System und auf die Beziehungsgestaltung verwitweter Menschen.

Trauernde erwachsene Geschwister

Die Beziehung zwischen Geschwistern ist einzigartig. Sie wachsen miteinander in einer gemeinsamen Familientradition auf. Sie können biologische Ähnlichkeiten teilen, Eigenarten, Erfahrungen und familiäre Charakteristika. Die Stellung innerhalb der Geschwisterreihe prägt ihre Persönlichkeit, und bis sie ihr Elternhaus verlassen, prägt ihr Miteinander ihre persönliche Entwicklung. Neben den Bindungen an ihre Eltern verbinden Geschwister die längsten Geschichten ihres Lebens, unabhängig davon, in welcher Qualität diese von den einzelnen wahrgenommen werden. Sie sind einander Erinnerungsgefährten.

Stirbt ein Geschwister im Erwachsenenalter, markiert dies das Ende einer der längsten und intimsten Beziehungen. Robinson und Mahon (1997, S. 478) weisen auf mögliche einschneidende Reaktionen der überlebenden Geschwister, wie Krankheit und Störungen in deren Persönlichkeitsentwicklung und Kreativität, hin.

Systemisch betrachtet leuchtet dies sofort ein, denn mit dem Tod eines Familienmitglieds verändert sich das gesamte Familiengefüge. Das bisher tragende Zusammenspiel bricht nun für alle Beteiligten zusammen. Übernommene Rollen des Verstorbenen, damit verbundene Aufgaben und Funktionen sind vakant. Nähe und Distanz untereinander sind neu auszuloten und persönliche Grenzen der einzelnen müssen neu verhandelt werden. Dabei ist jedes Familienmitglied auf dem Hintergrund seiner ganz individuellen Bindung und Beziehung zum Verstorbenen ein Leidtragender.

Belastend kommt für viele Trauernde hinzu, dass die Umgebung ihre Situation übersieht oder zumindest wenig beachtet. Sie berichten von einfühlsamen Nachfragen der Nachbarschaft, wie es denn den Eltern des Verstorbenen geht, wie dessen Partnerin und Kind: »Wie furchtbar«, »Welch ein entsetzliches Schicksal«. Die Geschwister finden dabei weniger Beachtung, anders als beim Verlust eines Geschwisters im Kindesalter, für den inzwischen aufmerksame Zuwendung und entsprechende Unterstützungsangebote zur Verfügung stehen. Es scheint eine unausgesprochene Annahme zu bestehen, dass erwachsene Geschwister, eingebunden in ihre aktuellen Lebensbezüge weniger am Verlust leiden als die, die als unmittelbar betroffen angesehen werden. Doch im Gespräch mit ihnen zeigt sich etwas ganz anderes, denn der Tod ihres Geschwisters verändert ihr weiteres Leben einschneidend, ebenso das ihrer Zugehörigen. Es konfrontiert sie mit Verhaltensweisen ihrer Umgebung, die sie nicht selten als Aberkennung ihres Verlustes erleben.

Eine Klientin berichtet rückblickend vom plötzlichen Tod ihres damals 55-jährigen Bruders. Sie spricht davon, wie unglaublich ihr diese Nachricht erschien, mit ganzer Kraft habe sie sich dagegen aufgelehnt und doch in diesem Moment tief im Innern gewusst, dass es stimmt. Die Schwägerin, die ihr die Nachricht telefonisch überbrachte, erinnert »tierische Schreie« der Schwester. Ein kurzes Erkennen und Erspüren dieser abgrundtiefen Realität, vor die sich schnell eine Erstarrung schiebt, »ein Schock, der meine Seele noch eine Weile schützend einpackte«. Dennoch, die anstehenden Anforderungen und alles Alltägliche gerieten zur Schwerstarbeit ihres betäubten Funktionierens. Sie hatte sich um die betagte Mutter zu kümmern, diese zu stützen ohne selbst Stütze zu erfahren. Bis heute erfüllt sie Zorn über einige Freunde des Bruders, die von ihr wissen wollten, ob sie wohl etwas versäumt oder verkehrt gemacht hätten. Sie erwarteten von ihr als Schwester »Absolution«, während sie mit ähnlichen Fragen kämpfte, »Die wollten mich nicht sehen, die drehten sich nur um sich«.

Zum Zeitpunkt unseres Gesprächs liegt der Tod des Bruders vierzehn Jahre zurück, eine Zeitangabe, die nicht zu ihrem Erleben passt, denn sobald wir begannen, miteinander zu sprechen, fühlte sie die Trauergefühle wieder. Der Verlust fühlt sich viel näher an als die chronologische Jahreszahl. Das Gespräch kostet sie viel Kraft.

Sie beschreibt besondere Gefühle geschwisterlicher Verbundenheit, die wohl immer bleibt, allerdings als »waidwunde Stelle in meinem Herzen«. Die grausamen Schmerzen um den Verlust seien heute vorbei, das Vermissen bleibt.

Auf die Frage, was ihr in der Auseinandersetzung mit dem Tod ihres Bruders geholfen habe, nennt sie spontan »Gespräche«, dann berichtet sie, wie wichtig ihr es gewesen sei, sich im Freundeskreis eingebunden zu erleben. Besonders unterstützt habe sie die Meditation, die sie damals kennenlernte und bis heute praktiziert.

Hays, Gold und Pieper (1997) weisen in ihren Studien darauf hin, dass Geschwister mehr mit dem Tod ihres Geschwisters konfrontiert sind als mit irgendeinem anderen Trauerfall in der Familie. Sie wundern sich, dass wir fast nichts über die Auswirkung eines Geschwistertodes auf ältere Erwachsene wissen. So haben sie die Bindungstheorie genutzt, um Hypothesen darüber zu entwickeln, wie sich dieses Lebensereignis auf die körperliche Gesundheit, auf Stimmung, soziale Unterstützung und die wirtschaftliche Situation auswirkt.

An ihrer großen multizentrischen epidemiologischen Studie beteiligten sich 3173 ältere Gemeindebewohner und lieferten Daten über ihre erlebten Trauerfälle im zurückliegenden Jahr. Diese Befragung berücksichtigte demografische, gesundheitsbezogene und sozioökonomische Aspekte. Die Ergebnisse zeigen, dass trauernde Geschwister sich eher funktional und geistig beeinträchtigt erleben, als sie es bei trauernden Freunden einschätzten. Sie bewerten ihre Gesamtgesundheit sogar schlechter als trauernde Partner oder Freunde, welche gleichermaßen betroffen sind, doch mehr Unterstützung erhalten. Die trauernden Brüder oder Schwestern berichten über gesundheitliche Probleme, finanzielle Schwierigkeiten und massive Stimmungsbeeinträchtigungen. Daraus leitet die Forschergruppe ihre Forderung ab, für diese Zielgruppe entsprechende Trauerangebote zu planen.

Aus systemischer Sicht ist dies nur zu unterstützen. Bereits ein Blick aufs Genogramm verdeutlicht, wie der Tod eines Systemmitglieds das Gesamtgefüge verstört, und wir wissen um die Systemdynamiken in Wendezeiten.

> Ein Klient, der vierundfünfzigjährige Herr B., geschieden, kinderlos und aktuell in einer Partnerschaft lebend, meldet sich auf Empfehlung einer Freundin in der Praxis. Er berichtet von ungewöhnlich starken Gefühlsausbrüchen im beruflichen wie im privaten Umfeld, gelegentlichen schweren Träumen und, wie er es bezeichnet, »unnützen Grübeleien«. So kenne er sich nicht. Vielleicht hätte dies ja etwas mit dem Tod seines Bruders vor acht Monaten zu tun, was er aber nicht wirklich verstehe, denn seit ihrer Kindheit hätten sie ein schwieriges Verhältnis zueinander gehabt. Nach dem gemeinsamen Unfalltod der Eltern gestaltete sich die Beziehung aufgrund von Erbstreitereien eher noch schlechter, bis nur noch loser Kontakt bestand. Im Lauf unserer Sitzungen erkennt Herr B., wie tief ihn der Tod seines Bruders erschüttert, was er in der gemeinsamen Familiengeschichte bedauert und wie vieles es für ihn zu betrauern gibt. Die Begegnung mit dem Tod in seiner Generation wirft für ihn neue Fragen seiner Lebensgestaltung auf. Während der Gespräche vergewissert er sich mehrmals, dass es nicht ungewöhnlich ist, als »gestandener Mann« nicht nur seinen Bruder zu vermissen, sondern auch

all das, was in ihrer Geschwisterbeziehung nicht gelebt werden konnte. Alter ist kein Kriterium.

Hagestad (1993) bezeichnet die älteste lebende Generation einer Familie als »Omega-Generation«. Sie ist erwartungsgemäß dem eigenen Tod am nächsten, was üblicherweise zuerst die Großeltern erfüllen bevor dann die Eltern diese Familienrolle übernehmen bis zum mittleren oder späten Lebensabschnitt ihrer Enkel bzw. Kinder.

Wenn allerdings Großeltern und Eltern verstorben sind, wie in unserem Beispiel, werden die hinterbliebenen Geschwister selbst Teil der »Omega-Generation«. Stirbt dann ein älteres Geschwister, fühlt sich das jüngere in seiner Sterblichkeit bedroht. Hagestad weist darauf hin, dass dies selbst bei feindlich gesonnenen Geschwistern auftritt.

Hayes, Gold und Pieper (1997) verglichen die Ergebnisse ihrer Erfahrungsstudie von Geschwistertrauer mit denen aus ihren Studien zu ehelicher Trauer und Trauer im Freundeskreis, in denen sie vergleichbare Parameter untersuchten. Dabei zeigt sich kein signifikanter Unterschied in der übergreifenden Auswertung der Gesamtauswirkung von Trauer innerhalb der Trauergruppen von Geschwistern und Ehepartnern.

Defizite in der körperlichen Gesundheit charakterisieren Geschwistertrauer und eheliche Trauer mehr als Freundschaftstrauer.

Die Forschergruppe sieht in der Geschwistertrauer eine Besonderheit im Zerreißen der längsten Lebensbeziehung und einer damit verbundenen Überprüfung des eigenen Lebens inkl. Lebensführung und persönlichem Wohlbefinden. Bei der ehelichen Trauer sehen sie schwerpunktmäßig nicht nur das Ende gemeinsamer Lebensperspektiven. Auch tragende Alltagsrhythmen eines gemeinsam gestalteten Lebens werden destabilisiert. Dazu kommen evtl. sozio-ökonomische Probleme, besonders bei hinterbliebenen älteren Frauen.

Verwitwet eine neue Beziehung eingehen

Wenn wir Trauer als Liebe verstehen, als einen Ausdruck tiefer Verbundenheit und getragen von dem Wunsch, trotz physischer Abwesenheit uns den verstorbenen liebsten Menschen zu bewahren, Verbindung mit ihm zu halten, dann ist verständlich, dass die physische Abwesenheit schrittweise im Lauf der Zeit und der Auseinandersetzung zu einer neuen inneren Anwesenheit führt. Trauernde verbinden sich dann über Erinnerungen, innere Gespräche, Geschichten und umgeben sich mit Erinnerungsgegenständen. Oft tragen sie die Inspiration des Lebens der verstorbenen und vermissten Person weiter in ihr eigenes Leben hinein. »Wir hören niemals auf, diese Person zu vermissen, doch wir tun etwas Konstruktives und Wundervolles mit unserem Vermissen.« (Niemeyer, 2016).

Trauertheorien und Ergebnisse der Bindungsforschung verweisen auf diesen Prozess, dem Verlorenen einen inneren sicheren Ort zu geben, »an dem er gut aufgehoben ist und über den wir die innere Beziehung zu unserem geliebten Menschen weiter leben dürfen. Wir können allmählich die Trauer gehen lassen, weil wir

wissen, dass uns der geliebte Mensch in unserer Liebe zu ihm nie verloren geht.«
(Kachler, 2017)

In diesem Sinn begleitet der innere Repräsentant des verstorbenen Menschen das Weiterleben des Hinterbliebenen auch in neue Beziehungen hinein. Wie kann sich dies auf das Bindungsverhalten auswirken?

> In der Paarberatung berichtet Herr E., Witwer seit sechs Jahren und seit zwei Jahren mit Frau G. in einer Partnerschaft mit gemeinsamen Haushalt lebend, wie bedeutungsvoll es für ihn ist, seiner verstorbenen Ehefrau in der neuen Beziehung einen würdigen Platz zu erhalten. Für ihn umfasst dies u. a., Erinnerungsstücke aufzustellen, aus der gemeinsamen Zeit von ihm wertvollen Erinnerungen zu erzählen und den Todestag seiner verstorbenen Frau mit deren Familie zu verbringen. Für Frau G., die seit fünf Jahren geschieden ist, ist dies mitunter unverständlich. Sie lehnt für sich einen solchen »Erinnerungskult« ab, ihr sei das Ausmaß mitunter zu viel, und manchmal frage sie sich, wo ihr Platz sei und inwieweit sie sicher sein könne, die Liebespartnerin von Herrn E. zu sein und nicht nur »Ersatz für eine alte Liebe«. Während der folgenden Sitzungen erarbeitet das Paar, wie unterschiedlich sie die Trennung ihrer ersten Ehe erlebten. Für Frau G. war dies zwar ein schwerer und schmerzhafter Prozess, doch sie war aktiv und entscheidend beteiligt an der Auflösung dieser Beziehung. Damit sei für sie auch »vieles zu Ende gegangen«. Anders für Herrn E., dem wider allen gemeinsamen Kampfs gegen die Erkrankung seiner Frau »das Liebste des Lebens entrissen« wurde. Er erlebte sich damals dem Schicksal grausam ausgeliefert, verlassen und zutiefst in seiner Identität beschädigt. Nur mühsam fand er in ein neues Leben zurück. Allen Loslass-Parolen seiner Umgebung zum Trotz war es genau die innere Verbindung, die ihn am Leben hielt, besonders dass seine Frau ihm damals kurz vor ihrem Tod sagte, dass er »es schaffen« würde und sie dies auch von ihm erwarte.
>
> Frau G. und Herr E. erarbeiten sich ein Beziehungsmodell, »in gewisser Weise eine Beziehung zu dritt«, in der beide der aktuellen Liebe den »unbestrittenen Vorrang« geben. Hier sehen sie ihren gemeinsamen Weg.

Wenn verwitwete Menschen eine neue Liebesbeziehung eingehen, ist dies nicht nur für beide Partner eine besondere Herausforderung, sondern sie erleben auch die unterschiedlichsten Reaktionen ihrer Umgebung. Beispielsweise ablehnende Verwandte des Verstorbenen, die diesen mehr an der Seite des Verwitweten sehen als dessen neue Liebe, und die dem Verstorbenen solidarische Treue halten. Für sie ist das Auftreten des neuen Partners eine schmerzhafte Konfrontation mit dem persönlichen Verlust, den sie evtl. personalisiert abwehren. Oder Freunde empören sich über den raschen Zeitpunkt einer neuen Liebe, wo sie doch einen trauernden Menschen und keinen verliebten erwarten. In der Paararbeit mit Verwitweten sind die Reaktionen ihres Umfelds immer wieder Thema, sei es in Form von Konflikten mit der Familie bis hin zu Beziehungsabbrüchen im Freundeskreis. Die systemische Betrachtung, z. B. mit Netzwerkkarte bewährt sich in diesem Zusammenhang besonders.

Jenny de Jong Gierveld (2004) untersuchte das Bindungsverhalten verwitweter Menschen und fand heraus, dass es Männern schwerer fällt, sich an den Verlust ihrer Partnerin anzupassen, besonders wenn sie sich der Fürsorge, Aufmerksamkeit und anderer Aktivitäten ihrer verstorbenen Frauen beraubt sehen. Andere, besonders Witwen, zögern, ihre neue Freiheit und Unabhängigkeit aufzugeben.

Witwer wie Witwen sehen sich herausgefordert, das Für und Wider einer neuen Partnerschaft abzuwägen. Auch wenn es für sie persönlichen Schutz und gegenseitige Aufmerksamkeit bedeutet, das Leben zukünftig gemeinsam zu teilen, so entstehen u. a. auch Fragen, wenn Kinder beteiligt sind. Wie werden diese auf die neue Partnerin reagieren? Oder darauf, wenn ihr Elternteil die bisherige Familienwohnung verlässt? Welche Erbfragen könnte eine neue Ehe mit sich bringen?

Wenn sie ihre Optionen abwägen, kommen die Paare nicht selten zu dem Schluss, dass eine Neuheirat große Opfer erfordert, und sie wählen stattdessen eine einvernehmliche Lebensform ohne juristische Konsequenzen. Andere ziehen es vor, keinen gemeinsamen Haushalt zu führen und in einer »living-apart-together-Beziehung« weiterhin in ihrer Umgebung zu leben. Sie teilen dann gemeinsame Zeiten in einem der beiden Haushalte.

Die Autorin weist auch auf die günstigere Prognose hin, wenn es Partnern möglich ist, ihre Beziehung auf einer Lebensverlaufsperspektive aufzubauen, die den anhaltenden Einfluss früherer Erfahrungen auf das spätere Leben berücksichtigt, d. h. zurückliegende Beziehungen berücksichtigt.

Im Hohelied der Liebe heißt es beim Prediger Salomon »Die Liebe hört nimmer auf«. Auch wenn die Beziehung nicht mehr lebbar ist, die Bindung bleibt in veränderter Form bestehen.

Nat Stevens (2002) beschreibt drei Arten der Partnerschaft, die verwitwete Menschen eingehen, die »vollendete Partnerschaft«, die »festen Begleiter« und die »Dienstleister«. In seinen Untersuchungen fand er Hinweise in allen drei Formen auf die weiterhin bestehende Loyalität dem verstorbenen Partner gegenüber. Dies interpretiert Stevens so, dass verwitwete Menschen ihre frühere Partnerin nicht ersetzen, sondern diese eher als Begleiter für besondere Beziehungsbedürfnisse integrieren.

3.3.4 Trauer im Alter

Waren früher entwicklungspsychologische Konstrukte in ihrem Fokus auf die Kinder- und Jugendzeit beschränkt, so wurde zu Beginn der 1970er Jahre das achtstufige Modell psychosozialer Entwicklung des amerikanischen Psychoanalytikers Erik H. Erikson (1973) in Deutschland veröffentlicht. Es machte deutlich, dass sich über die gesamte Lebensspanne eines Menschen hinweg ständig Entwicklung ereignet. Nicht nur in jungen Jahren stehen spezielle Entwicklungsaufgaben an, sondern auch im mittleren und späteren Lebensalter. Deren erfolgreiches Durchleben gestattet psychische Integration und die Reifung der Persönlichkeit. Erikson benannte die Seite der Herausforderung als psychosoziale Krise, die Seite der (bestandenen) Prüfungen als vollzogenen Entwicklungsschritt oder gemeisterte Entwicklungsaufgabe. Mit jeder Krise, in die der Mensch unausweichlich eintritt, ergeben sich Chancen zu einer entwicklungsförderlichen oder einengenden Weiterentwicklung. Jede dieser Entwicklungsphasen baut auf die vorausgegangene auf, so dass bestandene Herausforderungen den Boden bereiten für die noch folgenden Auseinandersetzungen. Andererseits nehmen wir Hypotheken aus früheren Zeiten mit in unser späteres Leben. Die Altlasten verschwiegener Verluste, unbewältigte Trauerstationen und der lebenshindernde Umgang mit scham- und schuldbeladener Trauer, traumatisch Erlebtes aus der Welt(nach)kriegserfahrung sind prägnante Beispiele für ein in der gerontopsychologischen Begleitung der heute 70- und 80-Jährigen deutlich sichtbares Wiederaufflammen schmerzvoller Erfahrungen, oft verbunden mit schwersten (chronifizierten) depressiven Symptomen (vgl. Radebold, 2004).

Wenn der Partner oder ein naher Angehöriger verstirbt, so kann das früher schmerzvoll Erfahrene (wieder-)»belebt« werden und frühere und aktuelle Verluste verschmelzen und potenzieren sich. Auch der Volksmund kennt das höhere Risiko des Nachversterbens bei verwitweten älteren Menschen. Nachvollziehbar ist die Konsequenz des erhöhten gesundheitlichen Risikos durch einen Trauerfall dabei auch, seit wir die zahlreichen wechselseitigen Einflüsse kennen, die in zirkulären Prozessen psychoneuroimmunologisch wirksam sind. Stressende negative *life-events* stimulieren die sogenannte HPA-Achse, es kommt demnach zu einer Aktivierung des Regelkreises von Hypothalamus, Hypophyse und Nebennierenrinde mit der Folge eines nachweisbar erhöhten Cortisolspiegels im Blut. Das so bezeichnete »Stresshormon« wird verantwortlich gemacht für diverse Entgleisungen und Funktionsstörungen. Trauernde Menschen haben erhöhte Risiken für ein geschwächtes Immunsystem, kardiovaskuläre Erkrankungen, Schmerzsyndrome und ansteigenden Medikamentenverbrauch. Den besonderen – und von einer depressiven Störung abgrenzbaren – Auswirkungen von Verlusterleben und Trauer im fortgeschrittenen Alter auf den circadianen Rhythmus der Cortisolmenge im Blut widmete sich eine Studie von Holland et al. (2013) und versuchte, depressiven Probanden ohne aktuelle Verlusterfahrung im Vergleich zu depressiven trauernden Menschen mit und ohne Diagnose einer komplizierten Trauer-Reaktion (Prolonged Grief Disorder) spezifische Dysregulationen im Tagesprofil der Cortisolausschüttung zuzuordnen. Tatsächlich konnte der postulierte Zusammenhang zwischen Trauer und veränderten (dysregulierten) Cortisolspiegeln auch im Alter nachgewiesen werden, eine in Relation noch einmal deutlich erhöhte Irritabilität bei erst kürzlich zurückliegenden Verlusten wurde ebenfalls dokumentiert. Jedoch konnte überraschenderweise nicht der erwartete Effekt einer Abhängigkeit vom Ausprägungsgrad (Schwere) der Trauerreaktion bestätigt werden. PGD-Diagnosen hatten in anderen Studien Vorhersage-Qualität für Bluthochdruck, zukünftige onkologische Erkrankungen, Suchtverhalten, Schlafprobleme u.v.m. Die Forscher vermuten andere maßgebliche Einflüsse wie z. B. die Umstände der Verlusterfahrung, die eventuell eine größere Rolle spielen als die einer diagnostizierten PGD auf den nachweisbar veränderten Cortisolhaushalt bei trauernden älteren Menschen.

Mit fortschreitendem Alter beggenen wir – nicht zwingend, aber mit höherer Wahrscheinlichkeit – einer Anhäufung von Risikofaktoren für *erschwerte Trauer*.

Man kann hatte Anfang 2000, auch wenn es damals noch keine allgemein akzeptierte Konvention über Definition und Operationalisierung des »Störungsbilds« gab, den Anteil von Menschen mit komplizierter Trauer auf zwischen 10 und 15 Prozent geschätzt (Bonanno u. Kaltmann, zit. nach Maercker, 2002, S. 265). »Für Personen im höheren Lebensalter ist eine Prävalenz an der oberen Grenze dieser Schätzung anzunehmen« (Maercker, 2002, S. 265).

Die Phänomenologie der Trauer im Alter verweist auf die verkomplizierenden Bedingungen: Ältere Menschen haben nicht nur eine Reihe von Verlusterfahrungen mehr oder minder gut in ihren Persönlichkeitsweg integriert, sondern müssen sich parallel zur Erfahrung erneuter Abhängigkeiten mit einem geschwächten und zunehmend kleiner werdenden Netzwerk auseinandersetzen. Verwandte und Freunde gleichen Alters werden immobil, erkranken und versterben oft in dichter Folge. Das ehemalige Selbstverständnis körperlicher Unversehrtheit weicht der Erkenntnis, mit organischen Insuffizienzen, Krafteinbußen, akut oder chronisch schmerzhaften Zuständen leben zu müssen und möglicherweise sogar auf fremde Personen angewiesen zu sein. Die Kontrolle über die eigenen Lebensbedingungen nimmt ab. Zukunftsentwürfe werden in vorwegnehmender Rationalisierung oder durch eintretende Veränderungen kapital beschnitten. Dieses abschiedlich orientierte Leben fordert innere und äußere Anpassungsleistungen erheblichen Ausmaßes in oft kürzester Zeit.

Trauer ist also ein natürlicher, ein integraler Bestandteil des Altwerdens und verdient bei selbstwirksam gelingender Trauerleistung wie bei erschwerten Trauerprozessen unsere Aufmerksamkeit. Bedingungen der Versorgung, deren Missstände wir dauerhaft beklagen, die eine nicht nur physische Minimalversorgung gewährende, sondern auch die Trauer begleitende Haltung zum unerwünscht kostenintensivierenden Faktor deklassiert, drängen diesen für einen wachsenden Teil der Bevölkerung relevanten Anspruch an die »Privatisierung« und entheben die Verantwortlichen damit der Verpflichtung, strukturelle und qualifizierende Maßnahmen einzuleiten. Unwürdige, das heißt unter anderem die entwicklungspsychologischen Bedürfnisse alter Menschen unzureichend berücksichtigende Lebensumstände werden in den Medien regelmäßig thematisiert. Sie laufen dem Erkenntnisstand der Gerontowissenschaften und den Pflegestandards zuwider. Fakt ist, die Gesellschaft, also wir, haben sie zu verantworten.

Darüber hinaus ist auch die Wissensvermittlung zur Abgrenzung des spezifischen Trauerausdrucks älterer Menschen von einer behandlungswürdigen und behandlungsfähigen Depression innerhalb institutionalisierter Pflege dringend zu fördern (Maercker, 2014). Dass wir uns mit der Trauerbegleitung älterer Menschen so schwer tun, hat sicherlich viele Gründe. Es mag auch daran liegen, dass diese Trauergestalt chamäleongleich zu changieren im Stande ist und wir sie nicht immer als solche dechiffrieren können. Der Gerontopsychologe Andreas Maercker beschreibt das klinische Bild wie folgt: »Trauer kann als depressiver, ängstlicher oder gemischt affektiver Zustand in Erscheinung treten, zusätzlich dazu, dass sowohl die Major-Depression als auch die subsyndromale Depression unter Witwen und Witwern innerhalb der ersten beiden Jahren nach dem Tod eines Ehepartners häufig sind« (Maercker, 2002, S. 105). Maercker schildert die Bemühungen einer differentialdiagnostischen Einschätzung und verweist auf eine Studie von Prigerson et al. (1995), die in den Verhaltens- und Erlebnisweisen von älteren Trauernden sechs Monate nach dem Eintritt des Verlustereignisses einen »Depressionsfaktor« und einen »trauerspezifischen Faktor« identifizierten:

Als zum Depressionsfaktor gehörende Symptome werden benannt
– geringer Selbstwert,
– Apathie,
– Schlafstörungen,
– suizidale Ideen,
– Niedergeschlagenheit,
– Schuldgefühle.

Folgende zum trauerspezifischen Faktor gehörende Symptome werden aufgeführt:
– starke Sehnsucht nach dem Verstorbenen,
– gedankliche Präokkupation mit dem Verstorbenen,
– häufiges Weinen,
– Nicht-wahrhaben-Wollen des Todes.

Um die Auftretenswahrscheinlichkeit von Depressionen in der Begleitung trauernder älterer Menschen zumindest ansatzweise abschätzen zu können, nehmen wir hier einige der aktuell zur Verfügung stehenden Daten mit auf:

Entgegen der erwarteten Ergebnisse bietet die allgemeine Studienlage für ein gehäuftes Auftreten der Depression im Alter keine Hinweise – die DEGS1-Studie des Robert-Koch-Instituts kommt sogar zu einer im Vergleich zur Gesamtbevölkerung leicht unterdurchschnittlichen Häufigkeit der Depression bei älteren Menschen. Dies widerspricht jedoch Erfahrungswerten aus dem Alltag, und bei Umfragen unter Fachleuten gelten Depressionen durchaus »als häufigste psychische Erkrankung im hohen Alter«. Experten schätzen »die Prävalenz von Depressionen nach erweiterten Kriterien bei älteren Menschen auf 8–10 Prozent (Gesundheitsberichterstattung des Bundes, 2010 (52), S. 23), dabei sind mehr Frauen als Männer betroffen. Vermutlich sind mangelnde Wahrnehmungsbereitschaft und eine gewisse Diagnose-Unschärfe Gründe, weshalb Altersdepressionen, die sich in Form und Äußerung von Depressionen in jüngeren Jahren unterscheiden, seltener erfasst werden. Rückzug, Isolationsneigung und negative Stimmung scheinen genuin zum Alterungsprozess zu gehören. Im 2017 durch das bayerische Staatsministerium herausgegebenen »Bericht zur psychischen Gesundheit von Erwachsenen in Bayern« zum Schwerpunkt Depressionen wird die Häufigkeit der Diagnoseverteilung von (sowohl einmalig-episodischer als auch rezidivierender) Depressionen über die Gesamtbevölkerung dargestellt: Nach den Daten der Kassenärztlichen Vereinigung erhalten die über 80-Jährigen fast viermal so häufig wie die Altersgruppe der 20–40-Jährigen eine entsprechende Diagnose.

Dabei ist aber zu berücksichtigen, dass in unserer heutigen Versorgung die Politik der »additiven« Diagnose-Stellungen aus Abrechnungsgründen gefördert wird, das heißt unter diesen doch deutlich erhöhten Depressionswerten könnten sich auch früher erhobene, aber »fortlaufend geführte« depressive Zustände verbergen.

Es handelt sich also um eine sehr widersprüchliche Daten- und Interpretationslage. Zu erwähnen ist, dass die Diagnosestellung der Depression im fortgeschrittenen Alter mit Verzögerung und die Behandlung schwerpunktmäßig über Psychopharmaka erfolgt. Auch ist die Komorbidität mit neurodegenerativen Erkrankungen entsprechend hoch, sodass es schwierig ist, hier kausale Aussagen zu treffen. So treten dementielle Störungen und Depressionen vielfach gemeinsam in Erscheinung. Wie wir den Nöten, die an komplexe systemrelevante gerontopsychiatrische Behandlungsansätze höchste Ansprüche stellen, am besten begegnen können, hat uns eher die Praxis denn die Theorie gelehrt:

Das Potenzial aktivierender Anregungen durch Sozialkontakte bei beginnender dementieller Entwicklung ist hinlänglich bekannt, die Effekte von Mehrgenerationen-Wohnprojekten oder Alterswohngemeinschaften als Ressourcensysteme sind, da demographisch von immer größerer Bedeutung, mehrfach beschrieben, die positive Förderung von Selbstwirksamkeit und anderen motivationalen Faktoren wird als immer wichtiger eingeschätzt. Für eine weiterführende Vertiefung sei eine Studie von Fankhauser und Kollegen (2014) zum Thema der effektiven Unterstützung bei älteren depressiven Menschen mit kognitiven Einschränkungen empfohlen.

Erinnerungsarbeit bzw. Biographiearbeit mit Senioren ist ein mittlerweile etabliertes Verfahren, um insbesondere depressiv erkrankte oder auch in komplizierter Trauer stagnierende ältere Menschen mit ihrem Erlebten (sowohl positiven als auch herausfordernden Phasen) und mit ihren Eindrücken (innere Bilder, sinnliche Impressionen) rückzuverbinden. Um dem oftmals beklagten Gefühl der Leere entgegenzuwirken, werden konkrete emotional bedeutsame Ereignisse im Leben des Menschen wieder im Bewusstsein aufgerufen und erneut verankert. Die Klienten berichten in der Folge von einem Gefühl des mehr »vervollständigten« und »runderen« Lebensgefühls. Der Züricher Forscher Maercker betont in einem Interview mit ars medici (2010), es gäbe viele verschiedene Arten der angeleiteten Erinnerungsarbeit »von ziemlich unstrukturiert bis hochstrukturiert, einige Formen sind als Biografiearbeit bekannt. Je nachdem finden sich unterschiedliche Wirksamkeiten. Von dem strukturierten Lebensrückblick, wie wir ihn praktizieren, weiss man, dass er gut antidepressiv wirkt. Metaanalysen zeigen, dass mit der Methode nachhaltige antidepressive Effekte zu erzielen sind, vergleichbar mit anderen Psychotherapieverfahren und der Psychopharmakotherapie.«

Einen ebenfalls im gerontopsychologischen Umfeld anregenden und empathische Begegnungen fördernden relativ neuen Behandlungsansatz zur biografischen Auseinandersetzung lebensbedrohlicher und lebensverkürzend erkrankter Menschen möchten wir unseren Lesern ans Herz legen. Harvey Max Chochinov entwickelte seine Würdezentrierte Therapie *(Dignity Therapy)* auf empirischer Basis (Chochinov, 2017). Es handelt sich um eine individualisierte Intervention für Menschen, die als manualisierte Kurzintervention spirituelles und psychisches Wohlbefinden fördern kann, »Sinnhaftigkeit und Hoffnung wecken und die Erfahrung des Lebensendes verbessern. Sie kann Menschen darin unterstützen, sich auf den Tod vorzubereiten, und in der kurzen Zeit, die ihnen noch verbleiben mag, Trost zu spenden.« (Chochinow, S. 14). Anhand eines semistrukturierten Interviews gestalten Patientinnen ihr schriftliches Vermächtnis, um es ihnen bedeutsamen Menschen zu hinterlassen. Dafür werden die Sitzungen transkribiert und redigiert und den Patienten eine Endversion ausgehändigt. Im weitesten Sinne ist *Dignity Therapy* also eine Form wertschätzender Biografie-Arbeit, die darauf abzielt, die Würde des Menschen bis zu seinem Ende zu erhalten oder zu steigern. Würde meint in diesem Zusammenhang, »dass Wünsche und Wertvorstellungen des Patienten zunächst erfragt, dann geehrt und gewürdigt werden« (Schramm et al., 2013).

Die Intervention ist schrittweise aufgebaut. In ein bis zwei Sitzungen von max. einer Stunde Dauer wird der Patient anhand eines Fragenkatalogs interviewt, seine Antworten werden auf Band mitgeschnitten, um diese Aufnahmen dann zu transkribieren, zu editieren und je nach Rücksprache mit dem Patienten, diesem dann überarbeitet zurückzugeben. In der abschließenden Sitzung liest die Therapeutin das Dokument dem Patienten vollständig vor. Chochinov beschreibt, wie berührend er es oftmals erlebt, wenn Patienten ihre Worte, Gedanken und Gefühle laut vorgelesen hören und diese damit als legitimiert und gewürdigt erleben.

Bei Durchsicht der Fachliteratur wird deutlich, dass die Vielzahl praxisorientierter Behandlungsansätze mit weiterführender Forschungsarbeit unterlegt werden müssen sowie eine Integration bereits vorliegender Erkenntnisse in systemische Konzepte noch aussteht. Die Bedürfnisse pflegender Angehöriger genießen in den letzten zwei Jahrzehnten zunehmende Resonanz. Zukünftig wird nun vermehrt das Zusammenspiel in ihren Biografien unterschiedlicher vulnerabilisierter und heterogen trauernder Systeme in den Lebensgemeinschaften älterer Menschen Beachtung und in Begleitkonzepten Umsetzung finden müssen.

3.4 Begleitung von Trauersystemen

3.4.1 Haltung der Begleiterinnen

> »Vielleicht sind alle Drachen unseres Lebens Prinzessinnen, die nur darauf warten, uns einmal schön und mutig zu sehen. Vielleicht ist alles Schreckliche im tiefsten Grunde das Hilflose, das von uns Hilfe will.«
> (R. M. Rilke, Briefe, 1904, S. 49)

Das Menschenbild der Humanistischen Psychologie, das in jedem Menschen eine einzigartige, eigenständige und in sich wertvolle Persönlichkeit sieht, ist auf Wachstum und Selbstaktualisierung (Carl Rogers) sinnorientiert angelegt. Als ganzheitliches Wesen ist der Mensch potentiell befähigt, zu fühlen, denken, wollen, entscheiden und handeln. Die Eigenart eines Menschen und seine Ausdrucksweise mögen von außenstehenden Beobachtern als unverständlich oder bizarr eingestuft werden, für die betreffende Person sind sie als individuell sinnvoll zu respektieren. Der Mensch ist Gestalter seines eigenen Lebens. Als Experte für sich selbst ist er zu Selbstregulation und Veränderung befähigt. Seine Möglichkeit, Probleme zu lösen, mag verschüttet oder beeinträchtigt sein, doch ist sie immer potentiell vorhanden (AB Haltung und Selbstreflexion).

Begleitung und Behandlung werden entsprechend als entwicklungsfördernde Beziehungen angesehen, in der das, was in den beteiligten Personen angelegt ist, (wieder) wachsen kann. Als eine Art korrigierende Beziehung kann sie den begleiteten Menschen dazu verhelfen, (Selbst-)Abwertungen zurückzunehmen, akzeptieren zu lernen, was vorher nicht möglich war, und sich Themen und Gefühlen zu stellen, die bisher als bedrohlich und fremd erlebt wurden. Dies betrifft sowohl die Haltung der Begleiterin im Kontakt mit erschütterten Klientensystemen wie auch ihre Einstellung der eigenen irritierenden Vulnerabilität gegenüber.

Trauernde zu unterstützen, setzt die bewusste Distanzierung von unbewussten »Dogmen« des Zeitgeistes voraus: Die mit der Anerkennung eines schweren Verlustes einhergehenden fundamentalen Gefühle, zum Beispiel die Verzweiflung, Wut, Hilflosigkeit, gilt es aus der Grauzone abgewehrter und abgewerteter Emotionen zu holen; diese ungeliebten negativen Empfindungen sind inkompatibel mit der Erfolgsprogrammierung und Aktivistenmentalität unserer westlichen Lebenseinstellung, schlussendlich repräsentieren sie in permanent wachstumsorientierten Weltanschauungsmodellen ein »Versagen« des Menschen. Der Psychoanalytiker und gesellschaftskritische Beobachter Arno Gruen verweist auf eine vorherrschenden Ideologie, die Verletzlichkeit verneint, und konfrontiert uns immer wieder mit der Antithese, nämlich der ausgeprägten und prinzipiellen Vulnerabilität des Menschen. Wir sind sehr effektiv in der Vermeidung der Auseinandersetzung mit dem Begrenztsein und der eigenen Endlichkeit, solange unsere Abwehrmechanismen nicht durch unmittelbare Betroffenheit oder – indirekt – durch die mediale Bildergewalt (z. B. in der Dokumentation militärischer Übergriffe, terroristischer Anschläge, von Unfällen und Naturkatastrophen) unterlaufen werden und die empfundene Bedrohung eine individuelle oder kollektive Positionierung unumgänglich macht (Gruen, 2016).

Trauerbegleitende, welcher Profession sie auch angehören mögen, sind gut daran beraten, ihre persönliche Haltung zum Umgang mit biografischen Verletzungen, schmerzvollem Miterleben, mit Verlust- und Versagensängsten, Reaktionsbildungen auf Hilflosigkeit und Schwächegefühl, Selbstzweifeln und eigener Fehlerhaftigkeit kennenzulernen. Es ist qualifizierendes methodisches Rüstzeug eines Trauerbegleiters, das zur Verfügung stehende Spektrum unterschiedlichster Selbstempfindungen auf beiden Seiten wahrzunehmen. Die Grenzen eigenen Handelns und unsere Trauer darüber nicht als Kontrollverlust zu erleben, gestattet es, sich in authentische Beziehungsgestaltung zu wagen.

Sich auf gleicher Augenhöhe in der Begleitsituation zu begegnen, heißt, von der *Kundigkeit* (Jürgen Hargens) aller Beteiligten auszugehen und ist damit zutiefst systemisch. Kundigkeit impliziert Kompetenzen, Fähigkeiten, Wünsche und Lebenstüchtigkeit aller, unabhängig davon, ob und wie weit sie in der aktuellen Situation darauf zurückgreifen können. In Krisensituationen, an Wendepunkten des Lebens stellt sich mitunter das Empfinden ein, nichts zu können, dies bestimmt nicht schaffen zu können.

Wer kennt das nicht, dass der Zugang zu den eigenen Ressourcen verschüttet scheint? Scheint, nicht ist! Von Kurt Lewin stammt sinngemäß die Feststellung, dass der Mensch nicht so ist, sondern sich nur so – in diesem speziellen Kontext – verhält. In einem anderen Setting, in einer anderen Lebenssituation und bereits morgen hätte er sich anders verhalten; dieser Unterschied macht Unterschiede (Fritz Simon) im Erleben der Beteiligten.

Was ermöglicht es dem einzelnen Menschen, möglichst viel seiner Kundigkeit einzusetzen? Im Prozess systemischen Arbeitens treffen Menschen mit unterschiedlichen Rollen und Lebenserfahrungen aufeinander. Als Begleiterin versuche ich, möglichst viel meiner Kenntnisse und Möglichkeiten einzubringen, bin bemüht, meine eigene Originalität professionell zu erweitern (Hargens, 2004, S. 11). Mein Gegenüber beteiligt sich mit den ihm zugänglichen Ressourcen und wird diese einsetzen, so weit es ihm sinnvoll erscheint. Hier liegt unsere Chance, dass wir im Dialog unsere energetischen Quellen aufspüren, sie benennen, legitimieren und vermehren (AB Persönliche Checkliste). Wird in der Ich-Du-Begegnung (Martin Buber) Empathie, Akzeptanz und Kongruenz erlebt, unterstützt dies die Fähigkeit zur Selbstregulation des Trauernden und es wird ihm möglich, sich selbst und dem eigenen Sein zur Welt (Maurice Merleau-Ponty) heilsam zu begegnen.

Für diese Begegnungen sind die Ergebnisse der Resilienzforschung sehr interessant. Der Begriff der *Resilienz* stammt aus der Materialkunde und bezeichnet die Fähigkeit, nach extremer Belastung in den ursprünglichen Zustand zurückzufinden. Die Psychologie verwendet den Terminus für psychische Widerstandsfähigkeit, die es nicht nur ermöglicht, wie Oliver Twist (Dickens, 1837–1839/2006) trotz herausfordernder, bedrohlicher Bedingungen eine erfolgreiche Anpassung herzustellen, sondern aus widrigen Umständen gestärkt und mit größeren Ressourcen hervorzugehen (siehe Autopoiese, S. 16, 28). Diese risikomildernde Kompetenz erwirbt sich der Mensch von klein auf in seinem Lebensumfeld, dort wo er übt, sich mitzuteilen und es lernt, Unterstützung zu organisieren. Resilienz ist dabei weniger eine Eigenschaft als eine Orientierung, die besonders bei Übergängen im individuellen wie auch im familiären Lebenszyklus bedeutsam wird. »Resilienz ist der Weg, den eine Familie geht, wenn sie Stress bewältigt und daran wächst, sowohl gegenwärtig wie langfristig. Resiliente Familien reagieren positiv auf diese Bedingungen und auf individuelle Weise, abhängig vom Kontext, von der Ebene der Entwicklung, der interaktiven Kombination von Risiken und protektiven Faktoren und den Zukunftsvorstellungen, die die Familienmitglieder miteinander teilen« (Hildenbrand, 2006, S. 23). Diese Betonung des kontextbezogenen Prozesscharakters weist darauf hin, dass sich immer wieder neue Muster der Krisenbewältigung parallel beim Einzelnen und seinem Bezugssystem entwickeln, weil Belastungsregulation bekanntlich gleichermaßen innerhalb wie außerhalb des Menschen stattfindet.

Für die systemische Trauerbegleitung bietet das Resilienzkonzept wertvolle Impulse, doch sei bei all seinen Stärken vor einer vorschnellen, unkritischen Übernahme gewarnt. Es wäre ein Missverständnis, von Resilienz zu sprechen und den Umstand positiv zu bewerten, dass ein System immer wieder Anpassungsprozesse von ein und derselben Person erwartet. Möglicherweise werden auch medizinische oder psychiatrische Symptome übersehen. Und auch wenn Resilienz ein stärkenorientierter Begriff ist, heißt resilient sein nicht, auf Lösungen zu fokussieren, wo es keine Lösung gibt. Manchmal muss man stattdessen lernen, mit unbeantwortbaren Fragen zu leben (Hildenbrand, 2006, S. 26). Als Begleiterinnen trauernder Menschen dürfen wir deren überlebenswertvollen Selbstschutz Resilienz nicht mit Unverletzbarkeit oder Immunität gegenüber dem Schicksal verwechseln und haben neben den Ressourcen auch dem Leidvollen in tragischer Sicht (Omer, Alon u. von Schlippe, 2007, S. 20) in den Biografien Raum zu geben.

Doch zurück zu der Frage, was Menschen befähigt, Schicksalsschläge, Krisen und Traumata zu überleben: Aaron Antonovsky untersuchte in den 1950er Jahren in Israel Frauen, die den Holocaust überlebt hatten, und fragte danach, was ihnen die Kraft gibt, neu anzufangen und dabei erfolgreich zu sein. Als einen zentralen Faktor erkannte er den »Kohärenzsinn« (lat. zusammenhalten), den Menschen ausbilden, wenn das Erlebte für sie verstehbar ist, in irgendeiner Weise handhabbar erscheint und eine persönliche Sinnhaftigkeit darin gefunden werden kann.

Auf sein Salutogenese-Konzept (lat. Gesundungsprozess) angesprochen, soll Antonovsky tiefgründig geantwortet haben: »[...] man soll die Dinge nicht so tragisch nehmen, wie sie sind.« Die heutige Resilienzforschung geht auf seine Arbeiten zurück, wenn sie nach den individuellen Faktoren für Belastungsregulation fragt und danach, was diese Schutzhülle der Psyche stärkt. Individuelle Resilienz zeichnet sich durch die Fähigkeit zur Problembewältigung aus. Damit ist gemeint, Probleme als solche zu erkennen, Lösungsideen zu entwickeln, sich für eine davon zu entscheiden, diese zu überprüfen und bei Misslingen andere Versuche zu entwickeln und zu erproben. Weitere Resilienzfaktoren stellen neben der Aufgabenorientierung, die mit Interesse sachliche Ziele verfolgt, die Selbstwirksamkeit beziehungsweise der Selbstwert dar. Dieses Gefühl, dass nicht die anderen oder die Umstände entscheidend sind, sondern der Mensch selbst, ermöglicht es, sich als Gestaltender zu erleben und Verantwortung für Erfolge wie für Misserfolge zu übernehmen. Auch die Abgrenzungsfähigkeit von Mitmenschen und ungünstigen (familialen) Mustern ist ein Faktor, ebenso wie die Fähigkeit, Zukunftsvisionen zu entwickeln, Vorstellungsbilder mit Träumen und Ideen für ein Leben in vielleicht zehn Jahren. Marie-Luise Conen spricht in diesem Zusammenhang von »spirituellem Hunger« nach Perspektive und Sinn (H Resilienzfaktoren).

Abbildungen 2 u. 3: Resilienz*

Zu den resilienzförderlichen Faktoren von Systemen zählen entsprechend transparente Umgangsregeln, Eigenverantwortung und individueller Gestaltungsraum der Mitglieder, die Kommunikation als Möglichkeit nutzen, Probleme zu besprechen, zu klären und Lösungsoptionen auszuhandeln. Sie leben in der Übereinkunft, dass Fehler menschlich und korrigierbar sind und es möglich ist, mit Niederlagen leben können. Sie haben Zukunftsträume, verfügen über spirituelle Räume und (gegenseitig geachtete) Sinnperspektive(n).

Impuls: Resilienzfelder

Nicht nur für die Begleitung Trauernder, sondern auch und besonders für die Resilienz des professionellen Begleiters können die »Säulen der Resilienz« (Welter-Enderlin u. Hildenbrand, 2006) ein wertvoller Leitfaden sein. Wir bevorzugen anstelle der Säulenmetapher, die uns zu statisch anmutet, das Bild von Resilienzfeldern, das Boden unter den Füßen und Wachstum impliziert.

Bitte sammeln Sie persönliche Beispiele zu den einzelnen Faktoren und notieren Sie Situationen, in denen diese Felder Sie getragen haben:
– Optimismus und Hoffnung: Sie legen Energien frei und motivieren zu Anstrengungen, widrige Lebenssituationen zu meistern.
– Bewältigungsorientierung: Eine *positive Illusion* (Walsh, 2006, S. 65) ermuntert zu all den Anstrengungen, die Gefährdungen verringern und chancenvolle Optionen eröffnen.
– Zu den geistigen Ressourcen zählt, die passiv erduldete Opferrolle zugunsten beharrlicher Initiative verlassen zu können.
– Sinnstiftende Akzeptanz und Verantwortung für das eigene Handeln bestärken darin, im schwierigen Alltag aktiv eine persönliche Zukunft zu planen.

---

* Diese Anregung zur Illustration von Resilienz (Abbildungen 2 u. 3) verdanken wir den Kollegen aus unserem 1. Kurs der Weiterbildung zur systemischen Trauerbegleitung.

– Freundschaften und Netzwerke: Sie unterstützen darin, in belastenden Lebenssituationen neben dem Leidvollen auch Potentiale zu betrachten.

Und noch eine ergänzende Frage:
»Wer in Ihrer Lebensgeschichte wäre nicht überrascht, dass Sie sich trotz Krisen so gut entwickeln?« (Welter-Enderlin, 2006, S. 18).

Konstruktive und kompetente Trauerbegleitung ist maßgeblich davon abhängig, wie aufmerksam die Begleitenden sich selbst gegenüber sind. »Ich kann nur so weit auf andere eingehen, wie ich auf mich achte«, lautet ein zentraler Grundgedanke sozialer Kompetenz. Trauernde zu unterstützen verlangt, sich im eigenen Leben tragfähig verankert zu fühlen und selbstachtsam Verantwortung zu übernehmen. In Lebensabschnitten, in denen dies nicht möglich ist, bewährt sich die alte Abstinenzregel, welche besagt, dass in persönlichen Krisenzeiten die Begleitung von Menschen nicht übernommen wird, deren problematische Situation Ähnlichkeiten mit der eigenen aktuell belastenden Lage aufweist. Eine klare professionelle Haltung wäre bei so viel persönlicher Berührung nicht möglich und würde entsprechenden Schaden anrichten.

Das bereits vorgestellte Modell der Felder der Resilienz eignet sich nicht nur als roter Faden für unsere Auswahl an Angeboten den Klienten gegenüber, sondern ebenfalls ganz ausgezeichnet zur Selbstreflexion persönlicher Prozesse während der Begleitarbeit: Wie steht es bei mir um Optimismus und Bewältigungsorientierung? Fühle ich mich in einer überwiegend agierenden oder reagierenden Position? Akzeptiere ich die gegenwärtige Situation oder verspüre ich starke Veränderungswünsche? Wie viel Verantwortung übernehme ich dafür? Bin ich aktiv in meiner Zukunftsplanung? Kann ich auf Netzwerke und Freundschaften zurückgreifen? Mit welchem Anteil meiner persönlichen Energie kann und will ich mich in meiner aktuellen Situation anderen Menschen zuwenden? Wie balanciere ich das Kräfteverhältnis zwischen dem Einsatz für andere und der Lebensleistung für mich selbst aus?

Auch Fortbildungen, Supervision und Intervision bieten sich für eine ausreichende Beschäftigung mit eigenen und anderen Inhalten an, auch um den Blick auf normale Aspekte nicht zu verlieren. Immer wieder erleben Begleiter, dass es persönlich außerordentlich gewinnbringend ist, sich mit Trauer zu beschäftigen. Die eigenen persönlichen Prioritäten zu überdenken und sich der Kostbarkeit der Gegenwart bewusst zu sein, zählt sicherlich zu den Attraktoren. Lebensgrenzen hautnah zu begegnen, wird als Faszinosum erlebt. Doch Paracelsus' Mahnung, das passende Maß zu halten (Sola dosis facit venenum!), ist hier durchaus angebracht, will man nicht in Gefahr geraten, Alltagsnormalität als Ausnahmezustand zu betrachten und an Vertrauen in die unwillkürlichen, souveränen Lebensäußerungen einzubüßen. Sich mitfühlend in Lebensabschnitten zu bewegen, in denen man noch nicht lebt, kann sich irgendwann selbsteinschränkend auswirken. Bei dieser Fähigkeit, abschiedsvollen Lebens zu »antizipieren«, handelt es sich natürlich auch um eine Qualität in der Begleitung von Menschen in existentiellen Krisen. Allerdings ist die Trauerbegleiterin fraglos einem höheren Risiko ausgesetzt, Lebensoptionen eventuell nicht entsprechend eigener Entwicklungsprozesse zu ergreifen.

Wir haben uns immer wieder zu fragen: Wie viel fremde Trauer verträgt mein persönliches Entwicklungssystem? Korrespondiert der Schaden des Begleiteten eventuell mit Mikroprozessen eigenen selbstschädigenden Verhaltens? Als Beispiel sei hier an dieser Stelle ein Hinweis erlaubt auf den nicht selten im Feld der Trauerbegleitung anzutreffenden karitativen Dauereinsatz mit starker persönlicher Beteiligung und Affektstimulierung (die Lebensgefühle des Begleiters intensivieren sich sogar vorübergehend) und doch nur wenig verbleibender Eigenzeit. Nur wer bei sich selbst bleibt, ermöglicht es seinem Gegenüber, zu sich zu kommen!

3.4.2 Beziehungsgestaltung

Impuls: Nicht vorüber

Nicht vorüber

Was vorüber ist
ist nicht vorüber
Es wächst weiter
in deinen Zellen
ein Baum aus Tränen
oder
vergangenem Glück.
(Rose Ausländer, zit. nach Oberthür, 2002, S. 79)

Rose Ausländer versteht Erfahrungen und Erlebnisse als einen beständig mitwachsenden Baum, in dessen Substanz Vergangenes eingelagert bleibt. Was in der äußeren Realität nicht mehr gelebt werden kann, belebt uns von seinem Platz aus, den es in unserem Inneren einnimmt. Diese Verbindung ändert sich zwar, doch sie bleibt als solche bestehen und lässt Raum für weitere Beziehungen.
– Wenn ich dieses Gedicht auf mich wirken lasse, es wie einen Stein ins Wasser werfe und einen Moment warte, welche Wellen schlägt es bei mir?
– Das würde ja heißen, dass ... (alle Einfälle notieren)
– Welches Gedicht könnte ich mit meinen Bildern und Worten dazu schreiben?

Neben der Fachlichkeit des Begleitenden ist die Beziehung zwischen ihm und dem hilfesuchenden Menschen von zentraler Bedeutung für den Begleitprozess. Nur wenn es gelingt, diese tragfähig und entwicklungsförderlich zu gestalten, ist eine positive und vertrauensvolle Trauerbegleitung möglich. Und nur auf einer solchen Basis sind Interventionen wirksam. Dabei ist Beziehungsgestaltung kein einmaliges Ereignis, sondern sowohl ein fortlaufender Prozess als auch ein eigenes beraterisches Lernfeld. Folgende Bedingungen, auf die im Einzelnen eingegangen wird, unterstützen die Prozess- und Ergebnisqualität:

- Auftragsklärung und Transparenz,
- beständige Ankopplung an die Bezugssysteme und das Umfeld,
- Abstinenz und ressourcenorientierte Kommunikation,
- Strukturierung,
- Taktung,
- Unterstützung von Kompetenzen und Selbstwertempfinden,
- Bewertung des Begleitangebots durch die Begleiteten,
- Wahlfreiheit,
- Sicherheitserfahrungen und Beziehungsstabilität sowie
- kontextuell angemessene Konfrontation.

Am Beginn jeder Begleitung steht eine gemeinsam erarbeitete *Auftragsklärung* (H Auftragsklärung), in deren Zentrum Anliegen, Bedürfnisse und Wünsche der Person stehen, die um Trauerbegleitung anfragt. Am Erreichen dieser vereinbarten Ziele orientiert sich der weitere Fortgang. Natürlich können sich im Verlauf der Begleitung die Anliegen verändern. Darum ist ein »Erstauftrag« nicht als statische Messlatte zu verstehen, sondern als eine prozessbezogene Leitlinie, die Entwicklungen gegenüber offen ist, diese erneut in gemeinsamer Absprache aufzugreifen vermag und sich ihnen anpassen kann. Die Vorstellungen und Hypothesen der Begleiter sind dabei gegebenenfalls zurückzustellen. Eine gründliche, kontinuierliche Auftragsklärung vermittelt allen Beteiligten die erforderliche *Transparenz*. Gerade Menschen in biografischen Krisenzeiten haben ein Recht darauf, (ungefragt) zu erfahren, auf was sie sich mit wem einlassen, wenn sie sich zur systemischen Trauerbegleitung entschließen. Eine solche Orientierung ist nicht nur ethisch gebotene Grundlage für die gemeinsame Arbeit, sondern gibt Struktur und ist beziehungsförderlicher Bestandteil des weiteren Prozesses.

Zu den wesentlichen Kriterien systemischer Begleitung gehört es, dass Themen und Entwicklungen immer wieder an die Bezugssysteme der Begleiteten angekoppelt werden und auch das *sozial relevante Umfeld* im Blick behalten wird. Dazu bewegt sich die Begleiterin, soweit es ihr möglich ist, in der Sprach- und Erfahrungswelt der von ihr unterstützen Menschen. Sie greift achtsam deren Lebensregeln und Wertvorstellungen auf, um die Begleiteten darin zu unterstützen, die für sie und ihr Leben passenden Lösungen und Perspektiven zu entwickeln.

Von der Begleitperson erfordert dies, in *wertschätzender Haltung* anderen Lebensentwürfen gegenüberzutreten, offen zu sein für Fremdes und mitunter Befremdliches und sich mit professionellen Deutungen zurückzuhalten. Für sie gilt es, Verständnis zu entwickeln, dieses zu vermitteln und sich eigener Interpretationen und Lösungsvorschlägen zu enthalten. *Aufmerksamkeit* der eigenen Wortwahl (AB Reframing) gegenüber ist hierbei gefragt und eine Kommunikation, die konsequent auf die persönlichen und sozialen Ressourcen ihre Aufmerksamkeit legt. Hoffen lassen die Worte, die offen lassen (Trenkle, 1995).

Wer schon einmal eine Lebenskrise durchlebt hat, erinnert sich vielleicht an vielfältige Chaoserfahrungen mit verwirrenden Gefühlen von Desorientierung. Die aus ihren Fugen geratene Welt scheint ihre Konturen verloren zu haben. Welche der bisher *verlässlichen Strukturen* halten den Veränderungen denn noch stand? In dieser Situation erwarten die Begleiteten zu Recht, dass ihre Begleiterin die Sitzungen aktiv strukturiert und die vereinbarten Rahmenbedingungen hält. Auch gehört es zu ihrer Verantwortung, Gesprächsinhalte zusammenzufassen, Interpunktionen anzubieten und in Überforderungssituationen einen Themenwechsel anzubieten.

Das Tempo in der Begleitung geben die Begleiteten vor. In ihrer *Taktung* bestimmen sie den Kommunikationsverlauf; ihrer Sprechgeschwindigkeit und Sprechpausen hat sich die Begleiterin stimmig anzupassen. Derart an der Prozesssteuerung beteiligt, spüren Trauernde wieder etwas von ihrer persönlichen Einflussmöglichkeit und Fähigkeit, das Geschehen mit zu kontrollieren. Diese *Erfahrungen von Kompetenz* aktivieren ihr verschüttet geglaubtes Selbstwertgefühl und vermitteln Zutrauen in die eigene Gestaltungskraft. Dies wiederum nimmt unmittelbar Einfluss auf ihre Bezugspersonen. So bezieht systemische Trauerbegleitung auch an dieser Stelle das Umfeld der Begleiteten mit ein.

In der Einzelbegleitung geschieht das in Form wertschätzender Nachfragen zu den Auswirkungen auf die Bezugspersonen, auf deren Verhalten und die Beziehungen untereinander. Auch ist es möglich, nahe stehende Menschen punktuell zu den Sitzungen einzuladen, sei es als Ressourcenpersonen oder weil der Begleitete sie ins Prozessgeschehen einbinden möchte. Nicht selten werden von nichtanwesenden Systemmitgliedern Dreiecksverhältnisse erlebt, in denen die Begleitperson als Konkurrent und bedrohlich für das Beziehungsgefüge wahrgenommen wird. Verständlich, denn ihre Unterstützung greift, einer anhebenden Hand unter einem Mobileteil entsprechend, ins Primärsystem ein. Die Verantwortung, einen angemessenen, wie auch immer gearteten, *Kontakt zum Umfeld* kooperativ zu halten, liegt beim Begleitenden.

Bei der jeweiligen Durchführung liegt wiederum die *Wahlfreiheit* beim Begleiteten, denn er entscheidet, ob und wer seiner Bezugspersonen wann und wie in den Begleitprozess einbezogen werden soll und welche Themen zur Bearbeitung gewünscht sind – und welche nicht. Dieses Erleben von Selbstwirksamkeit gehört zu den zentralen *Sicherheitserfahrungen* einer Beratungsbeziehung. Hat sich diese im Lauf der Zeit als tragfähig bewährt und zeigt der trauernde Mensch sich in seinem Selbstwertempfinden zunehmend gestärkt und persönlich sicherer, kann *kontextuell angemessenes Konfrontieren* in wertschätzender Form für den Begleitprozess hilfreich sein. Humorvolle Aspekte können und dürfen dabei mit einfließen, mitunter entlasten sie fühlbar Stunden mit oft besonders beschwerenden Inhalten.

Die *Bewertung* der Begleitung nehmen Begleitete und ihre Begleiter gemeinsam vor: Das kann am Ende einer Sitzung sein oder in Form einer Zwischenbilanz. Fragen nach dem bisher Erreichten werden besprochen, noch offene Themen gesammelt und anschließend geklärt, was die an der Begleitung Beteiligten jeweils mit diesen Erfahrungen weiterhin tun möchten. (Un)ausgesprochen schwingt dabei die Überlegung mit, ob die Mühen, die die Einzelnen in den Prozess investieren, von ihnen (und ihrer Umgebung) als gerechtfertigter Einsatz betrachtet werden.

Und wenn es dann doch nicht so wie erwartet verläuft? Wenn die Begleiteten von Rückfällen berichten, ist Reframing gefragt. Einen Rückfall erleiden hieße, sich passiv einem Geschehen ausgesetzt zu fühlen, das in dunkle Zeiten zurückkatapultiert. Die Entwicklungen der Zwischenzeit wären dabei übersehen. Daher verwenden wir in solchen Fällen den Begriff des Vorfalls. Etwas ist vorgefallen: und nun? Was möchte ich mit dieser Erfahrung aktiv tun? Und möglicherweise ist ein solcher Vorfall ein Rückgriff auf ein altes Bewältigungsmuster, das sich früher einmal bewährt hat und der in der aktuellen Situation als Lösungsversuch persönlichen Sinn macht? Daraus eröffnen sich viele Themen für die weitere Begleitung.

Und irgendwann, später oder früher, ist die Trauerbegleitung an ihr Ende gelangt. Gute Abschiedsarbeit verlangt nun einen guten *Abschluss*. Auch dieses Ende ist ein Aufbruch, vielleicht mit mehr Erleichterung verbunden als mit Bangen? Nicht selten berichten die begleiteten Menschen in diesem Zusammenhang (nochmals) von biografischen Abschieden und tun sich schwer damit, in den Zeiten großer Lebensumbrüche nun auch noch diese Kontinuität aufzugeben, die ihnen die Begleitung bot. Spätestens jetzt bewährt sich die klare Auftragsklärung zu Beginn der gemeinsamen Arbeit und eine Zwischenbilanz im Verlauf längerer Begleitungen. Und dennoch, auch dieser Abschied braucht Zeit und Aufmerksamkeit, will frühzeitig besprochen und gut vorbereitet sein: »Wie vereinbart sehen wir uns noch drei Mal; was ist Ihnen für diese Stunden besonders wichtig? Auf was sollten wir achten?«

Unverzichtbar ist jetzt ein ausführlicher Rückblick auf den Verlauf des Begleitprozesses. Die bearbeiteten Themen und all die (kleinen) Erfolge werden angeschaut, ebenso wird benannt, was offen geblieben ist. Perspektiven, Befürchtungen und mögliche Stolpersteine werden besprochen. Symbolische Handlungen und Abschiedsrituale können es erleichtern, die Systemgrenzen wiederherzustellen. Wenn jetzt immer noch die Frage gestellt wird: »Darf ich Sie anrufen, wenn es mir wieder schlecht geht?«, dann bitte nicht unkommentiert mit »Selbstverständlich, ich bin immer für Sie da« beantworten. Das käme fast einer Einladung zum Schlechtgehen gleich. Die Bemerkung »Eine Krise ist nicht nötig, um mich anzurufen, denn ich freue mich auch über die Nachricht, dass es Ihnen gut geht« lädt dagegen zum gemeinsamen Schmunzeln ein.

3.4.3 Kommunikation

Impuls: Sprache und Bewusstsein

Bitte falten Sie ein Blatt Papier, auf dessen linken Seite Sie untereinander einige Sätze notieren, die mit »Ich habe Angst ...« beginnen, spüren Sie nach, wie diese Aussagen auf Sie wirken.

Anschließend nutzen Sie bitte die rechte Blatthälfte, um die einzelnen Sätze zu Wünschen umzuformulieren, indem Sie mit »Ich wünsche mir/würde gern ...« beginnen.

Beispiel:
»Ich habe Angst, diesen Vortrag zu halten.« »Ich wünsche mir, diesen Vortrag zu halten.«

Welche Wirkung haben diese Wünsche auf Sie?
Welche Entdeckung machen Sie hinsichtlich der Wirkung von Befürchtungen und Wünschen auf Ihr Selbstvertrauen und Ihre Motivation?

Wie bereits beschrieben, ist die Begegnung von Menschen immer von deren Wahrnehmung geprägt und von den damit verbundenen Konstruktionen abhängig. Weder Trauernde noch ihre Begleiter sind im Stande objektive Aussagen zu treffen. Ihre persönlichen Wahrheiten sind stets Hypothesen, abgeleitet aus Informationen, Erkenntnissen, Eindrücken und Interpretationen. Diese werden im Begleitprozess von den Beteiligten ständig wechselseitig abgeglichen. Wer systemisch begleitet, nimmt immer eine *experimentelle Lernhaltung* (Schwing u. Fryszer, 2006, S. 131) ein, überprüft die persönlichen Hypothesen fortlaufend mit entsprechenden Interventionen und korrigiert sie im Feedback der Begleiteten. Die Frage, die an unsere hypothesengeleitete Vorgehensweise zu stellen ist, lautet, ob sie entwicklungsförderlich für die Begleiteten ist. Stagnationen im Begleitprozess laden dazu ein, unsere An- und Vorwegnahmen zu revidieren und zu verändern (H Hypothesenbildung).

Wieder einmal kommt der Kommunikation ihre zentrale Bedeutung zu. Doch wie verständigen sich Menschen in Krisensituationen? Sind sie in der Lage, sich differenziert mitzuteilen, wie in vielleicht altbewährten Zeiten? Das ist bei den wenigsten der Fall, die meisten erleben sich verbal wie sozial reduziert und eingeschränkt wie in uralten Zeiten, nämlich denen ihrer Kindheit. Automatisch greifen sie auf frühe Coping-Strategien zurück; mag es auch keineswegs optimal sein, dieses Verhalten hat zumindest bisher meistens funktioniert.

Die Familientherapeutin Virginia Satir (1916–1988) hat in ihrem *Kommunikationsmodell* diese Phänomene als fünf Kommunikationstypen (keine Persönlichkeitstypologie) beschrieben. Von dem einen Muster, das wir innehaben, wenn wir uns unserer selbst sicher sind, unterscheidet sie vier Muster, mit denen Menschen ihren Selbstwert zu schützen versuchen, wenn sie sich bedroht fühlen. Jedes dieser vier zeichnet sich durch eine charakteristische Körperhaltung, eine spezifische Gestik, eine besondere Art der Sprache und auch durch bestimmte Körpergefühle aus.

Die besänftigenden *Placater* sind schnell bereit, der Meinung Anderer zuzustimmen, Differenzen anzusprechen, fällt ihnen außergewöhnlich schwer. Wenn sie sich hilf- und wertlos fühlen, verwenden sie mit kleiner, gepresster Stimme gern relativierende Konjunktive. Sie sind schnell bereit, Schuld und Verantwortung auf sich zu nehmen. Mit Ja-Sagen und unterwürfiger Körperhaltung versuchen sie zu gefallen und das Empfinden abzuwehren: »Ich fühle mich wie ein Nichts – ohne dich bin ich wertlos.«

Anklagende *Blamer* treten in Stresssituationen als tadelnder Besserwisser-Typ auf, versuchen, die Anderen zu Versagern zu machen, indem sie ausdauernd nach deren Fehlern suchen. Die anklagende oder angreifende Körperhaltung wird durch laute, harte oder schrille Stimme unterstrichen, um das innere Gefühl von Einsamkeit und Erfolglosigkeit (»Ich bin nichts wert«) mit Machtempfinden auszugleichen: »Wenn ich jemanden dazu bringen kann, mir zu gehorchen, dann fühle ich mich wieder wichtig.«

Vernünftige, rationalisierende *Computer* wirken sehr sachlich, scheinbar effektlos, sie zeigen sich rationalisierend. Ihr ruhiges und gelassenes Auftreten, ihre korrekte, aufgerichtete Haltung verbirgt ihr verletzliches Erleben: »Ich fühle mich angreifbar und ungeschützt.« Mit eher monotoner Stimme formulieren sie gern lange Bandwurmsätze und verwenden vorzugsweise die Passivform.

Ablenkende *Distracter* fallen durch irrelevante Äußerungen auf, denn sie sprechen über das, worum es gerade nicht geht. Mit fahrigen Bewegungen weist ihr Körper häufig in eine andere Richtung. Sie sprechen mit schneller Stimme und versuchen auf diesem Auftreten ihr vorherrschendes Gefühl »Hier ist kein Platz für mich« zu beenden. Wie alle Typologien reduziert auch diese Komplexität und Vielfalt möglicher Verhaltensweisen. Virginia Satir konzentriert sich auf bevorzugte Kommunikationsformen, die Menschen dann zeigen, wenn sie desorientiert oder angespannt sind. Auf ihre sonstige Verhaltensvielfalt können sie dann kaum zurückgreifen. Je ausgeprägter sie sich bedroht fühlen, je existentieller durchlebte Krisenzeiten für den Einzelnen sind, umso intensiver erleben sie sich zurückgeworfen auf frühe Verhaltensmuster. Diese Versuche, sich zu schützen, sind erlernte Überlebenshaltungen in einem Ungleichgewicht zwischen Selbstausdruck und Selbstunterdrückung.

Für die Begleitung ist es nicht nur hilfreich, die eigenen bevorzugten Muster zu erkennen, sondern im zwischenmenschlichen Zusammenspiel wahrzunehmen, wo Hilfesuchende in ihrem verunsicherten Grundgefühl entlastet werden können. Das bedeutet, weniger auf das gezeigte Verhalten als auf dessen zugrunde liegendes Bedürfnis zu antworten und Raum für den Selbstausdruck zu eröffnen als einen »Weg zum gesunden Ziel der Ganzheit« (Satir, 1979, S. 111) (H Kommunikation mit Trauernden).

Mittels Kommunikation erfahren und verändern sich Menschen, denn »zwei sind nötig, damit man sich kennenlernt« (Bateson, zit. nach Schul- und Erziehungszentrum Linz, o. J., S. 12). Begleitung beginnt mit Sprache. Formulierungen und Begrifflichkeiten, die wir verwenden, wirken als *Sprachlinsen* (Efran, zit. in Hargens, 2004, S. 15), die wir ratsuchenden Menschen anbieten. Unsere Wortwahl hat es wahrlich in sich, denn sie liefert unsere Wirklichkeitsbeschreibungen, transportiert unsere Deutungen. Als Begleitende steuern wir mit unserer Sprache den Begleitprozess. Wir intervenieren, indem wir die Bedeutungsangebote, die begleitete Menschen anbieten, aufgreifen oder überhören. Welche Inhalte wir wie beantworten, welche Interpretationen wir anbieten, stellt die Weichen für die nächste Sequenz unserer Arbeit. So macht es einen wirkungsvollen Unterschied, ob wir die Äußerung »Er ist immer so depressiv« mit »Sie leiden unter Ihrem depressiven Partner« beantworten und damit die krankheitsbetonte Einschätzung unterstützen oder ein andere Einordnung anbieten, beispielsweise: »Es gibt Zeiten, in denen Ihr Partner sich zurückzieht?«

Da Sprache in ihrer Betrachtungsweise besonders die persönlichen und sozialen Ressourcen aller Beteiligten fokussiert und achtsam Entwicklungsimpulse aufgreift, nennen wir sie *ressourcenorientiert*. Auch wenn sie in der Lösungsorientierten Kurzzeittherapie von Steve de Shazer und Insoo Kim Berg verwurzelt ist (Shazer, 1992), sprechen wir inzwischen in unserem Kontext nicht mehr von *lösungsorientiert*. Nach unserer Einschätzung gibt es für Trauersituationen keine Lösungen im eigentlichen Sinn. Vielmehr ist nur verwinden möglich, Entwicklung und das Aufgreifen und Erweitern von Ressourcen (Ludewig, zit. nach Schmitz, 2002, S. 18). Von Lösungen zu sprechen, gleicht einer Mogelpackung, die nicht halten kann, was sie in Aussicht stellt. Eine trauernde Frau, die vier Monate nach dem Tod ihres Mannes zum ersten Mal wieder zum Friseur geht, aktiviert eine Ressource. Ihr Haus zu verlassen und unter Menschen zu gehen, ist ein kleiner, essentiell wichtiger Entwicklungsschritt ins Leben hinein, von einer »Lösung« ihres Trauerthemas zu sprechen, wäre anmaßend und würde wohl niemand wagen.

Zu den Grundlagen *ressourcenorientierter Gesprächsführung* gehört vorrangig die Erkenntnis, dass wir andere Menschen nicht verändern können, sondern nur ihre Veränderungsprozesse begleiten. So sind es nicht die Begleiter, die wissen, was zu tun ist und entsprechende Veränderungen erarbeiten, sondern das Expertentum für Entwicklung und Rekonstruktion liegt bei den Trauernden. Da Systeme aus unterschiedlichen Menschen mit ihren individuellen Rhythmen, Tempi und Energien bestehen, ist es für die Begleiter wichtig, ihre eigene Kraft achtsam zu investieren. Eine gute alte Faustregel rät salopp, nie schwerer als die Klienten zu arbeiten.

»Je mehr du versuchst, die Dinge zu beschleunigen, desto mehr können sie durcheinander geraten« (de Shazer, zit. nach Schmitz, 2002, S. 19). Achtsames und gründliches Nachfragen, das Überprüfen eigener Hypothesen und Offenheit dafür, sich immer wieder überraschen zu lassen, machen Ernst mit der konstruktivistischen Annahme, dass es keine richtigen Sichtweisen und kein falsches Erleben gibt. Die persönlichen, eigenartigen Beiträge gilt es zu respektieren und als Entwicklungsrahmen zu nutzen. In jeder Veränderung und Bewegung verbergen sich neue Möglichkeiten, Blickwinkel zu erweitern, vorhandene Fähigkeiten auszubauen und Leben zu gestalten.

Als Methoden werden *offene kompetenzorientierte Fragen* gestellt, um zum Perspektivenwechsel einzuladen und persönliche und soziale Ressourcen zu aktivieren (AB Fragen und ihre Wirkungen): »Wie könnten Sie diese Situation bearbeiten; was und wer könnte Sie unterstützen?«

Ist die Aufmerksamkeit des Begleiteten lange auf Leidhaftes konzentriert, ermutigt die Frage »In welchen Situationen war es ein klein wenig besser?«, die schmerzhafte Ausschließlichkeit kurzfristig zu verlassen und Ausnahmen wahrzunehmen.

Basis ressourcenbetonter Interventionen sind *Was- und Wie-Fragen*. Sie fördern eine aktive Lösungssuche bei den Begleiteten und wirken wie kleine Lockvögel auf neue Ideen, kognitive Erweiterungen und Gefühle. Fragen wie »Wie ist Ihnen das gelungen?« und »Was ist Ihnen dabei besonders wichtig«? laden zu differenzierter Wahrnehmung ein, fragen nach persönlicher Bedeutung, Bewertung und Sinn. Ganz nebenbei stützen sie kräftig das persönliche Expertentum der Befragten.

Reframing, Lob und Komplimente sind unverzichtbarer Bestandteil entwicklungsorientierter Unterstützung, denn sie stärken das Vertrauen in die persönlichen Möglichkeiten und legen den Fokus auf Bewältigungsschritte. Gleichzeitig würdigen sie Eigenverantwortung und persönliches Bemühen: »Ich bin beeindruckt, wie Sie ... geschafft haben!«

Über Gefühle zu sprechen, ist für viele Menschen ungewohnt. Auch stößt Sprache da schnell an ihre Grenzen, wo tiefe Empfindungen »hinter allen Worten« (Rose Ausländer) gemeint sind. *Skalierungsfragen* laden ein, Erlebtes differenzierter zu betrachten, ohne ausführlich zu verbalisieren. Es wird nach scheinbar sachlichen Zahlen gefragt: »Wenn Sie Ihre momentane Befindlichkeit auf einer Skala von 1 bis 10 angeben sollten, wobei 1 der denkbar schlechteste und 10 der optimale Zustand ist, wo würden Sie sich spontan einordnen?« Diese niederschwellige Intervention spricht rationale Seiten an, wirkt daher ungefährlicher und respektiert so das Kontrollbedürfnis der Begleiteten. Wird mit dem System gearbeitet, dann liegt ein großer Vorzug des Skalierens darin, dass alle Anwesenden unabhängig von ihrer Verbalisierungsfähigkeit gleichermaßen antworten können. Wenn es im Begleitprozess angebracht ist, kann mit den Ergebnissen weiter gearbeitet werden, beispielsweise: »Woran erkennen Sie, dass Sie bei 4 sind?« Oder: »Wo möchten Sie in sechs Monaten sein? Wie könnten Sie es schaffen, dorthin zu gelangen?« Kleine, planbare nächste Schritte werden erkennbar. Auch *Experimente* geben einen behutsamen Anstoß zu differenzierter Betrachtung der eigenen konstruktiven Einflussnahme. Neues kann unverbindlich erprobt werden: »Ich empfehle Ihnen ein kleines Experiment, das für Sie vielleicht nützlich sein könnte: Beobachten Sie genauestens Ihre schmerzfreien Intervalle und notieren Sie, wann und in welcher Situation es Ihnen (ein klein wenig) besser ging.«

Zu den wesentlichen Kunstgriffen einer ressourcenorientierten Gesprächsführung zählen *zirkuläre Fragetechniken*. Diese fordern dazu auf, unterschiedliche Positionen einzunehmen, mit anderen Blickwinkeln zu spielen und bedeutsame Bezugspersonen in die Betrachtungen einzubeziehen. Sie fokussieren auf zirkuläres Beziehungsgeschehen und sich gegenseitig bedingende Wechselwirkungen der Beteiligten (H Ressourcenarbeit). Bitte beachten: Jede Frage der Begleiterin ist vor dem Hintergrund ihrer Hypothesen (im System 2. Ordnung) entstanden und entsprechend auf ihre Wirksamkeit hin zu kontrollieren.

Zirkuläre Fragen richten sich auf Sichtweisen und Vorstellungen über Vergangenheit, Gegenwart und Zukunft, auf entsprechende Verhaltensweisen und Hoffnungen (H Zirkuläres Fragen). So (de)kontextualisieren sie die Erfahrungen, Erkenntnisse und Spekulationen der Begleiteten. Sie verdeutlichen, dass Verhaltensweisen Einzelner im Beziehungszusammenhang zu betrachten sind und dass sie nicht nur eine womöglich störende Seite haben, sondern für den Betreffenden Sinn machen oder auch von Nutzen sind. Als Beispiel könnten wir in Beratung eines auf unterschiedliche Weise trauernden Paares den sich in der Beziehung eher isolierenden Ehemann beispielsweise zirkulär befragen: »Wie, denken Sie, erklärt sich Ihre Frau Ihren Rückzug? Wenn ich Ihre Tochter danach fragen könnte, was würde sie mir möglicherweise antworten? Was, vermuten Sie, veranlasst Ihre Frau, unzufrieden zu sein?« Zirkulär können auch Vergleichs- und Veränderungsfragen wirkungsvoll gestellt werden: »Angenommen, Sie würden Ihr Verhalten für einen Tag ändern, wie könnte das aussehen? Wer in Ihrer Umgebung würde die Veränderung zuerst bemerken, wer zuletzt? Wer hätte davon den größten Gewinn und wer wäre damit unzufrieden? Was könnte sich an diesem Tag zwischen Ihrer Frau und Ihrer Tochter ereignen und wie wäre das für Sie?«

In dieser Art sind zirkuläre Was- und Wenn-Fragen Einladungen, eine Veränderung gedanklich probehandelnd vorzunehmen und im Trockenschwimmen Impulse auf ihre mögliche Wirkung hin durchzuspielen. Ob realistisch oder nicht, sie aktivieren Phantasie, locken kreative Seiten heraus und implizieren, dass Entwicklung möglich ist. Veränderte Betrachtungen sind der Beginn neuer Optionen (H Meta-Mirror).

3.4.4 Prozessgestaltung und Interventionen

Systemische Trauerbegleitung ist genau betrachtet Prozess(mit)gestaltung einer gemeinsam entwickelten Choreographie im Begleitsystem 2. Ordnung. Entsprechend seiner Haltung lädt der Trauerbegleiter mit seinen Interventionen die einzelnen Systemmitglieder ein, einen anderen Blickwinkel einzunehmen, neue Erfahrungen (miteinander) zu machen und ihre Interaktionen zu erweitern. Das systemische Handwerk verfügt dafür über eine breite und lang erprobte Palette von Methoden, um Entwicklungsprozesse durch die Veränderungen hindurch zu begleiten und zu (unter)stützen. Einige, die sich in unserer Arbeit besonders bewährt haben, stellen wir im Folgenden vor.

Rituale: »Rituale sind eine Art von spirituellen Botschaftern, Engel gewissermaßen, die von uralter und untergründig immer noch wirksamer Wahrheit künden« (Ciompi, 2002, S. 64). Von Gewohnheiten unterscheiden sich Rituale durch ihre hohe emotionale Besetzung und die konzentrierte Aufmerksamkeit der Beteiligten. Während Gewohnheiten sich an der Lebenspraxis ausrichten, sind Rituale symbolische Handlungen, sinnvoll und haltgebend. Sie lassen ein Grundmuster erkennen, innerhalb dessen in einer Art zeitgeraffter Rahmung alle wesentlichen Transformationsprozesse abgebildet werden, sie wirken als bewährte Energieträger beruhigend und versichernd. Mit rituellen Handlungen sind oft Hoffnungen auf Hilfe und Heilung verbunden. Über den persönlichen Erlebnisbereich hinaus vermitteln sie Gefühle der Zugehörigkeit (auch im »Anderssein«). Sie beeinflussen auch Überzeugungsmuster, indem sie sie bestärken oder aber verändern.

In ihrer Wirksamkeit liegt auch die Gefahr des Missbrauchs. So verstanden es die Machthaber im »Dritten Reich« perfekt, Rituale zu inszenieren, um damit Menschen in einer kollektiven Dimension zu mobilisieren. Doch ist es gerade diese Erfahrung der Verführbarkeit des Menschen durch ritualisierte Abläufe, die bis heute den unbelasteten Umgang mit ihnen unmöglich macht und einen unkritischen Einsatz verbietet. Leider führte dies in der Konsequenz auch zu einem Bruch historisch gewachsener Rituale.

Im Lebenszyklus eines jeden Menschen gibt es eine Vielzahl sicht- und spürbarer Zäsuren. Viele leiten eine synchron zu Reifungsprozessen verlaufende, entwicklungsimmanente Veränderung ein. Beispiele sind der Übertritt eines Kindergartenkindes in die Grundschule, die Gründung eines eigenen Hausstandes mit Beginn des Erwerbslebens, Entscheidung für die Eintragung einer Lebenspartnerschaft und vieles andere. Um uns selbst diesen Übergang in eine neue Phase zu erleichtern, aber auch um die gesellschaftliche Akzeptanz für den veränderten Status zu erreichen, interpunktieren wir solche Neuausrichtungen im Leben durch ritualisierte Aktivitäten: Es wird eine Schultüte gebastelt und mit Rückendeckung möglichst zahlreich erscheinender Familienmitglieder der erste Schultag gefeiert. Eine Einweihungsparty mit Freunden schafft neue Nestwärme. Mit ihrer öffentlichen Legitimierung wird eine Partnerschaft in ihrer postulierten Einzigartigkeit von anderen Beziehungen unterschieden. So schärft sich das Bewusstsein von Individuum und Kollektiv für die Herausforderungen einer veränderten Lebenssituation, in die es hineinzuwachsen gilt. In die Gestaltung dieser Übergänge bringen wir nicht nur unsere eigene persönliche Umstellungsbefähigung ein, sondern auch im Zusammenleben angelegte sinnstiftende »Weisheitsbräuche«. Diese erfahren in Interimsphasen eine zentrale Bedeutung, da sie die für eine Erneuerung notwendigen Ressourcen im System aktualisieren. Eine solche Übergangszeit ist immer eine hoch vulnerable Zeitspanne, da das Altbewährte aufgegeben wird, das Neue jedoch noch unbekannt ist und oft stark verunsichernd wirkt. Erfahrungsgeleitetes Handeln ist noch nicht möglich, deshalb wirkt die Anwesenheit und Mithilfe bereits initiierter Dritter unterstützend bei der Würdigung der zu verabschiedenden Lebensspanne und bei der Vorbereitung des Eintritts in einen veränderten Sozialkontext. Sie erleichtern uns den Neubeginn durch Einstimmung auf sich eröffnende Handlungsspielräume einerseits sowie das dem neuen Status angemessene Rollenverhalten andererseits, welches die Gesellschaft nun von uns erwartet.

Nicht nur die freudigen Lebensereignisse, auch tiefgreifende Verluste des Einzelnen werden von der Gemeinschaft rituell begleitet. Leiderfahrungen sind ihrer Natur nach niemals nur privat. Sie lösen tiefes kollektives Erschrecken aus. Verletzungen der physischen, mentalen, seelischen und sozialen Integrität erzwingen es, die unwiederbringlichen Verluste als Realität anzuerkennen. Gleichzeitig setzt die Suche nach Konsolidierungshilfen ein, denn (nur) eine in absehbarer Zeit wiederherzustellende Funktionstüchtigkeit gewährt dem System eine höhere Überlebenswahrscheinlichkeit.

Erinnerungen und das Festhaltenwollen am Bewährten ankern uns in einem bisher wesentlichen Teil unserer Biografie, gleichzeitig zwingt uns die Notwendigkeit der Einstellung auf das Unbekannte, mit anfangs eher automatisierten, probehandelnden Lebensäußerungen zu experimentieren, die sich langsam zu untereinander verbundenen Inseln des Neulandes entwickeln und eine erste Plattform des zukünftig Möglichen aufbauen.

Riten erlauben eine fokussierte Wahrnehmung der anstehenden Veränderung. Die Teilhabe an kollektivem Bewältigungswissen bindet Ängste und bündelt vorhandene Ressourcen. Grenzgängern gleich haben wir an beiden Vektoren der Zeit teil und bewegen uns im Gleich-Zeitigen diametral entgegengesetzt wirksamer Kräfte. In diesem Spannungsfeld der Januszeit (Smeding u. Heitkönig-Wilp, 2005) entwickeln die Systemmitglieder Choreografien gegenseitig abgestimmten Verharrens und Weitergehens.

Bereits im Tierreich imponiert beispielsweise bei Primaten – ebenso in der ausgeprägten Sozialstruktur von Elefantenclans – eindrücklich diese Ambivalenz in der Verabschiedung eines gestorbenen Gruppenmitglieds. Aus Beobachtungen vom Umgang mit toten Artgenossen bei Schimpansen wissen wir, dass einige lange bei den sterblichen Überreste verweilen, sie berühren immer wieder den Leichnam, halten intensiv »Totenwache« oder kehren über Stunden bis Tage regelmäßig an den Ort, an dem der Körper liegt, zurück; andere wiederum stärken durch den habituellen Austausch von Beschwichtigungsgesten, durch Nahrungsmittelgeschenke an die Führungspersönlichkeiten der Gruppe das Zusammengehörigkeitsgefühl des Verbandes. Immer wieder drängen dann aber auch Gruppenmitglieder auf Umgebungswechsel und Aufbruch, um das Überleben der Gemeinschaft zu sichern (Hess, 2003).

Alle Traditionen polytheistischer Religionen verfügen über Übergangsrituale in Krisenzeiten, in denen das empfundene Chaos durch *Visualisierung* der zerstörerischen Gewalt gleichzeitig anerkannt und externalisiert wird. So kann das Gefahrenpotential gebannt und durch die nun erfolgende Anrufung transzendentaler Kräfte (Einbindung höherer Mächte in stellvertretenden Götterkämpfen) die Freisetzung der notwendigen, quasi überirdischen Kraftreserven ermöglicht werden. Die darauf folgende Vorwegnahme einer Neuordnung (zukünftiges Gleichgewicht) lenkt die Hoffnung auf ein weniger schmerzvolles Danach. Solche »rites de passage« sind ethnologisch gut untersuchte Strukturen (van Gennep, 2005).

In drei Phasen unterteilt, stellen sie die Besonderheit dieses Lebensabschnitts heraus, thematisieren den Zusammenbruch und weisen den Weg voran in beruhigte Verhältnisse. Während die erste und letzte Phase der Übergangsrituale klar strukturiert sind, geht in der mittleren Phase die Welt aus den Fugen. Der erste Abschnitt, die *Trennungsphase*, ist der schmerzhafte Schritt aus dem Alltäglichen hinaus. Er verdeutlicht symbolisch, dass eine Trennung von der alten Identität unumgänglich ist.

Die sich daran anschließende *Schwellen- oder Übergangsphase* führt in einen Zwischenzustand, in dem das nicht mehr lebbare Alte verlassen wird. Kontrolliert und deshalb heilsam bricht die alte Welt zusammen. Wahrnehmungsgrenzen werden erweitert und Kontakt mit Entwicklungskräften einer als jenseitig und übermenschlich imaginierten Welt aufgenommen. Neue (Er-)Lebensweisen werden inszeniert und lassen Aspekte einer neuen Identität wahrnehmen.

Die im letzten Schritt aktiv erzwungene Trennung von der mächtigen transzendenten Wirklichkeit und damit die Rückführung in die gegenwärtige Lebenssituation markieren den Abschluss des Rituals. In dieser Wiedereingliederungsphase findet die Reintegration der Beteiligten in ihrem neuen Status in die Gemeinschaft statt (AB Rituale reflektieren).

»Die Welt ist stärker als der Mensch, aber die Sinndeutung der Welt ist stärker als die Welt« erklärt Andre Malraux (zit. in Vogelsanger, 2002). Deshalb ist es auch in scheinbar ausweglosen Situationen möglich, durch ein in der Geborgenheit der Gemeinschaft stattfindendes ritualisiertes Sich-von-der-Welt-Lösen zumindest vorübergehend Entlastung durch veränderte spirituelle, emotionale und soziale Erfahrungen zu erleben.

Im nachstehenden Fallbeispiel und den Kasuistiken aus dem Kollegenkreis kommen zahlreiche *Abschiedsrituale* der Trauerbegleitung beim Tod eines Angehörigen zur Sprache (Kapitel 4 sowie 5.2).

Einige weitere optionale *Trennungs- und Versöhnungsrituale* im Rahmen von Beziehungsveränderungen bei Paaren und in der Biografiearbeit mit Pflege- und Adoptivkindern sollen hier beispielhafte Erwähnung finden. In gebrochenen Biografien von Kindern, deren Lebensbedingungen von Bezugspersonenwechsel geprägt sind und sich durch häufig ändernde Lebensmittelpunkte charakterisieren lassen, sind Akzentuierungen von Übergängen wichtige Marker, um einerseits das Davor vom Danach zu unterscheiden, andererseits ein den fragmentierten äußeren Lebensumständen übergeordnetes inneres Kontinuum im Selbsterleben zu befördern: »Biographiearbeit ist ein Versuch, Teile dieser Vergangenheit den Kindern, die getrennt von ihrer originären Familie sind, zurückzugeben. Das gemeinsame Zusammentragen der Tatsachen dieses Lebens und der wichtigen Personen darin hilft ihnen zu beginnen ihre Vergangenheit anzunehmen und mit diesem Wissen in die Zukunft zu gehen« (Ryan u. Walker, 2003, S. 13).

Die Autoren beschreiben ein Überbrückungsritual, das beim Verlassen einer Einrichtung (Heim) und bevorstehender Aufnahme in eine Pflege- oder Adoptivfamilie hilfreich sein könnte. Es soll den Kindern erleichtern, in der eigenen Befähigung verschiedene Personen zu lieben (und lieben zu dürfen), um so Stabilität zu gewinnen: Eine Reihe von Kerzen werden aufgestellt. Sie repräsentieren all die Menschen, die dem Kind in seinem Leben wichtig waren, die es mochte und respektierte. Vor dieser Reihe wird eine weitere Kerze platziert – diese kann zuvor mit dem Kind Wachsschicht um Wachsschicht, analog den Wachstumsringen eines Baumes auftragend, gemeinsam hergestellt werden. Das Anzünden dieser Kerze symbolisiert die »Geburtsstunde« des Kindes, danach wird zusammen entschieden – wenn möglich mit den leiblichen Eltern beginnend –, welche Personen für das Kind eine große Rolle spielten, wen es in seinem Leben bereits liebgewonnen hat, in welchen Zeiträumen gutes Zusammensein (beispielsweise bereits in der Schwangerschaft im Bauch der biologischen Mutter) möglich war. Die Kerzen dieser Menschen werden der Reihe nach ebenfalls angezündet. Während dieses Vorgangs kann darüber gesprochen werden, dass es nicht notwendig ist, die »Liebe zu einem vorherigen Betreuer auszulöschen« (Ryan u. Walker, 2003, S. 80), um eine andere Person (z. B. die zukünftige Pflegemutter) ebenfalls zu schätzen. Nach einer Zeit des Einlebens in seiner neuen Familie kann das Ritual mit dem Kind wiederholt werden und um die Anzahl der Kerzen, die neue Bindungspersonen repräsentieren sollen, erweitert werden. Auch Verlustängste oder die dem Prozess immanenten, immer wieder auftauchenden aggressiven Spannungen können im Rahmen dieser Methode (herunterbrennende/flackernde Lichter) veranschaulicht werden.

Hans Jellouschek stellte anlässlich eines Kongresses in Zürich (2001) *Paarrituale* aus seiner Praxis vor, in der er Menschen in schwierigen Beziehungssituationen begleitet, die einen trennungswillig, andere mit dem Wunsch nach Neubeginn. Wir greifen jeweils ein Ambivalenz-, ein die symmetrische Aufschaukelung unterbrechendes, ein Trennungs- und ein Versöhnungsritual heraus.

Um die Zwiespältigkeit spürbar zu machen, sprechen beide Partner einander gegenüber sitzend und einander wechselseitig zuhörend zuerst die Worte: »Ich will dich. Komm lass es uns miteinander versuchen.«, dann nach einer Pause des Nachspürens und Nachklingenlassens die Worte: »Ich will nicht mehr. Ich glaube, es ist zu Ende.« Die rituell vorgegebenen Worte spiegeln die innere Pendelbewegung und Unschlüssigkeit, verdeutlichen bislang nur unterschwellig Kommuniziertes und verhelfen zu einer Synchronisierung des Prozesses.

Haben sich gegenseitige Anklage und Lamento in ein spiralförmig in die Destruktivität und Dekonstruktion des Partners führendes Muster verdichtet, können Vorwürfe in Bedürfnisse umformuliert werden. Dies trägt zur Deeskalation von negativ-symmetrischen Verhaltensstrategien bei und hilft die Streitdynamik zu unterbrechen. Partnerin A und Partner B sitzen einander vis-à-vis und A beginnt: »Mein sehnlichster Wunsch ist ...« Dieser Satz wird dreimal wiederholt. Danach ist B an der Reihe. Auch er hat die Gelegenheit, einen wichtigen Wunsch nachdrücklich zu äußern. Beide werden nun aufgefordert, sich bis zum nächsten Termin einen ganzen Tag (nach Wahl) mit dem Satz des Partners zu beschäftigen.

Ein *Versöhnungsritual* ist abhängig vom beidseitigen Wunsch nach Veränderung: Zuerst werden von beiden Teilnehmenden die erlittenen Verletzungen auf je einem Zettel aufgeschrieben und anschließend die im Moment noch relevanten ausgewählt. Partnerin A benennt nun die Kränkungen durch B, Partner B antwortet mit einem vorgegebenen Text: »Ich habe gehört, was du gesagt hast und ich habe es verstanden. Ich anerkenne, dass ich dich damit verletzt habe, auch in den Fällen, in denen ich dies nicht beabsichtigt habe. Es tut mir leid.« Nun erhält A ein Blatt mit folgenden Worten: »Ich sehe und höre deine Anerkennung. Ich kann sehen, dass es dir leid tut. Ich nehme es an. Ich kann die Verletzung jetzt abschließen. Lass uns einen neuen Anfang machen. Ich werde in Zukunft nicht auf diese Verletzung zurückgreifen.« Die Zettel werden im Anschluss rituell beseitigt (verbrannt oder Ähnliches).

Hier könnte man sich vielfältige Variationen in der Vorgehensweise vorstellen, unter anderem auch einzeln wie zusammen herauszuarbeiten, dass beide nicht so sind, wie sie gern (für sich und füreinander) wären. Über diese gemeinsame Traurigkeit kommen Paare wieder miteinander in Bewegung. Verena Kast brachte es bei einem Vortrag über den »Abschied von der Opferrolle« (München, 27.06.07) humorvoll auf den Punkt: »Paare, die vital an einer Versöhnung interessiert sind, stellen zum Beispiel vor dem Streit den Champagner kalt.« Versöhnung braucht »Bilder [und] [...] symbolische Ausgleichshandlungen«.

Ein mögliches *Trennungsritual* sieht vor, dass beide Partner Symbole für das Wertvolle und für das Schwere in ihrer Beziehung mitbringen. Im Rahmen einer feierlichen Zeremonie und vor ausgewählten Zeugen »sprechen sie einander frei«: »Ich nehme, was du mir gegeben hast. Ich nehme es gern.« Beide würdigen sich, sofern sie gemeinsame Kinder haben, in ihrer Elternrolle und verabschieden die Partnerschaftsrolle »mit guten Wünschen ... und lebe wohl«.

Auch kirchliche Gruppierungen in Deutschland bewegt zunehmend der Gedanke, den Übergang in ein wieder getrenntes Leben mit rituellen Handlungen nicht nur seelsorgerisch zu begleiten, sondern dies auch in einem gottesdienstlichen Rahmen anzubieten (Jochum, 2014). Mieke Korenhof aus der evangelischen Kirche im Rheinland hat Entwürfe solcher Scheidungs-und Trennungsrituale vorgestellt. Gerson Raabe widmet sich ebenfalls diesem Experiment (Morgenroth, 2001, S. 45). Er entwickelte ein Muster für ein Trennungsritual als Bestandteil seelsorglich und psychologisch begleiteter Trennungsprozesse, dessen einzelne Schritte wir in der erforderlichen Kürze hier leider nur in sehr geraffter Fassung wiedergeben können: In einem Rahmen, der einer gemeinsam und bewusst getroffenen Entscheidung würdig ist, führt vielleicht ein Psalm in die Klage um das Verlorene ein, dann finden Erinnerungen ihren Platz, indem aus Briefen vorgelesen oder Erlebtes erzählt wird. Kinder hören bei dieser Gelegenheit aus einer Zeit, in der ihre Eltern gut zusammengelebt haben. Damit erhalten sie die Chance, Wertschätzendes zu ihrer Geburt und der Bedeutung ihres Daseins zu erfahren und die zusammen mit Mutter und Vater verbrachten Jahre als unzerstörbare Qualität zu empfinden. Themen von Schuld und Vergebung innerhalb der gelebten Beziehung wurden vorher mit den Ehepartnern erarbeitet. Nun können dazu eventuell unter Bezugnahme auf biblische Texte diese Verstrickungen gelöst werden. Danach entbindet der Seelsorger beide Partner in ritueller Weise, indem zum Beispiel die Eheringe auf ein Tablett abgelegt werden. Für ihren zukünftig getrennten Weg wird Fürbitte gehalten und für die jeweilige persönliche Zukunft der Segen erteilt. In einem letzten Schritt übernehmen die frisch geschiedenen Eltern noch einmal demonstrativ sichtbar ihre gemeinsame Verantwortung den Kindern gegenüber und sichern deren Anspruch auf Teilhabe am Leben von Mutter und Vater.

Ausgewählte methodische Zugänge: Interventionen sind Einladungen des Trauerbegleiters an den/die trauernden Menschen, die die eingebrachten Themen methodisch aufgreifen, sie in einen systemischen Kontext stellen und Anregungen bieten, diese Inhalte in einem geschützten, solidarischen Raum vertieft zu bearbeiten. Sie möchten darin unterstützen, in einer Wendezeit heilsame Optionen zu erkennen beziehungsweise (weiter) zu entwickeln, die förderlich für die (Re-)Organisation passender Lebensentwürfe sind.

Dabei gibt es keine Vorrangigkeit einer bestimmten Methode, sondern immer nur variierende, bestehende Strukturen erweiternde Interventionen, die in ihrer Eigenschaft als offene Angebote zurückgewiesen oder aufgenommen werden können. Jorgos Canacakis weist in diesem Zusammenhang auf die nachhaltige Bedeutung einer Arbeit mit allen Sinnen hin. Trauernden ist in ihrer Konzentration auf die aktuelle Situation oftmals der Zugang zu körperlicher Wahrnehmung erschwert. Wenn sie von ihrer Umgebung zur bewussten Einfühlung in sinnlichen Eindrücken angeregt werden, kann dies sie darin unterstützen, die eigenen Wahrnehmungen langsam wieder zu erweitern und auch auf ihr (verändertes) Körper- und Selbstempfinden zu lenken. Der ganze Mensch trauert, folgerichtig sind in der Begleitung alle Ebenen seines Erlebens zu berücksichtigen.

Voraussetzung für alle noch so wertvollen Interventionen ist die achtsame Kontaktgestaltung zwischen Begleiter und Begleiteten. Dies beginnt mit ausführlichem Kennenlernen, um Sicherheit im unübersichtlichen Gelände einer neuen Situation zu vermitteln. Wir sollten nicht die Schwellenhöhe unterschätzen, die es für Trauernde zu überwinden gilt, wenn sie in ihrem Hilfebedürfnis einen ersten Kontaktversuch wagen. Sie können sich erst dann anvertrauen, wenn sie sich im Raum, in der Situation und in der Beziehung sicher fühlen, das heißt wenn sie mit dem Begleiter warm geworden sind. *Joining* beginnt mit der Aufmerksamkeit für den im übertragenen wie im wortwörtlichen Sinne zurückgelegten Weg und führt allmählich zum lockeren gegenseitigen Bekanntwerden. Hier ist die Begleiterin in ihrer aktiven Rolle als Gastgeberin bemüht, ihrem Gast das Ankommen und die Abstimmung aufeinander zu erleichtern. Je höher Aufregung und Anspannung bei den Ratsuchenden, umso ausführlicher sollte das Joining gestaltet werden. Alle weiteren Treffen beginnen ebenso, auch wenn das Warming-up dann im Lauf der Zeit weniger Raum einnimmt.

Das *Genogramm* ist eine von Monika McGoldrick (McGoldrick u. Gerson, 2002) entwickelte Darstellungsform des soziobiologischen Systems, das über den herkömmlichen Stammbaum mit Namen und Lebensdaten hinausgeht (AB Genogramm). Ergänzend ermöglicht diese Methode, piktografisch die Beziehungen der einzelnen Systemmitglieder zueinander darzustellen und Wendepunkte zu markieren. Diesen bietet es somit einen Überblick über ihren aktuellen und historischen Lebenskontext, über relevante (wiederkehrende) Themen innerhalb des Systems und unterstützt sie in ihrem Bemühen, eigenes Erleben in einen überpersönlichen, umfänglichen Bedeutungszusammenhang zu stellen.

Wir haben gute Erfahrung damit gemacht, in einem der ersten Kontakte mit den Trauernden deren Genogramm mit den spontan genannten Personen und Daten zu erstellen, und es im weiteren Verlauf der Begleitung zu ergänzen. Uns Begleiterinnen vermittelt es einen strukturierten ersten Einblick, während es den Blickwinkel der Trauernden über ihre oft als gegenwärtig chaotisch erlebte Situation hinaus erweitert. Das schrittweise Erarbeiten wirkt meist beruhigend und lässt die aktuellen Erfahrungen für die Betroffenen handhabbar erscheinen. Bedeutsame Bezugspersonen innerhalb und außerhalb des Systems treten deutlicher zutage.

In der systemischen Trauerbegleitung ist das Genogramm über das reine Sammeln von Daten hilfreich für deren Kontextualisierung. Im Verlauf der Begleitung können die einzelnen Themen immer wieder in ihrem Systemzusammenhang betrachtet werden. Wechselseitige Prozesse lassen sich damit verdeutlichen und lineare (oft schuldzuweisende) Ursache-Wirkung-Schilderungen treten zugunsten zirkulärer Betrachtungen und Hypothesen (AB Genogramm) in den Hintergrund.

Gerda Palm führte das *Trauergenogramm* (TGG, Palm, 2001) ein, das, unter Bezugnahme der Vermächtnisse früherer Generationen, die Transparenz sich wiederholender Trauermuster oder spezifischer Rollenaufteilungen innerhalb eines Trauersystems (»chief-mourner«, »helper«) verbessern hilft. Ein von ihr entwickelter Fragebogen stellt den Leitfaden zum TGG-Interview dar (H Genogramm-Fragenkatalog).

Während das Genogramm überwiegend das familiäre Bezugssystem darstellt, bietet die *Netzwerkkarte* ergänzend die Möglichkeit, relevante Beziehungen in einem weiteren sozialen Zusammenhang zu erfassen. Auch als VIP-Karte (Herwig-Lempp, 2004) bekannt, bietet sie vier Felder, um (aktuell) bedeutsame Personen um die begleitete Hauptperson herum grafisch darzustellen und zu ordnen: Familie, Freunde, Kollegen beziehungsweise Mitschüler und professionelle Behandler sowie unterstützende Personen. Je nach empfundener Nähe werden die Einzelnen namentlich in entsprechender Nähe beziehungsweise Distanz zur Hauptperson eingezeichnet, dabei bestimmen die Begleiteten die Reihenfolge der einzelnen Felder. Der Übersichtlichkeit willen ist jeder Abschnitt auf circa fünf Personen zu beschränken, mitunter gibt es Überschneidungen, wenn zum Beispiel die Kollegin auch Freundin ist. Für die weitere Arbeit mit der Netzwerkkarte können Fragen nach der Art und Besonderheit einer Beziehung hilfreich sein, nach der jeweiligen Erreichbarkeit der einzelnen Personen, nach der Wechselseitigkeit einzelner Beziehungen und deren empfundenen Stabilität. Zirkuläre Fragen zu möglichen Ressourcen können sich anschließen (AB Netzwerkkarte). Auch Aspekte wie wer auf wen in welcher Situation zurückgreifen kann und vor wem sich wer im System schützen möchte, können besprochen werden. Wer fordert welche Distanz ein? Ergänzend sollte auf die Passung fokussiert werden, wer im aktuellen Netzwerk über eine der eigenen Situation ähnliche Erfahrung verfügt, wer aktive Unterstützung anbietet und welche die trauernden Personen davon in welcher Situation annehmen beziehungsweise ablehnen möchten. Gibt es Lücken im Netzwerk, die gefüllt werden sollten?

Lebensumbrüche sind in der Regel von äußeren Veränderungen begleitet, innen sowie außen. Stroebe und Stroebe haben in ihrem Trauermodell im Zusammenhang mit den Defiziten im Trauerfall auf den Verlust der sozialen Identität hingewiesen und Kerstin Lammer (2004, S. 144) ergänzt »social networking« als Traueraufgabe zur Neuordnung und Bewertung sozialer Bezüge.

Vernetzung heißt in der systemischen Trauerbegleitung auch, sich als Begleiterin im Arbeitsfeld zu vernetzen, multiprofessionelle Kontakte aufzubauen und zu pflegen. Im fiktiven Beispiel und in den Kasuistiken aus anderen Arbeitsfeldern wird darauf eingegangen. Supervision und Intervision sind unverzichtbar, ebenso wie die Arbeit im Team so der Begleiter in eines eingebunden ist. Und wenn wir hin und wieder an unsere fachlichen Grenzen stoßen, dann ist es besonders hilfreich zu wissen, an wen weitergeleitet werden kann. Das ermöglicht, verantwortungsvoll Brücken zu bauen (AB Vernetzungscheckliste).

In Krisensituationen wie bevorstehender Trennung, Schwierigkeiten in der Partnerschaft oder mit heranwachsenden Kindern, im Berufsleben bis hin zur Konfrontation mit Schicksalsschlägen hat sich die *Biografiearbeit* als hilfreiche Unterstützungsmethode bewährt. Mit dem Blick auf die innere Dynamik belastender Ereigniszusammenhänge arbeiten Begleiter und Ratsuchende konstruktive Kräfte heraus, erforschen Entwicklungswünsche und Zukunftsperspektiven.

Impuls: Biografische Wendepunkte

Wendepunkte gehören zu jedem Lebenslauf. Als einschneidende und kleinere Veränderungen werden sie als Schicksalsschläge oder willkommene Zäsuren erlebt, als Krise oder Chance wahrgenommen. Diese persönlichen Bewertungen unterliegen ihrerseits auch einem Wandel. Indem sich Leben weiterentwickelt, wir eben diese Schwellen überschreiten, werden Weichen gestellt in Lebensbezüge hinein, die möglicherweise vorher gar nicht vorstellbar waren. In dem, was ursprünglich ausschließlich als Katastrophe erlebt wurde, können zu einem späteren Zeitpunkt wertvolle Lebenserfahrung entdeckt werden.

Die folgenden Leitfragen laden ein, auf einen ausgesuchten persönlichen Wendepunkt zurückzublicken:
- Was ist geschehen?
- Was hat mir bis heute geholfen, mich unterstützt, mich getragen?
- Wer gehört zu meinem aktuellen sozialen Umfeld, wo bin ich vernetzt?
- Welchen (ähnlichen) Wendepunkt gab es früher?
- Wer war dabei, wer war alles betroffen?
- Wer hat welche Unterstützung erfahren?
- Was hatte ich mir ergänzend erwartet, was hätte ich mir gewünscht?
- Welche Chancen kann ich heute rückblickend sehen?
- Welche Unterstützungsangebote wünsche ich mir heute?
- Wen könnte ich um Hilfe bitten?

Angenommen, ich betrachte meine aktuelle Sicht in der Zukunft, zum Beispiel in fünf Jahren, und betrachte, wie ich »damals« meine jetzige Situation bewältigt habe:
- Wie hätte ich es geschafft?
- Wer und was wäre mir zur Bewältigung förderlich und was wäre mir hinderlich gewesen?
- Welchen Gewinn könnte ich aus dieser zukünftigen Sicht entdecken?

Dabei verstehen wir unter *biografischem Arbeiten* oder auch *biografischer Kompetenz* zum einen die Beschäftigung des einzelnen Menschen mit seiner persönlichen Lebens- und Entwicklungsgeschichte, seiner Vergangenheit, den Gestaltungsbemühungen seines aktuellen Lebens und der Reflexion zukünftiger Lebensentwürfe. Daneben wird der Terminus für spezielle Angebote und Handlungsweisen in Erwachsenenbildung und der Arbeit mit Kindern aus belasteten Herkunftsfamilien sowie Beratung und Seelsorge verwendet, die zum Ziel haben, diese individuellen und systemischen Reflexionsprozesse des gelebten Lebens zu begleiten.

Auch die Beschäftigung mit fremden Biografien eröffnet Räume der Auseinandersetzung mit der eigenen Lebenssituation, lädt sie doch ein zur kritischen Reibung, zur spiegelnden Betrachtung eigener Leitbilder und ungewöhnlicher Lebensentwürfe. Im Interesse am Anderen wächst die persönliche Begegnungsfähigkeit. Einige zusätzliche Methoden, die wir in der systemischen Trauerbegleitung gern einsetzen, möchten wir an dieser Stelle vorstellen:
- Entwicklungsflussarbeit und Zeitstrahl als erlebnisorientierte Verfahren,
- Imagination und Freudenbiografie zur Aktivierung innerer Bilder und persönlicher Ressourcen und
- Skulpturarbeit als darstellenden Zugang zur biografischen Auseinanderssetzung.

Die *Entwicklungsflussarbeit* greift das Lebensflussmodell von Peter Nemetschek (Theuretzbacher u. Nemetschek, 2016) auf, das mit Seilen Lebenslinien und Entwicklungswege erfahrbar darstellt und mittels Symbolen prägende Wendepunkte markiert. Der Fluss als Metapher impliziert beständige Bewegtheit, staut sich das Wasser, so sammelt sich selbst dort Energie. Diese Methode bindet Gegenwärtiges in den biografischen Kontext ein. Ob einzelne Aspekte (Entwicklung des persönlichen Sinnkonzeptes) bearbeitet werden, Lebensabschnitte (Phase einer speziellen Beziehung) oder ein gemeinsamer Lebensraum (fiktives Praxisbeispiel): Der Entwicklungsfluss ist mit eindrücklicher Arbeit für die Darstellenden verbunden, bietet eine umfangreiche Projektionsfläche für deren persönliches Erleben und verweist auf eine offene Zukunft. Eine aktuelle Krise wird mit kurvig gelegtem Seil symbolisiert, doch dieses Seil führt weiter in eine (zukünftige) Zeit und zu einem individuell definierten Geschafft-Punkt, an dem in der Begleitung weiter gearbeitet werden kann: Wie sieht der Lebensweg von diesem Standpunkt aus? Was ist hier anders? Wie war der Weg hier her? Was könnte in der Gegenwart ein erster kleiner, machbarer Schritt in diese Richtung sein? Welche Erfahrungen der Vergangenheit könnten mir dabei nützlich sein (H Entwicklungsflussmodell)?

Den Begleitenden dient dieses optische Hilfsmittel vorrangig dazu, Ressourcen und Krisenerprobtheit des Systems herauszuarbeiten, Systemmuster zu erkennen und die eigene Position als Beraterin zu überdenken. Es ermöglicht, Hypothesen zu überprüfen und wichtige Perspektivwechsel vorzubereiten.

Als räumliche Visualisierung bietet der *Zeitstrahl* ein ressourcenorientiertes, auf potentielle Lösungen fokussierendes Verfahren. Dabei ist Lösung nicht als Happy End zu verstehen, sondern als eine Auflösung erstarrter Fühl-, Denk- und Handlungsmuster in vergegenwärtigte Ressourcen, neue Betrachtungsweisen sowie Aufmerksamkeit und Zuversicht für zukünftige Aufgaben (AB Zeitstrahl).

Eine als Krise erlebte Situation wird vom Betroffenen prozesshaft im biografischen Kontext dargestellt. Vergangenheit, Gegenwart und Zukunft werden auf einem Blatt Papier eingetragen oder anhand eines Seils, das die Zeitachse symbolisiert, markiert. Anschließend ordnet der Klient seine bisherigen Krisenerfahrungen, aber auch damit zusammenhängende positiven Lernerfahrungen und Ausnahmen, das heißt ausgebliebene Krisen, chronologisch zu. Er kann dies schriftlich tun, malen oder mittels Symbolen darstellen. Aus der Metaperspektive lässt sich dann die aktuelle Situation im lebensgeschichtlichen Verlauf betrachten. Im gemeinsamen Gespräch darüber werden die prägenden Erfahrungen, Bewältigungsversuche und Lösungsstrategien aktualisiert, geordnet, um im nächsten Schritt auf dem Zeitstrahl in die Zukunft zu gehen, so anstehende Entwicklungsschritte hypothetisch vorwegzunehmen und damit Aufgaben und Lösungsideen zu erarbeiten. Diese Methode eignet sich auch für die Arbeit mit Paaren, Familien und Teams, um zeitliche, räumliche und energetische Entzerrungen zu schaffen. Hier erstellen alle Anwesenden ihren eigenen Zeitstrahl und stellen ihn sich gegenseitig vor. Unterschiede werden dabei nicht diskutiert, sondern bleiben gewürdigt nebeneinander gleichwertig stehen und geben so den individuellen Wahrheiten, Empfindungen, Bewertungen und Perspektiven ihren anerkannten Raum. In der Vielseitigkeit liegen die Entwicklungsansätze.

In zahlreichen Kulturen ist *Imagination* (Imago = lat. Bild) Teil des spirituellen Lebens. Carl Gustav Jung hat diese Form des Verbindens bewusster und vorbewusster Inhalte in die Psychotherapie eingeführt. Im entspannten Zustand werden bei wachem Bewusstsein Bilder, Gedanken und Vorstellungsinhalte imaginiert, die Traumbildern gleichen, doch jederzeit kontrolliert und verändert werden können. Die systemische Trauerbegleitung setzt Imaginationsübungen zur Stabilisierung und Selbstberuhigung ein, zur Einübung von Widerstandskraft, Resilienz und persönlicher Stärkung. Zwei Formen von Imaginationsarbeit, die sich in unserer Arbeit bewährt haben, seien an dieser Stelle exemplarisch dargestellt (Peichl, Reddemann u. Sachsse, 1997).

Aus der Arbeit mit traumatisierten Menschen entwickelte Luise Reddemann die Imagination des inneren sicheren Ortes. Gerade am Anfang einer Begleitung kann es für Trauernde hilfreich sein, sich eigener Rückzugswege und Kontrollmöglichkeiten zu versichern, besonders wenn sie befürchten, von ihren Erfahrungen und Bildern überschwemmt zu werden. Mit dieser beruhigenden Verortung kann in der weiteren Begleitung immer wieder gearbeitet werden, sei es, dass sich die Trauernden an diesen Platz zurückziehen oder ihn weiter ausgestalten. Er wächst sozusagen mit. Es ist überflüssig zu erwähnen, dass für Trauerbegleiterinnen gleichermaßen ein innerer sicherer Rückzugs-, Schutz- und Kraftort zur notwendigen Grundausstattung gehört (AB Innerer sicherer Ort).

Eine weitere Form der Imaginationsarbeit ist die von Verena Kast entwickelte Rekonstruktion der *Freudenbiografie* (1998), die in der Begleitung trauernder Menschen eine Rückbindung an die (Lebens-)Freude als grundlegende Emotion des Menschen aufgreift. Diese Arbeit bietet einen Ausgleich zu einseitig dargestellten Schwierigkeiten und lädt ein, sich an der eigenen (ehemals erlebten) Freude anzubinden. Freude ist nicht nur untereinander »ansteckend«, sondern Menschen können sich auch an ihren Freudensituationen ankoppeln. Nochmals von einer besonderen Reise erzählen können, die damals, als alles noch gut war, stattfand, und in dieser Zeit erneut ausführlich spazieren zu gehen, ist ein Ausflug in eine erholsame Vergangenheit. Im Nacherleben ist sie emotional ebenso wirkungsvoll wie damals. Mitunter sind diese Erinnerungen von schmerzhaften Erfahrungen begleitet. Insgesamt fördert die Freudenbiografie das Selbstwerterleben, vitalisiert und eröffnet einen Zugang zur Begleitung schwieriger und belasteter Situationen. Diese Arbeit fokussiert auf Fragestellungen: »Wo und wie habe ich Freude erlebt in meinem Leben? Wie habe ich sie abgewehrt? Wurde sie mir eventuell auch das eine oder andere Mal verwehrt? Und: Was ist aus der Freude im Lauf des Lebens geworden? Wo ist sie weniger geworden und wo mehr?« (Kast, 1998, S. 57).

Im systemischen Kontext hat gezeigte Freude exponentielle Wirkung. Die jeweilig unterschiedliche Bedeutung für die einzelnen Beziehungen ist von Interesse. Wer reagiert wie und was bedeutet das für den Menschen, der seine Freude mitgeteilt hat?

Impuls: Aktuelle Freuden

- Bitte notieren Sie zehn Freudensituationen, die Ihnen spontan einfallen.
- Bringen Sie diese in eine für Sie passende Rangfolge.
- Streichen Sie die Dinge, von denen Sie nur *meinen,* dass Sie sich darüber freuen sollten.
- Wo geben Sie Freude weiter?
- Wer gibt Ihnen Freude weiter?
- Wie wirkt sich Ihre Freude in Ihren Bezugssystemen aus?
- Wer lässt sich anstecken? Wem gelingt es wie, Ihre Freude zu verstärken?
- Wer weist Ihre Freude wie zurück (und erzeugt so eventuell Schamgefühle)?
- Wer verdirbt sie Ihnen auf welche Weise?
- Wem neiden Sie welche Freuden (und erhalten damit Hinweise auf eigene Sehnsüchte)?

Persönliche Erinnerungsträger wie Fotos, Tagebücher, Erinnerungsgegenstände, Symbole und Spielsachen erleichtern es, freudvolle Situationen zu rekonstruieren und die eigene (Familien-)Geschichte (um-) zu schreiben. Da Episoden der frühen Kindheit nur schwer erinnert werden, ist es oftmals hilfreich, sich an die im Körpergedächtnis gespeicherten genussvollen Bewegungen und Sinnenfreuden zu erinnern, und die entsprechende Situation auf diese Weise wieder entstehen zu lassen (H Freudenbiografie).

Die *Skulpturarbeit* ist seit den Anfängen der systemischen Arbeit eine verbreitete erfahrungsorientierte Methode. Wirkungsvoll ergänzt sie metapherngleich Erfahrungsbeschreibungen, die verbal in ihrer Intensität und Komplexität nicht auszudrücken sind. Beziehungen in Systemen und innere Szenarien lassen sich wie auf einer Bühne darstellen. Während des Skulpturierens ähneln die Darstellenden einem Bildhauer, der mit hoher innerer Beteiligung von Sinnen und Emotionen sein Erleben ordnet. Dabei schaffen sich die Skulpteure gleichzeitig einen Überblick und eine gewisse innere Distanz. Diese eröffnet die Möglichkeit, mit dem Dargestellten in einen klärenden Dialog zu treten. Mit Ist-Skulpturen lässt sich die aktuelle Situation darstellen, Wunsch-Skulpturen eignen sich dazu, Visionen, Wünsche und Lösungen vorwegzunehmen. Skulpturen bieten den großen Vorteil, dass sie gleichzeitig ablaufende Prozesse zusammenhängend und zirkulär aufzeigen, während dies in der verbalen Schilderung nur nacheinander möglich wäre und schnell zu linearem Ursache-Wirkung-Denken verführt.

Da die Skulpturarbeit ein emotional hoch wirksames Instrumentarium umfasst, ist es für den Einsatz unverzichtbar, dass die Begleitenden die einzelnen Interventionen nicht nur gründlich gelernt haben, sondern sie auch auftragsbezogen achtsam einsetzen können. In unserer Fortbildung lehren wir aufgrund des umfangreichen wie begrenzten Curriculums daher bewusst keine Skulpturarbeit mit Personen/Stellvertretern, sondern beschränken uns auf die Darstellung mit Materialien, sprich Klötzchen (H Klötzchenskulptur), Symbolen (H Entwicklungsflussmodell) oder Netzwerkkarte mit Figuren (AB Netzwerkkarte). Diese Formen der Skulpturarbeit lassen sich auch sehr gut nutzen, um die Begleitungsbeziehung zu klären: »Wo stehe ich als Beratender, wo die Klientinnen?« Wie (un)angemessen ist die Position der Begleiter im Hinblick auf den gemeinsam vereinbarten Auftrag? Welche Position erlebt wer im Trauersystem als förderlich für die persönliche und gemeinsame Entwicklung? Welche Perspektiven äußern die Beteiligten für den weiteren Begleitprozess? Wäre eventuell ein neuer Auftrag damit verbunden (H (Zwischen-)Bilanz)?

Praxistransfer: Da die Dinge nie so sind, wie sie sind, sondern immer das sind, was man aus ihnen macht, gehört es zur systemischen Begleitung, Trauernde darin zu unterstützen, das für sie Passende aus der Begleitung auszuwählen in Bezug auf seinen Nutzwert im Alltag. Gute Begleitung wirkt im Außen und wirkt nach, während die Sitzungen schwerpunktmäßig Reflexionsraum bieten und Impulsgeber sind. Manche sprechen bei diesem Praxistransfer von Hausaufgaben, andere von Experimenten, zu denen sie die von ihnen Begleiteten anregen. Wir nennen es auch gern den roten Faden. In Anlehnung an Ariadne, die mit Hilfe eines roten Faden Theseus den Weg aus dem kretischen Labyrinth eröffnete, entwickeln wir mit den Trauernden anhand kleiner Schrittabfolgen die Rückkehr ins Eigenleben. Die dabei gesammelten Erfahrungen können beim nächsten Beratungstreffen besprochen werden.

So spürt der begleitete Mensch immer wieder Eigenverantwortung und erfährt seine ihm aktuell zur Verfügung stehenden Kräfte und Ressourcen. Rote Beobachtungsfäden erweitern die Wahrnehmung alltäglicher (an allen Tagen zur Verfügung stehender) Kraftquellen: »Bitte sammeln Sie all die Situationen, in denen Ihre Mitmenschen Ihnen freundlich entgegengekommen sind« oder »Bitte notieren Sie all die Dinge, die Ihnen in der Zwischenzeit eine (kleine) Freude bereitet haben«. Rote Ambivalenzfäden greifen das Dilemma vom Einerseits und Andererseits spielerisch auf und schlagen beispielsweise vor: »Bitte gehen Sie an geraden Tagen mindestens ein Mal aus dem Haus, während Sie dies an den ungeraden nicht verlassen.« Unentschiedenheit wird damit als Erfahrungschance genutzt, verschiedene Optionen für sich zu erproben und anstelle lähmender Unentschlossenheit persönliche Gestaltung zu erleben. Rote Veränderungsfäden lassen sich spinnen, indem sie zu neuen Verhaltensweisen und Interaktionsmustern einladen: »Bitte nehmen Sie sich täglich einmal ganz bewusst eine Stunde Zeit für Ihre Trauer, suchen Sie sich einen passenden Ort, den Sie eventuell entsprechend gestalten, und widmen Sie sich in dieser Zeit ausschließlich dem Verlorenen in einer Art und Weise, die für Sie angemessen ist. Trauergefühle, die in der übrigen Zeit auftauchen, lassen Sie bitte freundlich vorbeiziehen und verweisen sie auf Ihre Trauerstunde, eventuell notieren Sie diese Gedanken, um sie nicht zu vergessen.«

Diese zeitliche Strukturierung legitimiert Trauerempfindungen und gibt ihnen kontinuierlich einen verlässlichen Raum. In dem Wissen um diese tägliche Trauerzeit ist es trauernden Menschen oftmals leichter möglich, sich auch anderen Lebensbereichen zuzuwenden. Auch Rituale können als rote Fäden eingesetzt werden. Mit den Trauernden in der Sitzung vorbesprochen, können sie im persönlichen Lebensraum Identität stärken, Grundüberzeugungen und Verbindungen bestätigen und Gegenwärtiges mit Vergangenem und Zukünftigen verbinden (AB Rituale aus der persönlichen Biografie). Onno van der Hart (1982) beschreibt das Übergangsritual des fortlaufenden Briefes, den Trauernde täglich möglichst zur gleichen Zeit an einem ganz bestimmen Ort an den verlorenen Menschen schreiben. Alle Gedanken, Empfindungen, Vorwürfe, Schuldgefühle und Erklärungen können dort ungefiltert Platz nehmen. Das Leidvolle erhält auf symbolische Weise eine Gestalt. Damit dieser fortlaufende Brief keinen Schaden anrichten kann, wird er verschlossen und nur für die schreibende Person zugänglich aufbewahrt. In den Beratungsstunden wird der Prozess besprochen, der so lange fortgeführt wird, bis alles von der Seele geschrieben ist. Anschließend wird gemeinsam überlegt, wie von diesem Brief Abschied genommen werden soll. Ob der Trauernde ihn begraben, auf eine Flussreise schicken oder dem Feuer zur Verwandlung geben möchte, in dieser symbolischen Handlung ordnet er die analoge Situation seiner persönlichen Beziehung zum Verlorenen. Es versteht sich von selbst, dass symbolische Handlungen und Rituale nicht von außen verordnet werden können, sondern immer mit dem Trauernden gemeinsam entwickelt und auf ihn und seine Umgebung abgestimmt sein müssen.

4   Zur Illustration systemischer Trauerbegleitung: Fiktives Fallbeispiel

Wie im vorigen Kapitel ausgeführt, findet Entwicklung, Veränderung vor allem außerhalb der Begleitsituation statt, in der Umsetzung des dort Erarbeiteten ins persönliche Heimatsystem der Klienten (Schmidt nach Hargens, 2004, S. 59).

Es gilt, dies (in längerfristigen Begleitprozessen) beständig zu reflektieren: Was von dem Besprochenen erweist sich im Alltag als hilfreich, was verändert in die gewünschte Richtung? Wohlgemerkt: in die von den begleiteten Menschen angestrebte Richtung, nicht in die, die ich als Begleiterin für wünschenswert und sinnvoll halte! Es gilt die Kundigkeit der Ratsuchenden ernst zu nehmen und nicht dem Trugschluss zu erliegen, unsere Einschätzung sei überlegen, eigentlich wüssten wir Profis es doch besser. Einfluss von oben nach unten, der Machtbeziehungen herstellt und Abhängigkeiten begünstigt, beschneidet die Entwicklungsräume der Klienten. Selbstbeschränkung zählt unserer Meinung nach zu den unerlässlichen Grundhaltungen beraterischer Tätigkeiten. Nicht den eigenen Größenvorstellungen zu erliegen, sondern im Dialog mit verschiedenen, gleichwertigen, gleichwürdigen Perspektiven und Positionen zu spielen, ist der Weg, die Anzahl der Wahlmöglichkeiten zu vergrößern (von Foerster nach Hargens, 2004, S. 50) und damit menschliche Reifungsprozesse zu unterstützen.

Aus dem Substrat vieler unserer Begleitungen entstand eine fiktive Kasuistik, die unsere Erfahrungen in gleichsam verdichteter Form als Einstieg in die konkreten Arbeitsbedingungen einer ambulanten systemischen Trauerbegleitung vor Ort beschreibt. Da wir Autorinnen im psychotherapeutischen Kontext tätig sind, wird die Trauerbegleitung im folgenden Fallbeispiel vor dem Hintergrund unserer persönlichen und fachlichen Ausrichtung dekliniert. Dies ermöglicht den Lesern einen Blick über die Schulter und die Teilhabe an unseren Erfahrungen. Die in Kapitel 5 folgenden Kasuistiken weiterer Praktiker unterschiedlicher Professionen laden anschließend ein, durch eine Art Einwegscheibe weitere Begleitprozesse zu beobachten, bei denen zum Teil offensichtlich imponierende, zum Teil verborgene Trauererfahrungen eine Rolle spielen. Über alle spezifisch eingesetzten Methoden hinaus verstehen wir die Haltung und das Grundverständnis systemischer Trauerbegleitung als allen methodischen Zugängen übergeordnete basale Befähigung, unabhängig von den ausbildungsspezifischen und situationsrelevant eingesetzten Interventionen einzelner Berufsgruppen.

In der Regel kommt der Erstkontakt zur Trauerbegleitung über die Initiative eines Einzelnen zustande. Analog verfolgen wir in der paradigmatischen Vorgehensweise unseres Fallbeispiels den Kontaktwunsch einer Einzelperson hin zur sukzessiven Erweiterung des Begleitsettings.

Bereits ab Wunschäußerung der Hilfe suchenden Mutter bezieht die Trauerbegleiterin die nichtanwesenden Betroffenen ein. Die Inanspruchnahme durch die trauernde Klientin gewinnt als Dienstleistung am gemeinsamen Entwicklungsweg des gesamten Familiensystems eine – das individuelle Interesse und die persönliche Not – übersteigende Bedeutung. Da sich die Bedürfnisse der Familie permanent verändern, arbeiten Familien- und Helfersystem entsprechend in unterschiedlicher personeller Besetzung.

Parallel zur deskriptiven Ebene des Geschehens läuft ein »roter Faden« der persönlichen Einschätzung der Trauerbegleiterin mit, der sich als selbstreflexiver Blick hinter die Kulissen versteht. Diese Plattform des inneren Dialogs aus assoziativen Beobachtungen, Autoorganisationsversuchen und der Einordnung klassischer Gegenübertragungsphänomene in den systemischen Prozess möchte zur Transparenz der Vorgehensweise beitragen.

4.1   Kontaktaufnahme als systemische Intervention

Anruf (AB) bei der Trauerbegleiterin durch Frau B. mit der Bitte um einen Termin für ihre achtjährige Tochter Paula nach dem Tod des zwölfjährigen Sohnes, der auf den Tag genau drei Monate zurückliegt. Sie meldet sich auf Empfehlung der Klassenlehrerin. Der sei aufgefallen, dass Paula nicht über den Tod des Bruders sprechen könne, trotz der initiierten Angebote der Lehrerin verdränge sie und zeige zunehmend Konzentrationsprobleme. Von der Klassengemeinschaft ziehe Paula sich zurück. Frau B. bittet dringend um Rückruf abends, da sie berufstätig sei.

Aspekte (selbst)reflexiver Einschätzung:
- Stimme der Klientin brüchig, Nachricht vermittelt dringenden Bedarf.
- Wunsch nach genauerer Information: Was ist passiert (Todesursache)? Wer ist involviert?
- Todeszeitpunkt liegt erst kurz zurück, so dass ein überdauerndes Erfassen des Verlustes und die Einstellung auf die veränderte Realität kaum vorstellbar sind.
- Ist dieser Anruf mit der Familie besprochen, in wessen Auftrag erfolgte er?
- Weiß Frau B., worin meine Hilfe als Trauerbegleiterin bestehen kann?
- Sicherlich ist das gesamte System betroffen, vermutlich gibt es unterschiedliche Situationsbeschreibungen der einzelnen Mitglieder.
- Offensichtlich versuchen engagierte Helfer (Lehrerin), stützend tätig zu sein.
- Die entstandene Not der Familie führt auch bei mir zu erhöhter Anspannung und dem Gefühl, »rasch tätig« werden zu müssen, gleichzeitig verspüre ich die Notwendigkeit einer inneren Vorbereitung für den Rückruf (Überwindung der eigenen Hemmschwelle in der Konfrontation mit den zu erwartenden Lebensäußerungen von Kummer und Leid).

Rückruf (abends): Eine junge männliche Stimme meldet sich, erklärt auf Nachfragen wortkarg, dass seine Mutter kurz bei der Nachbarin sei. Die Trauerbegleiterin bittet ihn, Frau B. auszurichten, dass sie am nächsten Tag gegen 19 Uhr noch einmal anrufen werde.

Beim zweiten Mal meldet sich Frau B. und dankt für den Rückruf, auf den sie offensichtlich gewartet hat. Sie spricht schnell, ein wenig aufgeregt und mit flacher Modulation der Stimme, vom plötzlichen Unfalltod ihres mittleren Sohnes Felix, unter dem wohl Paula am meisten leide. Sie könne jedoch mit ihrer Tochter über den verstorbenen Sohn nicht sprechen, die laufe dann immer aus dem Zimmer. Die Lehrerin habe einige Male bei ihr nachgefragt, ob für Paula die notwendige Hilfe bereits organisiert worden sei.

Die Trauerbegleiterin erfragt, welchen Eindruck Frau B. selbst habe und wie ihrer Kenntnis nach Paulas Vater die Situation sähe, erbittet ihre Einschätzung für die momentane Lage aller Familienmitglieder ... Die Mutter beginnt jetzt anhaltend zu weinen, so dass es der Trauerbegleiterin nicht passend erscheint, das Gespräch am Telefon fortzusetzen. Sie folgt ihrem Impuls, vorrangig Frau B. Entlastung anzubieten, worauf diese durch einen Terminvorschlag für ein persönliches Gespräch am übernächsten Tag erleichtert wirkt. Die anschließende ausführliche Wegbeschreibung in die Praxis soll als Anker im Hier und Jetzt helfen, ein Koordinatensystem für eine erste Orientierung anzubieten und das Telefonat ruhiger ausklingen zu lassen.

Aspekte (selbst)reflexiver Einschätzung:
- Paulas Mutter scheint die Anregungen der Lehrerin in ihrer momentanen eigenen Überforderungssituation als zusätzlichen Druck zu empfinden.
- Solange die Fürsorge für die Tochter im Vordergrund steht, schafft es Frau B. zu »funktionieren«, auf die eigene sowie die Befindlichkeit der ganzen Familie angesprochen erfolgt eine gut einfühlbare reaktive Dekompensation.
- Mit der für »Helfer« unangenehmen Empfindung, diese starke Gefühlsantwort aufgrund einer sondierenden Nachfrage selbst ausgelöst zu haben, beschäftige ich mich für einige Momente, ehe ich meine eigene Hilflosigkeit in den Kontext der Kontrollverlusterfahrung der Familie B. einordnen kann.
- Ich bin unsicher, ob ich nicht besser das Elternpaar gemeinsam zum Erstgespräch gebeten hätte, überlege dann jedoch, dass es vielleicht für die Mutter bisher wenig Möglichkeiten gab, Raum für ihren Eigenanteil zu erhalten.

4.2 Erstgespräch im Einzelsetting

Die Trauerbegleiterin empfängt Frau B. als Vertreterin ihrer Familie, die gemeinsam eine unfassbar schwere Zeit durchlebt und heißt sie als »Wegbereiterin« willkommen (Gesprächsrahmen 50 Minuten). Sie gibt ihr Gelegenheit zum Ankommen im Raum, Platz zu finden und zu nehmen, und verwendet mehr Zeit als üblich für den Rapport (Sich-miteinander-in-Beziehung-Setzen). Mit zirkulären Fragen (Wer weiß von diesem Treffen? Was denken die darüber Informierten über diesen Vorstoß?) bindet die Trauerbegleiterin die (noch) nicht anwesenden anderen Familienmitglieder in die Erstkontaktgestaltung mit ein. Nach dem ersten Joining wird Frau B.'s Bedürfnis, vom Unfallgeschehen zu berichten, rasch übermächtig. Felix war im Auto einer befreundeten Familie mitgefahren, beim Linksabbiegen wurde der Wagen von einer Straßenbahn an der Fondseite erfasst, auf der Felix saß. Die bald darauf eintreffenden Rettungssanitäter konnten Felix aus dem Auto befreien, doch verstarb er an seinen inneren Verletzungen kurz darauf im Krankenhaus. Dort habe ein Pfleger die sofort verständigte Familie zu einem abseits der Station gelegenen Raum gebracht, in dem sie Abschied nehmen sollten. Alles sei schon vorbereitet gewesen, aber irgendwie wäre ihr die ganze Situation ganz unwirklich und wie eine Bühnenszene im Theater vorgekommen. Sie habe sich und die anderen beobachtet und gar nichts fühlen können. Frau B. begleitet ihre Worte mit fahrigen Bewegungen, sie könne dies alles noch gar nicht fassen, sie sehe immer wieder diese Bilder mit Felix blassem Gesicht im Klinikbett vor sich, träume davon. Nur ihre beiden anderen Kinder hielten sie am Leben. Frau B. wirkt an dieser Stelle des Gespräches abwesend und nur schlecht erreichbar. Die Trauerbegleiterin entscheidet sich, die Klientin aktiv aus ihrer beginnenden *Problemtrance* (siehe Ausführungen zu Trauer und Trauma, Kapitel 2.3.1) zurückzuholen und übernimmt steuernd die Gesprächsaktivität, indem sie Informationen bezüglich der physiologischen Reaktionen in Krisensituationen bereitstellt und ihre Auswirkungen auf Wahrnehmung, Denken und Fühlen erläutert.

Anschließend erkundigt sie sich, was Frau B. denn bei ihrem Mann, ihrer Tochter und ihrem Sohn beobachte. Diese schildert, dass alle Familienmitglieder wie eingekapselt seien. Im weiteren Gesprächsverlauf fokussiert die Trauerbegleiterin auf das allseitige Bemühen, den nächsten Tag zu bestehen. Es wird darüber gesprochen, wer (innerhalb der Familie) was (an Überlebensleistung) wie (mit seinen persönlichen Ressourcen) bis heute (zum Zeitpunkt des Ersuchens um Unterstützung) geschafft hat. Da alle Familienmitglieder auf ihre Art Betroffene sind, lädt die Trauerbegleiterin für die nächste Sitzung zum Familiengespräch ein. Frau B. ist darüber erstaunt. Rasch äußert sie Bedenken, ob ihr ältester Sohn Stefan (16 Jahre) dazu bereit wäre. Die Trauerbegleiterin fragt nach, ob sich Frau B. vorstellen könne, gemeinsam mit ihrem Mann zu überlegen, was es für Stefan lohnenswert machen könnte, zumindest einmal mitzukommen. Mit skeptischem Lächeln erklärt sich Frau B. mit diesem Vorschlag einverstanden.

Aspekte (selbst)reflexiver Einschätzung:
- Ich merke, wie schnell ich in den Sog der Verzweiflung gerate, und wie schwer es mir fällt, einerseits der Mutter ausreichend Zeit für die Schilderung des traumatischen Ereignisses zu gewähren und sie andererseits im Hier und Jetzt zu verorten, um Frau B. nicht in Intrusionen (belastende unkontrollierbare Erinnerungsfetzen) abgleiten zu lassen.

- Im Gesprächsverlauf hatte ich Mühe, mein »konzeptuelles Gerüst« beizubehalten. Ich spürte »Konzentrationsschwierigkeiten«, »Verlangsamung« und »Erschöpfung« in spiegelbildlicher Befindlichkeit zur schweren Trauerreaktion von Frau B.
- Das Erstaunen über meinen Vorschlag, für die nächste Sitzung alle gemeinsam einzuladen, empfinde ich sowohl als Hinweis auf die unterbrochenen Kommunikationsstrukturen in der Familie als auch als Signal von Frau B., ihr weiterhin bestehendes offensichtliches Mitteilungsbedürfnis im bergenden Einzelsetting noch nicht ausreichend erfüllt zu haben.
- Trotz der angemeldeten Zweifel bezüglich der mutmaßlich fehlenden Neigung von Stefan mit in die Beratung zu kommen, bin ich zuversichtlich, über das angeregte gemeinschaftliche Brainstorming der Eltern den Boden dafür bereitet zu haben. Sollte Stefan nicht dazu kommen, würde ich mit den in welcher Konstellation auch immer erscheinenden Familienmitgliedern weiterarbeiten und im Anschluss daran eine häusliche »Übergabe« des in dieser Sitzung Erlebten an den ältesten Sohn vorbereiten.

4.3 Erste Familiensitzung – Stützende Intervention und Auftragsklärung

Für die erste Familiensitzung (Gesprächsrahmen 120 Minuten, zwei Wochen später) wird der zur Verfügung stehende Raum etwas abgeteilt, so dass eine beruhigte Zone ohne zu viel Anregungsobjekte entsteht. Ein Stuhlkreis in entsprechender Anzahl der erwarteten Familienmitglieder (etwa gleicher Abstand) wird vorbereitet.

Wie erwartet, erscheint die Familie vollständig. Die Trauerbegleiterin nimmt bewusst mit allen Familienmitgliedern Kontakt auf, würdigt, dass alle es möglich gemacht haben, zu kommen. Da die Platzwahl explizit frei gestellt wird, erschließt sich ein Teil der Familiendynamik bereits jetzt. Paula setzt sich zuerst, zieht mit ihrem Stuhl näher an Stefan heran, dieser vergrößert daraufhin den Abstand wieder und rückt damit merklich von seiner Schwester ab. Herr und Frau B. richten ihre Stühle auf den Platz der Trauerbegleiterin aus. Die Trauerbegleiterin spricht den Erstkontakt mit Frau B. an und fragt in die Runde, wer was davon gehört habe. Wie so oft erlebt die Trauerbegleiterin das jüngste Kind der Familie als Eisbrecher. Paula berichtet, dass ihre Mutter beim Abendessen von der Idee einer gemeinsamen Sitzung erzählt habe, und Stefan daraufhin aufgestanden sei und seinen Teller mit in sein Zimmer genommen habe. Die Trauerbegleiterin wertschätzt lächelnd Paulas Ehrlichkeit und wendet sich jetzt direkt dem Vater zu, da sie erfahren möchte, wie es ihm damit geht, jetzt hier zu sein, nachdem seine Frau eine Brücke für die Familie geschlagen habe. Herr B. äußert sein Vertrauen in das »gute Gespür« seiner Frau, auch wenn er selbst im Moment keine Vorstellung vom Ablauf des Nachmittags habe. Die Erwartungen darüber, was Paula denn gut täte, werden zirkulär erhoben (»Welche Sorgen, glaubst du, Stefan, macht sich deine Mutter um Paula ...«). Eine kurze Nachfrage in die Runde schließt sich an, wie es die einzelnen Familienmitglieder erlebten, über sich und ihre vermuteten Gedanken zu hören, inwieweit sie sich darin wieder erkannt haben und was sie gern dazu persönlich ergänzen würden. Die auftretenden Unterschiedlichkeiten und Widersprüche konnotiert die Trauerbegleiterin als bedeutsamen, die Einzelwahrnehmung ergänzenden und bereichernden Wert, wobei sie die jeweilige Wahrheit als individuelles Herzstück würdigt und vorschlägt, die verschiedenen Wahrheitskonstruktionen ohne Absolutheitsanspruch zu betrachten. Die Trauerbegleiterin möchte sich im Anschluss ein genaueres Bild von der Familie machen und lädt zur Genogrammarbeit ein (Abbildung 4, AB Genogramm).

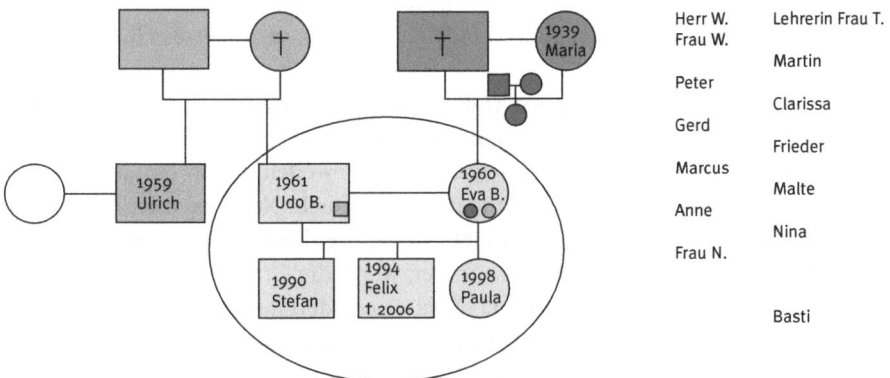

Abbildung 4: Familiengenogramm

Wer gehört zur Familie, über wie viel Beziehungs- und Bindungspotential verfügt Familie B.? Dabei werden unter anderem auch Erfahrungen mit anderen einschneidenden Verlusten, mit Krankheit und Tod, mit Trennung, Migration und vieles mehr ermittelt. Parallel dazu exploriert die Trauerbegleiterin ausdrücklich die Lösungsversuche des Einzelnen, den familienspezifischen Umgang damit und die über Generationen entstandene Anpassungsleistung an existentielle Herausforderungen, die erkennbare Fähigkeit, Krisen zu überstehen. Die Trauerbegleiterin greift die von der Familie benannten (erinnerten) Schicksalsschläge und die Anstrengungen zu deren Überwindung an dieser Stelle bewusst nicht im Einzelnen auf. Mit besonderem Nachdruck verweilt sie jedoch beim Dialog mit der Familie über den offensichtlich vorhandenen »Vorrat« an Verhaltensoptionen zum Überleben. Familie B. hilft es sichtlich beim Wiederanknüpfen an eigene erprobte Deeskalationsstrategien, als sie vorhandene Ressourcen zum Bewältigungshandeln plastisch vor Augen geführt bekommt. Die Darstellung der gewonnenen Informationen auf Plakatgröße (Flipchart) veranlasst Stefan zur Bemerkung, dass er ja gar nicht gewusst habe, dass sie [die Familie B.] so viele seien ... Später ergänzt die Trauerbegleiterin das Genogramm mit den Namen weiterer bedeutsamer Menschen für Paula, Stefan und die Eltern, da aufgrund der massiven Belastung der Familie Vertraute außerhalb des familiären Systems eine wichtige Rolle spielen können.

So entsteht in Erweiterung der familiären Verbundenheit die Einbettung in ein nächstgrößeres umfassendes soziales Netz – je dichter geknüpft die Fäden beider Netzwerke sind, desto höher die Wahrscheinlichkeit, dass sich auch dadurch ausreichende und angemessene Ressourcen aktualisieren lassen. Zum Abschluss der Genogrammarbeit führt die Trauerbegleiterin zur Veranschaulichung des Kraftfeldes Familie das Bild des Mobiles mit seinen vielfältigen gegenseitigen Wechselwirkungen ein. Sie lässt Paula und ihre Mutter stellvertretend für die anderen Familienmitglieder an einem aus ihrem Fundus stammenden Schmetterlingsmobile praktisch ausprobieren, wie sich die Balance untereinander dramatisch verschiebt, sobald auch nur ein Teil des Mobiles seine Position verändert. Die Trauerbegleiterin lässt die Familie die (unkommentierte) Erfahrung machen, dass sich mit der Zeit über ein Nachschwingen der Einzelobjekte ein neues, verändertes Gleichgewicht austarieren lässt.

Als Abschiedsritual erzählt die Trauerbegleiterin kurz folgende »Geschichte«: Eine Nomadengruppe hat infolge eines Überfalls schwere Verluste zu beklagen. Einige Mitglieder klagen, andere zeigen sich verzweifelt. Doch ein anderer Teil geht scheinbar wie immer seinen Aufgaben nach, sucht Nahrung oder führt zügig zur nächsten Wasserstelle. Und es gibt einige, die die Langsameren und Verzagenden scheinbar herzlos antreiben. Später, wenn die Gruppe angekommen und in Sicherheit ist, wird für die (bisher) Nichttrauernden Raum für das Nachspüren des eigenen Erlebens sein. Familie B. tauscht sich spontan darüber aus, wobei die Trauerbegleiterin diese Interaktion untereinander unterstützt und dabei als Signal ihren Stuhl etwas aus dem inneren Kreis zurücknimmt. Zentrale Fragen stehen nun im Raum: Wem hilft was auf dem Weg durch die Wüste (Ressourcen)? Wer wünscht sich ergänzend was (Hilfestellung)?

Als die Trauerbegleiterin an dieser Stelle den Kindern und ihren Eltern für ihre Bereitschaft, sich auf das Unbekannte einzulassen, dankt, entscheidet sich die Familie spontan für eine zweite Sitzung; eine konkrete Terminvereinbarung kann unmittelbar getroffen werden.

Aspekte (selbst)reflexiver Einschätzung:
- Vor dem Eintreffen der Familie erlebe ich mich angespannt – nach der Sitzung ziemlich erschöpft.
- Die geschwisterlichen Dissonanzen, insbesondere der Distanzierungswunsch Stefans, bedürfen weiterer Abklärung.
- Die am Ende der Sitzung aufkeimende Lebendigkeit im gegenseitigen Austausch der Familie ermutigt mich, zukünftig verstärkt auf »Autoorganisation« und »selbstregulative« Kompetenzen fördernde Interventionen zu setzen.
- In diesem Zusammenhang überlege ich, ob ich aus Sorge, der Prozess könne ins Stocken geraten, zu viel Initiative ergriffen und quasi aus Selbstschutzgründen mit dem vergleichsweise hohen Input die Dynamik der Familie »überlagert« haben könnte.

4.4 Zweite Familiensitzung – Zusammenhalten des Systems

In der zweiten Familiensitzung (Gesprächsrahmen 90 Minuten, vier Wochen später) berichtet Herr B. vom Elternabend in der Schule und davon, dass die Lehrerin weiterhin sehr besorgt um Paula sei. Anhand dieser Einführung werden die unterschiedlichen Arten der Reaktion auf einen Verlust sowohl in der Familie als auch in der unmittelbaren Umgebung erneut zum Thema.

Auf die Frage der Trauerbegleiterin, ob der Elternabend von beiden wahrgenommen worden sei, erzählt Frau B., dass ihr Mann oft bis spät abends im Büro wäre und deshalb direkt von der Arbeit zum Termin in der Schule gefahren sei. Herr B. ergänzt entschuldigend, wobei er sehr leise spricht und wenig Blickkontakt in die Runde hält, dass er sich vor einem Jahr selbstständig gemacht habe und zur Zeit in seinem Ingenieursbetrieb viel Planungsarbeit anfalle, außerdem sei zu Hause die Stimmung sehr bedrückend, da seine Frau viel weine. Stefan wiederum sei sowieso die meiste Zeit bei Freunden oder verbringe die Nachmittage beim Training. Die Trauerbegleiterin greift die spontanen Erzählungen auf und bietet ein Reframing ihrer Copingmuster (ein Neuverständnis der gewachsenen Bewältigungsmuster), indem sie für die Familie eine zusätzliche Ebene der Bedeutungsgebung einführt. Sie benennt nun Schritt für Schritt die konkrete Besonderheit und den jeweiligen individuellen Beitrag zur gegenwärtigen Lebensleistung und würdigt diese als wesentlich für das Durchhalten des ganzen Familienverbandes.

Sichtbar erleichtert nimmt Familie B. wahr, dass der Vater sich in großer Verantwortlichkeit um die Grundlagensicherung der Existenz der Familie kümmert, die durch den Tod von Felix in ihrer »Existenz« als bedroht erlebt wird, dass Frau B. in der Lage ist, ihr Leid auch für andere sichtbar zu machen, diesen großen Schmerz auszudrücken, und dass Stefan durch die Aufrechterhaltung seiner Kontakte und der Kontinuität seiner Freizeitgestaltung (Sport) in seiner Fähigkeit zur Selbstfürsorge einen verlässlich-stabilisierenden Part einnimmt. Paula, die sich viel in ihrem Zimmer aufhält, dabei wiederholt dieselben alten Bibi-Blocksberg-Kassetten anhört, zeigt mit ihrem Rückzug in eine unversehrte Welt und der Erinnerung an eine Zeit ungestörter Kindheit auf, wie wichtig es manchmal sein kann, Schutz und Geborgenheit zu suchen, und dass die Bezugnahme auf diese erfahrenen Glücksmomente der Vergangenheit Kräfte wachsen lassen kann, um mit den extremen Herausforderungen der Gegenwart zurechtzukommen. An dieser Stelle betont die Trauerbegleiterin die Fähigkeit von Kindern, auch mit schwierigen Lebenssituationen umgehen zu können und eigentlich ganz genau zu wissen, was ihnen gut tut.

Daraufhin erzählt Paula, dass sie es schön findet, wenn – wie seit einiger Zeit – mittwochnachmittags ihre Patentante (Freundin der Mutter) zu ihnen nach Hause kommt und Paula in ihrem Zimmer besucht; sie würde viel erzählen, auch Lustiges, und Paula manchmal einen aus dem Internet heruntergeladenen neuen Song aus den Charts mitbringen. Auf Nachfrage der Trauerbegleiterin, was diese Treffen noch gemütlicher werden lassen könnte, schlägt die Mutter eine gemeinsame Jause vor und bietet an, den beiden eine heiße Tasse Schokolade und ein süßes Teilchen für ihren Mittwochsplausch zu bringen. Paula erwidert, dass sie den Kakao lieber selbst kochen möchte, da es ja ihr Besuch sei, aber vielleicht mal die Mutter zu ihrer »Zimmerparty« (Terminus von der Trauerbegleiterin eingeführt) einladen wolle. Anschließend wird an der Idee gearbeitet, zu welchem Zeitpunkt in der Woche es für die Familie gut wäre, einen verbindlichen gemeinsamen Fixpunkt zu haben, an dem alle zusammentreffen. Paula ruft dazwischen: »Aber da gehen wir nicht aufs Grab …«, worauf die Eltern die Trauerbegleiterin irritiert ansehen. Diese wendet sich an Stefan als Experte für gute Selbstfürsorge und bittet ihn um einen Vorschlag. Stefan zögert lange, zuckt dann die Schultern und meint, sie wären früher gern am Freitagabend in ein indisches Lokal bei ihnen ums Eck zum Essen gegangen, da dann alle immer groggy von der Woche gewesen seien und die Mutter keine Lust mehr zu Kochen gehabt hatte – im Übrigen sei indisches Essen Felix' Lieblingsessen gewesen. Die Mutter nickt heftig und beginnt zu weinen, der Vater rückt mit seinem Stuhl etwas nach vorn und ergreift die Initiative, um dieses »Familienessen« (Ritual) tatsächlich wieder einzuführen.

Die Trauerbegleiterin schlägt nun eine Veranschaulichung der verschiedenen Positionen mit Hilfe eines gemeinschaftlichen Aufbaus stellvertretender Elemente auf einem Brett vor (AB Klötzchensculptur). Es soll der Moment so, wie ihn die Familie empfindet (Ist-Situation), festgehalten werden (Abbildung 5). Im nächsten Schritt stellt jedes Mitglied der Familie B. neben seinen eigenen »Stellvertreter« eine für Mutter/Vater/Stefan/Paula bedeutsame andere Person (siehe Vorarbeit bezüglich wichtiger Menschen außerhalb der Kernfamilie im Genogramm).

Um dies zu verdeutlichen, erinnert die Trauerbegleiterin an den Besuch der Patentante, der ja von Paula als unterstützend erfahren wird, und fordert Paula auf, ein Objekt aus den vielen möglichen herauszufinden, das ihr passend erscheint. Paula sucht für ihre »fröhliche Tante« eine bunt bemalte Figur aus.

Herr B. wählt einen im nächsten Ort wohnenden Schulfreund aus »alten Tagen«, zu dem nach der Beerdigung von Felix wieder Kontakt bestehe, dieser habe ihm auch angeboten, zu einem Väterwochenende mitzukommen, das die Gemeinde organisiert hatte. Herr B. erzählt, dass ihm dies »noch zu früh« erschienen sei.

Frau B. weiß niemand, den sie an ihre Seite stellen möchte, sie wirkt dabei sehr verzweifelt, da sie die Situation aller anderen Mütter als »nicht vergleichbar« empfindet. Frau B. schildert ihren Eindruck, alle würden sich »wegducken«, würden »weggucken«, wenn sie irgendwo auftauche, manchmal habe sie das Gefühl, »aussätzig« zu sein, keiner würde »normal« mit ihr reden. Dabei steht Paula plötzlich von ihrem Stuhl auf und stellt sich neben Frau B., das Gesicht ganz blass vor Anspannung in ihrem wortlosen Bemühen, die Mutter zu trösten. Stefan verschränkt seine Arme und sieht aus dem Fenster, während Herr B. nun auch mit den Tränen kämpft.

Die Trauerbegleiterin wendet sich der Mutter zu, rückt ein Stückchen an ihre Seite und erfragt, ob es in Ordnung sei, wenn sie einstweilen ein Blankoklötzchen, für das sie zwar im Augenblick noch keinen Namen wüssten, das aber später noch benannt würde, neben die Figur der Mutter stellen würden. Als Frau B. zustimmt, bittet die Trauerbegleiterin Stefan und Paula, ein passendes Klötzchen auszusu-

Abbildung 5: Klötzchenskulptur

chen und sich zu besprechen, wohin genau es im Umfeld der Mutter positioniert werden solle. Während die Trauerbegleiterin mit der Bemerkung »Da wird es also jemanden geben, der sich um Mama kümmert, so dass sich Paula nicht zu große Sorgen machen muss« das Klötzchen auf den angewiesenen Platz neben Frau B.'s Figur stellt, seufzt diese und sagt: »Wenn meine Mutter nicht so weit weg wohnen würde, könnte ich öfter mit ihr sprechen, das täte mir gut ...«. Nachdem auch Stefan für sich den Trainer seiner Jugendvolleyballmannschaft als wichtige Person in die Skulptur eingearbeitet hat, wird die Sitzung von der Trauerbegleiterin mit der Bitte beendet, Familie B. möge bis zur nächsten Sitzung in vier Wochen beobachten, welche unterstützenden und wohltuenden Erfahrungen sie in ihrem inneren und äußeren Netzwerk machen.

Damit auch diese Arbeitseinheit abgeschlossen werden, die Ergebnisse dokumentiert und eine bewusst vollzogene Beendigung der Sitzung erfolgen kann (als Kontrapunkt zum traumatisierenden, plötzlichen und unvorhersehbaren Unfallabschied von Felix), übergibt die Trauerbegleiterin Stefan ihre Digitalkamera mit dem Vorschlag, ein paar Fotos von der Familienskulptur zu machen, worauf dieser sich gern einlässt und darin bestärkt wird, dabei »von allen Seiten« an die Klötzchenskulptur heranzuzoomen. Anschließend werden die Bilder am PC ausgedruckt und der Familie mitgegeben.

Aspekte (selbst)reflexiver Einschätzung:
- Bei den Nachbereitungsarbeiten fühle ich mich dieses Mal sehr zufrieden, habe das Gefühl, »Boden unter die Füße bekommen zu haben«.
- Ich registriere ferner, es dieses Mal nicht der Familie überlassen zu haben, ob und wann ein neuer Termin zustande kommt, sondern initiativ eine weitere Sitzung

anberaumt und mit einem »Auftrag« verbunden zu haben (Netzwerkerfahrungen). Ich überlege Vor- und Nachteile dieser »Bauchentscheidung«.
- Paulas »Verstricktsein« mit der bei der Mutter wahrnehmbaren zunehmenden Isolierung und deren möglicherweise depressive Entwicklung protokolliere ich mit Rotstift und Ausrufezeichen.
- Ich nehme mir vor, bei dem am darauf folgenden Abend stattfindenden Qualitätszirkel die Kollegen über ihre kurzfristige »Kapazitätslage« bezüglich eines Therapieplatzes für die Mutter zu befragen.

4.5 Dritte Familiensitzung – Bilanzierung der Erfahrungen

Anfangs der dritten Zusammenkunft (Gesprächsrahmen 120 Minuten, vier Wochen später) tauscht sich die Trauerbegleiterin mit der Familie über den Verlauf der bisherigen Beratungsgespräche aus. Es wird vereinbart, diese Sitzung aufgrund einer Reihe konkreter Fragen der Familie auf eine Doppelstunde zu verlängern. Frau B. unterrichtet ihren Mann, dass sich heute Paulas Lehrerin wieder gemeldet hätte mit dem telefonischen Rat, Paula doch für ein Projekt der Malwerkstatt vor Ort anzumelden, da diese mit großer Lust beim Werken in der Schule dabei sei. Die Trauerbegleiterin hört zu und spiegelt den Eltern, dass sie einerseits das Engagement der Lehrerin und insbesondere die Idee, etwas Kreatives für Paula zu finden, als positiv empfinden würden, andererseits dabei wohl auch von dem Gefühl beschlichen würden, selbst für ihre Tochter »nicht genügend zu tun«.

Der Vater wendet sich direkt an Paula, um ihre Meinung zu hören. Diese sitzt schweigend auf ihrem Stuhl, ehe sie ihren Bruder Hilfe suchend ansieht und erklärt, dass dann aber Stefan zu Hause sein müsse, wenn sie diesen Kurs besuche. Es herrscht Ratlosigkeit in der Runde, welchen Zusammenhang es hier geben könne. Paula selbst weiß dazu auch auf mehrmaliges Nachfragen der Mutter hin nichts weiter zu sagen und rutscht unruhig auf ihrem Stuhl hin und her. Die Trauerbegleiterin entscheidet sich für eine aufklärende Intervention und beschreibt ganz allgemein, dass es manchmal besonders den jüngeren Kindern in einer Familie mit Verlusterfahrungen wichtig ist, auf das eine oder andere Elternteil gut aufzupassen, damit sich so etwas Schreckliches nicht wiederholt. Die Erfahrung gemacht zu haben, dass ein Familienmitglied stirbt, bedeutet auch zu wissen, dies kann jederzeit erneut geschehen – dabei entstehen große Ängste. Wenn Mutter und Vater sehr traurig sind, übernehmen Kinder auch oft die Verantwortung, ihre Eltern zu beschützen und sicherzustellen, dass diese nicht in ihrem unerträglichen Kummer mitsterben. Sie versuchen in einer Art Rollenumkehr ihre Eltern in der Gegenwart zu verankern und meinen aufpassen zu müssen, dass diesen nichts passiert.

Als die Mutter mit großen Augen Paula betrachtet und kaum vernehmbar beginnt: »Hast du etwa Angst, dass ich ...«, schreit Paula dazwischen: »Aber du hast doch gesagt, dass du auch am liebsten tot wärst!« Allen Familienmitgliedern wird jetzt klarer, dass Paulas Rückzug von Aktivitäten und ihr andauerndes Zu-Hause-

Sein nicht nur eigenen Bedürfnissen entspricht, sondern auch als Stabilisierungsversuch der Mutter gut nachzuvollziehen ist. Paula sitzt bei diesem Eröffnungsgespräch über ein bisher nur von ihr allein getragenes »Familiengeheimnis« (präsuizidale Gedanken von Frau B.) mit gesenktem Kopf wortlos dabei.

Die Trauerbegleiterin bittet daraufhin Herrn B., mit Paula den Platz zu tauschen und seinen Stuhl näher an den seiner Frau heranzustellen. Sie selbst stellt sich hinter Paulas neuen Sitzplatz (nun vis-à-vis zur Mutter) und fragt Stefan, was er glaube, was diese Veränderung für seine Schwester bedeuten könne. Er zuckt mit den Achseln und bemerkt, dass sich sein Vater eh schon viel um die Mutter sorge; das wisse er, da er eines Nachts die beiden streiten gehört habe, wie es denn weitergehen solle, wenn Frau B. sich dauerhaft zu Hause verbarrikadiere.

Gemeinsam mit der Trauerbegleiterin entschließt sich die Familie nun genauer hinzusehen, welche Sicherungsmaßnahmen für jeden von ihnen wichtig sind. Die wöchentliche Verabredung zum indischen Essen empfinden alle als wichtig und wollen den Freitagabend so beibehalten. Stefan hofft, zusätzlich in den kommenden Ferien an einer Jugendfreizeit (Klettern im Seilgarten) teilnehmen zu dürfen, und sondiert im geschützten Rahmen dieses Familiengespräches, inwieweit dies die Eltern akzeptieren würden. Herr und Frau B. zeigen sich unschlüssig, worauf Stefan aufspringt und sehr heftig mit den Worten reagiert: »Bei mir gibt's immer Probleme, Felix hätte sicher wieder ins Pfadfinderlager gedurft … und für mich ist es nun mal wichtiger, etwas zu unternehmen, als andauernd mit Paula rumzuhängen.« Die Trauerbegleiterin wendet sich direkt Stefan zu und bestätigt, wie spürbar überlebensnotwendig seine Kontakte mit den Gleichaltrigen für ihn sind und dass er darin zu Recht eine wichtige Aufgabe für seine Entwicklung sieht. Sie spricht danach ihre Wahrnehmung der massiven Enttäuschungswut bei Stefan an, die es für viele verwaiste Geschwister oft bitter schwer macht miteinander. Schließlich fehlt Felix für Paula und Stefan ganz unwiederbringlich und keiner kann ihn dem anderen ersetzen. Was Felix wohl für einen Gedanken beigesteuert hätte, wäre er jetzt im Kreis der Familie auf die vertraute Art und Weise anwesend? An dieser Stelle erbittet die Trauerbegleiterin eine fünfminütige Pause und schlägt vor, dieses kurze Innehalten auch dafür zu nutzen, zu überlegen, was heute noch gemeinsam besprochen, ob noch etwas für alle Wichtiges vereinbart werden sollte. Als jeder wieder Platz genommen hat, sieht nach einem Moment des Schweigens Frau B. zu ihrem Mann und fragt die Trauerbegleiterin, ob es nicht einmal sinnvoll sein könnte, wenn beide Eltern allein zu einer Sitzung kämen, es gäbe so vieles zu besprechen, wofür sie sich Zuhause nicht die Zeit nähmen oder einfach nicht die Kraft hätten. Herr B. bekräftigt den Wunsch seiner Frau. Stefan wird von seinen Eltern gebeten, sich per Internet Unterlagen über die Freizeitmaßnahme zu besorgen und einen Ansprechpartner (pädagogischen Leiter oder Ähnliches) zu benennen, da sich insbesondere seine Mutter nach dem Unfall von Felix sehr um seine Sicherheit sorge. Stefan erklärt sich dazu bereit, will aber keinesfalls, dass der Tod seines Bruders dort bekannt gemacht wird, es würde ihm schon in der Schule reichen, dass im Klassenzimmer jetzt ein Foto von Felix stehe, das er immer anschauen müsse.

Bei dieser Gelegenheit greift die Trauerbegleiterin auf die in der zweiten Sitzung gestellte und sich eingangs der dritten Sitzung erneut konstellierende Frage zurück, was die Familienmitglieder als hilfreich erfahren in ihren jeweiligen Kontakten mit Bekannten, Freunden, am Arbeitsplatz und in der Gemeinde, in Schule und Hort. Frau B. berichtet, dass die Abschiedsfeier für Felix in der Freikirchlichen Gemeinde zusammen mit einem Jugendpfarrer und vielen Freunden und Gefährten ihres Sohnes für die Familie einerseits die schwersten, andererseits auch die reichsten Stunden dargestellt hätten. Es sei einfach unfassbar gewesen, wie viele Kinder dagewesen wären, eigentlich die gesamte Klasse von Felix und auch mehrere Lehrer. Es sei ein großes buntes Tuch entstanden, auf dem alle zum Abschied etwas gemalt hätten, etwas, das Felix ausgezeichnet habe. Die Wölflinge (Pfadfinderkindergruppe) hätten sich bis zum Ende des Jahres für jeden Monat ausgedacht, in Felix' Namen eine Aktion durchzuführen, zum Beispiel eine Nachtwanderung mit Lagerfeuer, bei der jeder, der wollte, erzählen könne, was er mit Felix erlebt hat, oder die Idee, am diesjährigen Weihnachtsbasar für die Kinder einer Unfallklinik zu sammeln. Herr B. ergänzt, dass seine Frau und er sich entschlossen hätten, den Sanitäter, der Felix versorgt und auch zum letzten Mal bei Bewusstsein erlebt hatte, zu treffen und dass sie sich auf Station bei den Ärzten und Schwestern bedanken wollten, die das Zimmer für Felix so schön wie möglich hergerichtet hatten und ihnen Zeit ließen, so lange bei Felix zu bleiben, wie sie es wollten. Immer wieder hätten ein Pfleger oder eine Schwester für ein paar Minuten hereingeschaut, der Klinikseelsorger sei ebenfalls dazugekommen und habe aus dem »Kleinen Prinzen« gelesen. Ohne die Unterstützung der Klinik hätten sie auch nicht gewusst, dass sie Felix mit nach Hause nehmen durften, um im Kreis der Familie zusammen mit Freunden und Nachbarn Abschied zu nehmen.

Die Trauerbegleiterin beobachtet bei beiden Kindern große Unruhe, während die Eltern, einander fast ins Wort fallend, noch einmal die schweren, aber offensichtlich auch vom kompetenten Unterstützungshandeln Dritter gekennzeichneten Stunden Revue passieren lassen, weshalb sie Stefan direkt anspricht, wie es ihm bei den Schilderungen von Mutter und Vater ergeht. Stefan zieht die Füße unterm Stuhl zusammen, senkt den Kopf und antwortet dann, dass er das ständige Reden darüber Leid sei, erzählt dann aber, dass ein Mädchen aus seiner Klasse, die einen gleichaltrigen Bruder habe, zusammen mit seinem besten Freund dafür gesorgt hatte, dass an der Unfallstelle für all die Kerzen, die der Regen immer wieder ausgelöscht habe, ein Kerzenhäuschen aufgebaut worden wäre. Zu diesem Kerzenunterstand fahre er hin und wieder, und es seien noch immer Blumen dort ... Die Trauerbegleiterin gibt ein Feedback darüber, dass eine Vielzahl von Menschen sich Gedanken mache und der Familie auf ganz persönliche Art und Weise mitteilen wolle, wie sehr sie Anteil nehmen. Auch ihr selbst gehe die Erzählung nahe und sie merke, dass ihr immer wieder auch Tränen aufsteigen. Sie sei jedoch nach diesen drei Sitzungen sicher, dass die Familie für ihren Trauerweg ausreichend ausgestattet sei und auch einige der dafür unverzichtbaren Begleiter bereits kenne. Sie bietet – mit einem Nicken in Stefans Richtung – das Bild einer Seilschaft in karstigem Gelände an, wobei die führende Person immer je nach Kräften abwechsle, so dass ein Vorwärtskommen trotz der immer wieder großen Erschöpfung beim Einzelnen möglich sei. Rechts und links auf diesem Weg stehe aber bei genauerem Hinsehen immer mal wieder ein Streckenposten, der mit einer Landkarte, einem Stück Traubenzucker oder auch nur einer Thermosflasche voll heißem Tee anbiete, aufzutanken, innezuhalten oder zu pausieren auf dem Marsch durchs Trauergebirge. Mitunter würden die Seillängen zwischen den Expeditionsteilnehmern als sehr (an)gespannt wahrgenommen, andererseits erwarte die Familie Momente, in denen jeder den Eindruck bekommen werde, er stolpere ganz allein durchs fremde Gelände, und nur das Wissen um eine Art Ariadnefaden, der alle miteinander verbindet und bei Zeiten aus dem Trauerlabyrinth heraushelfe, verhindere in so einem dunklen Augenblick das Aufgeben und veranlasse jeden Reiseteilnehmer, Schritt für Schritt im persönlichen Tempo weiterzugehen.

Zum Abschluss hat jedes Familienmitglied nun in Bezug auf die bereits gemeinsam mit der Trauerbegleiterin zurückgelegte Wegstrecke einen Wunsch frei. Paula möchte, dass diese sich mit ihrer Lehrerin in Verbindung setzt, damit diese »weiß, dass ich auf einer Expedition bin und deshalb nicht immer so gut aufpassen kann im Unterricht ...«. Die notwendige Entbindung von der Schweigepflicht wird besprochen und Paula ihrerseits angeregt, der Lehrerin von den Stationen ihrer »Reise« zu erzählen, wenn sie dies möchte. Den Kontakt mit der Malwerkstatt wird die Mutter aufnehmen.

Stefan hat nur den Wunsch, »in Ruhe gelassen zu werden«, und meint, dass er seinen Mitschülern sagen wird, dass er das Foto von Felix jetzt wieder nach Hause mitnehmen möchte.

Herr B. zögert, ehe er nachfragt, ob er es seiner Frau zumuten könne, wenn er wieder wie früher ab und zu etwas mit Bekannten unternehme (Stammtisch und Ähnliches). Die Trauerbegleiterin leitet die in den Raum gestellte Frage an Frau B. weiter, die sich kopfschüttelnd erstaunt darüber zeigt, weshalb ihr Mann bei diesem Anliegen meint, erst um Erlaubnis anfragen zu müssen. Die Trauerbegleiterin wiederholt und verstärkt die Frage und bittet Frau B., ihrem Mann ganz konkret darauf zu antworten. Frau B. gibt ein kurz angebundenes Okay, worauf die Trauerbegleiterin auf die Erfahrung Betroffener verweist, wie gut es tun kann, eine Trauerauszeit für sich zu reservieren und für Frauen etwas mit Frauen und für Männer etwas mit Männern zu unternehmen. Die spürbaren Veränderungen in der Partnerschaft durch unterschiedliche Arten des Umgangs mit dem Erlittenen ließen sich jedoch in ein neues Gleichgewicht hinein ausbalancieren, so dass das beiderseits bereits bestätigte Interesse an weiterführenden Paargesprächen durchaus Sinn mache. Um eine Rahmung des weiteren Vorgehens im veränderten Setting mit größtmöglicher Transparenz zu erreichen, werden noch in Anwesenheit der Kinder zwei weitere (Paar-)Termine für Frau und Herrn B. konkret vereinbart.

Frau B. reicht dies jedoch nicht aus, sie merkt an, dass ihr die Regelmäßigkeit von Gesprächen fehle und dass sie für sich selbst gern weitere Unterstützung – sofern es eine wohnortnahe und finanzierbare Möglichkeit dazu gäbe – in Anspruch nehmen würde, da sie Mühe hätte, ihren Alltag zu bewältigen, sehr schlecht schlafe und morgens kaum hochkomme; sie habe Angst, noch weiter abzurutschen. Die Trauerbegleiterin bestätigt den Auftrag der Vermittlung einer in Trauerbegleitung erfahrenen Kollegin mit Kassenzulassung und wendet sich daraufhin schmunzelnd an Paula mit dem Hinweis, dass, wie beim »Kleinen Tiger«, der zum Pilze finden genau zum richtigen Platz im Wald geht, nun entdeckt werden wird, wer das in der zweiten Sitzung bislang noch unbekannte Helferklötzchen für die Mutter darstellt.

Als Abschiedsgeschenk legt die Trauerbegleiterin einige Elemente in die Kreismitte: eine kleine Taschenlampe, einen Miniaturziegel, ein Stück roten Faden, eine kleine Wüstenrose, eine Postkarte mit einer Seilbahn, eine Muschel, ein Päckchen Traubenzucker, eine Kinokarte, ein kleines Spielzeughandy, eine Kopie einer Restaurantempfehlung aus der Regionalzeitung und einen Malpinsel. Sie bittet die Familie selbst zu entscheiden, wer welche dieser symbolischen Ressourcen gern an sich nähme und für sich an einem sicheren Ort verwahren und im Bedarfsfall auch den anderen Familienmitgliedern zur Verfügung stellen wird.

Aspekte (selbst)reflexiver Einschätzung:
– Ich fühle mich erleichtert, dass in dieser Sitzung ein Maß an Offenheit im Gespräch entstanden ist, welches meiner Überzeugung nach Paulas Situation nachhaltig verbessern wird.
– Ich bin unsicher, wie rasch ich der Bitte von Frau B. entsprechen sollte, ihr eine Einzelmaßnahme zu vermitteln, da ich nach dieser Doppelstunde aufgrund der veränderten Familiendynamik entlastende und auch in Maßen stimmungsaufhellende Effekte mit Auswirkungen auf die Befindlichkeit der Mutter erwarte.
– Das avisierte Paargespräch empfinde ich als spannende Ergänzung und nehme wahr, dass ich mich auf das veränderte neue Setting mit Frau und Herrn B. freue.

4.6 Erstes Paargespräch

Frau und Herr B. kommen zeitversetzt im Abstand von fünf Minuten pünktlich zur Sitzung (Gesprächsrahmen 60 Minuten, 5 Wochen nach der letzten Familiensitzung). Nach der Begrüßung wird in Anwesenheit des Paares der Stuhlkreis auf drei Plätze reduziert und in folgendem Abstand so verändert, dass die Eheleute B. etwas näher beieinander sitzen und die Therapeutin mit beiden ausgewogenen Blickkontakt aufnehmen kann. Die bisher von Stefan und Paula benutzten Stühle werden in zweiter Reihe nicht allzu dicht hinter den Eltern aufgestellt. In einer ersten Befindlichkeitsabfrage berichten beide, dass alles den Umständen entsprechend »laufe«.

Die Trauerbegleiterin beginnt mit einer Rückformulierung der angebotenen Metapher und bedeutet dem Ehepaar, dass sie ganz offensichtlich miteinander unterwegs seien, und bittet Herrn B., seine Einschätzung darüber mitzuteilen, was seine Frau veranlasst habe, sich im Anschluss an die Familiengespräche eine Paargesprächssituation zu wünschen. Herr B. antwortet, dass es für seine Frau offensichtlich nicht leicht sei zu akzeptieren, dass er nach dem Tod von Felix viel Kraft und Zeit in seine Firma investiere und dass sie wahrscheinlich wolle, dass er mehr mit ihr zusammen sei.

Frau B. wirft mit müder Stimme ein, ihren Mann eigentlich überhaupt nicht mehr zu sehen, da dieser jetzt oft erst heimkomme, wenn sie und Paula schon im Bett wären. Es folgen in vorwurfsvollem Ton Klagen über das Alleingelassenwerden.

Die Trauerbegleiterin unterbricht und bittet Frau B. um eine Vermutung darüber, was denn für Herrn B. ein gewinnbringendes Ergebnis dieses Paargespräches sein könnte, so dass sich für ihn der Aufwand, seine Arbeit heute früher zu verlassen und extra zu diesem Termin in die Stadt zu fahren, am Ende dieser Stunde gelohnt hätte. Frau B. zieht die Augenbrauen hoch und erklärt, darüber erst nachdenken zu müssen. Nach einer kurzen Pause nickt sie und fährt fort: »Ich glaube mein Mann möchte gern ... das fällt mir jetzt schwer, darüber zu sprechen ... er möchte gern wieder ... also seit Felix tot ist, ertrage ich es kaum, wenn mein Mann mich in den Arm nehmen will. Es tut richtig weh, wenn er mich berührt, meine ganze Haut ist wie überreizt, deshalb gehe ich auch manchmal einfach schon früher ins Bett, obwohl ich sowieso nicht schlafen kann.« Frau B. schluckt an ihren Tränen und ordnet ihr Schultertuch, dann sieht sie ihren Mann an. Dieser legt beruhigend seine Hand auf ihren Arm. Er habe das natürlich schon bemerkt und versuche seine Frau ja auch zu verstehen. Es sei allerdings ziemlich schwer für ihn, weil er selbst Körperkontakt als trostvoll empfände und sie sich immer auch in ihrem sexuellen Erleben sehr nahe gewesen wären. Frau B. hört genau zu, als ihr Mann spricht, und wirkt nun weniger verlegen.

Die Trauerbegleiterin fasst beide wechselseitig vermuteten Bedürfnisse zusammen: Herr B. mutmaße, seine Frau hätte gern mehr Zeit mit ihm verbracht, Frau B. glaube, ihr Mann wünsche sich mehr intime Kontakte. Sie bittet jetzt beide Partner, aufzustehen und ihre Stühle in eine Vis-à-vis-Position zu stellen und nun herauszufinden, ob sie – ohne Worte – den für den Moment richtigen Abstand zueinander einnehmen können. Sie sollten sich dafür Zeit lassen und durch Versuch und Irrtum ihre Nähe so justieren, dass es für beide stimmig sei.

Durch mehrfaches Rücken der Stühle finden die Eheleute anfangs noch zögerlich agierend, später mitunter auch lachend eine gute Position zueinander. Herr B. sucht am Ende der Sequenz spontan nach der linken Hand seiner Frau, die sie ihm nicht nur überlässt, sondern auch ihrerseits fest zugreift. Die Trauerbegleiterin wagt den nächsten Schritt und ermuntert beide, dieselbe »Übung« nun im Stehen zu probieren. Herr B. seufzt lachend, das sei ja wie in der Tanzschule, woraufhin Frau B. sich nun dicht neben ihren Mann stellt und erzählt, dass sie sich auf dem Abschlussball der Realschule kennengelernt hätten und wie unsicher sich ihr damaliger Tanzpartner und späterer Ehemann doch verhalten habe, ehe sie sich »als Team miteinander sogar recht gut eingespielt hätten« und regelmäßig tanzen gegangen wären. Erst später, als Paula auf die Welt gekommen sei, hätten sie das Tanzen endgültig aufgegeben, da mit einer mittlerweile fünfköpfigen Familie einfach keine Zeit mehr zur Verfügung stand, um diesem Hobby nachzugehen. Beide halten sich erneut an der

Hand, ehe sich Frau B. wieder abrupt löst und die Trauerbegleiterin gequält fragt, ob es nicht »widernatürlich« sei, noch nicht mal ein halbes Jahr nach dem Tod von Felix über das Tanzengehen nachzudenken.

Als die Trauerbegleiterin ohne direkt darauf einzugehen erfragt, wie es denn möglich gewesen sei, trotz des Alltags damals mit bereits zwei kleinen Kindern diese Verabredungen einzuhalten, erzählt Herr B., dass seine Frau es nach Felix' Geburt sogar geschafft habe, mit dem erst wenige Monate alten Söhnchen zum Tanzen zu gehen, da es ihr gut getan habe und sie beide Musik liebten und Spaß an der Bewegung hätten. Er sieht zu seiner Frau und fährt dann fast unhörbar fort: »Vielleicht müssen wir ihn jetzt wieder mitnehmen, den Felix, anders halt ...«. Frau B. bricht in Tränen aus, worauf ihr Mann sie mit beiden Armen umschließt. Herr B. dreht sich mit seiner Frau aus der Raummitte zu einem weniger beleuchteten Zimmereck und hält sie schweigend fest. Die Trauerbegleiterin geht zum einige Schritte weit entfernten Fenster und verbleibt dort ruhig wartend.

Als sich das Ehepaar B. wieder zu ihr wendet, lädt sie ein, noch einmal für ein paar Minuten miteinander Platz zu nehmen. Die Trauerbegleiterin erzählt von den Erfahrungen anderer trauernder Eltern und wie viel Schuldbewusstsein in den Familien empfunden werde, weil man selbst »einfach so weiterlebe«. Dabei könne vom einfachen Weiterleben ja gar keine Rede sein, es sei doch vielmehr ungeheuer schwer, sich die Momente jenseits des automatischen Funktionierens auch um der verbliebenen Kinder willen herauszufiltern, in denen ein lust- und freudvolles Zusammensein überhaupt stattfinden könne. Und oft seien es gerade die intimen Augenblicke, in denen der Kummer am schmerzhaftesten wahrgenommen wird, so dass anfangs die Zweisamkeit in ihren wohltuenden Facetten beinahe wieder neu miteinander erlernt werden müsse. Sie entlässt Herrn und Frau B. mit den Worten: »Wie gut aber, dass Sie sich an solche Schätze des partnerschaftlichen Genusses erinnern« und verweist auf das bereits vereinbarte nächste (und voraussichtlich letzte) Paargespräch in 14 Tagen.

Aspekte (selbst)reflexiver Einschätzung:
- Die Teilhabe an der Intimität des Augenblicks der Umarmung, in der gleichzeitig tiefer Kummer wie auch machtvolle Tröstung zum Ausdruck kamen, hatte mich selbst stark berührt. Obwohl es in der Stunde gut gelungen war, die professionelle Distanz zu wahren, erkenne ich, dass ich mich an schmerzhaftes Erleben aus meiner Vergangenheit erinnert fühle. Dies macht mir die Welle an Traurigkeit plausibel, die mich im Anschluss an die Sitzung mit den Eheleuten B. erfasst hat. Da keine weiteren Kliententermine für heute anstehen, beschließe ich mir Zeit zu nehmen und setze mich auf den Stuhl von Frau B., um dem Eigenen nachzuspüren.
- Mir wird klar, dass meine große Hoffnung, das Ehepaar B. würde es »miteinander schaffen«, mit einer persönlichen »Wiedergutmachungsphantasie« verbunden ist und ich in der nächsten Sitzung besonders darauf zu achten haben werde, die Signale der Klienten nicht mit den privaten Wunschvorstellungen zu vermischen.

4.7 Zweites Paargespräch

Frau und Herr B. haben vor der Sitzung (Gesprächsrahmen 120 Minuten, 2 Wochen später) noch zusammen den Wochenendeinkauf erledigt und kommen somit gemeinsam. Diesmal waren keine Stühle vorbereitet worden, das Ehepaar nimmt sich selbst zwei Stühle und setzt sich spontan nebeneinander, die Trauerbegleiterin nimmt heute wieder in einem verlängerten 45-Grad-Winkel dazu Platz. Frau B. ergreift rasch das Wort, erzählt von ihrem neuen Vorhaben, Mittwochmorgens mit ihrer Nachbarin joggen zu gehen, und berichtet, dass es Paula in der 14-tägig stattfindenden Kindergruppe der Malwerkstatt Spaß mache. Sie selbst habe mittlerweile Kontakt zur (zwischenzeitlich telefonisch) empfohlenen Psychotherapeutin aufgenommen und sich auf die Warteliste setzen lassen; allerdings gehe es ihr besonders tagsüber bereits ein klein wenig besser und sie überlege, eventuell wieder stundenweise als Reisekauffrau zu arbeiten.

Als die Informationsübergabe abgeschlossen ist, bringt die Trauerbegleiterin den nun schon geraume Zeit zurückliegenden Erstkontakt zur Sprache und lässt die Kompetenz der Eltern in ihrem Umgang mit einem der denkbar schwersten Traumata für eine Familie noch einmal Revue passieren. Sie betont den zyklischen Charakter der Trauerzeit und spiegelt die nun spürbare Erfahrung, dass es möglich sei, nicht nur existenziell zu überdauern, sondern auch den Reichtum des Erlebten mit einem noch zu gestaltenden Zukünftigen tragfähig zu verbinden. Die Frage an die Eheleute, ob Frau und Herr B. in dieser vorerst letzten Sitzung bereit seien, etwas ganz Anderes und Ungewohntes zu tun, nämlich ihren Lebensfluss (Abbildung 6, AB Entwicklungsflussmodell) miteinander zu betrachten, wird bejaht.

Die Trauerbegleiterin hat einige bunte Seile vorsortiert sowie verschiedene Objekte aus Glas, Ton und Stein, ferner mehrere Stofftiere und kleine und große Puppen auf eine Seite des Zimmers gesetzt. Sie bittet die Klienten zu sich und fordert beide auf, sich je eine Farbe für ihre Lebenslinie auszusuchen. Es werden nun, ausgehend von der eigenen Herkunftsfamilie, die Lebensströme beider Personen angelegt. Herr B. stammt ursprünglich aus Südtirol, dies deutet er mit einer gesonderten Decke an, die das Land der Abstammung repräsentiert und aus der sein Lebensfluss entspringt. Da Herr B. etwas älter als seine Frau ist, beginnt er mit dem von ihm ausgewählten blauen Seil in verkürzter (sozusagen »zeitgeraffter«) Form seinen biografischen Weg auszulegen von der Kindheit über die frühe Jugendzeit bis zum ersten Kennenlernen mit seiner Frau. Dabei erfährt die Trauerbegleiterin vom schwierigen Abschied von Italien und einem unfreiwilligen Umzug, von der Trennung von wichtigen Freunden im Kindesalter, aber auch vom unbeirrbaren Zusammenhalt zwischen Herrn B. und seinem zwei Jahre älteren Bruder; sie hört die Geschichte einer warmherzigen, aber früh verstorbenen Mutter (Großmutter von Stefan und Paula) und eines schweigsamen und sehr fleißigen Vaters (Großvater).

Bei der Erzählung des Neuanfangs in Deutschland verweilt die Trauerbegleiterin einige Augenblicke und interessiert sich für die »Krisenbewältigungsversuche« des damals Zehnjährigen und wie der Verlust von Heimat und Spielkameraden beant-

Abbildung 6: Entwicklungsfluss

wortet werden konnte. Herr B. nennt die Beziehung zu seinem Bruder und seinen Eintritt in den Fußballverein am neuen Wohnort als wichtige Überlebensressource, später habe er sich aber auch vorgestellt, einmal zurückzukehren und den Hof zurückzukaufen, auf dem er abenteuerliche Lausbubenjahre und gleichzeitig eine durch die Familie wohlbehütete Zeit seines Lebens verbracht habe. Leider sei er nun aufgrund der Arbeitsbelastung schon lange nicht mehr in der Gegend seiner Kindheit gewesen, obwohl ihn besonders in den ersten Wochen nach Felix' Tod eine große Sehnsucht nach Südtirol erfasst habe.

Die Trauerbegleiterin zeigt Wertschätzung für die Schilderung der biografischen Wurzeln von Herrn B. und unterstreicht mit eigenen Worten seine Darstellung vom Kindheitszuhause als einem glücklichen und sicheren Ort.

Frau B. legt mit ihrem gelben Seil ebenfalls die Wegstrecke aus einer eher beschwerten Kinderzeit (aufgewachsen zuerst bei ihrer sehr strengen Oma, später dann in einer Pflegefamilie) bis in die junge Erwachsenenphase. Die erste Begegnung mit ihrem späteren Mann in der Tanzschule wird auf den sich nun parallelisierenden Lebenslinien beider ebenso mit einem Symbol belegt (Strohblumenstrauß) wie der Zeitpunkt der Liebeserklärung (Schneekugel mit rotem Herz) und auch das Hochzeitsdatum (zwei spiegelbildlich einander entsprechende und sich zuwendende Engelsfiguren). Während Schritt für Schritt Frau und Herr B. dieser Annäherung aneinander nachspüren, beobachtet die Trauerbegleiterin immer wieder einen ausdrucksstarken Blickwechsel und gewinnt den Eindruck einer sich in der gemeinsamen Erinnerungsarbeit aktualisierenden tiefen Vertrautheit zwischen den Partnern. Manchmal wird eine nur angedeutete Geste oder ein halbangefangener Satz von Herrn B. durch seine Frau erläutert oder ergänzt. Beide schwingen in ihrer Darstellung des Gelebten zunehmend synchron. Nun werden die »Quellen des Lebens« (Zeugungszeitpunkte) aller drei Kinder markiert und von beiden betrachtet. Angeleitet durch die Trauerbegleiterin wählen die Eltern für den Eintritt ihrer Kinder ins Leben nun »Symbole« aus, für Paula eine wunderschöne Muschel, für Stefan einen Bergkristall und für Felix eine getöpferte Sonnenscheibe. Frau B. ist bewegt und erzählt unter Tränen, wie wohl sie sich während der Schwangerschaft mit Felix gefühlt habe, dass es ihnen »gut miteinander gegangen sei«, Herr B. steht dabei dicht hinter seiner Frau. Alle Familienmitglieder werden nun zusätzlich durch »passende Repräsentanten« (Stofftiere oder Puppen, die spontan mit Wesenseigenschaften, Charaktermerkmalen, Phänomenologie des Betreffenden assoziiert sind) ein Teil der Szene und als »Stellvertreter« auf das jeweilige Seil gesetzt.

Die Höhen und Tiefen der Entwicklung der Kinder, Fortschritte und Krisen erscheinen als organisch-zyklische Bewegungen des Lebensflusses – der manchmal gradlinige, aber meist wellenförmige und oft auch krisenhaft zugespitzte Lauf der Seile macht analog die ununterbrochene Metamorphose des Lebens deutlich sichtbar. Vorsichtig eruiert die Trauerbegleiterin, ob die Eltern bereit seien, sich dem Zeitpunkt des Abschieds von Felix zuzuwenden. Sie bittet Frau und Herrn B., Felix' Lebenslinie rechtsseitig aus dem Bild »herauszuentwickeln« und ihm einen neuen guten Platz in einer nicht zu großen Entfernung zu bereiten. So wird Felix, repräsentiert durch ein Golden-Retriever-Hundebaby (»Er hatte eine gute Spürnase, fand immer einen Weg«, hatte sein Vater bei der Auswahl angemerkt) dort positioniert, in einen warmen Schal halb eingehüllt – er hat jedoch, das ist den Eltern wichtig, den weiteren Weg der Familie im Blick. Auswirkungen des plötzlichen Verlusts des Sohnes auf das Familiensystem und im besonderen Hinblick auf die Partnerschaft der Eltern werden durch das Bild der auseinanderstrebenden (Felix) und weiter in die Zukunft verlaufenden Lebenslinien (übrige Familienmitglieder) gespiegelt. Die Wahrnehmung und Einordnung der visualisierten Veränderungen erfolgt durch Herrn und Frau B. und wird von der Trauerbegleiterin mit sparsamen empathischen Worten begleitet.

Nach einer kurzen Pause betreten die Eltern nun auf Vorschlag der Trauerbegleiterin die Zukunft ihrer Lebensflussskulptur und stellen sich hinter die Vertreter von Paula und Stefan, die wiederum nach vorne auf das eigene Leben blicken. Frau und Herr B. schließen die Augen und werden mit einer kurzen hypnotherapeutischen Atemanleitung in der Entspannung unterstützt. Ohne Intervention durch die Trauerbegleiterin haben beide von selbst Körperkontakt im Schulterbereich miteinander aufgenommen. Diese spricht jetzt von den möglicherweise entstehenden inneren Bildern als gute »Berater« und bittet beide Partner um ein Signal, sobald sich eine »Vision über das, wie es werden könnte« einstelle. Durch genaue Beobachtung des tranceartigen Zustandes registriert die Trauerbegleiterin die physiologischen Parameter der mentalen Suchlaufbewegung (Veränderung in der Kopfneigung, Bewegung der Augäpfel unter den geschlossenen Lidern, Flattern der Augenlider etc). Herr B. lächelt, kurz darauf nickt auch Frau B. mit gelöster Mimik. Die Trauerbegleiterin entscheidet sich aufgrund der so positiv veränderten Stimmung, keine Auswertung der *Imaginationsübung* vorzunehmen, um die Kraft der Bilder zu erhalten. Nach einer kleinen Pause regt sie an, Erlebnisse und Ergebnisse am Ende dieser insgesamt knapp viermonatigen Begleitung noch einmal Revue passieren zu lassen. Sie nimmt ohne weitere Rückfrage und Kommentierung, doch sehr aufmerksam die einzelnen Hinweise zu »Krisenereignissen«, wohltuender Unterstützung und weiteren Plänen der Familie entgegen. In einer ruhigen Atmosphäre verabschiedet sie das Paar mit dem bilanzierenden Ausblick, dass es nun vielleicht einen längeren zeitlichen Abstand geben werde, ehe man wieder voneinander höre, und dass dies so in Ordnung sei.

Aspekte (selbst)reflexiver Einschätzung:
- Wie so oft erlebe ich die Arbeit mit dem Lebensflussmodell als »Methodik der Wahl«, wenn es um die Intensivierung von gemeinsamen Erfahrungswelten geht. Die Rückbindung an partnerschaftliche Kraftquellen hatte ohne viel Worte die Trauer der beiden in Beziehung gesetzt (Goldbrunner, 1996). Ich überlege, bei einem eventuell auf Wunsch der Familie im Laufe des Jahres zustande kommenden Folgetermin dieses die Systementwicklung so veranschaulichende Instrument weiterhin einzusetzen.
- Ich verspüre Hochachtung und eine Menge Sympathie für die mir zwischendurch so nah gekommenen und doch eigentlich fremden Menschen. In diesem Widerspruch drückt sich in meinen Augen die größte Herausforderung in der Arbeit einer/eines Trauerbegleitenden aus.
- Um mich selbst lösen zu können, entscheide ich mich für ein kleines Abschiedsritual: Ich lege ein Seil mit meiner persönlichen Lieblingsfarbe an die Stelle des Lebensflussmodells, an der sie auf Wunsch von Frau B. als Helfer Teil des Systems wurde, markiere die kurze gemeinsame Wegstrecke und verlasse an einer der Zeitachse entsprechenden Abzweigung mit einem bewussten Schritt und der Herausführung meiner eigenen Lebensbahn den vorübergehend begleiteten Lebensweg der Familie wieder.

– Mein abschließender Eindruck am Ende dieser Trauerbegleitung ist, dass es für Paula, Stefan und ihre Eltern aus eigenen Kräften heraus möglich sein wird, in Bewegung, das heißt am Leben zu bleiben. Die aktiv geführte Auseinandersetzung der Familie mit Felix' Unfall und den daraus resultierenden erheblichen Veränderungen für Familie B. erscheint mir prognostisch günstig.

4.8 Delegation und kollegiales System

Über das Sekretariat der Schule erbittet Paulas Lehrerin nach Rücksprache mit den Eltern und der erforderlichen Schweigepflichtentbindung aller Beteiligten einen telefonischen Gesprächstermin für die darauf folgende Woche. Die Trauerbegleiterin bespricht bei dieser Gelegenheit die Stimmungsschwankungen, Konzentrationsstörungen und das tendenzielle Rückzugsverhalten der Achtjährigen als eine adäquate Reaktion auf ein traumatisierendes Ereignis. Sie erzählt, dass die Familie die Hinweise der pädagogischen Kollegin im Laufe der Begleitung mehrfach thematisiert und als wertvoll empfunden habe. Es findet ein Austausch über den zeitintensiven und lang andauernden Trauerweg von Kindern statt und die Notwendigkeit, von pathologisierenden Einschätzungen abzusehen, ferner kommen Kooperationsinteresse und Vernetzungspotential zwischen Institution und ambulanter Begleitung zur Sprache. Konkret wird die bedarfsabhängige Zusammenarbeit im Falle einer Zuspitzung der bisher im Toleranzbereich liegenden Schwierigkeiten Paulas vereinbart.

4.9 Katamnestische Zwischeninformation

Herr B. ruft neun Monate nach der letzten Sitzung in der Praxis an und berichtet, dass es seiner Frau besser gehe, er jedoch jetzt oft in ein tiefes Loch falle und sich dabei immer wieder selbst frage, mit welchem Recht er weiterlebe, habe er es doch nicht geschafft, seinen Sohn und damit auch die ganze Familie vor Unglück zu bewahren. Mit seiner Frau wolle er nicht so gern darüber sprechen, da sie es gerade wieder geschafft habe, sich etwas besser zu fühlen. Die Familienbindungen insgesamt hätten sich auch weiter als tragfähig erwiesen und das Klima zu Hause sei meist harmonisch, nur er selbst verspüre in letzter Zeit eher Rückschritte. Die Trauerbegleiterin fokussiert das Anliegen des Vaters als Bedürfnis, eine starke und schützende Haltung einnehmen zu können, und nun Unterstützung in seiner augenblicklichen Verunsicherung und Erschöpfung zu suchen. Sie erinnert Herrn B. an seine Rolle, dem Familienverbund über Monate erfolgreich Halt- und Strukturgeber zu sein, und bestärkt ihn in seinem Wunsch, nun sich selbst in den Blick zu nehmen.

Nach einer kurzen Einführung über Entstehung und Zielsetzung der Initiative der »Verwaisten Eltern« nennt die Trauerbegleiterin die Telefonnummer des Leiters des Männergesprächskreises dieses Vereins und bittet um Rückmeldung nach den ersten Kontakten vor Ort.

5 Kasuistische Szenarien

5.1 Einführende Gedanken: Das »Gesicht der Trauer«

Salvador Dalí, der große französische Künstler und »agent provocateur«, malte 1963 ein erstaunliches Bild, eine wenig beachtete private Reminiszenz. Er porträtierte seinen Bruder bzw. sein persönliches inneres Bild von ihm, denn dieser starb bereits neun Monate vor Dalís Geburt. Als er das »Bildnis meines toten Bruders« (Abbildung 7) schuf, war Dalí 58 Jahre alt. Es zeigt einen jungen Mann, erstaunlich, denn sein Bruder wurde nie so alt, er verstarb knapp zweijährig.

Abbildung 7: Bildnis meines toten Bruders (1963), Öl auf Leinwand – 175 x 175 cm, Privatsammlung, © Salvador Dalí, Fundació Gala-Salvador Dalí / VG Bild-Kunst, Bonn, 2007

Einführende Gedanken: Das »Gesicht der Trauer«

Als ein körniges Pixelbild schwebt ein Kopf mit wachen Augen wie aus den Wolken in eine in Ocker- und Sepiafarben gehaltene Landschaft gestellt und gleichzeitig mit kosmischen Weiten verbunden.

Auf der unteren rechten Bildseite sind einige Menschen wie in Leidenshaltungen gebannt dargestellt. Ihnen gegenüber stehen auf der anderen Bildseite stilisierte mit Lanzetten bewaffnete Krieger. Welche Kämpfe bilden sich hier ab? Salvador Dalís Bruder erlag einer infektiösen Magen-Darm-Entzündung, der sein kleiner Kinderkörper nicht gewachsen war.

Auf der linken Gesichtshälfte des jungen Mannes vergröbern sich auf Ohrhöhe die Pixelpunkte. Winzige Figürchen sind zu erkennen, die aus der Kopfsilhouette heraustreten. Welche Entwicklungsschritte wären wohl denkbar, hätte dieses Kind ein erwachsener Mann werden dürfen?

In dieser künstlerischen Bearbeitung einer biografischen Verlusterfahrung mit den Mitteln des Surrealismus fließen Trauer, Traum und Traumerfahrungen ineinander: Subjektive Wahrnehmung und objektive Realität scheinen widersprüchlich, könnten jedoch darauf hinweisen, dass dieser tote Bruder für seinen jüngeren Bruder Salvador als eine bedeutsame, prägende Beziehungsperson mitwuchs, obwohl sich beide nie real begegnet sind. Die Tatsache, dass Salvador Dalís Eltern ihm den Namen des erstgeborenen und verstorbenen Bruders »Salvador« gaben, als dieser neun Monate nach dessen Tod zur Welt kam, lädt zu Hypothesen ein. Mit welchem (Vor)Bild, mit welchen elterlichen Erwartungen und in welchem elterlichen Schmerz wuchs der »zweite Salvador« auf? Welche Abgrenzungsleistungen zu einer eigenen Identität als »einzigartiger Salvador« hatte er wohl aufzubringen?

Vieles aus zahlreichen Trauerprozessen lässt sich in diesem real erscheinenden Abbild eines toten Kindes wiedererkennen: Erzähltes und Nicht-Erzähltes, Erfahrenes und Phantasiertes, Entworfenes und Erhofftes sind punktiert angedeutet und damit vielleicht auch auf den Punkt gebracht. Im Kopf des Bruders werden uns die zu leistenden Trauerprozesse in all den kleinen Menschenpunkten angedeutet, sie erscheinen im Gehirn des Jungen wie Kollektiverfahrungen. Wir begegnen einem »Gesicht der Trauer« aus schier unendlich vielen »Puzzleteilen«.

Systemisch betrachtet entsteht es aus einer Vielzahl unterschiedlichster Trauerreaktionen all der Menschen, die um das kleine Kind trauern. Der Verstorbene bildet sich in pointilistischer Manier über multiple Repräsentanzen seiner möglichen Individualität heraus, die an einigen Stellen zu einem homogenen Ganzen verschwimmen, bei genauerem maßstabsvergrößertem Hinsehen jedoch ein Eigenleben führen.

Andererseits könnte man auch Dalí selbst, mit dem früh verstorbenen Bruder und um die eigene Existenzberechtigung ringend, in diesem jungen Mann wiederfinden. Sein Kopf scheint voll von angestrengter Aktivität, um seinem Alter Ego ein Gesicht zu geben und Leben einzuhauchen. Hier bilden sich Facetten einer Geschwistertrauer ab. Es lässt sich eine andauernde Auseinandersetzung mit dem eigenen Überleben erahnen. Manchmal führt dies auch zu einer Überlebensschuld.

Wir könnten in diesem Bild auch die Innenansicht von Dalís Versuchen, das Unfassbare zu personifizieren, erkennen: eine schöpferische Aktivierung von Selbstheilungskräften.

Das Bildnis des in einer Kunstschöpfung er- und geträumten Bruders lässt sich vielfältig interpretieren: als Visualisierung eines Beziehungsgeschehens, als Abbildung des persönlichen intrapsychischen Trauerprozesses und darüber hinaus als transpersonale Symbolisierung existentieller Verluste. Salvador Dalí gibt der Trauer ein tiefgründiges Gesicht.

Für Trauerbegleiter enthält Dalís Bild wichtige Botschaften. Sobald wir die Unterschiedlichkeit der Trauerfälle mit der Verschiedenartigkeit individueller und gemeinschaftlicher Bewältigungsbemühungen multiplizieren, bekommen wir einen Eindruck von der Vielfalt unseres beruflichen Schwerpunkts. Erst die Zusammenschau der einzelnen Punkte erlaubt uns, das Gesicht der Trauer im Ganzen zu erkennen.

Eine bunte Reihe von Skizzen illustriert nun unterschiedliche Verlusterfahrungen. Wir bedanken uns bei unseren Mitautoren dafür, dass sie ihre je persönlichen Arbeitshaltungen, Zugangsweisen und selbstreflexiven Überlegungen zum wechselseitigen Erfahrungsaustausch in kollegialer Offenheit darstellen.

5.2 Begleitetes Abschiednehmen im Kontext großer Weltreligionen und östlicher Weisheitslehre

5.2.1 Beispiel einer Trauerbegleitung nach der Halacha (Jüdisches Gesetz)

Für die wertvollen Einblicke in die jüdische Kultur danken wir Dinah Zenker, die es versteht, kompromisslose Klarheit und tiefe Empathie in der Darstellung eines (für viele andere stellvertretend geschilderten) Schicksalsweges zu verbinden. Erschüttert vom Ausmaß menschlicher Traumatisierung und ihrer lebenslangen Folgen erkennen wir in dieser Trauerbegleitung, wie das Leiden einer Betreuten ihr Betreuungssystem fordert. Wahrhaftigkeit in der Beziehung zwischen Betreuern und Betreuten wird uns als Voraussetzung sinnstiftender Interaktion deutlich.

Trauer als Recht und Pflicht

Als Kind tschechischer Überlebender der Shoah bin ich 1954 in Deutschland geboren und in einem orthodox-jüdischen Haus aufgewachsen. 1971 wanderte ich nach Israel aus, 1987 kehrte ich nach Deutschland zurück. Seitdem bin ich im jüdischen Seniorenheim als Altenpflegerin und seit dem Jahre 2002 als Pflegedienstleitung tätig.

Bei Beginn des Sterbeprozesses war Frau C. im 86. Lebensjahr und lebte seit sieben Jahren im jüdischen Seniorenheim: eine Überlebende des Konzentrationslagers Auschwitz, die dort ihren vierjährigen Sohn, den Ehemann, ihre Mutter und die restliche Familie in der Gaskammer verlor. Im Jahre 1946 heiratete Frau C. einen

Leidensgenossen und 1950 bekam das Paar eine Tochter. Familie C. lebte ein sehr traditionelles jüdisches Leben.

Frau C. erlitt nach dem Tode ihres zweiten Ehemanns einen Apoplex, der einen Einzug im Seniorenheim notwendig machte. Während sie sich körperlich erholen konnte, nahmen schwere Traumata aus der Verfolgungszeit zu, diese äußerten sich vor allem durch Alpträume, Depression, paranoide Angstzustände und Zwangshandlungen.

Frau C. sammelte im gesamten Haus Papier, zerriss dieses und drehte es zu Kugeln. Im Konzentrationslager leistete Frau C. Zwangsarbeit in der Munitionsherstellung. Waren am Ende eines Tages nicht Hunderte von Kugeln gefertigt, nahm wieder die Angst überhand, den kommenden Tag nicht zu überleben. Zwischen den Arbeitsintervallen beherrschte sie der Drang, sich mit sehr heißem Wasser zu duschen, manchmal bis zu zwanzig Mal in vierundzwanzig Stunden.

Aufenthalte außerhalb des geschützten Rahmens des Seniorenheimes wurden als Deportation empfunden, bei ärztlich notwendigen Behandlungen stand die Angst vor medizinischen Experimenten im Vordergrund. Vor allem nahm die seelische Not zu, fast ohne Unterlass von ihrem ersten, ermordeten Kind zu sprechen.

Die nach dem Krieg, noch im DP(»displaced person«)-Lager geborene Tochter erfüllte voll und ganz die Rolle des in Auschwitz ermordeten ersten Kindes. Zwischen Tochter und Mutter herrschte eine symbiotische Beziehung. Frau C. fasste zu ihren Mitmenschen kaum Vertrauen, außer zu ihrer Tochter und den beiden Enkelkindern. Bei körperlichen Berührungen schreckte Frau C. furchtsam zurück. Bereits zum Ehemann der Tochter war eine Distanz vorhanden.

Aufgrund des Schlaganfalls und einer ausgeprägten Schwerhörigkeit entwickelte Frau C. eine eigene Sprache aus einem Gemisch polnischer, deutscher und jiddischer Wörter, was die Kommunikation im täglichen Umgang mit ihr sehr erschwerte.

Ich hatte mit Frau C. bereits vor ihrem Heimeinzug Kontakt. Als Mitglied der jüdischen Gemeinde, ebenso Jiddisch sprechend und fast gleichaltrig mit der Tochter, durfte ich früher oft zu Gast in Frau C.'s offenem Haus sein. Im Laufe der Jahre wurde ich zur pflegerischen Bezugsperson und konnte ein hohes Maß an Vertrauen gewinnen. Ein ebenso enges Verhältnis bildete sich zum Heimarzt, der selbst ein polnischer Überlebender der Konzentrationslager war.

Das Schicksal ist nicht wählerisch: Die Tochter von Frau C. erkrankte an einer besonders aggressiven Form von Krebs. Sie konnte ihre Mutter kaum mehr besuchen und verstarb innerhalb eines halben Jahres. Der Schwiegersohn hatte nicht den Mut, Frau C. über den Tod zu informieren. Er fürchtete, Frau C. würde den Verlust ihres zweiten Kindes nicht überleben und sich eventuell sogar das Leben nehmen. Wir respektierten seinen Wunsch, versteckten die in der Zeitung erschienenen Todesanzeigen und hatten selbst große Diskussionen und Befürchtungen, wie Frau C. reagieren würde.

Bereits nach wenigen Wochen wurde das Verhalten von Frau C. immer auffälliger. Sie wanderte unruhig im Haus umher, versuchte das Heim zu verlassen und in ihre ehemalige Wohnung zu laufen. Nachts schlief sie kaum oder wurde von

Alpträumen gequält. Der Name der Tochter fiel fast unentwegt. Körperlich und seelisch befand sich Frau C. in einem völligen Erschöpfungszustand.

Im Judentum ist Trauer sowohl eine Pflicht als auch ein Recht. Nachdem Frau C. sich bereits von ihrem ersten Kind nicht verabschieden konnte, es sich in Rauch aufgelöst hatte und kein Grab vorhanden war, verstanden wir sehr gut, dass Frau C. für sie lebensnotwendig die Möglichkeit haben musste, ihr zweites Kind »begraben« zu dürfen.

Nach einem Gespräch mit dem betreuenden Arzt erteilte mir der Schwiegersohn die Erlaubnis, Frau C. über das Ableben ihrer Tochter zu informieren. In meiner gesamten beruflichen und pflegerischen Laufbahn hatte ich bislang kein derart starkes Herzklopfen, Ausdruck meiner Sorge, wie ich diese Aufgabe bewältigen würde.

Religiöse Juden teilen den Tod nicht mit zum Beispiel »Herr oder Frau Sowieso sind verstorben«, sondern sie gebrauchen einen rituellen Satz »Baruch dajan ha'emet«– »Gesegnet sei der wahre Richter«. Der Schöpfer dieser Welt hat entschieden, das Urteil ist gefällt und ein Leben zu Ende. Nachdem ich sehr behutsam »Baruch dajan ha'emet« gesagt hatte, verstand mich Frau C. sofort. Sie hielt einen Moment ruhig inne und zeigte mir, dass sie längst geahnt hatte, dass mit ihrer Tochter etwas Schlimmes geschehen sei. Sie knüpfte vom Tod zum Leben an und verlangte Geld für ihre Enkelkinder, die jetzt viel Liebe brauchen würden.

Frau C. brachte sich die »Kria« – das Zerreißen der Gewänder – selbst bei und zerriss ihre Bluse. Dieser Brauch geht auf den Erzvater Jakob zurück, der bei der Nachricht vom Tode seines geliebten Sohnes Josef seinen Mantel zerriss. Dieser Akt wird als sichtbares dramatisches Symbol für das innere Zerreißen, das der Trauernde in seiner Beziehung zu dem Verstorbenen spürt, gesehen. Es erlaubt dem Trauernden, seinen aufgestauten Zorn, seiner Beklemmung durch einen kontrollierten, von der Religion gebilligten Akt der Zerstörung nachzugehen.

Auch verstand Frau C. sehr genau, dass man ihr nicht die Wahrheit gesagt hatte. Eine Nacht lang tobte sie, schrie ihren Schmerz in die Welt hinaus. Sie fühlte sich betrogen und von all ihren früheren Freunden verlassen. Auf meine Initiative erklärte sich der Rabbiner der Gemeinde sofort bereit, die notwendigen Trauerzeremonien am Grab noch einmal durchzuführen. Das Schicksal soll sich nicht wiederholen, Frau C. muss Abschied nehmen dürfen, um weiterleben zu können.

Am Grab sprach der Rabbiner das Kaddisch, das jüdische Totengebet. Dieses Gebet fügt alle in dem gemeinsamen Schmerz zusammen. Es ist dadurch charakterisiert, dass es nur in einem Quorum von zehn Männern gesprochen werden darf. Abwechselnd wird es vom Trauernden und der Gemeinschaft rezitiert. Der Trauernde fühlt sich nicht allein, er wird getröstet durch das Mitleiden der anderen. Am Ende der Zeremonie erhob sich Frau C. von ihrem Rollstuhl und sagte laut und für alle Anwesenden beeindruckend verständlich: »Gott ist gerecht.«

Die zweite Trauerperiode dauert sieben Tage und wird im Haus des Verstorbenen eingehalten. Das Seniorenheim organisierte das »Schiwa-Sitzen«, das bereits im Buch Hiob erwähnt wird: »Er saß sieben Tage auf der Erde und weinte.« Die Trauernden sitzen während dieser Zeit nicht in normaler Höhe, sondern auf niedrigen Hockern. Freunde, Verwandte, Mitglieder der jüdischen Gemeinde kommen täglich, um im Trauerhaus die Gebete zu sprechen und den Trauernden zu trösten.

Frau C. verhielt sich während dieser Zeit sehr ruhig, jeder Besucher achtete ihr würdevolles Verhalten und brachte ihr großen Respekt entgegen. Mir gegenüber gab sie sehr deutlich zu verstehen, dass sie wisse, dass ihre Tochter nicht mehr lebt, ich es ihr gesagt hätte, sie wisse …

Frau C. zeigte, was für eine starke Persönlichkeit sie war, und fand entgegen den Ängsten ihrer Mitmenschen Kraft und einen Weg, um am Leben weiter teilzuhaben. Mit Hilfe professioneller Kunsttherapie malte Frau C. sehr intensiv und mit Freude, auch für ihre Enkelkinder, die viel zu Besuch kamen.

Am Ende des Trauerjahres wurde Frau C. immer kraftloser, schaffte es kaum noch, aus ihrem Bett aufzustehen, nahm immer weniger Nahrung zu sich. Zusammen mit dem Betreuer entschied sich der Hausarzt, Frau C. nicht mehr in eine Klinik zur Erneuerung ihres Herzschrittmachers einzuweisen. Frau C. hatte weiterhin Angst vor »Deportation«, und der sichere Halt der begleitenden Tochter fehlte.

Jede Form von aktiver Sterbehilfe ist nach jüdischem Gesetz absolut verboten. Nur der Schöpfer dieser Welt, der uns das Geschenk des Lebens gegeben hat, hat das Recht, dieses Leben wieder zu nehmen, auch dann, wenn das Leben eher zur Last denn zum Segen geworden ist. Rabbiner Blech, einer der großen zeitgenössischen rabbinischen Autoritäten, zitiert in seinem Werk aber Experten, die nicht nur das Unterlassen einer Behandlung zulassen, sondern sogar die Auffassung vertreten, dass jede Handlung, die den Sterbeprozess eines »goses« (Sterbenden) verlängert, verboten sei.

Eines der höchsten Mizwoth (Gebote) des Judentums gebietet, einen Menschen nicht allein zu lassen, wenn die Seele den Körper verlässt. Im Seniorenheim wurde durch das Engagement von Mitarbeitern, Mitgliedern der jüdischen Gemeinde und ehrenamtlichen Helfern aus dem Hospiz eine engmaschige Begleitung organisiert. Frau C. war eingebettet in eine Umgebung aus warmherzigen Menschen, die im 24-stündigen Rhythmus versuchten, Frau C. soviel Geborgenheit und Sicherheit zu geben, wie sie sie in ihrem Leben wohl selten erfahren durfte. Nach wenigen Tagen und einem nicht schweren Todeskampf durfte Frau C. ruhig diese Welt verlassen und hat hoffentlich ihren Frieden gefunden. Die Beerdigung fand unter großer Anteilnahme und Beteiligung der gesamten jüdischen Gemeinde statt.

Alljährlich wird an den hohen jüdischen Feiertagen Jiskor-Gebet in der Synagoge gesprochen. Es wird all der Verstorbenen in der Gemeinde gedacht und für ihren Frieden gebetet. Es ist ebenso Brauch, am »Jahrzeittag«, dem Todestag, eine Kerze für den Verstorbenen zu zünden. So bleibt Frau C. in unseren Gedanken und wir erinnern uns mit großem Respekt an diesen würdevollen Menschen. Auf ihrem Grabstein steht, wie bei allen jüdischen Menschen, eingraviert: »Ihre Seele möge wieder auferstehen mit allen Seelen des Volkes Israel.«

5.2.2 Beispiel einer Trauerbegleitung aus der christlichen Kultur

Wir danken Friedrich Winter für die Beschreibung einer Familie, die eingebettet in abendländische Kultur und christliche Religion Abschied nimmt. Unterstützt vom Seelsorger ihres Vertrauens gestalten die Familienmitglieder generationenübergreifend einen wohlüberlegten und für sie stimmigen zeremoniellen Ablauf und erfahren so Begleitung sowohl für den Einzelnen als auch für ihr familiäres Trauersystem.

Ein persönlicher Abschiedsweg

Von Beruf bin ich evangelischer Pfarrer mit dem Sonderaufgabengebiet Religionsunterricht in Schulen. Aus meiner früheren Gemeindetätigkeit sind mir die Aufgabengebiete der sogenannte Kasualien (Rituale und seelsorgliche Begleitung bei Einschnitten im Leben, in denen der Beistand der Kirche gesucht wird), zu denen auch die Begleitung Trauernder und die Vorbereitung einer Beerdigung gehören, durchaus geläufig. Immer wieder einmal werde ich im Bekanntenkreis gebeten, eine Taufe, Hochzeit oder Beerdigung zu halten beziehungsweise zu gestalten.

Eines Nachmittags erreichte mich der Anruf eines Freundes, sein über 80 Jahre alter Vater sei gestorben und nun habe er die Frage, ob ich die Aussegnung vor der Kremation und die anschließende Beisetzung halten könne. Ich drückte dem Freund mein Mitgefühl aus und nach kurzer Terminabklärung sagte ich zu. Ich vereinbarte gleich einen weiteren Termin für einen Besuch zur Vorbereitung der Trauerfeier. Als Freund eines der Angehörigen war ich natürlich anders involviert, als wenn ich als Gemeindepfarrer zu dieser Kasualie gebeten worden wäre. Ich rief mir die Begegnungen mit dem Verstorbenen ins Gedächtnis, den ich nicht so gut kannte wie meinen Freund: Er war Mitinhaber eines mittelständischen Betriebs, engagierte sich im Umweltschutz und hatte stets ein wohlwollend-distanziertes Verhältnis zur christlichen Kirche gezeigt. Andererseits wusste ich, dass einzelne Familienmitglieder, unter anderem der Bruder meines Freundes und seine Frau, ein durchaus engeres Verhältnis zu Kirche und Gemeinde pflegten. Die Trauergemeinde war somit ein direktes Abbild unserer gesellschaftlichen Situation im Kleinen. Es war mit kirchlich distanzierten, aber auch mit gut kirchlich sozialisierten Teilnehmern zu rechnen. Hinweise zur Abfassung der Traueranzeige in der Zeitung, was sonst auch oft vom Pfarrer gewünscht wird, waren in diesem Fall nicht vonnöten.

Beim persönlichen Gespräch vor der Beerdigung waren mehrere, wenn auch nicht alle Familienmitglieder anwesend. Nach dem Ausdruck persönlicher Anteilnahme durch mich bewegte sich das Gespräch wie von selbst über die letzten Tage und Stunden des Verstorbenen zu einer Art Gesamtschau seines Lebens mit Höhen und Tiefen, mit Erfolgen und Leistungen ebenso wie mit Schwächen und Fehlern. Dieser Gesprächsgang dient zum einen dazu, zwischen den Partnern Verständigung und Vertrauen zu gewinnen, zum anderen verhilft er zur Schau des Lebens des Verstorbenen als Ganzheit, soweit dies für uns Menschen möglich ist.

Dieser gemeinsame Blick aufs gesamte Leben des Verstorbenen ist bereits ein Stück Erinnerungsarbeit und Trauerbegleitung. Zugleich ist auch die Grundlage für eine Art Lebenslauf gelegt, der in die Bestattungsansprache eingearbeitet wird und dazu dient, dem Verstorbenen zum Abschied die ihm zukommende Ehre und Achtung zu erweisen (eine der Aufgaben des kirchlichen Bestattungsrituals). Eine weitere Aufgabe ist die Verkündigung des religiösen Trostes und der christlichen Hoffnung bei der Beisetzung. Aus diesem Grund werden der Ansprache zu diesem Anlass immer biblische Worte zugrunde gelegt, die dann christliche Grundaussagen zu Leid und Tod verkünden. Dazu gehört die christliche Grundüberzeugung, dass die Toten nicht ins Nichts gefallen, sondern bei Gott »aufgehoben« sind, dass sie der Auferweckung in einer anderen Welt und Zeit entgegengehen, und dass Leid und Tod nicht das letzte Wort in unserem menschlichen Leben behalten.

Wenn bekannt und passend, kann dabei auch der Tauf- oder Konfirmationsspruch des/der Verstorbenen zugrunde gelegt werden. In meinem Fall passte dieser Spruch nicht, so dass mir die Auswahl eines zutreffenden Wortes der Bibel anvertraut wurde. In diesem Gespräch wurden auch weitere Teile der Beisetzungsliturgie besprochen und dienten so als Leitlinie zu einem Verständnis christlicher Verkündigung. Eine Besonderheit dieses Gespräches war, dass die Familienmitglieder im Lauf der Begegnung immer mehr Ideen entwickelten, wie mehrere von ihnen sich aktiv beteiligen könnten. So wurde ins Auge gefasst, dass verschiedene Texte des Verstorbenen (vor allem Tagebucheintragungen und Briefabschnitte) bei der Aussegnungsfeier vorgelesen werden sollten und dass verschiedene Musikstücke, die dem Verstorbenen wichtig geworden waren, erklingen sollten. Einige Gebetsanliegen sollten von Enkeln gefunden und gelesen werden. Insbesondere wurde vereinbart, dass die Beisetzung, weil Feuerbestattung gewünscht, in zwei Etappen erfolgen sollte: eine größere Aussegnungsfeier zu Hause, im heimischen Umfeld, eine kürzere sollte dann auf dem Friedhof folgen. Die Feier zu Hause war der Familie so wichtig, dass sie sogar das Bestattungsinstitut wechselte, weil das zuerst beauftragte bei diesen Wünschen nicht mitzog. So konnte der Tote bis zur Aussegnung im Sterbebett aufgebahrt bleiben. Alle diese Planungen wurden von mir gefördert und unterstützt; gerade die Beteiligung der gesamten Familie am Ritual ist ein wichtiger Aspekt des Abschiednehmens und ein guter Anfang im Trauerprozess.

In den nächsten Tagen reflektierte ich die Ergebnisse des Gesprächs noch einmal und bereitete dann die mir verbleibenden Teile der Feier vor: Die gemeinsam gesungenen Lieder und der Text zur Ansprache wurden ausgewählt, der gesamte Ablauf konzipiert und die Predigt erstellt.

Am Tag der Aussegnung waren die gesamte Familie und viele Freunde versammelt; der Tote lag zu dieser Zeit noch aufgebahrt in seinem Sterbebett und wurde erst später in den Sarg gelegt. Die Kinder und Enkel waren, wie vereinbart, mit Wort- oder Musikbeiträgen beteiligt; wer wollte, konnte noch direkt durch Berühren und Ablegen einer Blume neben dem Toten Abschied nehmen. Nach der Feier, die mit einem gemeinsamen Vaterunser, einem miteinander gesungenen Lied und der Aussegnung endete, wurde der Tote von Mitarbeitern des Bestattungsinstitutes in den Sarg gelegt und dann von allen gemeinsam zur Grundstücksgrenze geleitet.

Erst Wochen später, als die Urne vom Krematorium freigegeben war, fand dann nochmals eine kleine Feier am Friedhof statt: Ein Lied wurde gemeinsam gesungen, eine kleine Predigt verdeutlichte nochmals den christlichen Hoffnungsaspekt, dass mit dem Tod nicht alles aus ist, und nach dem Vaterunser wurde eines der zentralen Hoffnungsworte (aus dem Johannesevangelium: »Ich bin die Auferstehung und das Leben. Wer an mich glaubt, der wird leben, auch wenn er stirbt« <11,25> oder der Offenbarung des Johannes: »Gott wird abwischen alle Tränen von ihren Augen und der Tod wird nicht mehr sein, noch Leid noch Geschrei noch Schmerz wird mehr sein, denn das Erste ist vergangen« <21,4>) verlesen. Nach der Einsenkung der Urne ins Grab endete diese knappe Beisetzung mit dem Schlusssegen für alle Anwesenden. Auch bei dieser Feier am Friedhof war die Familie beteiligt: Ein Sohn trug die Urne vom Auto des Beerdigungsinstituts zum Grab und der andere Sohn versenkte sie in der Erde. Alle Familienmitglieder hatten dieses Vorgehen begrüßt. So konnte der besondere Charakter des Abschiednehmens durch die Familie verstärkt zum Ausdruck gebracht werden. Aber auch das Anliegen des christlichen Glaubens im Blick auf Leid und Tod kam nicht zu kurz: Das Besondere ist ja, dass das Christentum nicht nur eine Hoffnung auf Auferstehung und Leben bei Gott hat, sondern darauf vertraut, dass Jesus Christus als der erste Auferstandene uns da vorangeht und uns somit verbürgt, dass die allgemeine Auferstehung nicht nur ein frommer Wunsch ist, sondern von Ostern als dem Grunddatum der Kirche her verlässlich geglaubt werden kann.

In der christlichen Gemeinde gibt es auch nach der Beisetzung Chancen für seelsorgerliche Begleitung: Eine Einladung der Angehörigen zu dem Gottesdienst, bei dem der Trauerfall in der gemeindlichen Öffentlichkeit bekannt gemacht wird; ein seelsorgerlicher Besuch nach vier oder acht Wochen; eine Einladung zu passenden Angeboten der Gemeindearbeit (evtl. Trauercafé oder eine andere mögliche Veranstaltungen der Seniorenarbeit in der Gemeinde) sowie ein besonderer Hinweis auf den Gottesdienst am Ewigkeitssonntag, wo aller Toten des Jahres gedacht wird. Da ich über die gemeindlichen Aktivitäten der Heimatgemeinde der Angehörigen im Einzelnen nicht informiert war, musste ich es bei einem pauschalen Hinweis belassen.

In der Nachreflexion dieser seelsorgerlichen Begleitung bei einem Trauerfall mit ihren vielen Gesprächen wurde mir die Besonderheit erst richtig bewusst: Die intensive Einbeziehung von Familienmitgliedern aller Generationen, die besondere Würdigung des Verstorbenen und seiner Wirkung auf die Familie verbunden mit der Verkündigung der zentralen christlichen Botschaft im Blick auf Leid, Tod und biblisch-christliche Hoffnung.

In vielen Punkten ist der rituell bestimmte Weg zum Tod hin und zur Bestattung in der römisch-katholischen Kirche ähnlich: Im Prozess des nahenden Todes wünschen sich viele katholische Christen den sakramentalen Beistand ihrer Kirche. Sie bitten den zuständigen Priester um Krankenkommunion oder um die Spendung der Krankensalbung. So erhoffen sie sich entweder Gesundung oder wirksame Begleitung und Unterstützung in aktuellen Lebenssituationen. Nach dem Tod nehmen die

Angehörigen in einer Aussegnungsfeier (zuhause oder im Krankenhaus) Abschied. Als Beisetzung ist inzwischen auch für katholische Christen eine Feuerbestattung mit Urnenbegräbnis möglich. In der Regel findet vor der Beisetzung eine Eucharistiefeier (Requiem) statt; am Jahrestag, und in manchen Gegenden auch nach sechs Wochen, treffen sich die Angehörigen zu einem weiteren Gedenkgottesdienst.

5.2.3 Beispiel einer Trauerbegleitung im islamischen Glaubensverständnis

Dieser Artikel entstand als gemeinsamer Beitrag von Ali Shehata, Secretary of the Department of Religion in the Islamic Culture Center of Ireland (Sitz in Dublin) und Secretary General of the Irish Council of Imans, der die Suren des Korans und die Erläuterungen des Propheten beisteuerte, und Ahmed Selim, Mitarbeiter im Kinderzentrum München. Er ist dort als »Netzwerker« nicht nur für die Computerkommunikation im Büro des ärztlichen Direktors zuständig, sondern auch für die Betreuung arabischer Patienten, und schildert uns die Begleitung eines betroffenen Familiensystems – dies jedoch auf privater Basis und nicht als Teil seiner beruflichen Tätigkeit. Wie oft in moslemischen Gemeinschaften ist das persönliche Engagement selbstverständlicher Bestandteil des gesellschaftlichen Lebens. Wir danken Ali Shehata und Ahmed Selim für die Genauigkeit in ihren Bemühungen, uns die Haltung des Islam in Sterbe- und Trauerbegleitung authentisch zu vermitteln. Es drängt sich der Eindruck auf, dass viele Anregungen systemischer Haltung bereits traditionell im Verständnis der moslemischen Welt verankert sind.

»O du ruhige Seele!
Kehre zurück zu deinem Herrn wohlzufrieden und mit (Allahs) Wohlwollen.
So schließ dich dem Kreis Meiner Diener an.
Und tritt ein in Mein Paradies« (Sure 89, Vers 27 bis 30).

Wir freuen uns, zu diesem Thema etwas schreiben zu dürfen, und hoffen, obwohl Deutsch nicht unsere Muttersprache ist (Dank für Unterstützung an dieser Stelle), etwas Wissenswertes beitragen zu können.

Ein Bekannter wandte sich mit der Bitte um Hilfe an mich, Ahmed, da es einem Freund sehr schlecht ging. Hassan (Name geändert) lag im Krankenhaus und hatte erfahren, dass ihm vermutlich nur noch wenige Wochen Lebenszeit verbleiben. Seine Diagnose lautet Darmkrebs. Da ich in einem klinischen Zentrum arbeite und mir der Kontakt zu Ärzten vertraut ist, soll ich ihn besuchen kommen und die Ergebnisse der Untersuchungen mit ihm besprechen. Ich verstand, dass er eine Vermittlung zwischen sich und den behandelnden Ärzten wünschte. Von seinen Freunden hörte ich inzwischen vor allem etwas über Hassans Fleiß im Leben. Er habe lange in Saudi Arabien gejobbt und sei vor etwa zehn Jahren nach München gekommen. Hier arbeitete er in der Paketzustellung im Schichtdienst. Nebenbei erbrachte er noch verschiedene zusätzliche Hilfsarbeiten, meist schwere körperliche Arbeit, um so viel Geld wie möglich für seine Familie in Ägypten zu verdienen. In Kairo leben neben seiner Frau und zwei Töchtern im Alter von 16 und 19 Jahren auch die nicht mehr erwerbstätigen Eltern und einige der Geschwister mit ihren Familien. Alle ein bis zwei Jahre fuhr er für kurze Zeit nach Hause.

Im Krankenhaus bestätigte der Arzt die ernste Lage und bat uns, die Familie zu verständigen. Bekannte von Hassan, die bei Egypt Air arbeiten, besorgten die Flugtickets, fünf Tage später wurden alle drei Frauen am Flughafen abgeholt und in die Wohnung eines befreundeten Paares gebracht.

Mittlerweile veranlasste man die Verlegung des Patienten in die Universitätsklinik. Dort gab es eine neue Einschätzung der Spezialisten, die einen weiteren Behandlungsversuch mit intensiver Chemotherapie wagen wollten.

Es war erstaunlich, und Allah sei Dank dafür, dass Hassans Werte sich besserten. Wir waren täglich in der Klinik und wechselten uns stundenweise ab. Subjektiv fühlte er sich sehr schlecht, hatte Entzündungen in der Mundschleimhaut und immer wieder starke Schmerzen. Als ein neuer Befund den unerwarteten, aber eindeutigen Erfolg der Therapie deutlich machte, kamen wir alle im Krankenzimmer zusammen und besprachen mit ihm, seiner Frau und seinen Kindern die veränderte Situation. Hassan wollte immer wieder von mir jede einzelne Zeile des Arztbriefes vorgelesen und übersetzt bekommen – er konnte es nicht wirklich glauben und versuchte uns nicht zu zeigen, dass er weinte.

Nach weiteren Zyklen der chemotherapeutischen Behandlung war Hassan zwar sehr schwach, aber auf dem Weg der Besserung. Noch vor seiner Entlassung flogen seine Frau und seine Kinder zurück nach Kairo.

Die Ärzte rieten dringend zur Schonung, aber Hassan wollte unbedingt so schnell wie möglich wieder arbeiten. Seine ganze Absicht war darauf ausgerichtet, bald wieder in seiner Rolle als Ernährer der Familie seinen Pflichten nachzukommen. Er nahm nach etwa vier Wochen und obwohl er noch krankgeschrieben war, seine alten Tätigkeiten wieder auf. Die Arbeitskollegen erzählten uns, dass er sich viel zu sehr anstrengte und sie ihn gebeten hatten, sich zu schonen. Als sein Atem immer schwerer ging und er über Schmerzen in der Brust klagte, fuhr ihn ein Bekannter erneut in die Klinik, aus der sich Hassan aber am nächsten Tag in eigener Verantwortung entließ. Hassan erschien nicht an seiner Arbeitsstelle und wir konnten ihn nicht erreichen. Sein engster Freund fand ihn dann in seiner Wohnung. Hassan war tot. Die Ärzte erklärten später, es sei ein akutes Herzversagen gewesen.

Zum Zeitpunkt des Todes tritt der Engel Azrail mit seinen Begleitern an die Seite des Menschen. Diese holen die Seele der sterbenden Person aus den Tiefen des Körpers. Wenn sie die Kehle erreicht hat, übernimmt Azrail unsere Seele und bringt sie zu Gott: »[Ich] [...] erinnerte mich daran, dass im Buch von den letzten Dingen geschrieben stand, Azrail sei ein Engel mit tausend Flügeln, der die ganze Welt in Händen hält [...] So öffnete ich meinen Mund, und alles schillerte in vielen Farben und wurde in ein herrliche, mit reichlich Goldwasser besprenkelte Helle getaucht [...] Jetzt konnte ich erkennen, dass meine Seele sich schon leicht von meinem Körper gelöst hatte und in der Hand des Todesengels lag. Sie war so klein wie eine Biene, leuchtete und bebte noch wie Quecksilber in Azrails Hand, da sie beim Verlassen meines Körpers ins Zucken geraten war. Doch mein Verstand verweilte nicht bei ihr, er befand sich nun in diesem vollkommen neuen Reich, in das ich eingegangen war« (Pamuk, 2003, S. 237 f.).

»Und Er ist es, der alle Macht über seine Diener hat, und Er sendet über Euch Wächter, bis endlich, wenn der Tod an einen von Euch herantritt, Unserer Boten seine Seele dahin nehmen; und sie vernachlässigen nichts.
Dann werden sie zu Allah, ihrem Herrn, zurückgebracht. Wahrlich, Sein ist das Urteil […]« (Sure 6, Vers 61 und 62).

Dass Hassan allein war, als er starb, hat uns alle sehr bestürzt. In der muslimischen Welt ist es Sitte, dass der Mensch im Übergang zwischen Leben und Tod an die Shahada, unser Glaubensbekenntnis, erinnert wird, und diese Worte wenn möglich mitspricht: »Ich bezeuge, dass es keinen Gott gibt außer Allah und ich bezeuge, dass Mohammed sein Gesandter ist […]« Dann rezitieren die Angehörigen aus der Sure Yaseen, die Erleichterung für anstehende Aufgaben verspricht und später ebenfalls am Friedhof gebetet wird, um Gottes Gnade auf den Verstorbenen herabzurufen.

Hassan wurde – der Sunnah (in Nachahmung der Auslegung Mohammeds) folgend – in die nächstgelegene Moschee gebracht und der islamischen Ethik entsprechend (Männer von Männern, Frauen von Frauen) rituell gewaschen. Der Leichnam wird danach in weiße Gewänder gehüllt. Um den Toten nicht unnötig neugierigen Blicken auszusetzen, dürfen nach der Waschung nur noch enge Angehörige zu ihm und den Kopf von den Tüchern frei machen, um sich zu verabschieden. Alle unnötigen Verrichtungen am Körper (es sei denn, es gibt gerichtsmedizinische Auflagen) sind streng zu vermeiden, es würde als Beschämung und Entwürdigung des Toten erlebt.

Hassans Angehörige wünschten sich, ihn zu Hause zu bestatten, so dass die Freunde in Deutschland begannen, Geld zu sammeln, sowohl für die Flugtickets der anreisenden Familienmitglieder, die ihn in die Heimat begleiten wollten, als auch für die Überführung selbst. Sogar Hassans Arbeitskollegen spendeten, um die Kosten aufzubringen, das hat uns sehr geholfen.

Im Viertel von Kairo, in dem die Familie lebt, begannen die traditionellen Vorbereitungen der Trauerfeierlichkeiten, die wir hier so, wie es in der Regel geschieht, beschreiben. Zwei bis drei Männer organisieren ein Auto mit Lautsprecheranlage, meist einen offenen Pritschenwagen, der durch die Straßen fährt und den Todesfall öffentlich verkündet. Daraufhin strömen alle Verwandten, Bekannten, Nachbarn, die Menschen aus den angrenzenden Geschäften zum Haus des Toten. Frauen beginnen laut zu klagen, zerreißen sich die Kleidung und nehmen Staub vom Boden, den sie auf Haare und Gesicht verteilen.

Mittlerweile treffen weitere freiwillige Helfer ein, das können gut zwanzig, dreißig und mehr Personen sein. Aus diesem Kreis heraus werden nun die anstehenden

Aufgaben verteilt, so dass die Familie Zeit hat für den Abschied und ihre Trauergefühle. Einer besorgt die behördliche Erlaubnis zur Bestattung, zwei andere gehen in die Moschee, verständigen den Imam und erbitten den kostenlosen Sarg, in den der Tote zum Transport vorübergehend gelegt wird. Nun beginnt in der Moschee das Totengebet, wobei der Vorprediger in ausgewiesenen Positionen neben dem Verstorbenen steht, je nach dessen Geschlecht. Ein Teil der Trauergemeinde ist dabei anwesend, andere kümmern sich um die Organisation der anschließenden Feierlichkeiten.

Nach dem Gebet zieht der Zug der Trauergemeinde zum Friedhof, der Tote wird dabei von einigen Männern (nicht aus der Familie, da deren Last als bereits übermäßig angesehen wird) getragen. Dabei zitiert man aus dem Koran: »Sprich, es gibt keinen Gott außer Allah [...] er hat nicht geboren und er wurde nicht geboren und es gibt keinen ihm Vergleichbaren.« Auf dem Friedhof übernimmt ein dort mit seiner Familie wohnender und von der Trauergemeinde für seine Dienste entlohnter Mann den Leichnam und bettet ihn direkt in die Erde (wird wie in türkischen Gemeinden in Deutschland im Sarg bestattet, so ist die verstorbene Person so gebettet, dass der Kopf höher liegt als die Füße, die unterschiedlichen Dimensionen des Himmels und der Erde symbolisierend). In diesem Moment herrscht absolute Stille.

Frauen aus der Nachbarschaft haben unterdessen die Verköstigung für die kondolierende Gemeinde vorbereitet, Freunde und Nachbarn den durch Vorhänge geschützten Platz im Freien für die meist drei Tage dauernde Trauerfeier vorbereitet. Stühle und Tische werden auf der Straße aufgebaut und das gekochte Essen in zahllosen Töpfen angeliefert. An jeden, der vorbeikommt, werden Tee, Kaffee und Zigaretten verteilt. Meist bleiben die Gäste nur kurze Zeit, denn es werden nun bis zu hundert Personen täglich erwartet. Kinder sind dabei willkommen und dürfen überall mit dabei sein, ihre Fragen versucht man zu beantworten. Die Familie des Toten wird mit Worten und Umarmungen getröstet.

> »Und er wandte sich von ihnen ab und sagte: ›Oh mein Kummer um Yusuf!‹ Und seine Augen wurden vor Traurigkeit trüb, (doch) dann beherrschte er sich [...]
> Sie sagten: ›Bei Allah, du hörst nicht auf, von Yusuf zu sprechen, bis du dich ganz verzehrt hast oder zu denen gehörst, die zugrunde gehen [...]‹
> Er sagte: ›Ich beklage nur meinen Kummer und meinen Gram vor Allah und ich weiß von Allah, was ihr nicht wisst [...]‹« (Sure 12, Vers 84 bis 86; Jakobs Geschichte des uneindeutigen Verlusts seines Sohnes Josefs).

Von einem ausgewählten Korankundigen (es ist wichtig, dass dieser eine besonders schöne Sprechstimme hat) werden in Abständen entsprechende Verse rezitiert, in diesen Augenblicken herrscht Rauch- und Trinkverbot. Nach vierzig Tagen findet eine Wiederholung der Trauerfeier statt. Im Anschluss an die großen Feste des Islam wie das Opferfest und das Fest am Ende des Monats Ramadan werden selbstgebackene Brötchen zum Friedhof gebracht und im Namen des Toten an die Armen verteilt.

Für gläubige Muslime ist die Anerkennung des Schicksals wesentlich. Sie überantworten den Sinn des Geschehens Allah. Daraus und aus der Anteilnahme von unzählig vielen Menschen entsteht unser Trost.

Aus der Erfahrung mit Freunden aus meinem Kulturkreis, arabischen Patientenfamilien mit der Notwendigkeit von Langzeitversorgung hier in Deutschland, aber auch durch meinem eigenen Weg weiß ich, wie schwierig es ist, gleichzeitig in zwei Leben, in der traditionell-islamischen und der westlich-modernen Welt, einem Pendler gleich, zu Hause zu sein.

5.2.4 Beispiel einer Trauerbegleitung in der Begegnung mit buddhistischen Wertvorstellungen

Michael Clausing verdanken wir wertvolle Einblicke in die Beziehungsdynamik eines Begleitprozesses. Wiederholt wird er ins Klientensystem eingeladen. Indem er auch der Verführung, für den Betreuten der »Wichtigste« zu sein, widersteht, hält er das System 2. Ordnung aufrecht. So ist es ihm langfristig möglich, die professionelle Beziehungsverabredung einzuhalten und keine Stellvertreterposition zu übernehmen.

Nicht anklagen, Metta lernen

Reinhold S. ist 75 Jahre alt und leidet an einer chronischen Krankheit, durch deren Folgeerscheinungen er in einem Zeitraum von etwa fünf Jahren wahrscheinlich sterben wird. Er lebt allein in seiner Dreizimmerwohnung. Schon am Telefon merke ich: Da begegnet mir jemand, der einen starken Willen hat und schnell auf den Punkt kommt.

Seit einem Jahr arbeite ich als Berufsbetreuer in München. Mein Hauptaufgabenfeld ist die Unterstützung von Menschen im ambulanten Bereich, so dass sie möglichst lange und selbstbestimmt zu Hause leben können. Reinhold S. hörte von mir im buddhistischen Kontext, da ich dort regelmäßig Kurse zu Tod und Sterben gebe. Von einer gemeinsamen Bekannten wurde ich empfohlen.

Selbstbestimmung war für ihn sein ganzes Leben von größter Bedeutung. Reinhold S. war früher selbstständig als Grafiker tätig und ist finanziell gut abgesichert. Die tägliche Versorgung ist noch kein Problem, er hat eine engagierte Putzfrau und einen langjährigen Hausarzt.

Seit 15 Jahren ist Reinhold S. buddhistisch Praktizierender, gehört aber inzwischen keiner Gruppe mehr fest an. Beim Papstbesuch in München zeigt sich, dass er auch eine starke Bindung zum Katholizismus hat.

Bei unserem ersten Treffen begegne ich einem aufgeräumten Mann mit wachen Augen, der sehr schnell klar benennen kann, was er von mir möchte. Er hat gehört, dass ich im Buddha-Haus zusammen mit einem Kollegen eine Hospiz-Initiative gegründet habe. Für ihn geht es in erster Linie darum, seine Wünsche und Vorstellung für die letzte Lebensphase mit jemandem zu besprechen und aufzuschreiben. Da ich

Berufsbetreuer bin, möchte er von mir auch vertreten werden, wenn er seine Angelegenheiten nicht mehr selbst regeln kann. Wir vereinbaren, dass wir uns wöchentlich drei Stunden treffen, uns kennenlernen und die Regelungen auch aufschreiben. So kommen in den ersten zwei Monaten eine Patientenverfügung, ein spirituelles Testament und eine Betreuungsvorsorge zu Papier. Im spirituellen Testament geht es um Fragen wie: Wer soll am Sterbebett dabei sein, welche Lehrer oder welcher geistliche Beistand? Was ist für ihn unterstützend: Gebet, Meditation oder bestimmte Rituale? Wie soll mit dem Leichnam verfahren werden, wie die Trauerfeier aussehen? Ich erlebe ihn sehr fordernd und anspruchsvoll. Er stellt mich auf ein hohes Podest und mir kommt vor, dass er das braucht, um überhaupt Hilfe annehmen zu können.

Über all diese Fragen spricht Reinhold S. auch intensiv mit seinen Geschwistern. Zu seiner Schwester Anne und dem Bruder Georg bestehen ein regelmäßiger und intensiver Kontakt. Da sie älter sind als er und in Berlin wohnen, haben sie sich seit längerer Zeit nicht mehr gesehen, telefonieren aber mindestens zweimal in der Woche. Bei schwierigen Themen schreiben sie sich auch Briefe. Zwischen den Geschwistern gibt es einen regen Austausch über das Thema Tod und Sterben. Anne hat einen sterbenden Mann, den sie betreut, und Georg ist ein Pflegefall, womit er psychisch nicht zurechtkommt. Konkurrenz scheint mir zwischen den Geschwistern unausgesprochen ein wichtiges Thema zu sein.

Auch mein Erscheinen wird aufmerksam verfolgt. Reinhold S. spielte in der Familie immer die Rolle des Tausendsassa, der viele neue Dinge beginnt, viele Ideen hat und selten etwas länger verfolgt. So wird die Idee der Betreuung von den Geschwistern sehr zurückhaltend aufgenommen. Auch sagt Reinhold S.: »Ich gebe mit dir an.« Durch das Auftauchen des neuen Betreuers versucht er aufzutrumpfen und seine Position zu stärken. Durch diese Überhöhung werde ich von den Geschwistern als Konkurrenz erlebt.

Meine Antwort darauf ist der Versuch, die Beziehung sachlicher darzustellen und die Regeln klar werden zu lassen, wozu gehört, dass ich kein »Ersatzbruder« bin, sondern jemand, der eine soziale Dienstleistung anbietet. Reinhold S. legt es besonders darauf an, mich als »Freund« darzustellen. Auf meinen Hinweis, dass er ein Klient, wenn auch ein besonderer, ist, reagiert er mit Aggression und Enttäuschung. Daraus entsteht eine erste Krise, einige Male steht das Projekt der Betreuung kurz vor dem Abbruch. Dann wird uns beiden aber klar, dass dieses Aushandeln von Nähe und Distanz ein dauerndes Thema in unserer Beziehung sein wird. Reinhold S. thematisiert ein Muster, das er sein Leben lang kennt: Er versucht sich durch Menschen, mit denen er zu tun hat, aufzuwerten und anderen gegenüber aufzutrumpfen. Grund ist eine tief sitzende Abwertung der eigenen Person. Diese Krise gibt uns viele Hinweise und die daraus folgende, ständig notwendige Wachheit ist ein roter Faden durch die kommende Zeit.

In Reinhold S. entsteht ein permanenter innerer Dialog mit mir und meinem Handeln. Über diese Kommunikation auf verschiedenen (inneren) Ebenen spricht er offen, und so werden die tiefer sitzenden Gedanken und Ansprüche für uns beide deutlich. Das ist eine wichtige Quelle, den gemeinsamen Prozess besser zu verstehen.

Zu Beginn zeigte er mir besonders seine offensive und tatkräftige Seite. Wir haben beide den gleichen Humor, können viel miteinander lachen und so entsteht recht rasch eine Vertrautheit. Dann kommt eine weitere Krise. Ich habe mich zwei Tage nicht gemeldet und treffe auf einen völlig aufgelösten Reinhold S., der von Verlustängsten geschüttelt wird. Es taucht ein Mechanismus auf, der in seinem Leben schon oft eine destruktive Macht hatte: »Ich klammere wieder!«, ist sein Kommentar. Dahinter stecken große Verlustängste, aber auch Lebensängste, der Wunsch, im Mittelpunkt zu stehen, und Gier. »Ich bin gierig, deine Nummer Eins zu sein.« Da steckt auch für mich eine große Verführung, von meinem Gegenüber so hoch bewertet zu werden.

Reinhold S. ist mit diesem Muster in seinen Beziehungen vertraut. Er macht sie auch für seine Einsamkeit verantwortlich. »Ich treibe ja jeden in die Flucht mit meinen Ansprüchen.« Nach der ersten Krise hat sich etwas in unserem Kontakt verändert. Mir wurde die Notwendigkeit der Abgrenzung und sachlichen Betrachtung deutlich. Diese Sachebene müssen wir immer wieder miteinander stärken. Reinhold S. neigt zu Übergriffen, stellt überzogene Ansprüche und reagiert mit Eifersucht auf die anderen Menschen in meinem Leben. Das Gespräch darüber ist eine notwendige Ebene in unserem Kontakt geworden. Gleichzeitig beschränke ich die Informationen über mein privates Leben oder meine Aktivitäten. Sein Mangel an Aktivität und sein Hunger nach Lebendigkeit werden sehr stark sichtbar. Er kommt zunehmend in die Situation, akzeptieren zu müssen, dass er bestimmte Dinge nicht mehr kann: Seine Arbeit im buddhistischen Zentrum haben andere übernommen, Workshops hält er nicht mehr durch, das viele Sitzen wird ihm schnell zu viel. Zuerst reagiert er mit Wut und Frustration, dann nimmt er sich das bewusste Abschiednehmen als Thema, versucht die Veränderungen zu akzeptieren. Aber das fällt ihm schwer und ist immer wieder schmerzhaft.

Mühe bereitet mir sein Leiden, wenn er nicht bekommt, was er möchte. Ich empfinde immer wieder moralische Erpressung und spreche es auch an: ein Muster, dass ich aus der Betreuung meiner Mutter kenne und das bei mir an manchen Tagen Druck und Genervtsein erzeugt. Meine Mutter hatte die Parkinson'sche Krankheit und ich habe sie acht Jahre bis zum Tod betreut. Dabei habe ich jede Form von moralischer Erpressung kennengelernt: »Nie bist du da, wann kommst du denn wieder, das kannst nur du, wenn du nicht da bist, kann ich gar nicht schlafen, immer denke ich nur an dich, ich bin so einsam« – Sätze wie diese klingeln inzwischen in meinen Ohren und ich mache Reinhold S. klar, dass ich nicht auf eine solche Ansprache reagiere. Ohne die Erfahrung mit meiner Mutter hätte ich die monatelangen Kämpfe mit ihm nicht durchgestanden. Die tägliche Suche nach dem richtigen Abstand ist wichtig und uns hilft hier besonders die klare Struktur und Verlässlichkeit im Kontakt: Ich komme einmal in der Woche zu Besuch, nicht mehr und nicht weniger.

Reinhold S. beschäftigt sich viel mit dem Sterben: »Der Tod ist der Dritte in unserem Bunde.« Er macht uns immer wieder klar, dass wir nicht endlos Zeit miteinander haben, er ist der Zeremonienmeister, der immer mal wieder auf die Uhr zeigt. Reinhold S. macht den Tod zu seinem Lehrmeister: »Alles im Leben verändert sich, nur das ist sicher. Wir werden alles verlieren und das ist unser Leid, dem keiner entkommt.« Das könnte bitter klingen oder nach Vorwurf, tut es bei ihm aber nicht. Alles vergeht, nichts hat Bestand. Die Folge ist aber nicht Resignation und Depression, sondern Verbundenheit und Mitgefühl, denn es geht uns allen so. Reinhold S. sucht den mittleren Weg, der alle Widersprüche zulässt, kein Extrem unterstützt und das eigene Ego ein wenig in den Hintergrund treten lässt. Oder es zumindest versucht.

Und der Tod ist aus seiner Sicht nicht das Ende von etwas, sondern ein Übergang. Er besteht eigentlich nur in unseren Köpfen. Reinhold S. glaubt an Wiedergeburt und an das ewige Rad des Lebens, das uns zwingt, immer wiederzukommen und immer wieder das Leidvolle des Lebens zu erfahren, bis man diesen Kreislauf irgendwann überwindet. »Davon bin ich aber noch ziemlich weit entfernt«, sagt er mit verschmitzen Lächeln. Und das Lachen über sich selbst hilft ihm dabei, nicht aufzugeben. Das Sprechen über den Tod und die Gefühle, die dabei auftauchen, tun Reinhold S. gut. Er hat das Gefühl, sich vorzubereiten. Es stärkt das gemeinsame Gefühl für unser Projekt. Der Tod und unsere Beschäftigung damit ist unsere wichtigste Ressource.

Er erzählt mir gern die Geschichte von dem Lama, der sagte, man solle eigentlich bei der Geburt eines Kindes weinen und beim Tod eines Menschen lachen. Reinhold S. möchte keine »Trauerfeier«, er möchte eine »Dankbarkeitsfeier«. Er schreibt eine Danksagung an alle, die bei seiner Trauerfeier anwesend sein werden, und legt fest, dass sie verlesen wird. Und er möchte, dass alle nahen Menschen etwas Lustiges oder Bewegendes über den Kontakt zu ihm erzählen. Bei seinen Geschwistern trifft er da auf wenig Gegenliebe. Sie lehnen jedes »Brimborium« nach dem Tod ab. »Klappe zu – Affe tot«, lautet der Kommentar von Reinhold S., »die haben ja noch mehr Angst vor dem Sterben als ich.«

Auch hier empfinde ich neben der sachlichen Ebene ein Auftrumpfen gegenüber den Geschwistern. Seiner Funktion, als jüngstes Kind für Leichtigkeit in der Familie zu sorgen, bleibt er treu. Wieder einmal ist er der »Trendsetter«, der den spießigen Geschwistern zeigt, wo es langgeht. Als ich das anspreche, kommt überraschenderweise keine Abwehr, sondern ein klares Eingeständnis – »Na klar!« Hier wird deutlich: Auch Verfügungen über den Tod kann man als Waffe benutzen, um anderen zu zeigen, wo es langgeht!

»Ich möchte lernen, Verantwortung für mich zu übernehmen, es gibt keinen Schuldigen im Außen. Nicht anklagen – Metta (Liebe) lernen«, das ist das Motto, das Reinhold S. sich in dunklen Stunden vor Augen hält. Es ist für ihn das beste Antidepressivum.

5.3 Kaleidoskop kollegialer Erfahrungen

5.3.1 Trauer an biografischen Wendepunkten

Wir danken Katrin Normann für Einsichten in die Arbeit mit Menschen, die durch das Erleben von Trennung in ihrer Selbst- und Weltwahrnehmung verunsichert sind. Der Einfluss der Begleitemotionen auf den Prozess der Trennung wird deutlich. Um sich zu stabilisieren, ist die Wut ein manchmal außerordentlich hilfreicher Energiespender. Für die anstehende Zukunftsorientierung eröffnet sie nicht nur eine sich im Laufe der Zeit erschließende Anerkennung der Trauer über erlittene Verluste, sondern auch die Chance auf neue Lebendigkeit. In der beschriebenen Begleitung kann idealtypischerweise die Ressource der Großelterngeneration als entlastende Konstante für das verbliebene Teilsystem, insbesondere aber für die betroffenen Kinder genutzt werden.

Hilfe zur Selbsthilfe

Der Familien-Notruf München ist seit über 25 Jahren eine Trennungs- und Scheidungsberatungsstelle in München. Ratsuchende finden hier in allen Phasen von Trennung und Scheidung Beratung und Mediation. Auch nach der Trennung können sich Ratsuchende an uns wenden, vor allem dann, wenn es Schwierigkeiten in neu zusammengesetzten Familien gibt. Es können sich Einzelne, Paare, Familien und Kinder an uns wenden.

Ich arbeite seit 1996 in leitender Verantwortung als Diplom-Sozialpädagogin mit Zusatzqualifikationen in systemischer Paar- und Familientherapie sowie Mediation. Im Folgenden möchte ich den Prozess einer Klientin beschreiben, an dem besonders deutlich wird, dass bei von Trennung betroffenen Familiensystemen die Konfrontation mit Trauerprozessen unumgänglich stattfindet.

Immer wieder werden Phasen mit hoher Emotionalität durchlaufen. Gefühle der Lähmung, von elementarer Wut, Enttäuschung, Traurigkeit gehören wesentlich dazu.

In meiner Beratungspraxis arbeite ich zur Veranschaulichung einer Trennung mit einem bekannten Modell. Allgemein wird von folgenden vier sich überlappenden und zum Teil auch mehrmals wiederholten Phasen gesprochen:
- Ambivalenz oder Vorscheidungsphase,
- Trennungsphase (emotional),
- Trennungsphase Scheidung (juristisch),
- Nachscheidungsphase.

In jeder dieser Phasen kann intensive Trauer erlebt werden. Das Durchleben dieser Trennungsaufgaben vollzieht sich meist nicht linear, auch noch nach Jahren können verschiedene Erlebnisqualitäten aus zurückliegenden Zeiten immer wieder in den Vordergrund treten. So kann es sein, dass eine längst geglaubte Bewältigung der Trennung dann noch einmal zu einer großen Phase des Schmerzes wird, wenn der ehemalige Partner eine neue Beziehung eingeht oder gar aus dieser neuen Beziehung Kinder wachsen. Die Praxiserfahrung zeigt, dass die Betroffenen sehr unterschiedlich lang mit der Vorrangigkeit der Trennungsthematik zu kämpfen haben.

Frau B., 39 Jahre, suchte die Beratungsstelle auf zu einem Zeitpunkt, als sie gerade erfahren hatte, dass sich ihr Mann von ihr zu trennen beabsichtigte. Das bedeutet, sie hatte nicht die Möglichkeit, zunächst ein »Für und Wider« abzuwägen, da ihr Mann die Entscheidung, sich zu trennen, allein getroffen hatte und für ihn eine Eheberatung nach Auskunft von Frau B. nicht in Frage kam.

Im Erstgespräch fand ich kaum Zugang zu ihren Gefühlen. Vielmehr erlebte ich sie – und so beschrieb sie auch ihren Zustand – in einem absoluten Vakuum. Typische Sätze aus dieser Sitzung waren: »Ich bin wie vor den Kopf geschlagen, wie gelähmt, ich suche immer die Schuld bei mir. Ich kann im Alltag nur noch das Nötigste tun, alles ist eine ungeheure Anstrengung.«

Ich war insofern in Sorge um meine Klientin, da ich wusste, dass sie zwei Kinder im Alter von elf und neun Jahren hat und ich es zum Zeitpunkt des Beratungsgespräches nicht als gewährleistet ansehen konnte, dass sie ihre Kinder angemessen zu versorgen imstande ist. Sie befand sich in einem solch emotionalen Ausnahmezustand, dass sie kaum in der Lage schien, für sich selbst zu sorgen. Auf Nachfragen, wie die Kinder im Moment betreut werden, versicherte sie mir, dass sowohl ihre Freundin als auch ihre Eltern ihr im Augenblick zur Seite stehen und ihr zum großen Teil die Alltagsaufgaben abnehmen. Ihren Äußerungen konnte ich entnehmen, dass Frau B., wiewohl sich selbst sehr betroffen erlebend, trotz allem in der Lage war, ihre mütterliche Fürsorge wahrzunehmen. Ich teilte ihr meine Wahrnehmung hierzu mit.

Frau B. bat um einen Folgetermin, der gleich in den nächsten Tagen stattfinden sollte, weil sie nach ihren eigenen Aussagen gar nicht wusste, wie sie die nächsten Tage überstehen würde. Ihre Apathie, charakteristisch für ein schweres Verlusterleben, hielt noch eine Weile an. Der Fokus der Begleitung lag in diesen Stunden darauf, die Klientin im Hier und Jetzt zu stabilisieren. In späteren Sitzungen war es zunehmend möglich, ihrer Verzweiflung Raum zu geben.

Für Frau B. ist eine Welt von heute auf morgen zusammengebrochen, von der sie glaubte, sie wäre im Großen und Ganzen in Ordnung. Für sie ist nicht nur überraschend die Beziehung beendet, sondern ebenso ihre Vorstellung von Familienleben und darüber hinaus auch jegliche finanzielle Sicherheit.

Nachdem ich in meinen Interventionen immer wieder auch versucht hatte, die Lage der Kinder zu thematisieren, sprach mich Frau B. in der vierten Sitzung zum ersten Mal von sich aus darauf an. Sie bat mich um eine Einschätzung: Was brauchen Kinder in dem Alter ihres Sohnes und ihrer Tochter gerade in der ersten Zeit der Trennung ihrer Eltern? Wer soll ihnen sagen, warum sich die Eltern getrennt haben? Müssen die Kinder den Kontakt zum Vater beibehalten? Wie kann sie die Kinder trösten? Benötigen die Kinder eine Therapie oder kann man erst einmal abwarten und schauen, wie sich die Kinder entwickeln?

Frau B. fühlt sich in der eigenen Erschütterung nicht in der Lage zu beurteilen, ob die Kinder trauern, sie sagt: »Ich bin so sehr mit mir beschäftigt, dass ich gar nicht mitbekomme, wie es den Kindern geht. Das macht mir zu allem Schmerz, den ich habe, auch zusätzlich noch ein schlechtes Gewissen den Kindern gegenüber.«

Ganz langsam kam Frau B. aus der Phase des Schocks heraus. Sie begann, in den Sitzungen zu überlegen, was sie denn jetzt alles tun, was sie auch rechtlich beachten müsse und so weiter.

Ich wies sie darauf hin, dass es unter Umständen sinnvoll sein könnte, Mediation in Anspruch zu nehmen. Dies schien mir eine Chance für Frau B. und den nichtanwesenden Vater der Kinder, eine verbindliche Regelung aus eigenen Kräften anzustreben, was gerade hinsichtlich einer gemeinsamen Elternschaft besonders wichtig ist. Wir bieten bei Trennungen, die noch nicht so lange zurückliegen, häufig Mediationssitzungen an, in denen die Eltern zunächst Übergangslösungen erarbeiten. In diesen Übergangslösungen wird unter anderem geregelt, wer wann die Kinder sieht, und überprüft, wer von den Eltern welche wirtschaftlichen Mittel benötigt, um den nächsten Monat zu überstehen. An dieser Stelle zeigt sich in der Regel, ob die Klienten sich für eine einvernehmliche Lösung ihrer Trennungsfolgen entscheiden oder ob sie ein streitiges Verfahren bevorzugen.

Frau B. entschied sich für ein streitiges Verfahren. Sie war nicht bereit, sich mit ihrem Mann an einen Tisch zu setzen, und konnte sich zu dem gegenwärtigen Zeitpunkt der Beratung absolut nicht vorstellen, jemals wieder Kontakt mit ihrem Mann zu haben. Frau B. entwickelte zunehmend großen Zorn auf ihren Mann. Sie konnte inzwischen weniger über ihre Verzweiflung und Traurigkeit sprechen und benötigte vielmehr ausreichend Raum für ihre Wut ihrem Mann gegenüber. Dies zeigt einen durchaus charakteristischen Verlauf im Trauerprozess eines von unfreiwilliger Trennung betroffenen Menschen auf.

Normalerweise arbeite ich an der Stelle mit den Klienten daran, wo sie auch ihre eigenen Anteile an dem Ende der Beziehung sehen. In diesem Fall war das zu diesem Zeitpunkt noch nicht möglich, weil Frau B. mich zum gegenwärtigen Zeitpunkt primär stützend benötigte. In der Folgezeit wurde es dann aber immer besser möglich, die Beziehung rückblickend zu betrachten und zu schauen, wann aus ihrer Sicht erste »Risse« in die Harmonie ihrer Ehe gekommen sind. Sie fing an, Erklärungen dafür zu suchen, wie es zu dem Bruch ihrer Ehe kam. Ihre Selbstsicht war allerdings nach wie vor nicht die, dass auch sie zum Teil für die Trennung verantwortlich ist.

Es ist in der Beratung gelungen, Frau B. zu stabilisieren und ihr in der Zeit chaotischen und hilflosen Selbsterlebens Eigenkontrolle zu gewähren. Die Klientin konnte dabei unterstützt werden, die Bedürfnisse der Kinder zu sehen und diesen auch gerecht zu werden. Frau B. hatte den Wunsch, dass ich ihre Kinder kennenlerne und in der Überlegung, ob und in wieweit sie von der Trennung belastet sind, einen fachlichen Beitrag leiste.

Die Frage nach der Belastung der Kinder stellt sich in den Beratungen immer wieder. Wir weisen die Eltern darauf hin, dass der wesentliche Stressfaktor für die Kinder nicht die Trennung als solche ist, sondern der Umgang der Eltern miteinander. Je mehr streitige Auseinandersetzungen es zwischen den Eltern gibt, desto mehr sind die Kinder von der Trennung ihrer Eltern belastet.

In dem Gespräch mit den Kindern wurde deutlich, dass auch sie von der Trennung völlig überrascht waren. Sie haben sehr selten Streit zwischen ihren Eltern erlebt und konnten deshalb die Realität, dass der Vater aus ihrer Sicht »von heute auf morgen« ausgezogen ist, noch nicht wirklich erfassen.

Sie haben weniger über ihre Trauer der Trennung gesprochen als vielmehr darüber, wie schwierig es für sie ist, dass die Mutter daheim immer so traurig und kaum für sie da ist. Sie beschrieben, dass sie ihren Vater sehr lieben und ihn weiter sehen wollen. Als große Stütze erlebten sie die Großeltern mütterlicherseits. Sie haben zu beiden ohnehin einen sehr guten Kontakt, weil diese in der Vergangenheit oft auf sie aufgepasst hatten, wenn die Eltern arbeiten waren. Die Großeltern kümmern sich im Augenblick sehr intensiv um die Kinder, sie scheinen nicht parteilich für einen Elternteil zu sein, so dass die Kinder bei ihnen Trost finden können.

Insbesondere mit der Großmutter zu sprechen, fällt ihnen im Augenblick wesentlich leichter. Besonders der ältere Sohn sagt: »Bei der Mama und dem Papa habe ich immer Angst, etwas Falsches zu sagen. Deshalb bespreche ich alles mit der Oma oder meiner Patentante.« Er befürchtet, falsche Fragen zu stellen, die bei dem Vater, aber auch bei der Mutter Ärger oder Traurigkeit auslösen.

Auch wenn es für die Mutter schwierig ist, Kontakt zum ehemaligen Partner zu haben, ist es in der systemischen Trennungsberatung wichtig, im Interesse der Kinder zu intervenieren und mit den Elternteilen daran zu arbeiten, wie sie den Kindern Kontakt zu beiden Eltern ermöglichen können. Wir bemühen uns, jenseits der aktuell vorliegenden Auseinandersetzung die ursprüngliche Beziehungsdynamik zu eruieren. Den Schilderungen meiner Klientin über das Verhältnis der Kinder zu ihrem Vater entnahm ich, dass sie bislang eine ausgesprochen gute Beziehung zu ihrem Vater hatten. Kann hier von einer stabilen Bindung ausgegangen werden, besteht keine Gefahr, dass die Kinder den Kontakt zum getrennt lebenden Elternteil abbrechen oder verlieren, nur weil sie diesen unter Umständen eine Zeitlang unregelmäßig sehen. Bei kleineren Kindern ist das anders, spielt aber in dieser Beschreibung keine Rolle.

Auf der Basis dieser Vorinformationen konnten Frau B. und ich daran arbeiten, wie die Kinder den Vater sehen können, ohne dass sie Kontakt zu ihrem getrennten Partner haben muss. Hier bietet es sich an, auf bewährte »Zwischenstationen« zurückzugreifen, zum Beispiel dass die Väter die Kinder am Freitag von der Schule oder dem Kindergarten abholen und erst am Montag in der Früh wieder in die Schule oder in den Kindergarten bringen. Mit einem solchen Vorgehen bleibt es den Kindern erspart, streitige Übergabesituationen zu erleben, die den Kontakt zum besuchenden Elternteil erschweren würden. Scheidungsuntersuchungen haben gezeigt, dass gerade gut funktionierende Übergabesituationen wichtig für gelingende Umgangskontakte sind. So eine Regelung konnte sich Frau B. gut vorstellen.

Die Kinder haben inzwischen regelmäßig und aus ihrer Sicht unproblematischen Kontakt zu ihrem Vater. Sie freuen sich auf ihren Vater, unternehmen gern etwas mit ihm, fühlen sich von ihm verstanden, lieben ihren Vater und fühlen sich von ihm geliebt. Der Vater ist seinerseits sehr bemüht, den Kontakt zu den Kindern zu halten, indem er sie regelmäßig sieht und sie unter der Woche anruft. Der ältere Sohn hat bereits ein Mobiltelefon und erhält über diesen Weg auch SMS-Nachrichten vom Vater.

Auch wenn der Kontakt der Kinder zum Vater weiterhin besteht, schien es mir darüber hinaus wichtig, die Mutter (idealerweise auch den Vater) auf unser Gruppenangebot »Kinder im Blick« aufmerksam zu machen, das in Zusammenarbeit mit der Universität München (Professor Walper) entwickelt wurde. Wir gehen davon aus, dass sich eine Menge ändert, wenn Eltern sich trennen, auch und gerade für die Kinder. Sie brauchen nun besonders viel Zuwendung und Präsenz der Eltern, um den Übergang in den neuen Lebensabschnitt gut zu bewältigen. Es gilt, die Eltern dafür zu sensibilisieren, was *beide Teile* zum Abbau von Spannungen und der notwendigen Deeskalation beitragen können.

Für die meisten Familien ist diese Umstellungsphase mit zusätzlichen Belastungen verbunden. Finanzielle Probleme, Konflikte mit dem anderen Elternteil und mehr Stress fordern Kraft, gute Nerven und Zeiteinsatz – häufig auf Kosten der Kinder, aber genauso oft auf Kosten des eigenen Wohlbefindens. Aus diesem Grund wurde das Kursprogramm »Kinder im Blick« entwickelt, bei dem in sechs Gruppenabenden folgende Themen bearbeitet werden:
– Was ist für meine Kinder in der gegenwärtigen Situation wichtig?
– Wie kann ich auch bei hohem Stresspegel eine gute Beziehung zu meinem Kind pflegen?
– Wie trage ich dazu bei, dass mein Kind sich fröhlich und gesund entwickelt?
– Wie kann ich dabei für mich selbst sorgen?
– Wie kann ich dazu beitragen, dass Konflikte mit dem ehemaligen Partner nicht eskalieren?

Frau B. hat sich verantwortungsvoll für die Teilnahme an dieser Gruppe entschieden. Es war für sie eine neue Erfahrung wahrzunehmen, wie aufmerksam und präsent sie an den Gefühlen und Bedürfnissen ihrer Kinder arbeiten kann und wie entlastend das für die Beziehung zu ihren Kindern ist. Darüber hinaus erlebte sie es als hilfreich zu sehen, wie andere Teilnehmer der Gruppe mit Fragen, die sich im Kontext der Trennung stellen, umgehen.

Nach Abschluss der Gruppentermine hatten wir nur noch eine gemeinsame Sitzung. Beide Eltern sind zwischenzeitlich in neuen Beziehungen engagiert. Das bedeutet, dass sich auch Frau B. inzwischen in der Phase der Neuorientierung befindet. Durch die neuen Partnerschaften sind neue Fragen entstanden. Frau B. berichtete in dieser letzten Sitzung, dass sie nicht mehr so viel Wut auf ihren ehemaligen Mann haben möchte und bat um ein weiteres Gespräch. Dieser Termin steht derzeit noch aus. Vielleicht ist es ihr aus der jetzigen für sie emotional stabileren Situation leichter, den Schmerz und die Trauer über die Trennung zuzulassen, um so einen weiteren und tieferen Ablösungsprozess zu durchleben.

5.3.2 Trauer bei tabuisierten Verlusten

Wir danken Christiane Knoop, die beeindruckend berichtet, wie die Helferinnen (Betreuerin und Hebamme) mit ihrem Engagement der von ihnen begleiteten jungen Frau einen Erfahrungsraum eröffnen konnten, in dem diese tief bewusst und zunehmend selbstständiger zu handeln lernte. Das ermöglicht der abgebenden und der aufnehmenden Mutter eine Begegnung an der Schnittstelle von Abschied und Neubeginn, die für die Biografie beider und der des Kindes, das zur Adoption freigegeben wird, nachhaltig wirksam sein wird.

Begreifen, wovon man Abschied nimmt

Seit 28 Jahren arbeite ich als Familienhebamme beim Gesundheitsamt. In aufsuchender Betreuung begleite ich Schwangere und Mütter mit Kindern bis zum ersten Lebensjahr, die sich in medizinischen, psychischen oder sozialen Notsituationen befinden.

In diesem Rahmen lernte ich Beate K. (Name geändert) kennen. Zu diesem Zeitpunkt war sie 18 Jahre alt, ohne Schulabschluss, erwerbslos und in der 28. Woche schwanger, das heißt drei Monate vor dem errechneten Geburtstermin. Der Kontakt wurde durch ihre Jugendbetreuerin aus einer externen Beratungseinrichtung durch das Jugendamt hergestellt. Es ging um Geburtsvorbereitung – »nichts mehr«. Das Kind sollte sofort nach der Geburt zur Adoption freigegeben werden, deshalb die Geburt am liebsten durch einen Kaiserschnitt erfolgen, um »nichts zu spüren und schnell damit durch zu sein«.

Beate K. hatte dieses Kind gewollt, um aus der Enge der eigenen Familie herauszukommen und etwas ganz Eigenes zu haben. Im Lauf der Schwangerschaft machte ihr die Aussicht, Mutter zu werden und verantwortlich zu bleiben, eine ungeheure Angst. Während der intensiven Zeit mit ihrer Betreuerin war sie zu dem Entschluss gekommen, sich von dem Kind zu trennen und es in eine andere Familie zu geben. Ich habe ihren Kaiserschnittwunsch und ihre Sehnsucht, nichts fühlen, »nur nicht hinspüren« zu müssen, dem wachsenden Kind in ihrem Bauch möglichst wenig Aufmerksamkeit zu schenken, ernst genommen.

Dieses Motto schien sich wie ein roter Faden durch ihre Kindheit und durch die Erfahrungen ihrer Herkunftsfamilie zu ziehen: nichts zu fühlen, nicht darüber reden. Über die Großmutter, die unerwartet starb, als Beate K. 15 Jahre alt war, wurde nie wieder gesprochen. Ihre Schwester Susanne sei gestorben, vielleicht ermordet worden, ganz genau wisse sie das nicht. Sie sei in der Badewanne tot aufgefunden worden. Das sei vor einem Jahr geschehen, niemand hatte seitdem davon geredet. Und so wurde genau dies zur Leitidee in unserer Arbeit: das Baby spüren, seine Bewegungen wahrzunehmen, um seine intrauterine Entwicklung zu wissen.

Doch erst einmal ging es darum, den Kontakt zwischen uns zu festigen und miteinander in eine Beziehung zu treten, die es Beate K. erlaubte, zu sich und zu ihrem Kind Beziehung aufzunehmen. Ich habe ihr viel Zeit gelassen. In den Wochen bis zur Geburt haben wir uns wöchentlich einmal für ein bis zwei Stunden in ihrer Wohnung gesehen. Aus ihrer anfänglichen Scheu und Zurückhaltung wurde Vertrauen und Interesse. Sie hat über ihre Angst vor der Geburt und vor dem Kind erzählen können.

Hebammenarbeit ist In-Kontakt-Kommen über Berührung. Über meine Hände auf ihrem Bauch, meine Hände stützend in ihrem Rücken, um ihre Atmung erfahrbar und spürbar zu machen, war ein Teil der Vorbereitung auf die Geburt. Meine Hände als sanfte Massage, um Verspannungen bewusst und erlebbar zu machen. Beate K. war am Anfang dermaßen verspannt, dass sie sich selbst kaum fühlen konnte. Bald wurde sie ein wenig offener, erschien mir mitunter neugierig. Später konnte auch sie ihre Hände auf den eigenen Bauch legen und ihr Kind spüren. Mit der Zeit fand sie Gefallen daran, es zu locken, sich zu bewegen, und sie staunte, wie schnell es wuchs. Das Kind wurde in unseren Kontakten zu einem »anwesenden Abwesenden«. Es macht einen Teil der Hebammenarbeit aus, mit den (Noch-)Abwesenden zu kommunizieren, damit sie anwesend im Leben werden können. Speziell in der Betreuung von Beate K. schien mir das besonders wichtig, damit sie die anfängliche Spaltung rückgängig machen konnte.

Manchmal wurde auch ihre Betreuerin als unmittelbare Bezugsperson einbezogen. Anfänglich war sie ebenfalls der Meinung gewesen, ein Kaiserschnitt würde Schmerzen ersparen und das Vergessen erleichtern. Sie wirkte auf mich, als hätte sie eine mütterliche Position übernommen, um ihrer »Tochter« Leiden zu ersparen. In Gesprächen mit ihr allein wurde aber schnell die Bedeutung klar, die eine durchfühlte Zeit von Schwangerschaft, Geburt und Übergabe des Kindes für die junge Frau haben könnte. Das alte Muster von Nichthinspüren, Nicht-darüber-Reden und Gefühlloswerden könnte mit großem Gewinn durchbrochen und ersetzt werden durch Sichspüren, Trauern, Angst haben und dabei Hilfe und Unterstützung zu erfahren – in diesem Unfang vielleicht erstmalig im Leben.

Sechs Wochen vor dem errechneten Geburtstermin hat Beate K. begonnen, ihrem Kind einen Brief zu schreiben: Gedanken, die sie sich gemacht hatte, einzelne Sätze, Worte. Wir haben gemeinsam Möglichkeiten der Geburt und der Übergabe an die anderen Eltern entwickelt. Beate K. war sehr zögernd, manchmal unbestimmt und unsicher, was sie wirklich tun würde, wenn es soweit war. Aber sie hat sich auf den Prozess eingelassen. Ich habe sie zur Anmeldung in die Geburtsklinik begleitet, um den Kontakt zu den Hebammen im Kreißsaal herzustellen. Ich wollte sicherstellen, dass ihr dort Unterstützung und Respekt vor ihrer Entscheidung zuteil wurden. Ihre Betreuerin hat sie später zur Geburt begleitet.

Beate K. hat schnell entbunden, ihr Kind lange auf dem Bauch liegen und im Arm gehabt, es gestreichelt und ihm einen Namen gegeben. Sie hat ihm erzählt, warum sie es nicht bei sich behalten konnte. Dann ließ sie sich entlassen. Sie ist am nächsten Tag mit einem kleinen Koffer, in dem der Brief an ihr Kind und ein Spielzeug lagen, in die Klinik zurückgekehrt und hat selbst der neuen Mutter das Baby in die Arme gelegt. Es war ihr wichtig, ohne Vermittlung anderer und ohne ihre Betreuerin bewusst allein diesen Weg zu gehen. Ich war beeindruckt von ihrem Entschluss, sich wieder selbst als Handelnde zu erfahren. Mit ihrer Betreuerin, die sie im wahrsten Sinn des Wortes begleitet und als Handelnde ganz zurücktrat, hatte Beate K. verabredet, dass diese sie zu Hause erwartet. Nachdem sie dorthin zurückgekehrt war, hat sie das erste Mal in dieser Zeit heftig und lange geweint.

Ich habe Beate K. noch eine Zeit lang regelmäßig besucht. Für die Nachsorge im Wochenbett und nach zehn Wochen hatten wir noch einmal vier Termine zur Rückbildungsgymnastik vereinbart. Dieser langsame Abschied schien mir auch wie eine Entbindung für uns beide. Sie wirkte auf mich klarer als zu Beginn unseres Kennenlernens. Immer wieder einmal hat sie von ihrem Kind gesprochen: von ihrer Trauer, es nicht bei sich behalten zu können, aber auch von ihrer Erleichterung, es so gemacht zu haben, wie es richtig für sie war. Von dem Wunsch, das Kind möge es gut haben, sprach sie, und von ihrem Einverstandensein und ihrer Sympathie für die Adoptiveltern. Auch ihre eigenen Lebenspläne beschäftigten sie, ihre Zukunft. Sie hatte begonnen, ihren Schulabschluss nachzuholen. Ein Lebensabschnitt war nun beendet, selbstverantwortlich konnte Beate K. einen neuen beginnen.

Meine Nachüberlegungen zu dieser für mich sehr eindrucksvollen Betreuung von Beate K. lassen sich wie folgt zusammenfassen: Hebammen mit und ohne Kooperationspartnern wie der Sozialpädagogischen Familienhilfe oder Jugendbetreuern haben eine wichtige Schlüsselposition.

– Sie können die Weichen für ein förderliches Erleben stellen in einem schmerzhaften Prozess, der zur Persönlichkeitsreife beitragen kann und nicht wie so oft zu schwersten Traumatisierungen bei Müttern und deren noch nicht geborenen Kindern.
– Sie können die Geburt und die Übergabe des Kindes sensibel vorbereiten und als Begleiterinnen der Schwangeren und Gebärenden Halt und Unterstützung gewähren.

Mütter, die ihre Kinder abgeben, werden während ihrer Zeit im Kreißsaal oft als Rabenmütter angesehen und weniger empathisch begleitet. Doch welch wichtige Aufgabe ist es, den Übergang des Babys in die neue Familie liebevoll zu begleiten, die leibliche Mutter in ihrem Abschied zu unterstützen und den Adoptiveltern bei ihrem Neubeginn Sicherheit zu vermitteln.

Beate K. hat in diesem Fall der Adoptivmutter durch ihr mutiges Handeln ein eigenes »Geburtserlebnis« von großer emotionaler Bedeutung ermöglicht und dem Kind liebevoll verantwortungsbewusst seinen neuen Anfang gestaltet.

Beate K. hatte bis heute keinen weiteren Kontakt zu ihren Eltern. Nur ihre ältere Schwester hat sie besucht, die sich auf das Kind gefreut hatte und zunächst wenig Verständnis für den Adoptionsentschluss aufbringen konnte. Ungefähr fünf Wochen nach der Geburt des Kindes hatte Beate K. ihrer Schwester geschrieben, sie trafen sich und besuchen sich seitdem gegenseitig.

5.3.3 Trauer um Veränderung und Verlust von Identität bei lebensverkürzender Erkrankung

In einer Universitätskinderklinik finden Patienten und ihre Angehörigen breitgefächerte Unterstützung. Als Teil eines multidisziplinären Behandlerteams trifft die Krankenhauslehrerin auf ein schwer belastetes Familiensystem. Als Fachkraft bietet sie Ein- und Rückbindung an, als Persönlichkeit integriert sie Aufbruch und Abschied. Wir danken Monika Weis, dass sie uns eine Seite im Lebensbuch eines sterbenden Kindes aufschlug.

(Lebens-)Schule in der Klinik

Seit vielen Jahren arbeite ich als Sonderpädagogin im klinischen Bereich. Das System Schule sorgt sich um die Schullaufbahn kranker Kinder und Jugendlicher. Lange und schwere Krankheit beeinflusst in existenzieller Weise die altersgemäße Entwicklung der Schüler und Schülerinnen. Die Schule für Kranke begleitet die Betroffenen in dieser schwierigen Phase im klinischen Alltag durch das tägliche Angebot der »Pädagogik bei Krankheit«.

Kinder und Jugendliche kommen bei schwerer, chronischer oder/und lebensbedrohlicher Krankheit für längere Zeit in die Klinik. Es sind Schülerinnen und Schüler, die nach Operation oder Unfall und deren Folgen im Krankenhaus – zum Teil auch auf Intensivstation – bleiben müssen. Manchmal werden auch Patienten für kurze Zeit zur Diagnosesuche und Diagnosestellung stationär aufgenommen und beteiligen sich in dieser Zeit am Unterrichtsangebot.

Unser Schulsetting weicht in besonderer Weise von dem üblichen Schulalltag ab. Es gibt zwar feste Strukturen wie Einzelunterricht am Bett oder Gruppenunterricht im Schulzimmer, es gibt gebundene Zeiten. Dennoch ist fast alles auch flexibel und fließend, in Abhängigkeit vom klinischen und medizinischen Ablauf und in besonderem Maße von dem physischen und psychischen Zustand der Patienten.

Für mich sind die Unterrichtszeiten Routinesituationen, die immer wieder an jedem Tag bei jedem Schüler außergewöhnliche Inhalte haben können. Meine – für viele Eventualitäten ausgerüstete – Schultasche ist ein Symbol für diese »Vielfalt des Unterrichts«. Sie bietet Möglichkeiten der individuellen Begleitung gemessen an Bedarf und Befähigung des jeweiligen Schülers. Es geht selten um die reine Vermittlung von Unterrichtsstoff, Themen können unter anderem die Interessengebiete des Kindes, die Schule an sich, Klassenkameraden, Gesundheit und Krankheit, Körper und Behinderung sowie auch der Tod sein. Die jeweilige tägliche Situation hat immer Vorrang. Ziel ist die Integration des kranken Kindes und Jugendlichen in den klinischen Alltag mit all seinen Erfordernissen und die Vorbereitung auf die zukünftige Wiedereingliederung in die momentan ferne Umgebung von Familie, Klasse und Peergroup.

Die folgende Falldarstellung beschreibt die Begleitung von Thomas, der mit elf Jahren plötzlich an Leukämie erkrankte. Als Komplikation erlitt er in den ersten

Therapiewochen eine Hirnblutung, die eine große Operation notwendig machte. Ich lernte ihn nach einem kurzen Aufenthalt auf der Intensivstation kennen.

Thomas war ein Junge in der 5. Klasse, seine Identität als Schüler war aufgrund seines schlechten Allgemeinzustandes auf einen Schlag in Frage gestellt: Er hatte die Sprache verloren, seine Stimme war kaum zu hören, er konnte sich nicht mehr selbständig bewegen. Alles musste wieder aufs Neue erlernt werden, er konnte sich zunächst auf nichts mehr verlassen. Ein »Urvertrauen« in sich selbst und in seinen Körper musste er Schritt für Schritt wieder aufbauen. Er erlebte sich als ein Anderer. Seine Identität war durch die Spuren der Operation (die Schädeldecke war zum Teil entfernt worden, so dass seine asymmetrische Kopfform sofort ins Auge fiel) schwer erschüttert – eine veränderte Identität, die die Krankheit mit einschloss, war noch nicht gefunden, ja wurde von ihm abgelehnt. Seine Trauer kehrte sich nach innen und wandelte ihn. Er entwickelte eine unstillbare Sehnsucht nach »Wiederherstellung«. Thomas wollte zurück in den gesunden Zustand, den Zustand, den er kannte und in dem er sich erkennen konnte. Als das Reden zunehmend besser gelang, sprach er darüber, was er früher gemacht hatte. Er sprach über seine Hobbys, die immer in den »Räumen draußen« stattfanden und von dort wieder lebendig wurden, die aber nicht vom »Drinnen« handelten. Und in diesem Spannungsbogen zwischen Krankheit und Gesundheit entwickelte er ein großes Hoffnungsgefühl auf Genesung, was ihn bis zu seinem Tod nie verlassen und auch seine Umgebung sehr angesteckt hat.

Der tägliche »Unterricht«, die Begegnung mit der Lehrerin, die Fortführung des Schülerdaseins war Thomas ein Bedürfnis. Er wartete jeden Tag auf seine Stunde und genoss neben den vielen fordernden Therapiemaßnahmen den zunächst passiven – und doch aktivierenden Unterricht. Ich weckte seine Beobachtungsgabe für den Körper und dessen Fortschritte in Stimme, Sprache und Bewegung, suchte mit Hilfe der Eltern nach Unterrichtsstoffen, die an seine »alten« Interessen anknüpften. Thomas gewann mit zunehmendem Therapieerfolg Sicherheit. Die sichtbaren und unsichtbaren Handicaps beherrschten nicht mehr so stark sein Erscheinungsbild. Seine Stimme wurde kräftiger und bestimmter. Er lernte, aufrecht zu sitzen. Er nahm brieflichen Kontakt mit seiner Klasse auf und unterschrieb mit seinem Namen. Nach einer Vorphase des Malens und Schreibens versuchten wir uns an den Lerninhalten seiner Heimatklasse.

In seinem Krankheitsprozess orientierte sich Thomas sehr an seinem Vater, der nach wie vor seiner Arbeit nachging und später, als Thomas in eine andere Stadt zur weiteren Therapie geschickt wurde, seinen Arbeitsplatz ans Bett seines Sohnes verlegte. Ich erfuhr, dass der Vater von seinen Kollegen, die trotz seiner häufigen Abwesenheit mit ihm an neuen Projekten arbeiteten, sowohl im beruflichen Kontext als auch emotional stark unterstützt wurde.

Als sich Thomas von mir motiviert zur Teilnahme an einem Mathewettbewerb entschloss, erbaten wir vom Vater die Übernahme der Kosten, so dass beide hier ihre alte und neue Verbundenheit in der Ausrichtung auf zukünftig Mögliches miteinander genießen konnten. Die Anwesenheit beider Eltern war für Thomas das Wichtigste, er freute sich und hat es genossen, seine Eltern in der Nähe zu wissen – selbst wenn er schlief.

Die Mutter wirkte in ihrer Trauer sehr allein. Unzählige Gespräche mit dem behandelnden Team konnten ihre vielen Fragen nie befriedigend beantworten. Sie war vom Morgen bis zum Abend am Bett ihres Sohnes und sorgte sich in intensiver Weise um die täglichen Bedürfnisse wie Essen und Trinken, was Thomas sehr oft verweigerte. Diese permanente Anstrengung und die Angst um das Leben des Kindes führten sie in eine Erschöpfungsdepression. Trotzdem hielt sie ihre unentwegten Bemühungen auch nach der Verlegung in eine andere Klinik aufrecht; vielleicht hielt andererseits auch dieser unbeirrbare Einsatz für Thomas seine Mutter »aufrecht«. So war ihr ein wichtiger Teil der täglichen Aktivität das Versorgen und Bekochen der Kleinfamilie.

Einige persönliche Themen fanden Eingang in die gemeinsamen Gespräche, andere rührten an offensichtlichen Tabus. Es gab zum Beispiel einen älteren Bruder von Thomas, der wegen seines Lebenswandels und seines Verhaltens von den Eltern abgelehnt wurde. Dieser »verstoßene« und auf seine Weise bereits früh verlorene Sohn und die abgewehrte Traurigkeit darüber schien mir beim Kampf der Eltern um Thomas eine große Rolle zu spielen. Das unauffällige und so behütete Kind erkrankte schwer und lebensbedrohlich, der ältere Sohn hatte sich abgewandt und lehnte in einer kritischen Phase des Krankheitsverlaufes eine Knochenmarksspende für den jüngeren Bruder ab. Versuchte er sich auf diese hilflos-aggressive Weise von den Problemen und der Trauer in seiner Familie zu distanzieren? War es seine Art des Selbstschutzes?

Thomas selbst kämpfte bis zum Schluss mit allen Mitteln um sein Leben. Auch seine Art, mit der Krankheit umzugehen, seine Strategien und Bewältigungsversuche wurden sicherlich von der bestehenden, aber nicht ausdrucksfähigen Trauer nachhaltig geprägt. In welch tragischer wechselseitigen Verstrickung hatten beide Kinder und ihre Eltern in dieser schweren Zeit miteinander zu leben ...

Meine eigene »Trauer« begann, als ich an einem Unterrichtstag gemeinsam mit Thomas entdecken wollte, welche Wörter mit den Buchstaben von »Gesundheit« neu zu bilden sind. Während der Arbeit bot ich Thomas außerdem das Wort »Krankheit« an, um noch mehr Buchstabenelemente zur Verfügung zu haben. Schnell fand er aus dem Buchstabenpool das Wort »Kinder«. Und plötzlich fand eine Wende im Unterrichtsgespräch statt, er eröffnete mir, dass er ein Rezidiv habe. Für mich kam diese Nachricht überraschend und meine ursprüngliche Hoffnung zerbrach in diesem Moment. Der nun unausweichlich bevorstehende Tod veränderte meine Arbeit mit Thomas. Die reinen Schulthemen traten in den Hintergrund. Meine Aufzeichnungen im Lehrnachweis lauten: Gespräch mit Thomas, Gespräch mit der Mutter, Abschiedsgeschenk, noch ein Brief an die Klasse in der Heimatschule.

Die Angebote richteten sich jetzt ausschließlich nach den Bedürfnissen von Thomas. Bis zur Verlegung in eine Klinik in einer anderen Stadt hatte ich nicht mehr viel Zeit mit ihm zusammen. In den folgenden Wochen telefonierte ich ab und zu mit den Eltern und besuchte Thomas ein letztes Mal vor seinem Tod. Es war mir sehr wichtig, mich ihm noch einmal ganz bewusst zuzuwenden, ehe ich mich von ihm verabschiedete. Ich wollte nochmals mit ihm reden können, und wider Erwarten war seine Stimme bei meinem Besuch kräftig wie zuvor, obwohl sein Körper schon sehr schwach war. Die Eltern freuten sich mit Thomas über meinen Besuch, mit der Mutter konnte ich beim Kaffeetrinken ein intensives Gespräch führen.

Wichtig in meiner Arbeit und besonders in dieser schwierigen Situation war für mich die Einbindung in das therapeutische und medizinische Team. Im Austausch und in den Gesprächen – besonders mit den Pflegekräften – verteilte sich die Trauer auf mehrere Schultern. Meine Trauer wurde dadurch für mich »erträglich«. Die Informationen untereinander und vor allem die nicht voreinander verborgenen Gefühle der Betroffenheit bewegten dieses »Netz«, das wir um Thomas gewoben hatten. Auch die Beerdigung half mir, als Teil einer Gemeinschaft den Abschied zu spüren und bei einem letzten Gespräch mit der Mutter in Grabesnähe eine uns verbindende Trauer wahrzunehmen. In dieser Trauer nicht allein zu sein, war mir die größte Hilfe.

5.3.4 Trauer im Ringen um Normalität

Wir danken Thomas Malenke sehr herzlich, sich einer doppelten Herausforderung gestellt zu haben. Er ist selbst von Zystischer Fibrose (ZF, Mukoviszidose, »cystic fibrosis«) betroffen; andere, ebenfalls an ZF erkrankte Menschen berät er. Wir baten ihn dezidiert um seine kritische Meinung zum Thema Trauerbegleitung bei chronischer Erkrankung und begreifen, dass Verabschiedung von Lebensentwürfen immer begleitet wird von der Ausrichtung auf neue Perspektiven. In beeindruckender Weise wird deutlich, dass sich der untrennbar mit den biografischen Entwicklungsschritten verbundene Prozess nur im Rahmen einer »Lebensbegleitung« thematisieren lässt. Unterstützende Systeme zu unterstützen, ist sowohl Teil der gesellschaftspolitischen Forderung des Verfassers als auch Appell an die professionellen Helfer.

Mukoviszidose: Chronische Krankheit und Lebensleistung

Die Diagnose Zystische Fibrose (ZF) erhielt ich im ersten Lebensjahr, heute bin ich 41 Jahre alt und verheiratet. Nach dem Fachhochschulstudium der Betriebswirtschaftslehre bin ich in der öffentlichen Verwaltung im Bereich Organisationsberatung tätig. Seit 1988 bin ich außerdem ehrenamtlich engagiert, Verfasser und Herausgeber mehrerer Bücher zur Mukoviszidose und Sprecher des Arbeitskreises Muko16plus, einer Interessenvertretung Erwachsener mit ZF, im Mukoviszidose e. V.

Zentrale Themen bei Mukoviszidose sind Alltagsmanagement, krankheitsbewältigende und an Lebensentwürfe anpassende Strategien, die Akzeptanz der eigenen Grenzen und des »Andersseins«, das Finden einer tragfähigen Balance zwischen Beruf, Freizeit und den durch die Erkrankung bedingten Erfordernissen, aber auch das Betrauern und Verabschieden.

Folgenden Fragestellungen versuche ich nachzuspüren: Wie können hinter den Betroffenen und ihren Familien stehende Gemeinschaften unterstützend sein? Wie wichtig sind diese »Drittpersonen« – ob aus dem Bekanntenkreis, ob Selbsthilfe oder Profis – um den von ZF Betroffenen Entlastung zu geben in ihren Verarbeitungsprozessen?

Wer erstmals mit ZF-Patienten zu tun hat, der wird wahrscheinlich überrascht deren ganz überwiegend optimistische Lebenseinstellung wahrnehmen. Trauer und Abschiednehmen tauchen in Gesprächen mit Eltern und erwachsenen Betroffenen, wenn überhaupt, nur in leisen Zwischentönen auf. Die klassische Antwort eines ZF-Betroffenen mit schlechter Lungenfunktion auf die Frage, wie es ihm geht, könnte demnach durchaus lauten: »Mir geht es bestens.« Die kämpferische Sichtweise der ZF-Betroffenen überdeckt alles. Ist sie andererseits auch ein Aspekt nicht zugelassener Trauergefühle?

Im täglichen Leben mit der Erkrankung, wie dies die Chronizität bedingt, ist zumindest phasenweise eine Distanzierung nötig. Hier liegt auch ein, wie ich finde, wesentlicher Unterschied zu akuten Erkrankungen, die nicht eine dauernde Konfrontation bedeuten. Niemand kann aber dauernd trauern, ständig Abschied nehmen. Dies würde möglicherweise zuviel Energie kosten. Es gilt also, Orte und Zeiten des bewussten Trauerns zu finden – um daraus Kraft zu schöpfen.

Daraus ergeben sich auch unsere Erwartungen an einen Begleiter: Es wäre eher der Wunsch, die notwendigen Pendelbewegungen zwischen Phasen der Stabilität und scheinbarer Normalität und Phasen, in denen die Krankheit und die ihr innewohnende Dynamik der Veränderung präsenter sind, mitzuvollziehen. Diese Grundeinsicht hat mich auch zunächst zögern lassen, der Anfrage nach einem Beitrag für dieses Buch Folge zu leisten. Bin ich – als Beteiligter – professionell genug, darüber distanziert schreiben zu können? Ich habe beim Formulieren dieser Seiten und im Dialog mit den Autoren gemerkt, dass mich dieser Beitrag weit mehr an Kraft und Anstrengung kostet, als ich dies üblicherweise beim Verfassen von Artikeln erlebe. Das Thema (er)fordert Überwindung.

Trauer kann für uns Mukoviszidose-Betroffene nur ein Lebens-Thema sein – sicher ist es ein ganz besonderes Thema allein dadurch, dass es oft genug gemieden wird. Diese Ambivalenz mag angesichts der Schwere der Erkrankung nicht verwundern: ZF ist eine chronische Erkrankung vor allem der Lunge und Bauchspeicheldrüse. Ungefähr 8.000 Kinder, Jugendliche und Erwachsene sind daran erkrankt. Da die ZF angeboren ist, ist sie eine Art Lebensbegleiter für die betroffenen Patienten, ihre Eltern sowie das weitere soziale Umfeld.

Das Engagement von Frau Christiane Herzog, der Gattin des ehemaligen Bundespräsidenten Roman Herzog, hat die Mukoviszidose aus dem »Schatten« geholt und sie einer breiten Öffentlichkeit bekannt gemacht. Die Lebenserwartung eines heute geborenen Kindes liegt zwar noch immer weit unter Durchschnitt bei 30 bis 40 Jahren, der immense medizinische Fortschritt hat jedoch sowohl die Lebenszeit erheblich verlängert als auch die Lebensqualität deutlich verbessert. Leben mit ZF wird sehr bewusst von vornherein als begrenzt erlebt. Die Erkrankung ist chronisch fortschreitend – Trauer und Abschiednehmen sind daher umfassend präsent. Das Leben mit ZF erfordert vom Betroffenen immer wieder einschneidende Anpassungsprozesse. So durchläuft die Krankheit verschiedene Phasen, die sich markant auch an den erforderlichen Therapien festmachen lassen. Jede Phase betont gewisse Themen und erfordert ein bestimmtes Therapiekonzept wie auch Medikationsschema, das dauerhaft immer umfangreicher wird.

Typisch ist folgender Verlauf eines Lebens mit ZF: Die Diagnosestellung erfolgt idealerweise kurz nach Geburt oder zumindest in den ersten Lebensmonaten. Auch spätere Diagnosen sind nicht selten, da die Symptome wiederum nicht immer eindeutig auf ZF verweisen. Zudem ist die ZF eine sehr seltene Erkrankung, die zunächst nicht im Fokus eines Arztes steht oder stehen muss, wenn zum Beispiel ein Kind vermehrt hustet oder schlecht Nahrung verwertet.

Probleme der Bauchspeicheldrüse (Ernährungstherapie, Enzympräparate) und Probleme der Lunge (Atemtherapie, Sport, Dauerantibiotika, Inhalationen) begleiten die weiteren Jahre. Sonderprobleme des ZF-Erwachsenen können im späteren Verlauf Gallen- und Leberfunktionsstörungen sein, gegebenenfalls steht die grundsätzliche Frage einer Lungen- oder Herzlungentransplantation im Raum. In jedem Fall ist die Auseinandersetzung mit der fortschreitenden Einschränkung der Gesundheit unvermeidlich. Die letzte Lebensphase bringt aufgrund der sich verschlechternden Sauerstoffversorgung und Multiorganproblemen meist eine medizintherapeutische und pflegerische Rundumversorgung mit sich.

Das Management der Erkrankung verlangt immer mehr Zeit. Eingebettet sind diese Stationen in die Entwicklungsphasen aller Menschen: Kleinkindalter, Kindergarten- und Schulzeit, Berufswahl oder Studium, Partnerschaft und Kinderwunsch, Hoffnung auf einen festen Arbeitsplatz, Berentung (teils oder ganz). Um dies konkret zu machen, möchte ich drei Lebensstationen näher in Blick nehmen: Neudiagnose, Pubertät und Verabschiedung eines beruflichen Selbstentwurfes.

Neudiagnose: »Es war für uns so, als wenn wir mit unserem Lebensboot in einen Tsunami, einen Wirbelsturm, gekommen wären. Wir sind auf einer einsamen Insel gestrandet, verwirrt, erschöpft. Nichts ist mehr wie vorher.« So beschreibt ein Vater eines ZF-Kindes seine Empfindungen nach der Diagnose. Dies macht deutlich, wie radikal ein Abschiednehmen vom bisherigen Lebensentwurf durch die Eltern erfolgen muss. Viel Kraft ist dazu erforderlich, um nicht ins Wasser zurückgespült zu werden. Wie kann man dem Kind Stabilität geben, wenn man selbst um Fassung ringt? Hier sind besonders unterstützende Systeme gefragt. In erster Linie ist dies in der Phase nach der Diagnose die ZF-Ambulanz, die das Kind betreut. Die Unterstützung erfolgt in Form klarer medizinischer Richtlinien. Idealerweise steht in einer Ambulanz begleitend auch eine Psychologin und Sozialarbeiterin als Ansprechpartner für die Eltern bereit. Dies ist in jedem Fall wichtig, da diese gerade die emotionale Belastung und die Verunsicherung in der Lebenspraxis aufzufangen helfen können: Wie kommen wir als Eltern mit unseren Gefühlen der veränderten Lebensperspektive zurecht? Wie lässt sich die erforderliche Medikamentengabe und zeitaufwändige Physiotherapie in den Alltag integrieren?

Inwieweit andere soziale Systeme hilfreich sein können, ist individuell sehr verschieden. Oft lösen sich solche ursprünglich tragfähigen Netzwerke gar in dieser Extremsituation der Diagnose auf: Freunde wenden sich ab, zum Teil aus Unsicherheit, zum Teil aus Überforderung. Die Frage der Schuld (ZF wird autosomal rezessiv vererbt) prägt die generationenübergreifende Diskussion innerhalb der Familien und belastet so die Eltern des ZF-Kindes zusätzlich.

Die Fähigkeit zu trauern kann in dieser Anfangszeit helfen, um die Akzeptanz »dessen, was ist« zu ringen, und vermag die obsoleten Schuldfragen abzulösen oder zumindest überwiegend zurückzudrängen zugunsten einer integrierenden Haltung. Eine große Ermutigung kann für Eltern eine Selbsthilfegruppe sein, gerade wenn sie erwachsenen Betroffenen begegnen. Sie erfahren dann, dass man mit ZF trotz des Aufwands gut leben kann. Die Teilnahme an besonderen Neudiagnoseseminaren, wie sie zum Beispiel der Mukoviszidose e. V. anbietet, gibt den Eltern das Gefühl, nicht allein zu stehen. Lebenserschließende Perspektiven können besser gemeinsam herausgefunden werden. Allerdings bedarf es hier einer professionellen Begleitung solcher Seminare, damit sie ihren positiven Zweck der Lebenszuwendung erfüllen oder nicht etwa in gemeinsamer Verzweiflung enden.

Dies macht deutlich, dass die Begegnung mit Betroffenen Kraft schenken oder auch Energie entziehen kann: Begegne ich zum Beispiel in meiner Rolle als Patient, der sich in einer guten, stabilen Phase befindet, einem anderen gesundheitlich sehr eingeschränkten Patienten gleichen Alters, der zum Beispiel sauerstoffpflichtig ist, so ist das möglicherweise ein Blick in die eigene Zukunft. Dies kann durchaus beklemmend sein, die Distanzierung ist mitunter nicht leicht. Es gilt, sich bewusst zu machen: Auch bei gleicher Erkrankung und gleichem Alter gibt es nicht einen Verlauf im Sinne der Vorherbestimmung, sondern eine hohe Variabilität. Es kann entlastend sein, sich im Selbsthilfebereich als Projektmanager zu betätigen, also zum Beispiel Bücher herauszugeben oder in Zeitschriftenredaktionen mitzuwirken. So ist man einerseits Teil der Community, andererseits ausschließlich organisatorisch tätig und wird so nicht mit dem alltäglichen Krankheitsmanagement der anderen konfrontiert.

Das Engagement in einer Selbsthilfegruppe kann also Ressource und Belastung zugleich sein: Ich selbst kenne auch bei mir Phasen, in denen ich fast nicht an Selbsthilfeaktivitäten teilgenommen habe, und andere, in denen mir der persönliche Austausch (zum Beispiel bei der Diabetesneudiagnose) eine große Hilfe war. Oft finde ich auch den Austausch mit Einzelnen fruchtbarer als unmoderierte Selbsthilfe-Gruppenabende.

Die ebenfalls vom Mukoviszidose e. V. angebotenen Trauerseminare richten sich an Eltern, die vielleicht schon früh ein Kind durch die ZF verloren haben, und Geschwister. Manchmal sind in einer Familie mehrere Kinder mit unterschiedlichen Krankheitsverläufen betroffen und zwingen die Angehörigen in einen Spagat zwischen Hingabe an die Trauer und Hinwendung an das weitere Leben.

Pubertät: Die Pubertät ist schon für Gesunde ein tiefer Lebenseinschnitt, charakterisiert durch die Suche nach Neuorientierung und Loslösung von den Eltern. Bei ZF-Betroffenen kommt das Erleben hinzu, dass Klassenkameraden bereits in der Pubertät sind, während sie bei einem selbst oft später einsetzt. Dann – wenn es soweit ist – die Auseinandersetzung mit der Norm. Das Leiden unter den Hustenattacken, einem eventuell veränderten Aussehen, einer möglicherweise eingeschränkten körperlichen Leistungsfähigkeit, die besondere Unsicherheit von ZF-Männern gerade gegenüber Frauen: Bin ich vollwertig, kann ich meinen Mann stehen, auch wenn ich durch die ZF eingeschränkt bin?

Das klassische Rollenbild in unserer Gesellschaft fördert die Selbstzweifel. Auch hier ist aber wieder zu beobachten: Diese Trauer über das Alleinsein, das Anderssein wird kaum ausgesprochen. Es ist schwierig, in dieser Phase überhaupt Hilfe anzunehmen, da Jugendliche von sich aus selten mit den eigenen Schwächen offen umgehen können. Krankheit wird tabuisiert – Normalsein zählt. Im Grunde ist dieses Streben nach Normalität bei gesunden Jugendlichen ähnlich ausgeprägt (Wunsch nach Zusammengehörigkeitsgefühl in Peergroups etc.).

Die aktuell konfliktbeladene Beziehung zu Mutter und Vater und das bei ZF oft überbehütende elterliche Verhalten führen dazu, dass das familiäre Unterstützungssystem von den Jugendlichen oft nicht akzeptiert, sondern eher als Hindernis in der eigenen Selbsterfahrung wahrgenommen wird. Als zusätzliches Konfliktfeld kristallisiert sich – im Unterschied zu gesunden – die Therapie heraus. Zeitweise Therapieverweigerung gehört zu den typischen Verhaltensweisen eines ZF-Jugendlichen in der Pubertät. Die grundsätzliche Neigung Jugendlicher, phasenweise das Gegenteil der elterlichen Vorgaben zu leben, allein um sich abzugrenzen und so eigene Identität auszubilden und Souveränität zu gewinnen, findet in der Einstellung zur Therapie also ihre Entsprechung. Welche Motive hier im Einzelfall noch eine Rolle spielen (unterschwellige Trauer?, Selbstverletzung aus Schuld und Scham?), ist schwer feststellbar – denn Jugendliche kapseln sich auch bewusst ab und sind zum Beispiel durch Selbsthilfeaktivitäten durchweg schlecht erreichbar.

Da die Pubertät häufig stark verzögert ist, fallen auch gleichaltrige Klassenkameraden als unterstützendes System in der Regel aus (es sei denn, es sind einzelne Freundschaften entstanden). Die Angebote von Selbsthilfegruppen werden in dieser Zeit leider kaum wahrgenommen. Auf einen Leserbriefaufruf an Jugendliche zum Thema Pubertät in der Zeitschrift muko.info meldeten sich bezeichnenderweise trotz größter Bemühungen keine Jugendlichen.

Oft hilfreich sind zunächst eher zufällige Begegnungen mit anderen Betroffenen während eines Krankenhausaufenthalts oder einer Reha-Maßnahme. In diesem Rahmen entstehen spontan Subsysteme mit höchst individueller Passung. Sie können nicht »organisiert« werden, stellen aber, wie uns die Erfahrung lehrt, eine wichtige Ressource dar. Organisierte Angebote speziell für Jugendliche finden als direkte Intervention manchmal keine Resonanz. Eine mehrwöchige Reha-Maßnahme dagegen kann für Jugendliche eine wertvolle psychosoziale Funktion haben, es entstehen oft überdauernde Freundschaftsbeziehungen.

Ein neues und effektives Zentrum der Begegnung ist für Jugendliche das Internet – so wird auch das Internetforum des Mukoviszidose e. V. ausgesprochen stark frequentiert und genutzt. Sicher kommt Jugendlichen mit ZF (wie auch anderen) entgegen, dass das Internet spontan, bedarfsorientiert und anonym genutzt werden kann. Es bildet insoweit eine eigene Zone der Freiheit, in der der Jugendliche für sich und mit anderen in Austausch treten kann, ohne Eltern oder Behandler um sich zu haben. Dies kann auch zu einer positiven Selbsterfahrung führen und das Selbstwertgefühl erhöhen: »Ich kümmere mich selbst um meine Erkrankung.«

Verabschiedung eines beruflichen Selbstentwurfes: Auch im Erwachsenenalter sind vielfältige Trauer- und Abschiedsprozesse zu bewältigen. Exemplarisch wird dies bei der Frage der Berufswahl und des Berufsweges deutlich. Der ZF-Erwachsene steht vor einem Dilemma: Einerseits sind heute durch die positivere Prognose im Prinzip viel mehr Berufe als früher möglich. Andererseits setzt das Fortschreiten der gesundheitlichen Einschränkungen Grenzen. Wer zum Beispiel nach einer Berufsausbildung und Berufstätigkeit mit 25 Jahren ein Universitätsstudium der Betriebswirtschaftslehre beginnt, legt sich zeitlich fest. Nach sechs bis sieben Jahren Studium ist er 32 Jahre alt. Aber wird er als Betroffener mit 32 Jahren so fit sein, dass er die sich ihm erschließenden Chancen auf erfolgreiche Berufstätigkeit wahrnehmen, die Anforderungen auch an eine Führungsposition gesundheitlich erfüllen kann?

Meine eigene Erfahrung zeigt, dass es eine Herausforderung ist, berufliche Ambitionen mit gesundheitlichen Möglichkeiten in Einklang zu bringen. Daher bin ich bewusst nach dem Studium in die öffentliche Verwaltung gegangen, auch wenn diese eine finanzielle Einbuße beim Einstieggehalt um mehr als ein Drittel bedeutete.

Selbst bei bestem Gesundheitsverlauf ist eine Arbeitswoche mit 50 bis 60 Stunden für ZF-Betroffene nicht leistbar. So ist mancher – wiewohl fachlich hoch qualifiziert – arbeitslos, da er körperlich eingeschränkt ist. Ein Einstieg auf niedrigerem beruflichem Niveau (zum Beispiel als Sachbearbeiter) ist oft nicht möglich, da Arbeitgeber einen Uni-Absolventen als überqualifiziert einstufen.

Wer als junger Mensch die Diskrepanz zwischen dem durch Bildungsmaßnahmen untermauerten Eigenanspruch einerseits und fehlenden körperlichen Ressourcen und dem vorwegnehmend ausschließenden Arbeitsmarkt andererseits frühzeitig erfährt, muss schmerzlich lernen, dass es eben doch allen Fortschritts zum Trotz unüberwindbare Grenzen gibt.

Psychologische Begleitung kann hier eine Hilfe sein; diese wird jedoch selten in den ZF-Ambulanzen geleistet (wo sie eigentlich hingehört), da es dort kaum noch Stellen für auf ZF spezialisierte Psychologen gibt. Die Rolle der Berufsberatung der Agentur für Arbeit dagegen beschränkt sich darauf, fachlichen Input zu geben, wenn es darum geht, Alternativwege zu einem langen Studium aufzuzeigen. Allerdings ist die Beratung meist sehr allgemein und nicht auf die individuellen Bedürfnisse zugeschnitten. An dieser Stelle wird durch regionale Selbsthilfegruppen ergänzende Arbeit geleistet. Dort gibt es kompetente Ansprechpartner – erwachsene Betroffene – innerhalb des Arbeitskreises Muko16plus, die helfen können.

Diese drei Beispiele haben veranschaulicht, welch große Bedeutung Netzwerke für die Betroffenen beziehungsweise ihre Eltern haben können. Zu beobachten ist ganz grundsätzlich, dass die Unterstützungssysteme in den ZF-Ambulanzen – aufgrund der Finanzkrise des Gesundheitswesens – eher abgebaut werden, zumindest aber einem gewissen Zentralisierungsprozess hin zu größeren Ambulanzen unterliegen. Umso wichtiger werden das regionale, gemeindenahe Networking und das Engagement der Selbsthilfegruppen. Erfreulich ist in diesem Zusammenhang, dass die Bereitschaft zu einer immer engeren Vernetzung der verschiedenen Angebotsstrukturen zunimmt. Denn nur so kann auch in Zukunft den Familien und Erwachsenen mit ZF bei den vielfältigen Anpassungs- und Trauerprozessen geholfen werden.

5.3.5 Trauer nach Unfall

Das Überbringen schlechter Nachrichten ist auch für erfahrene Boten schwer. Jörg Zerban unterstützt – mitunter erfrischend unkonventionell – eine Familie, die Wissen und Ahnungen im fürsorglichen Miteinander verknüpft. Schritt für Schritt dokumentiert er, wie die Nachricht vom Tod des Jugendfreundes Teil der Familiengeschichte wird, deren Themen von Krankheit, Migration und wirtschaftlicher Not sich in der Auseinandersetzung mit dem aktuellen Ereignis neu ordnen. Unser kollegialer Dank!

Suchbewegungen nach der Wahrheit

Am Montag nach den Osterferien 2007 werde ich telefonisch von den Schwestern der Kinderchirurgiestation des Schwabinger Krankenhauses informiert, dass der Stationsarzt es gern hätte, wenn ich ein 16-jähriges Mädchen mitbetreue, die bei einem Autounfall verletzt wurde. Der Arzt ergänzt in der Vorbesprechung, dass es sich um einen »typischen Diskounfall« handele, mit sechs jungen Leuten im Wagen, der auf der Heimfahrt vom Diskobesuch in der Nähe des Chiemsees von der Fahrbahn abgekommen sei. Der 18-jährige Fahrer sei dabei ums Leben gekommen. Die Mitinsassen seien je nach Schwere der Verletzungen entweder auf Krankenhäuser in der Nähe oder Spezialkliniken in München verteilt worden. Das Mädchen heiße Veronika, habe eine Kalottenfraktur erlitten, leide unter Liquorrhoe und an den Folgen multipler Prellungen. Sie sei zeitlich und örtlich orientiert, ansprechbar und zeitweise sehr schläfrig, was weitgehend auf das Maß der gegebenen Analgetika zurückzuführen sei, soweit die Information von ärztlicher Seite. Neben der allgemeinen Bitte um Betreuung dieser jungen Frau und ihrer Eltern von Seiten des Teams hätten die Eltern die konkrete Frage an mich, wann man ihr vom Tod des Fahrers – ein guter Freund von ihr, 18 Jahre – erzählen soll.

Zu meiner Position im Schwabinger Krankenhaus: Seit 12 Jahren arbeite ich dort als Psychologe speziell für brandverletzte Kinder, Jugendliche und deren Eltern auf der Kinderintensivstation und der »Wachstation«, der die Brandverletzteneinheit angegliedert ist. In besonders schweren Fällen werde ich auch bei anderen Diagnosen hinzugezogen, unter anderem

- bei männlichen Jugendlichen mit Krebsdiagnose in Krisen,
- bei Polytraumen
- oder wie hier in Fällen, in denen die psychische Belastung eindeutig ist oder eine Suizidgefahr nicht ausgeschlossen werden kann.

Nach dem Briefing durch Pflegeteam und Stationsarzt gehe ich ins Zimmer von Veronika, finde dort Vater und Mutter bei dem sehr schläfrigen Mädchen. Ich stelle mich kurz vor und frage, mit wem von den Eltern ich (draußen) sprechen könne, um das Dösen von Veronika nicht zu stören. Der Vater erhebt sich, kommt mit und die Mutter wacht weiter bei Veronika. Die meisten Eltern pflegen diese oder eine ähnliche Form, sich abzulösen.

Im Besprechungsraum schildert er mir die Gruppe der Jugendlichen als lange bestehende Clique, die in der Nacht von Freitag auf Samstag am Chiemsee gezeltet hatte. Da hätten die jungen Leute beinahe die ganze Nacht durchgemacht. Veronika habe dann den Nachmittag über zu Hause geschlafen, aber der junge Mann nicht, soweit er wisse. Er selbst kenne den Freund von »so an« und macht mit seiner flachen Hand eine Bewegung, die kurz über seinem Knie anhält. Er sei im Haus der Familie ein- und ausgegangen.

Die Familie des verunfallten Mädchens kommt aus Kasachstan, von wo aus sie vor 14 Jahren nach Deutschland ausgewandert seien. Sie sind Deutschrussen. Der Vater entschuldigt sich für seine stockende Rede – er sucht nach Wörtern und meint, es wäre besser gewesen, seine Frau hätte erzählt, sie spreche besser Deutsch. Aber ich verstehe diesen bedächtigen großen Mann gut. Er ist sehr bedrückt und hat Sorge, seine Tochter zu informieren.

Was er denn befürchte, wenn er ihr vom Tod des Freundes erzähle? Dass es sie – zusätzlich zu ihren Schmerzen – in eine Depression stürzen könne; vielleicht könnten sie es ihr nach dem Krankenhausaufenthalt erzählen?

Herr B. selbst sei arbeitslos gewesen, arbeite aktuell in einer Zeitarbeitsfirma und wasche dort Elektronikbausteine. Eine Polypenextraktion vor einem Jahr heile nicht recht aus, die Lösungsmitteldämpfe würden immer wieder dazu führen, dass er Nasenbluten habe. Hier mischen sich seine Leidensfähigkeit und der Stolz, für seine Familie Geld zu verdienen.

Ich lasse mir noch mehr von Veronika und der Familie erzählen. Es kommt heraus, dass Veronika das jüngste von drei Kindern ist. Der älteste Sohn mit 26 Jahren wird als kraftvoll und stabil mit Arbeit und einer Freundin geschildert, die 23 Jahre alte Tochter dagegen leide seit fünf Jahren an einer anfangs unklaren psychischen Erkrankung. Jahrelang habe es immer wieder heftigen Streit gegeben zwischen den Mädchen, die Ältere sei oft nächtelang weggeblieben, woran sich die Familie gewöhnte (sie war ja auch schon fast 18 Jahre), und habe sich mit verschiedenen Arbeitgebern und beinahe allen Freunden verstritten. Bis dann die Tochter in Gabersee (Psychiatrie) vorgestellt wurde. Dort wurde eine Persönlichkeitsstörung diagnostiziert. Aktuell sei die Tochter seit ungefähr zehn Tagen auf eigenen Wunsch wieder dort.

So wird die Angst des Vaters verständlich, Veronika zu viel zuzumuten mit der Wahrheit. Er beschreibt die jüngste Tochter aber als verständig, sie sei nicht »wie 16«, man könne mit ihr sprechen wie mit einer 18-Jährigen. Da schmunzele ich ihn an und meine: »Dann wird sie euch ja bald draufkommen, wenn ihr etwas Wichtiges verheimlicht.« Seine Augen blitzen auf und er schmunzelt auch. Er erzählt, wie drängend Veronika fragt nach dem Schicksal der anderen Freunde. Eine Freundin habe schon bei ihr angerufen und hätte auch nachgefragt. So hat schon an mehren Stellen im System die Suchbewegung nach der Wahrheit begonnen.

Ich überlege laut, dass es ja auch sein könnte, jemand am Telefon erzählt ihr davon, und dann könnte es sein, dass niemand da ist, sie zu trösten oder ihr die Hand zu halten. Herr B. wiegt den Kopf, ohne erkennen zu lassen, in welche Richtung seine Überlegungen gerade gehen.

Er berichtet noch von den Verletzungen der anderen Insassen des Unfallwagens, denen es bis auf einen Freund, der noch im Koma liege, einigermaßen gehe – sie kämen jedenfalls alle durch. Dann wird er noch ein wenig ernster, schüttelt den Kopf und spricht von seinem gestrigen Besuch am Unfallort und wie dort die Spur des Autos ganz gerade verläuft, bis sich abrupt die Richtung ändert und der Wagen an einem Felsen zerschellt. Ein Freund, der nur Schulterverletzungen davongetragen hat, habe alle Mitinsassen ins Freie gezogen. Der Vater schüttelt den Kopf, nur der Fahrer habe nicht überlebt, sei sofort tot gewesen.

Veronika schläft mittlerweile. Sie hatte nach dem Röntgen Dormicum erhalten. Beim Abschied meinte Herr B. noch, ich hätte ihm ein gutes Argument gegeben. Ich bin stolz, weiß aber nicht, welches er meint. Ich verspreche, am nächsten Tag wiederzukommen.

Dienstag erfahre ich beim Besuch auf der Station, dass Veronika starke Schmerzmittel erhalten habe. Den Ärzten war ihre Schläfrigkeit im vorliegenden Ausmaß unerklärlich und so hatten sie eine Computertomografie angeordnet. Nach dem Umlagern für diese Untersuchung hatte Veronika über stärkere Schmerzen geklagt.

Am Mittwoch bitte ich um telefonische Nachricht, wenn die Eltern wieder auf Station kommen. Abends im Auto, als ich mich von der Praxis auf den Weg nach Hause aufmachen will – direkt beim Einsteigen –, klingelt das Handy auf dem Beifahrersitz. Die betreuende Schwester ist dran. Ich möge bitte kommen, Veronika sei wach und die Eltern hätten »es« ihr gesagt. Sie weine nur noch. Zehn Minuten später bin ich bei dem Mädchen. Ihre Mutter steht am Bett, hält ihre Hand. Ich setze mich dazu, hole der Mutter noch einen Stuhl. Die Botschaft ist: Es wird länger dauern und wir können es uns bequemer machen dabei.

Veronika weint hemmungslos und liegt zusammengezogen im Bett auf der Seite: »Wie soll ich ohne ihn leben, er war der Einzige, der gut zu mir war … alle anderen haben sich nicht um mich gekümmert …« (unklar bleibt, ob sie damit »nur« ihre Clique meint oder doch auch die Familie oder Schulklasse mit einschließt). Ihre Mutter ist dem Schmerz gegenüber hilflos und schweigt. Als Veronika weiter schluchzt, wird mir klar, dass die Mutter zweifelt, ob es eine gute Idee war, die Tochter jetzt schon zu informieren, und ich fange an, mit Veronika zu sprechen.

Zuerst bleibt unklar, ob ich sie erreiche, denn sie fährt mit ihren Schmerzäußerungen fort, die Augen bleiben geschlossen. Erst, als ich sie etwas lauter mit ihrem Namen anspreche, öffnet sie ihre Augen und hört zu. Ich fange an, nach Viktor, also dem Verunfallten, und ihrem Verhältnis zu ihm zu fragen. Sie erzählt, dass er für sie wie ein großer Bruder gewesen sei, tatsächlich immer für sie da war, sie beschützte in einer Situation, in anderen Fällen ihr als Fahrer zur Verfügung stand und sie oft einlud, so dass sie ihn schon warnte, er müsse besser auf sein Geld achten.

Über meine Nachfragen über Viktor wird Veronika etwas ruhiger, bis sie stöhnt, er habe sie geliebt und sie hätte ihn abgewiesen und nicht einmal mit ihm darüber sprechen wollen, »so gemein bin ich zu ihm gewesen …«.

Es stellt sich heraus, dass Viktor ihr am Freitag beim Zelten seine Liebe gestanden hatte und sie ihm erklärte, dass sie seine Gefühle nicht erwidere, jedes weitere Gespräch darüber aber habe sie abgelehnt. »Wie konnte ich das nur tun? Warum nur trifft Gott immer mich? Warum erlaubt er so etwas?«, hebt sie kurz darauf an, murmelt die Namen von zwei Frauen oder Mädchen und ich frage bei ihrer Mutter nach, die die Namen auch nicht verstanden hat, aber sofort wusste, worum es ging.

Die erste, eine gleichaltrige Freundin, sei letztes Jahr, auch im Frühling, auf der Straße tot umgefallen. Eine Ader sei im Hirn geplatzt. Die andere, die Frau eines Cousins mit neunmonatigem Baby, habe sich nach der Verabschiedung ihres Mannes am Morgen, als er zur Arbeit ging, noch einmal hingelegt und sei nicht mehr aufgewacht. Die Schwiegermutter habe sie nur noch tot gefunden, als sie mittags in die Wohnung kam. Dieses Unglück sei erst drei Wochen her und habe alle Familienmitglieder schwer getroffen. Auch die Mutter bekommt an dieser Stelle feuchte Augen. So wird langsam klar, in welcher langen Reihe von Krisen- und Trauerfällen, die die ganze Familie betroffen haben, der Tod von Viktor steht. Der Bogen spannt sich von der Migration der Familie über wirtschaftliche Not, Krankheit von Schwester und Vater hin zu diesen drei Todesfällen in unmittelbarer Folge.

Dann erzählt Veronika noch einmal vom nächtlichen Zelten am See. Wie sie mit einer Freundin dort gesprochen hatte, auch über Viktor, der nach seiner Eröffnung und ihrer Abweisung so anders gewesen sei, als sie ihn kannte. Die zwei jungen Freundinnen sprachen also über ihn, als sie plötzlich bemerkten, dass er hinter ihnen stand. Veronika war wütend gewesen, erzählt sie, und habe ihn gebeten, sie endlich in Ruhe zu lassen.

»Für immer und ewig« werde er sie in Ruhe lassen, habe er danach geantwortet. Veronika zittert vor uns in ihrem Bett und schluchzt. Natürlich ist diese Formulierung ein weiteres Zeichen für sie. Sie hätte auch schon letzte Nacht von Viktor geträumt, erzählt sie. Er habe vor ihr gestanden, rechts neben ihm ihr schon verstorbener Großvater, links die Freundin, die letztes Jahr starb. »Ich hab schon gewusst, dass jemand gestorben ist«, meint Veronika ruhig.

Mittendrin geht ein Alarm im Zimmer los und scheint vom Monitor zu kommen. Die Mutter erschrickt und meint zu ihrer Tochter, sie müsse atmen, sie solle endlich wieder richtig atmen! Ich kann sehen, dass Veronika atmet – flach, aber immerhin. Außerdem war es kein drängender Alarm, kein Masteralarm wie beim Ausbleiben der Vitalfunktionen. Es war eine Infusion, die einfach durchgelaufen war. Langsam erholt sich Frau B. von ihrem Schreck. Sie scheint tatsächlich die Befürchtung zu haben, Veronika könne das nicht überleben. Ob sie fürchtet, ihre Tochter könne das Überleben als Schuld begreifen? Oder sorgt sie sich aus der Erfahrung heraus, wie plötzlich der Tod kommen kann?

Veronika atmet wieder tiefer und spricht weiter: »Viktor hat ja noch nie ein Mädchen gehabt. Und mit achtzehn Jahren, wenn man keine Freundin hatte, dann liebt man doch jede …« Sie wirkt ruhiger, beinahe pfiffig, oder zufrieden mit dieser Erkenntnis, die sie entlastet. Kurz danach beginnt die junge Frau wieder mit der Klage, dass sie nicht mehr wisse, wie sie weiterleben solle, da er doch der Einzige gewesen sei, der je für sie da gewesen sei.

Jetzt finde ich, es reicht, und halte einen Realitätscheck für angebracht. Ich bitte sie, doch einmal die Augen zu öffnen und zu schauen, wer gerade für sie da ist und ihre Hand hält. Sie öffnet die Augen, sieht ihre Mutter und meint: »Mama … – aber du warst auch nicht für mich da!« Ich bin überrascht und die Mutter erklärt mir, dass sie sich oft um die andere Tochter gekümmert hätte, als diese erkennbar schwer erkrankt war. Veronika habe schon recht. Sie wendet sich wieder zu Veronika und sagt mit fester Stimme: »Das stimmt. Ich musste mich oft um Agnes kümmern.« »Schon gut, es war schon in Ordnung. Und du brauchst dich auch jetzt nicht um mich kümmern, ich schaff's schon allein …« Veronikas Stimme hatte sich verändert, war tiefer, kräftiger geworden, und sie hatte sich etwas von der Mutter abgewendet.

Mich beschlich ein gespenstisches Gefühl. Hier nahm ein Kind die Mutterposition ein und sagt: »Es tut ja gar nicht weh, ich kenne es ja schon …« – Zeichen einer Parentifizierung, um die Mutter zu entlasten, den Betreuungsaufwand für die chronisch kranke Schwester tatsächlich treiben zu können. Die Hand der Mutter, die bislang Veronikas Hand gehalten hatte, hing mit einem Mal resignativ neben ihr herunter. Ich nahm sie und legte sie wieder fest auf die Hand der Tochter und forderte diese auf, noch mal zu schauen. Ihre Mutter sei da und bleibe auch. Veronika öffnete die Augen, seufzte mit einem tiefen Atemzug und die Körperspannung lässt nach. Ein kleines Stück Heilung auf dem Weg, wieder in die Position der Tochter zu finden und die Fürsorge der Mutter wirklich anzunehmen.

Frau B. erzählt mir dann, dass sie erst bis vor zwei Monaten für sechs Wochen in einer psychosomatischen Klinik war, weil sie es einfach nicht mehr schaffte. Sie hätte eine Auszeit für sich gebraucht und es habe ihr gut getan, aber vielleicht habe sie ihrer Tochter da auch gefehlt?

Die Frage bleibt unbeantwortet, denn Veronika fällt ein, dass morgen Viktors Beerdigung ist und will unbedingt hin. Dabei nimmt sie ihren verletzten Kopf mit beiden Händen, verändert ihre Position und die Kabel der Sensoren hängen an ihr herunter. Sie wirkt sehr geschunden. Frau B. widerspricht freundlich, aber klar. Veronika versucht es noch zweimal, während ich da bin, kann aber keine große Energie aufbringen und bleibt liegen. Nach einigen Minuten, in denen sie ihre Mutter ansah, meinte sie, sie sei müde und wolle jetzt schlafen.

Ich verabschiede mich von ihr, kündige an, dass ich gehe, wenn sie eingeschlafen ist. Ihre Mutter verspricht, dass sie bleibt, und nimmt Veronikas Hand in ihre beiden Hände. Veronika schläft langsam ein. Ich warte noch eine Viertelstunde vor dem Zimmer, um noch mit der Mutter zu sprechen; schließlich schickt die Schwester sie heraus. Veronika schläft fest.

Die Mutter bestätigt mir, dass sie anfangs große Zweifel hatte, dass es richtig war, Veronika vom Tod des Freundes zu erzählen. Erst als sie ruhiger wurde, begann sie Zutrauen zum Vorgehen zu bekommen. Ich frage Frau B. noch nach ihrer ursprünglichen Heimat und ob sie es bedaure, ausgewandert zu sein. Nein, Frau B. bedauert es nicht, auch wenn hier nicht alles gut ist. Aber beinahe die ganze Familie lebe hier. Und dort habe man keine Zukunft gesehen damals. Heute, ja heute vielleicht schon wieder.

Sie erzählt, dass sie einmal mit Veronika dort gewesen seien, Agnes habe nicht mitkommen wollen. Veronika habe gesagt, Kasachstan und Deutschland – die Länder könne man überhaupt nicht miteinander vergleichen – es seien zwei völlig verschiedene Welten: die Gerüche, die Farben, das Essen und die Leute. In ihrem kleinen Ort hätten 18 unterschiedliche Nationalitäten friedlich zusammengelebt. Veronika hätte es dort sehr schön gefunden, wollte später aber auch nicht mehr dorthin zurück. Dieser Besuch in der Heimat mag Mutter und Tochter einander nähergebracht haben.

Während Frau B. noch von der großen Hitze im Sommer dort erzählt, merke ich, wie ihr Gesicht wieder lebendiger geworden ist und ihr ganzer Ausdruck temperamentvoller. So ist ihr die Erinnerung an ihre alte Heimat eine große Ressource. Ich beschließe, es gut sein zu lassen, verabrede mich für den nächsten Tag mit ihr und ihrem Mann und verabschiede mich. Auf dem Gang sehe ich noch eine ältere Angehörige der Familie, die traurig schaut, und entscheide mich dafür, den anderen Weg von Station zu nehmen.

Draußen vor der Klinik treffe ich den Vater, der sich bereithält, seine Frau abzulösen. Ich schlage ihm vor, für Veronika Blumen für Viktors Grab zu holen, die sie noch mit einer Karte oder Ähnlichem ergänzen kann. Da es aber schon halb neun Uhr abends ist, kann man nichts mehr besorgen. Auf dem Gelände des Krankenhauses stehen einige blühende Büsche. Herr B. wirkt sehr unentschlossen und die Besucher, die ein- und ausgehen, machen es ihm offensichtlich auch nicht leichter, selbst Blüten abzubrechen. So steige ich über die niedrige Absperrung und zupfe ihm Zweige aus einem duftenden Busch, während er mich vom Gehsteig aus dirigiert: »Nein, nein, da sind die Blüten schon ein wenig verblüht – ja, der Zweig ist gut ... Nein, ein Zweig reicht.« Ich reiche ihm schließlich drei blühende Zweige für seine Tochter, für die er sich herzlich bedankt, und gehe müde und zufrieden nach Hause.

5.3.6 Trauer und soziale Schwierigkeiten

Ulrike Aldebert öffnet unseren Blick für die »Durch-das-Netz«-Gefallenen. Trauer hat immer mit lebensgeschichtlichen Verwundungen zu tun, aber manchmal vollziehen sich Veränderungen so radikal oder so umfassend, dass wir nicht mehr anknüpfen können an den haltgebenden gesellschaftlichen Strukturen; dann fallen wir aus der Zeit, aus dem Raum und auch aus uns selbst heraus.
Doch auch unter den schwierigsten Umständen bilden sich substituierende Netzwerke, die sich um eine neue Balance bemühen. Die Achtung vor der Überlebensanstrengung dieser Menschen erfordert auch die Anerkennung unkonventioneller Bindungssysteme und ihres internen Unterstützungskodex. Mit unseren Angeboten für obdachlose, alkoholkranke, physisch und psychisch schwer erschütterte Mitmenschen (aus vielen Gründen oft unerlässlich) greifen wir – so wird uns nachdenklich vor Augen geführt – auch immer in ein bestehendes Gleichgewicht ein.

Die Geschichte einer Tänzerin

Als Pfarrerin habe ich beruflich viel mit Sterben, Tod und Trauer zu tun. Es gibt dabei immer wieder Fälle, die mir besonders nahe gehen. Die folgende Geschichte hat sich in den Anfangsjahren meiner Berufstätigkeit zugetragen. Ich war damals als Pfarrerin z. A. an der Sankt-Lukas-Kirche in der Münchner Innenstadt tätig und habe mich in dieser Gemeinde besonders im Bereich der Obdachlosenarbeit engagiert.

Es hatte zu schneien begonnen an diesem Novemberabend. Gegen halb elf Uhr klingelte es an meiner Tür. Über die Gegensprechanlage meldete sich eine Frauenstimme. Als ich sie bat, doch heraufzukommen, sagte sie, das sei unmöglich, sie säße im Rollstuhl. Also ging ich die drei Stockwerke hinunter an die Haustüre: Eine blonde Frau saß da in einem einfachen Rollstuhl, um die vierzig Jahre alt, ohne Beine. Sie zitterte vor Kälte. Es brauchte nicht viele Worte. In meinen Augen war sie ein einziger, lebendiger Hilfeschrei.

Mein Mann und ich hievten sie gemeinsam über die Treppe in unseren Gemeindesaal. Aus einer Luftmatratze und ein paar Decken war schnell ein Nachtlager gebaut. Ein Rest Suppe vom Abendessen war auch noch da, den ich ihr aufwärmte. Beinahe gierig verschlang sie zwei Teller. Dann erst verriet sie ihren Namen, Elfi, und fing an zu erzählen.

Balletttänzerin war sie gewesen, erfolgreich an mehreren großen Häusern Europas. Ihre Eltern waren früh verstorben, Geschwister hatte sie nicht und ihr Künstlerleben ließ keine festen Beziehungen zu. Ein schwerer Verkehrsunfall hatte vor sieben Jahren dazu geführt, dass man ihr beide Beine amputieren musste. Mit diesem schweren körperlichen Verlust ging noch sehr viel mehr verloren: ihre Existenzgrundlage, ihre Identität als Künstlerin und als Frau, ihr Lebensstil, ihr Selbstbewusstsein, ihre Selbstachtung. So schwer war all das auszuhalten, dass Elfi die Brücken zu ihrer früheren Existenz völlig abbrach. Sie fing an, zu trinken, verlor ihre Wohnung, verließ ihre Heimat und brach den Kontakt zu ihren wenigen Freunden ab.

Sie erzählte all das ohne Selbstmitleid. Von Trauer über diese traumatischen Einschnitte in ihrem Leben war wenig zu spüren. Beinahe stolz wirkte sie auf mich, all das bewältigt zu haben. Sie, die im Rollstuhl saß und nicht aufstehen konnte, erschien mir wie ein trotziges »Stehaufmännchen«, das sich selbst durch die schlimmsten Verluste nicht unterkriegen lassen wollte.

Seit vier Jahren war sie nun bereits auf der Straße. Dort, so erzählte sie, hatte sie Freunde gefunden. Menschen, die wie sie auf der Schattenseite des Lebens standen, jeder und jede mit einem schweren Schicksal, keiner und keine freiwillig in dieser Lage. Menschen, die verstehen konnten, dass man seine Probleme im Alkohol ertränken konnte. Menschen, die ihr halfen, so gut es eben ging – und denen sie umgekehrt auch half. Denn verglichen mit der normalen Sozialhilfe war Elfis Behindertenrente geradezu fürstlich hoch. So war sie es, die der Clique in der Regel Schnaps oder Wein spendierte oder die anderen gelegentlich zum Essen einlud. Man revanchierte sich mit Gegenleistungen, schob den Rollstuhl, half ihr, so gut es eben ging. Eine Solidargemeinschaft der Benachteiligten, ein funktionierendes Sozialsystem am Rande der Gesellschaft, jenseits aller offiziellen Hilfsmaßnahmen, jenseits aller professionellen Resozialisierungsversuche. Elfi, die durch ihren Unfall ja aus allen bisherigen Systemen herausgefallen war, hatte im Kreis dieser wohnungslosen Menschen wieder eine Position gewonnen, in der sie wichtig war und anderen etwas bedeutete. Auch wenn ihr Leben hart war, fand sie inmitten der anderen Wohnungslosen Halt und jene Art von Unterstützung, die sie annehmen konnte.

An diesem Abend freilich hatte es Streit gegeben. Worum es ging, wollte Elfi nicht sagen. Jedenfalls war sie allein unterwegs und in unser Stadtviertel geraten. Irgendwoher wusste sie, dass man sich in der Sankt-Lukas-Kirche der Armen besonders annahm, deshalb hatte sie es gewagt, bei uns zu klingeln. Für die heutige Notunterkunft im Gemeindesaal war sie dankbar. So gut habe sie lange nicht mehr geschlafen, erzählte sie am nächsten Morgen. Eine dauerhafte Lösung war das freilich nicht, zumal die Treppen in unserem Gemeindehaus für sie allein nicht zu bewältigen waren. Und draußen war inzwischen der Winter angebrochen.

Mit vereinten Kräften kompetenter Menschen in der Gemeinde gelang es nach ein paar Tagen, Elfi zu überzeugen, wenigstens für den Winter einen Platz in einer Behinderten-Einrichtung anzunehmen, den man inzwischen für sie aufgetan hatte. Sie bezog dort ein kleines, behindertengerechtes Appartement, von dessen Ausstattung sie zunächst ganz begeistert war. »Geh zu meinen Freunden«, bat sie mich, »und sag ihnen, wo ich jetzt bin. Die werden Augen machen!«

Doch die Freunde kamen nicht. War die Schwelle zu hoch? Lag die Einrichtung zu weit am Stadtrand? War der Streit an jenem Abend im November so schlimm gewesen, dass sie nichts mehr mit ihr zu tun haben wollten? Oder waren die Obdachlosen vielleicht froh, nicht länger die Verantwortung für eine Rollstuhlfahrerin übernehmen zu müssen? Ich weiß es nicht. Aus ihrer ehemaligen Clique bekam Elfi jedenfalls keinen Besuch mehr. Nun war erneut die Einsamkeit ihr größtes Problem. Mit dem Verlust ihrer Clique ging der Verlust ihrer sozialen Position dort einher. Im Heim war sie eine unter vielen Behinderten, während sie auf der Straße immerhin ein besonders bemitleidenswerter Fall gewesen war und anderen durch ihre finanziellen Mittel helfen konnte. Ein paar Leute aus unserer Kirchengemeinde waren jetzt die einzigen Menschen von außen, die hin und wieder nach ihr schauten. Aus Zeitgründen schaffte ich es nur selten, sie zu besuchen. Uns allen erschien sie in dieser Zeit unzugänglich, wie von einer harten Schale umgeben, immer wieder auch aggressiv. War das ihre Art, mit ihrer Trauer umzugehen? War es der Ausdruck für ein äußerlich wohl besser »geordnetes« aber innerlich nun ganz und gar »derangiertes« Leben? Den »Profihelfern« im Heim gegenüber blieb Elfi meinem Eindruck nach besonders skeptisch und verschlossen. »Die helfen ja nur, weil sie Geld damit verdienen«, sagte sie einmal. Sie war unglücklich, auch wenn sie im Alltag Entlastung und Erleichterung erfuhr.

Im Frühsommer, ein halbes Jahr, nachdem wir uns kennen gelernt hatten, bekam ich einen Anruf aus dem Heim: Elfi sei verstorben. Herzversagen. Tot habe man sie in ihrem Rollstuhl sitzend gefunden, ohne dass es vorher Anzeichen für Krankheit oder Gefährdung gegeben habe. Mir ging diese Nachricht nahe: Ein plötzlicher Tod nach einem Leben, in dem sich immer wieder plötzliche und radikale Veränderungen zugetragen hatten. Ein einsamer Tod nach einem Leben, das vom Wechselspiel des Ausgewählten und des Ausgeschlossenen, der Zugehörigkeit und der Vereinzelung gekennzeichnet war. Ein Tod, der ihrem Leben schon nach 42 Jahren ein Ende setzte und für Elfi wohl doch eine Erlösung gewesen ist.

Bei der Trauerfeier ein paar Tage später schienen wir zunächst nur ein kleines Häuflein Trauergäste zu sein: Eine Hand voll Leute aus unserer Kirchengemeinde, ein paar aus dem Behindertenheim. Die Musik in der Aussegnungshalle hatte schon begonnen, als die Türe hinten sich öffnete und ungefähr zehn Männer erschienen: ihre Freunde aus der Obdachlosenszene. Jemand hatte sie offenbar verständigt. Leise huschten sie herein, setzten sich in die letzte Reihe und begleiteten anschließend den Trauerzug zum Grab in einigem Abstand. Als nach der Beisetzung jeder zum Grab trat, um sich zu verabschieden, sah ich, dass einem der Männer Tränen übers Gesicht liefen. »Auf Wiedersehen, Elfi«, sagte er, »wir haben dich sehr lieb gehabt!«, und warf eine Blume ins Grab. Er war der Einzige, der geweint hat.

Die Beziehung ihrer »Wahlfamilie« zu Elfi war nicht abgerissen; sie bestand selbst über ihren Tod hinaus. Es hätte Elfi sicher gefreut, diese Männer um sie trauern zu sehen. Und es hätte sie bestimmt auch gefreut, sich mit ihrer Lebensgeschichte Jahre später in diesem Buch wiederzufinden.

Mir ist die Begegnung mit dieser Frau in ihrem Leben und bei ihrer Beerdigung eindrücklich in Erinnerung geblieben, sie hat mich wohl auch deshalb angerührt, weil sie mir meine eigene Hilf- und Machtlosigkeit deutlich vor Augen geführt hat: Das schwere Schicksal mancher Menschen lässt sich nicht ungeschehen machen und die soziale Situation vieler ist von extremen Härten gekennzeichnet. Da bleiben Begegnungen fragmentarisch und man stößt in der Begleitung schmerzlich schnell an eigene persönliche und gesellschaftliche Grenzen. Setzen wir uns ein, hat unser helfendes Handeln Folgen. Was scheinbar richtig erscheint – im Fall Elfi beispielsweise ihre Unterbringung im Heim –, kann falsch sein. Manchmal habe ich mich gefragt, ob sie auf der Straße wohl glücklicher gestorben wäre? Andererseits hatte ich in diesem Fall auch das Gefühl einer punktuell geglückten seelsorgerlichen Begleitung. Immerhin fand Elfi Kontakt zu Menschen unserer Gemeinde und zu mir. Sie fasste so viel Vertrauen, dass sie von sich erzählen und dadurch womöglich einiges aufarbeiten konnte. Umgekehrt lernten wir von ihr, dass die Würde eines Menschen unabhängig von Gesundheit, sozialer Situation oder finanziellen Verhältnissen ist. Trotz ihres schweren Schicksals und ihrer elenden Lebensumstände blieb Elfi eine stolze, selbstbewusste und eindrucksvolle Frau. Für mich ist es ein Geschenk, sie kennen gelernt zu haben. In der Gruppe der Nichtsesshaften (als Randerscheinung unserer erfolgsorientierten Gesellschaft selten im Fokus unserer Aufmerksamkeit) hat Elfi wichtige Jahre ihrer Lebenszeit verbracht und ihren Lebensraum mit dieser sie unterstützenden und ihre Unterstützung wertschätzenden Gemeinschaft geteilt, einer Not-Gemeinschaft im doppelten Wortsinn, in der sich die – um unerfüllte, verlorengegangene, zerstörte Lebensentwürfe – Trauernden wechselseitig begleiteten.

5.3.7 Trauer bei Migration

Hafes Shalabi lässt uns an einer Reise durch die Trauerlandschaft einer körperlich wie seelisch verwundeten Patientin im Exil teilhaben, einer Reisebegleitung, die selbst einen Versierten unter den Traumatherapeuten immer wieder mit der Schwere des eigenen Herzens, mit Sprachlosigkeit, wütender Ohnmacht und Traurigkeit konfrontiert. Dabei nicht mutlos zu werden, sondern das therapeutische System zu nützen, um durch Rekonstruktion, Restitution und Reintegration erste sondierende Schritte ins Neuland zu ermöglichen, ist hohe Kunst.

Unterwegs durchs Niemandsland

Mein Herkunftsland ist Palästina. Langjährige Erfahrungen in der ersten Gründerzeit von »Refugio« (psychologisches Behandlungszentrum für Flüchtlinge und Folteropfer in München) haben mich geprägt, traumatherapeutische, verhaltenstherapeutische, systemische paar- und familientherapeutische sowie kinder- und jugendtherapeutische Zusatzqualifizierungen schlossen sich an. Ich arbeite in eigener Praxis als niedergelassener Psychologischer Psychotherapeut mit dem Schwerpunkt Traumatherapie.

Frau S. (Name und persönliche Angaben zum Schutz der Patientin verändert) begegnete ich eigentlich zum ersten Mal bei einem Vortrag, den ich über Traumata, Flucht und Exil im Dezember 2005 hielt. Eineinhalb Jahre danach meldete sich Frau S. bei mir mit der Anfrage auf einen Therapieplatz. Als sie in die Praxis kam, erkannte ich sie wieder und sie erzählte mir, dass sie sich aus Scham und Angst so lange nicht traute, zu mir zu kommen.

Frau S. stammt aus dem Irak, sie ist 59 Jahre alt. Im Jahr 1998 flüchtete sie aus der Heimat und lebt seitdem mit ihrer heute 22-jährigen Tochter in Deutschland.

Der Ehemann wurde verfolgt, weil sein Bruder ein Gegner des Regimes war. Der Ehemann, der von Beruf Ingenieur ist, und der heute 29-jährige Sohn, der von Beruf Arzt ist, durften das Land zu Saddams Zeiten nicht verlassen und kamen erst vor wenigen Jahren nach Deutschland und seither lebt die Familie hier zusammen. Eine weitere Tochter ist verheiratet und lebt nach wie vor im Irak. Der Kontakt zu ihr ist abgebrochen.

Frau S. ist von Beruf Gymnasial-Mathematiklehrerin. Später wurde sie Schulrätin für einen Teil der Schulen in der Stadt, in der sie lebte. Sie übte diesen Beruf gern aus, mit viel Elan, Enthusiasmus und Freude. Sie berichtet: »Ich habe nur einen einzigen Fehler gemacht. Ich habe einer der Schulen verboten, den Geburtstag von Saddam mehrere Wochen zu feiern, da in meinen Augen ein Tag zu genügen schien.« Der Leiter der entsprechenden Schule meldete dies dem Geheimdienst. Daraufhin wurde Frau S. verhaftet, verhört und wurde für eineinhalb Monate ins Gefängnis gesteckt.

Während des Erzählens sehe ich vor mir einen gebrochenen Menschen, der das Erzählte selbst nicht fassen kann. Frau S. wurde von Männern massivst gefoltert durch Schlagen am ganzen Körper, Erniedrigungen, Beschimpfungen, Aufhängen an den auf dem Rücken gefesselten Armen für mehrere Stunden und an mehreren Tagen. Frau S. musste zwei Tage in Dunkelhaft verbringen. »Ich schaffe es bis heute noch nicht, ohne Licht zu schlafen.« Sie musste mit anhören, wie andere Mitgefangene gefoltert wurden, ihre Schreie und ihr Betteln. Während dieser Zeit wusste niemand, wo sie war, und sie hatte keinerlei Kontakt nach außen. Frau S. entwickelte in ihrer existentiellen Angst während des Gefängnisaufenthaltes zweimal Lähmungserscheinungen an Armen und Beinen – sie hatte, wie sie erst nach vielen Monaten erzählen konnte – an den Extremitäten mehrmals Elektroschocks erhalten. »Wir mussten auch auf Wasser gehen, das mit Strom vernetzt war.« Bis heute traut sich Frau S. nicht, in die Badewanne zu steigen. Nach der Entlassung wurde sie täglich auf dem Revier verhört. Der gesamte Besitz, alles, was erarbeitet wurde, ist von der Miliz nach der Flucht beschlagnahmt worden.

Folter, Verfolgung in der Heimat, Flucht und Exil, Verlust von Heimat haben sich unauslöschlich eingebrannt, Vergangenheit und Gegenwart vermischen sich im Erleben, so hat die Traumatisierung bis heute kein Ende gefunden. Während Frau S. davon erzählt, weint sie untröstlich, kann gar nicht mehr aufhören zu weinen. Dann wechselt Frau S. das Thema und spricht von der Unsicherheit des Aufenthaltes, der Ungewissheit, das Bleiberecht zu bekommen oder abgeschoben zu werden, von fehlender Freude und von der Traurigkeit.

Trotz ihres schweren Schicksals muss sich Frau S. laufend beim Arbeitsamt melden, ihre Bewerbungsversuche nachweisen, sich für die bestehende Arbeitslosigkeit rechtfertigen. Nur mit einer sozialversicherungspflichtigen Arbeit erhielte sie unbefristeten Aufenthalt. Frau S. weiß nicht, ob sie bleiben, etwas aufbauen kann. Festgehalten in pathogenen Mustern und mit der latenten Bedrohung der Abschiebung kann sich auch ihr Wunsch, endlich gesund zu werden, nicht nachhaltig entwickeln. Das Echo der Unsicherheit von damals in der Unsicherheit heute trägt zur Aufrechterhaltung der Symptomatik bei.

Auch die Partnerschaft ist schwer belastet. Der früher als freudiger, beweglicher Mensch beschriebene Ehemann schweigt nur noch und betet. Er war als hoher Militär im Iran-Irak-Krieg zwei Monate lang an der Front, wo er mit ansah, wie viele Menschen umgekommen sind, wie einem Soldaten durch eine Bombe der Kopf vom Leib gerissen wurde, und erlebte die Hilflosigkeit, aus Angst um das eigene Leben den vielen Verwundeten nicht helfen zu können.

Frau S. berichtet über multiple Probleme wie Misstrauen, Angstzustände, Teilamnesie, (»bin vergesslich«, »früher war ich anders«, »manchmal glaube ich, ich bin verrückt«, Albträume: »ich werde lebend begraben, weshalb ich mich nicht traue, mich hinzulegen, ich schlafe nur im Sitzen«), Ein- und Durchschlafstörungen, Konzentrationsstörungen, Zittern an den Händen, Unsicherheit, Scham- und Schuldgefühle, fehlende Zukunftsperspektive, Gefühl des Verlorenseins, unkontrolliertes Weinen, massive Traurigkeit, Intrusionen, Atembeschwerden (»als ob ich erwürgt werde«), Schweregefühl im Brustkorb, Kopfschmerzen, Müdigkeit, Schmerzen am ganzen Körper und Rückzug (»habe große Angst krank zu werden und Angst vor der Zukunft«). Weiterhin beschreibt sich Frau S. als »Nichts« (»fühle mich wertlos, habe alles falsch gemacht«). Sie erklärt mir: »Heute, wenn ich Angstzustände habe oder Situationen erlebe, die ich als bedrohlich empfinde, bekomme ich erneut Lähmungszustände, es ist wie damals im Gefängnis.«

Trauma- und Trauerarbeit in der Psychotherapie – Vertrauensaufbau, Konfrontation und Integration: Wie das komplexe Störungsbild mit unterschiedlich zu Tage tretenden Symptomatiken wie depressive Verstimmungen, psychosomatische Reaktionsbildungen, Gedächtnisstörungen, Intrusionen, Albträume, Schlafstörungen, Vermeidungsverhalten, Angst und eine intensive Traurigkeit zeigt, liegt eine posttraumatischen Belastungsstörung vor (ICD-10: F43.1).

Die Seele ist zerstückelt wie ein Spiegel, der zu Boden gefallen ist. Das Trauma sitzt im Kopf fest. Der Überlebende kann nicht davon loskommen. Es ist Realität, er kann es nicht loslassen. Das Trauma begleitet ihn Tag und Nacht, er grübelt über die erlittenen Schrecken, Bilder kommen immer wieder hoch und der Traumatisierte kann seine Augen nicht davor verschließen, es schmerzt überall. In den Momenten beginnender Entspannung bricht das Durchlebte plötzlich und machtvoll wieder hervor, wieder und wieder verliert der Betroffene die Kontrolle über sein Leben.

Eine zielorientierte Therapietechnik soll ein Gleichgewicht herstellen, Kopf und Körper wieder in Einklang bringen, Gefühle und Gedanken ausbalancieren. Entscheidend für die Konfrontation ist es, den richtigen Zeitpunkt dafür innerhalb des therapeutischen Prozesses zu wählen. Ebenso wichtig ist es, die Bereitschaft des Patienten einzuschätzen sowie seine Kraft, durch die traumatischen Erlebnisse nochmals durchzugehen – sei es durch Erzählen oder bildliche Darstellung durch Symbole auf dem Lebensfluss. Der Patient wird mit den traumatischen Erlebnissen Schritt für Schritt konfrontiert. Dabei ist es von größter Bedeutung, dass der Therapeut für ein behütetes Setting und eine vertrauensvolle Beziehung sorgt, da das

Vertrauen als Schlüssel für den Therapieerfolg gilt und der Verlust des Selbst- und Weltvertrauens einer der Hauptbelastungsfaktoren des Traumas ist.

Schutz und Sicherheit zu gewährleisten, ist unverzichtbarer Bestandteil der Therapie, Behutsamkeit und Achtsamkeit sind gefordert. Mit leichten Entspannungsübungen, wobei die Augen offen bleiben, steigen wir in die Sitzungen ein. Da die Patientin sich in ihren Erinnerungen gefangen fühlt und ihr bisheriges Leben von der traumatischen Erfahrung beherrscht wird, ist es ihr nicht möglich, Zukunftsperspektiven wahrzunehmen. Sie kann aber auch nicht ohne Hilfe an die Ressourcen der Vergangenheit anknüpfen.

»Auf dem Lebensfluss mitgehen« (auf der Landkarte des familientherapeutischen Prozesses) ist eine methodische Option, um die fragmentierte Lebenserfahrung wieder in ein Kontinuum überzuführen. Der Lebensfluss, symbolisiert durch ein Seil, vor der Patientin auf dem Boden liegend, zeigt auf: »Hier ist der Anfang (Geburt) und auf der anderen Seite ist deine Zukunft.« So hat die Patientin ein Bild vor sich, ein Bild, das ihr Ich symbolisiert, ein Bild, das sie sich bald zu eigen macht. Die Gegenwart wird nach dem Alter auf dem Lebensfluss symbolisiert. Der Therapeut erläutert: »Wir gehen nun zurück in die Vergangenheit, wir nehmen für jeden Schritt, jede Erfahrung ein Symbol, das legen wir auf deinen Lebensfluss: ein Symbol für die Heimat, weitere Symbole für elementare Lösungserfahrungen (das Laufenlernen in der Kindheit z. B.) und je ein Symbol für bewältigte Wachstumskrisen (wertvolle, schützende Erfahrungen).«

Es ist eine Trancereise auf dem eigenen Entwicklungsweg. Innere Bilder entstehen, Sinneseindrücke werden geweckt: der Geruch des Mutterlandes, ein Spiel mit anderen Kindern, sich streiten, die Blüte der Mandelbäume, Verstecken spielen, auf die Bäume klettern, die prächtigen Farben des Frühlings und die Zeit der Verliebtheit. Das »Unbewusste« nimmt seinen freien Lauf, wodurch frühere Bewältigungsstrategien neu aktiviert werden: tragfähige langjährige Freundschaftsbeziehungen, ihre Fähigkeiten zu lehren und zu leiten, ihre Erfolge mit den Schülern.

Nach der Fokussierung auf die stärkenden Lebenserfahrungen kann auch das traumatisch Erlebte bildhaft dargestellt werden. Durch das Symbolisieren des Traumas, das die Überlebende gefangen hält und kontrolliert, bekommt dieses einen überschaubaren Rahmen und einen eindeutigen Platz – in der Vergangenheit – zugewiesen. Das Trauma in seiner symbolisierten Form ist eingrenzbar, greifbar und modellierbar. Anders ausgedrückt, findet hier im therapeutischen Prozess ein Wendepunkt statt: von der Ohnmacht zum Gefühl, wieder selbst handeln zu können. Die Überlebende kann das Trauma von oben anschauen, aus einem anderen Blickwinkel, und nicht wie bisher von unten, im Gefängnis verkrochen und machtlos. Wo vorher die Seele zerstückelt war, wird hier das Trauma zerstückelt und auseinandergenommen.

Immer wieder betont Frau S., wie wichtig es ihr sei, einen »Zeugen« zu haben für die Geschehnisse damals, einen, der dem »Unvorstellbaren« Realität verleiht, indem er zuhört und mitgeht. Mitgehen bedeutet auch zusammen weinen können oder die nicht äußerbare Wut zu formulieren. Mitgehen heißt auch, den Schmerz über das

Verpasste, Nichtgelebte auszuhalten und in sich selbst die »Leere« des Patienten zu ertragen. Manchmal heißt es die symptomatische »Lähmung« der Patientin in der eigenen »Paralyse« wiederzufinden, nicht weiterzuwissen und Stagnationen des therapeutischen Prozesses mitzuerleiden.

Dieses Hin- und Hergehen auf dem Lebensfluss wird zweimal pro Sitzung durchgeführt, die Sitzungsfrequenz beträgt ein bis zwei Wochenstunden. Die Patientin wird noch einmal mit ihren schmerzvollen Erfahrungen sowie den zwangsweise unterdrückten Aggressionen konfrontiert, denn das Trauma ist ein Teil ihres Lebens geworden, das viele Dinge in ihrem weiteren Leben beeinflusst und bestimmt. Doch selbst damals, im Gefängnis, gab es immer wieder unterschiedliche Überlebensstrategien, zum Beispiel die Verankerung im Glauben an Gott oder auch die Fähigkeit, sich »abspalten« zu können, um Schmerzen besser zu ertragen. So konnte die Dissoziation als Ressource identifiziert werden. Frau S. ging unbewusst in die Lähmung, um sich vor Vergewaltigung zu schützen. Uns bleibt als Ziel, gemeinsam herauszufinden: »Wie kann ich mit der Erfahrung dieser Gräueltaten weiterleben und mich weiterentwickeln?«

Therapeutische Beziehung und Stellvertreterposition: Es hat lange Zeit und viel geduldiges, nicht forcierendes Abwarten gebraucht, ehe Frau S. mir zunehmend Details ihrer Haftzeit erzählen konnte. Was ihr als Frau von Männern angetan wurde, mit einem männlichen Therapeuten zu besprechen, ist schwer – allerdings liegt darin auch eine große Chance.

Zu Hause ist eine Aussprache darüber mit dem Ehepartner, ein Teilen dieser ihre Würde als Frau beschmutzenden Erfahrung nicht möglich. Er würde gezwungen sein, sich »zu verhalten«, wie es der Konvention in arabischen Gesellschaften entspricht. Dennoch wäre er nicht in der Lage, ihre Ehre wiederherzustellen, und in letzter Konsequenz wäre die Partnerschaft in Gefahr. Frau S. wählt mit der »Dreiecksbeziehung« die Möglichkeit einer heilsamen Kommunikation mit einem Stellvertreter. Dies kann langfristig vielleicht Einfluss nehmen auf das bislang radikale Rückzugsverhalten ihres Ehemannes, das wohl auch als Abwehr der unerträglichen und deshalb tabuisierten Ahnungen verstanden werden muss. In meiner »Brückenfunktion« als vertraute, nicht angehörige Drittperson habe ich zudem die Aufgabe, in einem später vielleicht aus diesem »Familiengeheimnis« entstehenden Konflikt zu vermitteln.

Die Arbeit mit multiplen Verlusten wie Verlust der Heimat, körperlicher und seelischer Integrität, mit defizitären Sozialstrukturen und vielfach verwundeten Systemmitgliedern erfordert die therapeutische Präsenz auf verschiedenen Ebenen: Mitunter überträgt Frau S. mir die Rolle ihrer »besten Freundin«. Dann diskutieren wir, auf das »innere System« meiner Patientin Bezug nehmend, was wohl diese Freundin zu ihren Fortschritten sagen würde: Frau S. nimmt seit kurzem an einem Computerkurs teil und hat begonnen, einige Stunden Privatunterricht zu erteilen.

Nach den Sitzungen wird Frau S. üblicherweise von der Tochter abgeholt. Beim letzten Mal fragte ich Frau S., wie es wohl ihrer Tochter in der Wartezeit erginge, wie sie die Mutter jetzt erlebe, wenn diese nach dem Ende der Stunde nach Hause zurückkehre. Frau S. antwortet mit einem vorsichtigen Lächeln: »Meine Tochter wird wohl merken, dass es etwas leichter ist, sie würde wahrnehmen, dass ich besser atmen kann, dass ich, ja, ein wenig aufrechter gehe und dies wiederum wird meine Tochter sehr freuen ...«

5.3.8 Trauer am Lebensende

Wir danken Beate Augustyn sehr für ihren umfassenden Fachbeitrag und ihre detaillierte Schilderung eines begleiteten Abschieds auf einer Palliativstation. Professionelle Pflege und teamunterstütztes persönliches Engagement machen es möglich, dass sich die Systemgrenzen öffnen. Selbstbestimmte Lebensäußerungen der Patientin und erweiterte Lebensräume für ihre Familie haben Priorität.

Verantwortete Ausnahmen

> Das Sterben eines Menschen bleibt als wichtige Erinnerung zurück bei denen, die weiterleben. Aus Rücksicht auf sie, aber auch aus Rücksicht auf den Sterbenden ist es unsere Aufgabe, einerseits zu wissen, was Schmerz und Leiden verursacht, andererseits zu wissen, wie wir diese Beschwerden effektiv behandeln können.
> (Dame Cicely Saunders)

Als Krankenschwester mit der Zusatzqualifikation Palliative Care arbeitete ich eine lange Zeit mit Schwerstkranken, Sterbenden und ihren Familien auf einer Palliativstation zusammen. Im Arbeitsalltag begegnet uns Pflegenden hier ständig der Aspekt des Abschiednehmens und der Trauer. So bleibt es nicht aus, sich selbst diesem Thema immer wieder neu zu stellen und auch Stellung zu beziehen gegenüber Patienten, Angehörigen wie auch den Teamkolleginnen und Teamkollegen. Ausgehend davon, dass Trauer mit der Diagnosestellung einer unheilbaren Erkrankung oder einer Veränderung des körperlichen Zustandes (Schwäche, Alter, ahnen, spüren und wissen, dass Lebenszeit begrenzt ist) beginnt, betrifft sie nicht nur den Patienten selbst, sondern sein gesamtes soziales Umfeld.

Dame Cicely Saunders, Krankenschwester, Sozialarbeiterin und Ärztin, eröffnete im Jahre 1967 in London das St. Christopher's Hospice. Schwerstkranke und Sterbende sowie deren Angehörigen, sollten eine angemessene Betreuung und Begleitung erhalten: »Keine blinkenden Apparate, keine Schläuche und keine unpersönlichen, nach hygienischen Gesichtspunkten eingerichteten Krankenzimmer gab es dort, sondern Ärzte und Pfleger, die im Gespräch mit den Patienten bei ihnen auf oder am Bett saßen, Angehörige, die zu jeder Tages- und Nachtzeit bei ihren Kranken sein konnten, und viele ehrenamtliche Helfer, die überall dort unterstützend mitwirkten, wo sie gebraucht wurden. Lachen und Weinen konnte man erleben, und es wurde deutlich, dass keiner der Patienten dort allein blieb, wenn er es nicht ausdrücklich so wollte« (Westrich, 2000, S. 10). Ausgehend von diesem Hospiz entstand die weltweit verbreitete Hospizbewegung und im medizinischen Bereich entwickelte sich die Palliativmedizin und Palliativpflege. Die Weltgesundheitsorganisation (WHO) hat 2002 folgende Definition für Palliative Care (Palliative Betreuung) herausgegeben: »Palliativmedizin ist ein Ansatz zur Verbesserung der Lebensqualität von Patienten und ihren Familien die mit einer lebensbedrohlichen Erkrankung konfrontiert sind. Dies geschieht durch Vorbeugung und Linderung des Leidens mittels frühzeitiger Erkennung, korrekter Beurteilung und Behandlung von Schmerzen sowie anderer Beschwerden körperlicher, psychologischer und spiritueller Art« (Bausewein, Roller u. Voltz, 2004, S. 3).

Die Blickrichtung sollte von Lebensquantität hin zu Lebensqualität gehen (Augustyn, 2002). »Lebensqualität wird durch das Maß bestimmt, in welchem das Leben über die Krankheit hinauswachsen kann. Es gilt, den Patienten so zu pflegen und zu unterstützen, dass das Leben zu seinem Recht kommt« (Grypdonck, 1997, S. 175). Körperliche Beeinträchtigungen (zum Beispiel Schmerzen, Übelkeit, Atemnot) werden ebenso wie die spirituellen und psychosozialen Fragestellungen (zum Beispiel Sorge um Familie, Trauerprozesse, Ängste vor dem Sterben) in das Behandlungskonzept eingebunden. Wir Pflegende werden durch die körperliche Nähe zu schwerstkranken Menschen mit deren Themen konfrontiert. Dies fordert von den Betreuenden, sich selbst in einen andauernden Prozess der Reflexion von offener und versteckter Trauer zu begeben. In dieser Verantwortung stehend, wandelt, wächst und reift unsere eigene Haltung im Laufe der Tätigkeit.

Folgendes Patientenbeispiel soll dies verdeutlichen: Frau D., 58 Jahre alt, leidet an einem Lungenkarzinom. Sie ist seit langer Zeit geschieden und lebt allein. Zu ihren zwei erwachsenen Töchtern und ihren beiden Enkelkindern (5 Jahre, 7 Jahre) hat sie eine liebevolle, enge Beziehung. Auch ihr großer Freundeskreis ist für sie eine große Hilfe. Nach Bekanntwerden ihrer Erkrankung musste Frau D. sehr zeitnah ihren Beruf – sie arbeitete erfolgreich als Bankkauffrau – aufgeben. Neben der Diagnose war das »In-Rente-gehen-Müssen« für sie ein »riesengroßer Schock und Abschied«. Sie erlebte ihn in doppelter Hinsicht: von einer für sie erfüllenden Tätigkeit sowie von ihrer Autonomie als gesunde Mutter und Großmutter gegenüber ihren Kindern und Enkeln. Nun befand sie sich in der Rolle der Kranken und Abhängigen. Sie berichtet, dass sie sich fühlte, als könne sie »keinen Schritt mehr vor den anderen tun«, so traurig und antriebslos war sie.

Dieser Zustand dauerte einige Wochen an, und ihre Töchter mussten für sie das Einkaufen und Kochen übernehmen. Dieser Rollentausch – die Kinder übernehmen die Rolle eines versorgenden Elternteils – lässt Frau D. in eine Regression geraten. Das Abhängigsein von anderen verunsicherte sie, und Hilfe anzunehmen, fiel ihr besonders schwer. Im Verlaufe ihrer Erkrankung war sie bereits mehrfach auf der Palliativstation zur Symptomkontrolle, speziell zur Schmerztherapie-Einstellung, aufgenommen worden. Nun kommt sie ein weiteres Mal auf die Station. Zur Begrüßung sagt sie: »Ich weiß, dass ich nicht mehr nach Hause gehen kann. Ich habe mich von allem verabschiedet und bleibe nun hier, bis ich sterben werde.«

Mit dieser Entscheidung übernimmt Frau D. die Eigenregie über ihre weitere Zukunft. In die bisherige Lähmung kommt Bewegung und sie kann wieder an ihre vertraute innere Kraft und Autonomie anknüpfen. Ihr zentrales Thema nun ist die Gestaltung ihrer letzten Lebensphase, die sie zunächst ohne Rücksicht auf die Wünsche ihrer Angehörigen durchführt. Ihr klarer Auftrag für das Behandlungs- und Begleitungsteam lautet »Da ihr jetzt zuständig seid, tut bitte alles so, wie ich es möchte!« So werden auch die professionellen Helfer Teil ihres Lebens- und Abschiedssystems. Der Kontakt zu den Pflegenden ist geprägt von vielen Gesprächen über ihr Leben und ihre Zukunft. Ihre zentrale Frage ist: »Wie wird das Sterben werden?« Hier begegnet die Trauer der Janusköpfigkeit des Abschieds: zurückschauend und gleichzeitig nach vorne blickend. Ihre Kräfte lassen nach und während verschiedener Pflegemaßnahmen spricht sie über den Abschied von ihren Lieben, den Töchtern, Enkelkindern, Freunden und Bekannten.

Die Pflege wird intimer, denn Frau D. kann sich selbst immer weniger gut versorgen. Sie trauert stark über das Schwinden ihrer Körperqualitäten, und die Pflegenden werden durch den nahen Kontakt unweigerlich eingebunden in diese Trauer. Sie unterstützen diesen Prozess durch einen würdigen und liebevollen Umgang mit der unter ihren körperlichen Veränderungen leidenden Patientin. Diese Haltung hilft Frau D., sich selbst besser annehmen zu können. Sie stellt Fragen, sucht nach Erklärungen. Sie braucht die Zuwendung der Pflegenden, auch und gerade dann, wenn es keine Antworten auf ihre Fragen zu geben scheint. So kann sie mit sich selbst innerlich in Kontakt bleiben und auch spirituelle Aspekte ihrer Trauer ansprechen.

Als Frau D. spürt, dass ihre Kräfte weiter nachlassen, erinnert sie sich: Ihre Enkeltöchter durften an den Wochenenden oftmals bei ihr übernachten. An diesen Abenden wurden Geschichten vorgelesen, miteinander gekocht, gelacht und geschmust. Nun scheint dies aufgrund des Ortes, an dem sich Frau D. befinde, nicht mehr möglich zu sein, oder vielleicht doch? Mit diesen Gedanken beginnt sie ihr ursprüngliches System in das Abschiedssystem, das herkömmliche System in das Stationssystem zu integrieren. Indem sie sich mit den familiären Ressourcen verbindet, holt sie sich ursprüngliche Kompetenzen zurück, die sie hintangestellt hatte. Nun möchte sie der Familie die Gelegenheit geben, an ihrem derzeitigen Lebenssystem teilzuhaben. In der Stationsbesprechung wird die veränderte Situation der Patientin eingehend besprochen und das Team beschließt, ihr das Angebot zu machen, dass die beiden Mädchen bei ihr im Zimmer auf der Station übernachten können.

Den Abend und die Nacht verbringt die Familie in einer entspannten und fröhlichen Atmosphäre. Tags darauf bedankt sich Frau D. und erzählt, wie innig sie sich von ihren Kindern und Enkelkindern verabschieden konnte und wie wichtig dies für die Familie gewesen sei.

Für das Personal hatte die Erfüllung dieses Wunsches auf verschiedenen Ebenen Bedeutung: Organisatorisch war es in diesem Krankenhaus nicht ohne einen langwierigen Antrag erlaubt, ein Matratzenlager auf dem Fußboden zu erstellen.

Alle Vor- und Nachteile wurden im Team besprochen und dann die gemeinsame Entscheidung gefällt, nicht den offiziellen Bewilligungsweg zu gehen, da die Patientin diese Erlaubnis aller Voraussicht nach nicht mehr würde erleben können. Diese Form des »Ungehorsams« anzubieten und durchzuhalten, verlangt ein verlässliches Team und den Mut und die Kraft, sich über Konventionen hinwegzusetzen.

Strukturell begleiteten wir die Situation aus dem Hintergrund heraus und gaben der Familie die Erlaubnis, sich auszubreiten. Somit konnte sich das aktuelle Lebenssystem der Patientin mit ihrem Familiensystem verzahnen. Das Stationsteam war sich darüber einig, dass seine Kompetenz und Autorität nicht in Frage gestellt wird, wenn es den Wünschen und Bedürfnissen dieser Familie nachkommt. So eröffnete es einen neuer Raum für das, was in der momentanen Situation aktuell Wichtige.

Drei Tage später verstirbt Frau D. in Anwesenheit ihrer Töchter und Enkelkinder. Die Mädchen malen Bilder für ihre Großmutter und legen diese auf das Bett der Verstorbenen. Die Töchter lassen sich ermuntern, die Mutter mitzuwaschen und für die geplante Abschiedsfeier herzurichten. Dabei weinen sie miteinander und erzählen sich Begebenheiten, die sie mit ihrer Mutter erlebt haben. Die Abschiedfeier im Krankenzimmer findet mit vielen Freunden statt.

Einige Wochen nach dem Abschied von Frau D. kommen die beiden Töchter auf die Palliativstation zu einem Abschlussgespräch. Diese Nachsorge hilft ihnen, sich durch ein bewusstes Lösen von dem Ort des Versterbens ihrer Mutter wieder in ihr eigenes System begeben zu können.

Dazu Zitate aus dem Abschlussgespräch: »Die Unterstützung von den Pflegenden war sehr groß und tat mir gut. Ich habe dies erst im Nachhinein bemerkt: wie sie für eine wohltuende Atmosphäre sorgten und wie ihr Dasein mir geholfen hat. Ich fühlte mich begleitet, beschützt und gut aufgehoben. Angenommen mit meinem Schmerz, meiner Wut, meiner verzweifelten Ohnmacht und meiner Trauer.« – »Die Gespräche mit den Pflegekräften haben mir geholfen, mich immer wieder anzunähern an meine sterbende Mutter. Ich wäre so gern oft weggelaufen, weil ich dachte, ich halte ihr Leiden und meinen Schmerz nicht mehr aus.« –»Ich hätte mich ohne die Unterstützung und Anleitung niemals getraut, so nahe an meine Mutter heranzutreten. Ich konnte sie mit den Schwestern zusammen pflegen und konnte ihr mit einer Pipette selbstständig Flüssigkeit geben. Die Pflegenden begleiteten uns Angehörige und ebenso die Freunde an ihren unterschiedlichen Punkten in der Trauer.«

Hier wird deutlich, dass den Pflegenden eine zentrale Rolle in dem Abschieds- und Trauerprozess zukommt. Professionelle Pflege heißt auch, die Kräfte von Patienten und Angehörigen wahrzunehmen, zurückhaltend zu intervenieren und die familiären Begegnungen vorrangig zu unterstützen.

Pflegende benötigen jedoch einen großen eigenen inneren »Raum«, um der Familie den äußeren Raum zugestehen zu können. In der Begleitung Schwerkranker und Sterbender stelle ich mir Fragen: Was kann ich an eigener Trauer zulassen? Wann muss ich mich, auch um professionell zu bleiben, abgrenzen? Da Trauer immer auch ein interaktiver Prozess ist, sind die Grenzen zwischen Patienten, Angehörigen und dem Helfersystem ständig in Bewegung. Mitfühlend zu sein, ohne selbst mit zu leiden, ist ein andauernder Lernprozess für jeden Einzelnen und das ganze Team. Flexibilität ist unabdingbar und eine große Herausforderung: In einer Situation begleite ich einen Patienten und seine Angehörigen im Sterbeprozess, im nächsten Augenblick pflege ich im Zimmer nebenan eine Patientin, die an einem ganz anderen Punkt auf ihrem Lebensweg steht. In der Begleitung äußere und innere Abschiedsprozesse sowohl der Patienten als auch ihrer Angehörigen muss ich – wiewohl mitfühlend – immer wieder um professionelle Distanz ringen. Denn dieser Abstand macht es mir möglich, in Respekt vor dem individuellen Prozess des Sterbenden und den unterschiedlichen Trauerreaktionen der Angehörigen, eine Haltung von Ruhe und Klarheit zu bewahren. Nur so kann ich in dieser Situation allen hilfreich zur Seite stehen. Gespräche im Team, Reflektion und Supervision, sowie »Selbstpflege« stehen zur Bearbeitung von erlebten beruflichen Trauersituationen für Pflegende im Vordergrund.

5.3.9 Trauer nach Suizid

Wir danken Regina Wolf-Schmid für zweierlei: einmal für die Souveränität ihrer an systemischen Interventionen reichen Darstellung der Begleitung von Lebensmomenten einer Familie, die zu den schmerzvollsten gehören dürften, die Angehörige durchleiden müssen – das Ringen um Verständnis für den selbst herbeigeführten Tod eines jungen Menschen. Zum anderen danken wir ihr für die Authentizität, in der sie uns teilhaben lässt an einer doppelbelasteten Ausübung ihres Berufes in einer Phase eigenen Abschiederlebens. Eine selbstachtsame Distanzierung und die Benennung derselben zeichnen die qualifizierende Besonderheit dieses Beitrags aus, der aufzeigt, wie komplimentär zur Haltung der Beraterin nun auch die betroffenen Eltern durch (trauma)distanzierende Überlebensstrategien einen ersten Halt gewinnen.

Wenn die Welt aus den Fugen gerät

»Die Arche« in München ist eine Beratungsstelle, die Menschen in Lebenskrisen und zum Thema Suizid berät, als Betroffene, die selbst suizidal sind oder die sich Sorgen um einen suizidalen Angehörigen machen, oder als Trauernde, die einen Angehörigen durch Suizid verloren haben. Seit einigen Jahren gibt es neben der Einzelberatung auch eine Trauergruppe für Hinterbliebene nach Suizid.

Ich bin Ärztin für Nervenheilkunde und ärztliche Psychotherapeutin mit Zusatzqualifikationen in Traumatherapie und Trauerbegleitung und arbeite seit elf Jahren als Beraterin in der Beratungsstelle »Die Arche« und in eigener Praxis.

Ein Elternpaar kommt in die »Arche«. Der Kontakt war über KIT München (Kriseninterventionsteam im Rettungsdienst) hergestellt worden, KIT-Mitarbeiter hatten die Familie mit einer jugendlichen Tochter und einem älteren, bereits erwachsenen Sohn betreut, nachdem sich der 17-jährige mittlere Sohn der Familie im Garten erhängt hatte und von seinen Eltern gefunden worden war. Die Eltern hatten ihn gesucht, nachdem er nach Mitternacht noch nicht zu Hause war und ganz gegen seine sonstige Gewohnheit nicht Bescheid gegeben hatte, wann er heimkommt.

Anlass für das Aufsuchen der Beratungsstelle einige Wochen nach dem Tod des Sohnes war, dass die Eltern das Gefühl hatten, das Leben habe keinen Sinn mehr für sie, dass sie selbst nicht mehr weiterleben dürften mit dieser Schuld, dass sie bei ihrem eigenen Kind nicht bemerkt hatten, wie verzweifelt es war, und dass sie nie mit einem Suizid gerechnet hätten.

Sie hätten sich immer als gute Eltern empfunden. Obwohl sie bei der Geburt der Kinder noch sehr jung gewesen waren, hatten sie sich dann sehr auf ihre Familie eingestellt, haben sich um sie gekümmert und dafür gesorgt, dass alle drei eine gute Schulausbildung bekamen und es auch ansonsten »an nichts fehlt«. Sie hatten die Kinder nach ihrem Begabungen und Vorlieben gefördert, der verstorbene Sohn habe zum Beispiel Klavier und Keyboard spielen lernen wollen, das hatten sie ihm ermöglicht, obwohl es sehr aufwändig war. Er hatte die Realschule besucht, hätte diesen Sommer seinen Schulabschluss gemacht und wollte dann eine Ausbildung als Medienelektroniker beginnen. Er hatte ganz genaue Vorstellungen, die er sicher auch verwirklicht hätte. Er war wohl überhaupt ein sehr gewissenhafter Mensch, der alles sehr ernst nahm.

In der Schule sei er sehr beliebt gewesen, habe viele Freunde gehabt, das Haus daheim sei »immer voll« gewesen. Er habe keine Drogen genommen und nicht übermäßig Alkohol getrunken. Sie hätten keine Vermutung, welche Probleme er gehabt haben könnte, er hatte auch keinen Abschiedsbrief geschrieben. Der Sohn habe nie vom Tod oder Suizid gesprochen.

Als Beraterin geht es mir in der ersten Stunde vor allem darum, dass sich die Eltern aussprechen können. Ich unterbreche wenig, nur um Verständnisfragen zu stellen, da sie fast ohne Unterbrechung reden und gar nicht realisieren, dass ich als Außenstehende die Zusammenhänge ja nicht kenne.

Außerdem fordere ich die Betroffenen auf, während des Gesprächs immer wieder einmal darauf zu achten, wie es ihnen geht, auch körperlich, ob sie das Erzählen eher entlastet oder in neue Spannung und Belastung bringt. Wenn Letzteres der Fall ist, bitte ich sie, innezuhalten, eine Pause zu machen, einen tiefen Atemzug zu nehmen und empfehle überhaupt, das Geschehene nicht ständig wiederzuerzählen, auch wenn Freunde und Angehörige nachfragen.

Zu den Selbstvorwürfen und geäußerten Schuldgefühlen gebe ich entlastende Interventionen, ergänze auch Erfahrungen mit suizidalen Menschen, die sich manchmal sehr zurückziehen und sich gerade gegenüber den nächsten Angehörigen, so zum Beispiel gegenüber den Eltern, nicht äußern, um diese nicht zu belasten.

Ich frage zum Abschluss der Stunde noch, wie es jedem einzelnen Familienmitglied geht, auch den nicht anwesenden Geschwistern des verstorbenen Sohnes, und welche Ansprechpartner sie haben. Ein weiterer Gesprächstermin für die nächste Woche wird vereinbart.

In der zweiten Beratungsstunde frage ich nach, wie es der Familie nach dem letzten Gespräch und in der Zwischenzeit erging. Die Eltern haben das Gespräch als entlastend empfunden, allerdings ging es ihnen zu Hause wieder schlechter, da sie ständig mit Erinnerungen und den Dingen des Sohnes, zum Beispiel seinem Zimmer, konfrontiert sind. Wir sprechen ganz konkret über die Möglichkeit, zeitweise etwas Distanz zu bekommen, zum Beispiel sich nicht so oft im Zimmer des Sohnes aufzuhalten, sich am Tag zu einer bestimmten Tageszeit »Zeit für die Trauer« und den Kontakt zum Verstorbenen zu nehmen, sich dann aber auch wieder bewusst dem Alltag zuzuwenden. Wir überlegen außerdem, ob eine kurze »Auszeit« möglich wäre, einmal wegzufahren, zu Freunden, übers Wochenende.

Ich gebe noch Informationen über Trauer, speziell auch traumatische Trauer, wie sie nach einem plötzlichen Tod, insbesondere nach Suizid auftreten kann, welche Beschwerden, zum Beispiel Depressionen, Ängste, Flashback (belastende Erinnerungsbilder, die wie ein Film ablaufen), Alpträume und körperliche Symptome, vor allem Infekte und Schmerzen, auftreten können und wann ich eine über die Trauerbegleitung hinausgehende spezielle psychotherapeutische Behandlung empfehlen würde. Ich erwähne jedoch, dass sich nach unserer Erfahrung mit Trauernden die belastenden Beschwerden meist langsam von selbst zurückentwickeln und in den meisten Fällen keine Psychotherapie notwendig ist.

Die Eltern machen sich jetzt vor allem Sorgen um ihre Tochter, die sich sehr zurückzieht und nicht mit ihnen spricht. Ich ermutige die Betroffenen, das Gespräch mit der Tochter zu suchen, sie nicht zu bedrängen, und biete einen Gesprächstermin für die gesamte Familie an.

Zum dritten Gespräch kommen der 20-jährige Sohn und die 16-jährige Tochter mit. Die Eltern äußern ihre Sorge. Weil die Geschwister nicht über ihre Trauer sprechen, fürchten die Eltern, sie könnten ebenfalls Suizidgedanken haben. Die Tochter und der Sohn beruhigen die Eltern, sagen ihnen, dass sie jetzt lieber mit ihren Freundinnen und Freunden sprechen, weil die Eltern sowieso schon so traurig sind.

Auf Nachfrage wird deutlich, dass jeden andere Gefühle und Gedanken hinsichtlich des Todes des Bruders/Sohnes bewegen: Die Mutter ist vor allem deprimiert, den Vater quälen Schuldgefühle, die Tochter fühlt primär die Ohnmachts- und Sinnlosigkeitsgefühle, auch das eigene Leben betreffend, der Sohn ist wütend auf den »kleinen Bruder«, kann nicht verstehen, weshalb der nicht geredet hat, sie hätten ihm helfen können.

Es ist ein häufiges Phänomen in einer Familie, dass Gefühle, die ein einzelner Trauernder nacheinander hat, in einer Familie parallel auftreten und sich für das Miteinander als schwierig erweisen, weil jeder in einer anderen Phase der Trauer ist.

Als Beraterin ist es mir wichtig, die Betroffenen zu ermutigen, Gefühle und Gedanken, auch unangenehme, auszudrücken, sie nicht zu bewerten. Wir besprechen abschließend, welche Möglichkeiten die Familie hat, miteinander im Gespräch zu bleiben. Wichtig sind allen die gemeinsamen Abendessenszeiten.

Beim vierten Gesprächstermin, zu dem die Eltern wieder allein kommen, erzählen sie über das Leben ihres verstorbenen Sohnes, bringen auch Fotos mit und lassen ihn noch einmal in ihren Erinnerungen lebendig werden. Es ist sehr berührend für mich zu sehen, wie nahe sie ihrem Sohn waren und jetzt noch sind, wie viel Liebe sie ihm entgegenbringen und auf der anderen Seite durch seinen Tod ein so schreckliches Leid erfahren müssen. Die Eltern werden mehrmals sehr traurig, als ihnen der große Verlust und die Unabänderlichkeit des Geschehen bewusst wird. Hinsichtlich der Gründe für den Suizid haben sie einige Vermutungen, glauben, er hatte Liebeskummer.

Die Eltern möchten erst einmal keine weiteren Beratungstermine, obwohl die Trauerzeit natürlich nicht zu Ende ist, sondern gerade erst begonnen hat. Wir sprechen abschließend noch über vermutlich schwierige Zeiten, zum Beispiel Geburtstage, Weihnachten, und ich biete an, dass sie sich gern wieder melden können. Außerdem haben sie vor, an der Trauergruppe der »Arche«, die im Herbst beginnt, teilzunehmen.

Für die Begleitung Trauernder nach Suizid sind mir folgende Punkte besonders wichtig:
– Zunächst sollte eine vertrauensvolle Gesprächsatmosphäre geschaffen werden, in der alles ausgesprochen werden darf, des Weiteren ist die Anerkennung des schweren Lebensschicksals wichtig. Außerdem betone ich die Notwendigkeit, sich ausreichend Zeit für die Trauer zu geben, dieser Prozess kann nicht beschleunigt werden. In den Beratungsgesprächen ermutige ich die Betroffenen immer wieder, auch unangenehme Gefühle wahrzunehmen und auszusprechen.
– Wichtig ist mir ebenfalls, an die nicht an der Beratung teilnehmenden Familienmitglieder zu denken und die Angehörigen nicht nur mit mir, sondern auch untereinander ins Gespräch zu bringen.
– Ich gebe Informationen über Trauerprozesse und ihre Normalität, aber auch über komplizierte Trauerverläufe und deren spezielle Behandlungsmöglichkeiten und -indikationen.
– Eine Besonderheit bei Trauer nach Suizid stellen die fast immer vorhandenen Schuldgefühle dar, die ausführlich besprochen werden müssen, da sie sonst manchmal die Trauer ganz in den Hintergrund drängen.
– In der Beratung werden zu erwartende Krisensituationen angesprochen, zum Beispiel Jahrestage, und bisher schon bewährte und neue Bewältigungsmöglichkeiten aufgezeigt.
– Das Schwierigste für die Eltern ist neben dem Verstehenwollen der Gründe des Suizids oft, letztendlich, auch wenn sich keine offensichtlichen Gründe finden lassen, die selbstverantwortliche Entscheidung ihres Kindes für den Tod zu akzeptieren.

Abschließend möchte ich noch etwas Persönliches zum Entstehen dieses Beitrags erwähnen. Ihnen ist vielleicht aufgefallen, dass ich eher eine professionelle Distanz wahre und wenig »emotionale Eigenbeteiligung« anklingt.

Als ich von den Autorinnen des Buches um einen Beitrag gebeten wurde, sagte ich spontan und gern zu. Kurze Zeit später ist dann ein guter Freund ganz plötzlich verstorben, was mir sehr nahe ging und einen Prozess der eigenen Trauer und des

Nachdenkens über den eigenen Lebensweg bei mir ausgelöst hat. Gleichzeitig betreue ich in meiner Arbeit mehrere Familien, die ein Kind durch Suizid verloren hatten, was für mich als Beraterin zu den schwierigsten Situationen gehört, da der Tod eines Kindes, noch dazu »durch die eigene Hand«, nachhaltig die Sinnfrage stellt. Diesen existentiell herausfordernden Fragen und Klagen kann sich auch die Begleiterin nicht entziehen. In dieser doppelten Betroffenheit war es jetzt für mich nur möglich, mich dem Thema in dieser Weise zu nähern.

5.3.10 Trauer im System der Helfer

Wir danken Traugott Roser für das Wagnis, sich selbst und seinen Arbeitskontext in Zeiten des eigenen Abschiednehmens über alle Ebenen der involvierten Trauersysteme 1., 2. und 3. Ordnung zu reflektieren. Er gestattet uns einen mutigen, selten gewährten und differenzierten Einblick in die dynamischen Zusammenhänge von persönlichen, professionellen und teaminternen Betroffenheitsebenen. Die Eigenbeteiligung eines »Helfers« führt notwendigerweise zu Rollendiffusion und Erschütterung des ihn umgebenden kollegialen Systems. Die Interferenzen werden sichtbar, aber auch die Chancen, die sich aus dem Bewusstsein eines veränderten Selbstverständnisses ergeben: Unsere Identität als Trauerbegleiter ist zugleich immer auch eine Identität als Trauernder. Für uns Autorinnen war der Beitrag ein Anlass wahrzunehmen, dass eine öffentlich geführte Diskussion zum Thema Trauer in homosexueller Partnerschaft weitgehend fehlt. Ergänzend verweisen wir in dieser 3. Auflage auf das von Traugott Roser (2014) veröffentlichte Buch »Sexualität in der Trauer. Wenn die Sehnsucht bleibt.«

Und plötzlich ist alles anders

Ich arbeite seit März 2003 als Seelsorger auf einer Palliativstation. Im Herbst 2004 wurde bei meinem Lebenspartner ein unheilbares Colon-Karzinom diagnostiziert, an dem er im November 2006 verstarb. Die folgenden Gedanken sind eine sehr subjektive Darstellung meines unmittelbaren Erlebens. Es thematisiert die persönliche Erfahrung eines professionellen Helfers und das darin enthaltene Potential für Hospiz-, Palliativ- und Trauerarbeit, ein vertieftes Verständnis der Prozesse bei Verlusterfahrungen »in den eigenen Reihen« zu entwickeln.

Über den Zusammenhang von Trauer und Trauerbegleitung – und die Wechselwirkungen zwischen beiden – kann ich nur nachdenken, indem ich meine eigenen Erfahrungen in Worte zu fassen versuche. Wie viele Frauen und Männer in Trauerbegleitung, Hospiz- und Palliativarbeit und Seelsorge habe ich mich diesem Tätigkeitsfeld zugewandt, weil mir Krankheit, drohender Tod und Sterben früh im eigenen familiären Umfeld begegnet sind. An verschiedenen Stationen meiner Ausbildung musste ich mich diesen Erfahrungen und ihrem Einfluss auf meine professionelle Tätigkeit stellen.

Aber es ist eine völlig neue und erschreckende Erfahrung gewesen, als mich das Thema Abschied nehmen und trauern müssen erneut einholte, als ich längst in meiner täglichen Berufspraxis auf einer Palliativstation anderen Menschen seelsorglich Beistand leistete. Mit einem Mal war ich zugleich unmittelbar Betroffener und betreuter Angehöriger, Mitarbeiter im Team und kritischer Beobachter der Profis.

Meine eigene Trauer als Mitglied des Familiensystems (1. Ordnung): Mein eingetragener Lebenspartner war an Darmkrebs und Peritonealkarzinose erkrankt, von Anfang an mit dem Wissen, dass er von seinem Leiden nicht geheilt werden konnte und eine begrenzte Prognose hatte. Nach zwei Jahren Diagnostik, Operationen, Chemotherapien und Antikörpertherapien wurde er schließlich auf die Palliativstation aufgenommen, auf der ich selbst seit drei Jahren als Seelsorger tätig war. Er war 45 Jahre alt, seit drei Monaten im Vorruhestand. Er und ich waren uns darüber im Klaren, was die Aufnahme auf der Palliativstation nun im Verlauf der Krankheit bedeutete; wir beide fanden, dass es trotz aller Durchschnittswerte und mittleren Überlebensraten viel zu früh sei. Wir hofften, dass er mit Glück noch einmal nach Hause kommen und vielleicht in unserer eigenen Wohnung sterben könnte. Aber sein Zustand verschlechterte sich zusehends, er wurde von Tag zu Tag schwächer, konnte weder Nahrung noch Flüssigkeit mehr aufnehmen oder bei sich behalten. Nach dreizehn Tagen verstarb er friedlich auf dem Balkon, bei Sonnenschein mitten im November.

Ich blieb bei ihm, die letzten Tage auch über Nacht. Die Pflegekräfte stellten mir ein Bett ins Zimmer und ließen uns soviel wie möglich Ruhe. Seine Eltern und sein Bruder samt seiner Familie besuchten uns am letzten Wochenende. Die Station ermöglichte uns, das Ritual der Besuche bei den Eltern nun im Krankenhaus durchzuführen, das gemeinsame Kaffeetrinken am Sonntag Nachmittag mit Butterloch- und Käsekuchen. Es war uns bewusst, der Familie, meinem Mann und mir, dass dies wohl das letzte Mal so sein würde. Doch der souveräne und unaufdringliche Umgang des Personals machte es allen leichter und nahm dem Moment seine bleierne Schwere. Es brauchte nur hin und wieder ein Signal, und die Psychologin oder eine Schwester nahm Einzelne von uns zur Seite, um Symptome zu erklären, zu einer Pause zu ermutigen oder Gelegenheit zum Weinen zu geben. Dank dieser Angebote konnte ich mich ganz auf meine Rolle als Partner konzentrieren und verabschiedete mich mittelfristig von meiner Rolle als Mitarbeiter im Team – bis er starb.

Nach dem Tod meines Partners halte ich zum System 2. Ordnung, dem beruflichen System, Abstand, getreu der Therapeutenregel, bei eigener Betroffenheit Klientenkontakt zu meiden. Nach den ersten Wochen, in denen es mühsam viel zu regeln gibt, Besuche bei Ämtern, Telefonate mit Behörden und endlose Telefon- und Briefkontakte zu allen möglichen Institutionen, die alle auf der Zusendung einer Sterbeurkunde-Kopie beharren, kehre ich zurück, allerdings beschränkt auf Lehrtätigkeit und Schreibtischarbeit. Doch die Kollegen begegnen mir auf dem Flur, bei Sitzungen, in der Kantine. Immer wieder werde ich gefragt: Wie geht es dir? Und dann direkt danach: Wann bist du denn wieder ganz hier? Ich kann es nicht sagen. Denn alles in mir und um mich ist in Unordnung geraten.

Ich erlebe meine Trauer als einen Verlust nicht nur des geliebten Vertrauten, sondern auch meiner eigenen beruflichen, privaten und örtlichen Perspektiven. Ich fühle mich ungebunden, aber nicht in einem Sinn von Freiheit, sondern von Beziehungslosigkeit. Jetzt, wo mein Partner nicht mehr ist, bindet mich auch nichts mehr an diese Stadt. Die Zukunft liegt offen vor mir, weit, wenig einladend und unübersichtlich. Ich weiß nicht, wann ich wieder »normal« funktionieren werde. Wenn ich mir selbst gegenüber keine Klarheit gewähren kann, wie und wann es weiter geht, wie soll ich dann anderen gegenüber Klarheit vermitteln? Ich kann es nicht. Ich weiß, das lässt sich mit Dienstplänen schlecht vereinbaren.

In meinem beruflichen Umfeld begegnen mir widersprüchliche Erwartungen: Während die Mitarbeitenden im Team allmählich, bisweilen auch ungeduldig mit meiner Rückkehr rechnen, ermutigt mich mein unmittelbarer – kirchlicher – Vorgesetzter, ein paar Monate zu pausieren. Es geht um die Monate vier bis sechs nach dem Tod meines Mannes (ich lerne eine neue und vollkommen subjektive Zeitrechnung). Für die Kolleginnen und Kollegen ist es eine Zumutung, dass sie noch länger auf meine Rückkehr warten müssen. Aber für mich die Rettung. Denn ich erlebe gerade Monat vier nach seinem Tod als den schwersten. Die erste Welle an Schriftkram liegt hinter mir. Die Trauerpost ist weitgehend bewältigt, die Beerdigung bezahlt.

Aber jetzt, wo ich langsam beginne, Sprache zu finden für das Erlebte und für meine eigene Befindlichkeit, fragt kaum jemand mehr. Der Alltag der Kollegen lässt eine umfassende Antwort auf die Frage »Und – wie geht's dir?« nicht zu. Aber weniger als umfassend kann ich nicht Auskunft geben. Viele meiner eigenen Freunde oder Angehörigen wagen erst gar nicht zu fragen. Sie fragen jedenfalls nicht nach meinem Mann, nennen kaum mehr seinen Namen. Ich fühle mich unendlich einsam. Fatal ist, dass ich gerade jetzt, wo meine Umgebung in ihrem Beileid verstummt, den größten Redebedarf habe. Zu vielfältig sind die Themen der Trauer, und sie reichen nur allzu oft an Tabuthemen heran, bis zum unerträglich intensiven Bedürfnis nach Zärtlichkeit und Sexualität. Die drei Monate Auszeit helfen mir, mit einer Therapie zu beginnen, meine Erfahrungen aufzuschreiben und dies an Orten zu tun, die in unserer Partnerschaft besonders wichtig waren. Dort kann ich ihn suchen und mich selbst wiederfinden. Und dort kaufe ich nach vier Monaten zum ersten Mal wieder ein farbiges Hemd.

In all dieser Zeit beginne ich zu begreifen, dass meine Trauer keine Krankheit ist. Die Wunden müssen nicht geheilt werden, damit ich gesundet zurückkehren kann in die alte Berufswelt. Ich empfinde meinen Verlust, meinen Schmerz und meine Erfahrung als etwas, das ich anderen voraus habe. Ich werde auf eine eigenartige Weise stolz. Und zum ersten Mal in meiner Berufstätigkeit begreife ich, wie selten und wie wenig Professionelle wirklich ernst damit machen, dass ihnen die Patienten, die Sterbenden – und eben auch die Angehörigen! – an Erfahrung voraus sind. Wohl stehen sie ihnen zur Seite, helfen ihnen, sich zu orientieren und Anschluss an ihre eigenen Ressourcen zu finden. Aber zu oft maßen sie sich ein Urteil an über die Kompetenz von Angehörigen im Umgang mit Leid und Krankheit. Wenn mir ein Kollege einen guten Rat mit auf den Weg geben will (»Achtest du auch wirklich auf dich selbst? Bist du sicher, dass du wirklich an euren Urlaubsort reisen willst, da kommt doch alles wieder hoch ...«), mochte ich ihm entgegenschreien: Was weißt du denn schon? Behandle mich nicht wie einen Unmündigen! Ich habe genug mitgemacht und ausgehalten, um zu wissen, wozu ich in der Lage bin!

Zurückgekommen in der Arbeit empfinde ich eine deutliche Solidarität mit Betroffenen. Manchmal drängt es mich, meine Erfahrung in einer Begleitung offenzulegen. Darüber spreche ich dann mit dem Therapeuten und hoffe, nicht die Regeln der Professionalität zu verletzen. Zumindest habe ich das Gefühl, manches besser zu verstehen, Unvollkommenes besser auszuhalten und bislang Tabuisiertes gezielter anzusprechen.

Ich merke, wie manche Situation, bestimmte Krankheitsbilder und Symptome das Leiden und Sterben meines Partners in mir wachrufen. Dann berate ich mich mit den Kollegen, ob ich die Betreuung dieses Patienten und seiner Angehörigen abgebe oder gezielt übernehme. Was ich nicht leiden mag, ist, wenn über mich hinweg entschieden wird, wenn man mir ohne Gespräch eine Patientenbetreuung vorenthalten will. Es gibt wohl die Momente, in denen mich eine konkrete Situation im Innersten berührt und mich bewegt, mal im Guten, mal im Schweren. Diese besondere Empfindlichkeit, manchmal auch Verwundbarkeit erlebe ich als ein besonderes Talent.

Die Lutherbibel verwendet für den alten Begriff des Talents (als Währungseinheit) das Wort »Pfund«. Ein Pfund ist ein schweres Gewicht. Manch einer ist mit Talenten ausgestattet, die ihm wie eine schwere Last vorkommen. Und dennoch gilt es, mit diesen Belastungen so umzugehen, dass sie sich zum Guten auswirken. Das nennt Luther dann »wuchern« im besten Sinn des Wortes. Mein Talent ist es, mit der schweren Last eigener Trauer bewusst und konstruktiv umgehen zu müssen, wenn ich weiter in diesem Umfeld arbeiten will.

Was bedeutet Anteilnahme im Team? (Trauer 2. Ordnung): Das professionelle Team hat meinen Partner, mich und unsere Familie auf eine Weise begleitet, die den Idealen der Palliativmedizin entsprochen hat. Während in den ersten Tagen die Frage noch oft gestellt wurde, ob mein Partner denn wirklich auf der Station bleiben wolle, wo ich später wieder arbeiten würde, wurde sie später nicht mehr gestellt. Denn aus meiner Sicht – und aus der meines Mannes – war dies das beste Team und der beste Ort, den ich mir für ihn wünschen konnte. Oder würde ich sonst hier arbeiten wollen?

Wenn einer, der sonst nur mit feinem Hemd und Krawatte zu sehen ist, als Angehöriger im Schlafanzug in der Patientenküche einen Tee macht oder den Partner im Rollstuhl über den Gang schiebt, verlässt er die professionelle Distanz, wird privat und riskiert indiskrete Beobachtbarkeit. Was es generell, nicht nur in meinem Fall für das Team heißt, wenn es einen aus den eigenen Reihen plötzlich leiden oder gegebenen Falls gar sterben sieht, kann ich nicht sagen. Mir jedenfalls hat das kaum einer gesagt. Ich weiß es aus Erzählungen (etwa ein halbes Jahr hinterher!), wie sehr es das Team belastet hat. Anteilnahme wurde ja dennoch gelebt, fand ganz pragmatisch statt und war auch fühlbar. Vereinbarungen mussten getroffen werden: Wer ist zuständig für die Pflege, wer kommt zu Gesprächen? Welche Informationen werden weitergegeben, was bleibt vertraulich? Immerhin wird der Angehörige nicht wie sonst nach dem Tod des Patienten aus dem Blickfeld verschwinden, sondern in seine Rolle als Mitglied des Teams zurückkehren.

Wenn uns auch nicht mehr Aufmerksamkeit zuteil wurde als anderen Patienten – aber auch nicht weniger –, so waren einige uns doch emotional sehr nahe. Ich empfehle anderen Teams, denen Ähnliches widerfährt, ernsthaft das Angebot einer *Teamsupervision* zu diskutieren. Denn allein schon aus statistischen Gründen wird es bei einem Team mittlerer Größe nicht ausbleiben, dass andere Mitglieder von Krankheit und Sterben im eigenen Umfeld betroffen werden und auf die Unterstützung durch das eigene Team angewiesen sind. Man sieht dann mehr von einer Kollegin, einem Kollegen, als einem vielleicht lieb ist. Das bedarf der Aufarbeitung, denn es konfrontiert jeden im Team damit, dass auch ein professioneller Trauerbegleiter oder Palliativmediziner nicht vor der Endlichkeit des Lebens und der Liebe gefeit ist. Diesen Gedanken wirklich zuzulassen, trifft auf eine der größten Tabus in der Palliativ- und Hospizszene und stellt zugleich eine der größten Herausforderungen dar.

Der Wächter auf der Zinne – Trauer im System 3. Ordnung: In unserem speziellen Fall, meiner eigenen Trauersituation als Seelsorger im Feld und als Mitglied im multiprofessionellen Team, wurde mir die – trotz wahrscheinlich allseitigen Bedarfs – fast vollständig ungenützte Chance eines integrierenden Systems 3. Ordnung bewusst, denn es fehlte schlichtweg eine Instanz, die uns alle zusammen, mich als Betroffenen und das Team, in dieser Situation beriet und begleitete. Die Lösungen, die das Team fand und mit meinem Partner und mir verabredete, wurden jeweils neu gefunden, natürlich unter Rückgriff auf langjährige Erfahrungen in der Sterbe- und Trauerbegleitung.

Es gab jedoch auch mit zeitlichem Abstand keine Gelegenheit, um einmal gezielt die gemachte Erfahrung zu bedenken und zu reflektieren. Eventuell war Scheu der Grund dafür, möglicherweise auch das Gefühl, in gewohnten Standards zu arbeiten, oder der Wunsch, so bald wie möglich die Normalität des kollegialen Miteinanders wiederaufzunehmen. Vielleicht ist mein Text nun ein Anstoß, eine Vision für einen solchen Fall zu entwickeln.

Es mag sein, dass man auf einen solchen Fall generell nicht vorbereitet sein kann, und jeder Fall so individuell ist, dass »Patentrezepte« nicht greifen. Ich könnte mir aber den Gewinn vorstellen, den das Durchdenken eines solchen Szenariums zumindest auf Leitungsebene mit sich bringen würde: In dem Maß nämlich, wie die Palliativmedizin und Hospizarbeit in die Jahre kommen, werden Erfahrungen wie die meine kein Einzelfall bleiben, sondern sich häufen. Dann kann es nicht angehen, dass man sich als Betroffener wie ein Einzelfall vorkommt, der sich von der Profi- in die Patientenrolle fügen muss und dabei sein gesamtes professionelles

Wissen beiseite lässt. Ebenso wenig kann es angehen, den Kompetenzgewinn aus unmittelbarer Erfahrung bei der Rückkehr in das professionelle Umfeld abzugeben wie einen Sack Anstaltskleidung, die man nun nicht mehr braucht. Es wäre ein ungenutztes Talent. Eine Last, die man ablegt. Die man aber wohl besser als transformierende Energie nutzen kann und auch nutzen sollte, denn gerade mit ihr macht es einen vielleicht noch tieferen Sinn, in diesem Umfeld weiterzuarbeiten.

Zumindest ein paar Fragen seien angerissen, die auf dem Weg zu einer Bewältigung im konkreten Fall helfen können:
- Welche Erwartungen haben wir an die Patienten und Angehörigen in unserer Einrichtung? Gelten diese auch für unser eigenes Verhalten?
- Gibt es ein explizites oder unausgesprochenes Leitbild, einen »Geist« unserer Einrichtung? Welche Bedeutung hat er für einen konkreten Fall eigener Betroffenheit im Team?
- Welche Ressourcen haben wir im Team? (Gesprächsforen, Rituale, Kompetenzen)
- Was sind die Bedürfnisse in unserem Team? (Wie und auf welchen Ebenen kommen sie zur Sprache?)
- Welche Unterstützung brauchen wir von außen? (externe Supervision)

In jedem Falle ist es hilfreich, nach einer gewissen Zeit die unmittelbar und mittelbar Beteiligten offensiv danach zu fragen, wie sie die Situation erlebt haben und ob sie Bedarf haben an einer Aussprache.

5.3.11 Trauer und ihre frühe Symbolik in Kinderzeichnungen – Bildunterstützte Trauerwahrnehmung aus systemischer Perspektive

Frau Professorin Plieth »liest« schon lange in den Botschaften trauernder Kinder im Grundschulalter. Hier stellt sie uns eine Auswahl relevanter Kinderbilder zur Verfügung, in denen Beziehungen zu verstorbenen wie lebenden Bindungspersonen kraftvollen und anrührenden Ausdruck finden. Im begleitenden Gespräch werden die Bedeutungsebenen des Dargestellten erforscht, so dass eine Interpretation der dynamischen Auseinandersetzung mit dem (vorläufig-endgültigen) Abschied Einsichtnahme in die kindliche Vorstellungswelt gestattet. Daraus ergibt sich für uns Erwachsene Wach-Ruf und Trost-Botschaft zugleich: In wesentlicher Beziehung zu sein und den Mut zu haben, Fragen zu stellen, trägt auch in ganz besonders schweren Zeiten. – Frau Plieth zeigt einen Weg auf, wie wir die kindliche Symbol-Sprache aufnehmen und zur Grundlage unserer Unterstützungsangebote machen können. Wir danken ihr und den Kindern sehr herzlich für die dabei gewährten Einblicke.

»Der Tränenvogel weint in mir. Er ist so laut, da kann ich nichts mehr hören.«
(Niko, 8 Jahre)

Trauernde Kinder sind nicht alle dazu in der Lage, ihre Gefühle unvermittelt verbal zu äußern. Sie können aber in der Regel sehr gut in bildhafter Form darstellen und kommunizieren, was sie bewegt. Dazu wählen sie entweder Metaphern und Symbolsprache zur mittelbaren Beschreibung von »Inn-Bildern« (siehe dazu das Eingangszitat oben!) oder sie malen ihre An- und Einsichten ganz konkret mit Stiften beziehungsweise Pinseln auf ein Blatt Papier. Die dabei entstehenden Zeichnungen stellen »eindrückliche Ausdrucksgebilde« mit großer Aussagekraft dar. In ihnen spiegeln sich sowohl aktuell als auch in der Vergangenheit bedeutsame innerste Vorgänge und »Inn-Bilder«, aber auch von außen kommende Impulse, durch die Trauerprozesse positiv oder negativ beeinflusst sein können. Außerdem bieten sie eine gute Grundlage für (therapeutische) »Bild-Gespräche« und durch sie ermöglichte bildunterstützte Trauerwahrnehmung mit systemischer Perspektive. Dazu im Folgenden ein paar konkrete Beispiele:

Abbildung 8: »*Die Sonne ist ganz erschrocken, weil da einer gestorben ist. Der war gar nicht krank und ging ganz plötzlich tot. Darum guckt die Sonne so und ihr Mund ist ganz unten. Und die Strahlen stehen so ab.*« (Lasse, 9 Jahre)

Abbildung 9: »*Den Friedhof finde ich ganz gut. Ich geh da immer hin mit meiner Oma – den Opa harken.*« (Jens, 9 Jahre)

Die beiden neunjährigen Jungen Lasse und Jens entwickeln – unabhängig voneinander – strukturell ähnlich aufgebaute Bild-Szenen, in denen die Emotionen der Zeichnenden – so, wie es auch sonst oft der Fall ist – am Firmament zu erkennen sind: Sie malen jeweils ein Grab, über dem eine gelb-leuchtende Sonne scheint. Der Gesichtsausdruck der pointiert platzierten, personifizierten Himmelskörper ist allerdings sehr unterschiedlich. Auf Lasses Bild starrt die Sonne mit weit aufgerissenen schwarzen Augen erschrocken-erstaunt Richtung Grabhügel, ihre Mundwinkel sind weit nach unten gezogen und ihre Strahlen stehen aversiv in alle Richtungen. Auf dem Bild von Jens schaut die Sonne mit offenen Augen versonnen zum Grabplatz hinüber und schmunzelt dabei mit leicht nach oben gezogenen Mundwinkeln ein wenig vor sich hin.

Im Bildgespräch gibt Lasse zunächst an, auf seiner Zeichnung sei das Grab von »*einem*, der gar nicht krank war und ganz plötzlich tot ging«, dargestellt. Im weiteren Verlauf des Dialoges wird dann deutlich, dass es sich bei dem Verstorbenen, von dem dabei die Rede ist, keineswegs um »irgendjemanden«, sondern um Lasses Großvater (die Initialen »KK« auf dem Kreuz in der Bildmitte stehen für »Karl Krause«), der von seinem Enkel sehr gemocht wurde beziehungsweise immer noch wird, handelt. Der Schreck über dessen Tod scheint beim trauernd hinterbliebenden Lasse so gravierend zu sein, dass er nur »distanziert«, durch »Abstand halten« ertragen werden kann. Den Trauerprozess des Jungen erschwerend kommt hinzu, dass in der Familie von Lasse die Themen »Krankheit, Sterben und Tod« im Alltag weitestgehend ausgespart bleiben. Es wird so gut wie nie darüber gesprochen, und so kam der »Opa-Tod«, von dem nur stockend-verhalten berichtet wird, tatsächlich »plötzlich und unerwartet«.

Jens erzählt – ganz anders als Lasse – völlig offen von den Ereignissen rund um die Krankheit und das Sterben seines Großvaters. Er vermisst seinen »Opa Leuschner« sehr und trauert intensiv um ihn, ist aber in seiner Traurigkeit nicht sich selbst überlassen, sondern begleitet. Er geht zum Beispiel einmal in der Woche zusammen mit seiner Großmutter, Oma beziehungsweise Witwe Leuschner, auf den Friedhof, um dort »den Opa zu harken«. Letzteres ist als »posthumer Liebesdienst«, der – in Gemeinschaft vollzogen – über den Tod hinaus verbindlich-verbindend wirkt und Trauergefühle coupieren hilft, zu verstehen.

Wie wichtig das familiäre Umfeld für die Ausbildung lebensförderlichen Trauerverhaltens bei Kindern ist, zeigt sich auch im folgenden Bild.

Abbildung 10: »*Mein Onkel ist ganz schnell gestorben, einfach so – Wir waren alle sehr, sehr traurig. Und sogar der Vater hat geweint.*« (Anton, 10 Jahre)

Der zehnjährige Anton, dessen Familie aus dem Kosovo stammt, malt sich selbst am offenen Sarg seines Onkels. Um ihn her stehen sein Vater, seine Mutter, seine Schwester und seine Tante, die Witwe des Verstorbenen. Alle trauernd Hinterbliebenen – Kinder wie Erwachsene – weinen ungehemmt, aber im Bildgespräch stellt sich heraus, dass diese Tatsache für Anton eher sekundär ist. Wirklich wichtig erscheint ihm, dass *auch* sein Vater, als gestandener Mann aus einer männer-dominierten Kultur, zu seinen Trauer-Gefühlen steht und sich unübersehbar nicht davor scheut, sein Gesicht tränenüberströmt zu zeigen. Für Anton bedeutet dies, dass auch er – als zukünftiger Mann – sich nicht wegen seiner Emotionen schämen muss. Letzteres ist vermutlich der Grund dafür, dass Anton sein Bild mit dem schriftlichen Kommentar »Und sogar der Vater hat geweint.« versieht und diesen im Nachhinein sogar mehrfach mit Stolz und Ehrfurcht in Haltung und Stimme zu Gehör bringt.

Besonders anzumerken ist im Blick auf das zuvor gezeigte sowie besprochene Bild, dass in diesem in der Himmelsregion keinerlei Hinweise auf die Gefühle des malenden Kindes wahrgenommen werden können. Die Sonne ist gesichtslos-neutral dargestellt, und die Wolken sind tropfen- beziehungsweise tränenleer. Das ist in der Regel dann der Fall, wenn auf den Gesichtern und in der Körperhaltung dargestellter Figuren mit personalem Charakter Anzeichen für Trauerregungen auftauchen. Falls es – was in Ausnahmefällen durchaus der Fall sein kann – Trauerzeichen sowohl am Firmament als auch bei personifizierten Figuren gibt, lässt dies auf besonders tiefe Traurigkeit schließen.

Abbildung 11: »*Ich glaube daran, dass man nach dem Tod in den Himmel kommt ... Das Skelett liegt in der Erde, aber die Seele geht in den Himmel auf und wird dann zum Engel. – Und im Himmel gibt es auch Musik. Da kannst du Leierkasten (gemeint ist die ›Leier‹ oder Lyra‹; MP) spielen. Da gibt es auch schöne Musik, sogar Techno.*« (Jennifer, 11 Jahre)

Im Bild der elfjährigen Jennifer, einem typisch zweigeteilten »Mädchen-Bild« (die Todes-Dimension findet sich hier links und der Ausblick auf ein mögliches Todes-Danach rechts) gibt es eine Besonderheit, die nicht sofort ins Auge springt, aber unter systemischen Gesichtspunkten als sehr bedeutungsvoll einzustufen ist.

Jennifer malt sich selbst als »Seelenengel« – und zwar als »Seelenengel im Doppelpack«. Dies entspricht der für sie üblichen Vorgehensweise beim Anfertigen von Bildern; die »Gedoppelte Selbstdarstellung« ist quasi ein Markenzeichen für sie als Malerin.

Im Bildgespräch mit Jennifer ergeben sich keinerlei Aufschlüsse über die dazugehörigen Hintergründe; erst durch einen Austausch mit der Klassenlehrerin des Mädchens wird erkennbar, wie sie aussehen.

Jennifer ist ein eineiiges Zwillingskind, dessen Schwester unter der Geburt verstarb. Sie wurde über diesen Tatbestand nie aufgeklärt, weil ihre Eltern ihr Trauerschmerzen ersparen wollten. Aber ganz offensichtlich spürt sie intuitiv dennoch, dass ihr etwas beziehungsweise jemand fehlt, und sie kompensiert die so zustande kommende Verlust- sowie Defizitwahrnehmung durch die bildhafte Duplizierung ihrer selbst. Eine entlastende Trauerbewusstwerdung sowie -bearbeitung wird so natürlich sehr erschwert. Sie wäre wohl nur dann realisierbar, wenn Jennifer über ihre eigene Vorgeschichte und die ihrer Schwester in Kenntnis gesetzt werden würde, was bedauerlicherweise bis zur Entstehung ihres »Seelenengel-Bildes« nicht der Fall war.

Abbildung 12: »*Also, wenn man tot geht ..., da hört man auf zu leben ... Der erste Baum ist ganz kahl, der hört auf ... Aber dann fängt er wieder an zu blühen ... Darum ist der zweite Baum wieder mit Blättern gemacht ... Man hört auf und fängt wieder an.*« (Sebastian, 10 Jahre)

Auf der Zeichnung des zehnjährigen Sebastians sind zwei Bäume zu erkennen: Ein völlig kahler, entlaubter und ein kräftig grüner mit voller Krone. Zwischen den beiden Bäumen befindet sich ein achteckiges, nur angedeutetes Gebilde, vermutlich ein Sarg. In diesem befindet sich ein schwarz gekleideter Mann mit weit geöffneten hellblauen Augen und tief herabgezogenen Mundwinkeln. Ob der Mann noch lebt oder schon tot ist, lässt sich nicht klar erkennen. Über den Bäumen und dem Sarg-Gebilde mit Mann gibt es zwei dicke Querstreifen: einen unteren in Sonnengelb und direkt darüber einen oberen in Tiefschwarz. Über dem schwarzen Querstreifen liegt ein braunes Kreuz, neben dem sich linkerhand ein nur ausschnitthaft sichtbarer Kreis mit einem verhältnismäßig dicken Punkt in der Mitte befindet. Sebastian erläutert die von ihm dargestellte Szene wie folgt:

> »*Also, wenn man tot geht …, da hört man auf zu leben … Der erste Baum ist ganz kahl, der hört auf … Aber dann fängt er wieder an zu blühen … Darum ist der zweite Baum wieder mit Blättern gemacht … Man hört auf und fängt wieder an … Zwischen die Bäume habe ich eine Abgrenzung gemacht, und dann hab ich halt so 'n Grab hingemacht, und da liegt ein Toter drin … Dass der tot ist, sieht man, weil der den Mund so verzogen hat und weil er ganz schwarz angezogen ist … Er hat aufgehört zu leben, und dann fängt wieder was Neues an … Man steigt …* (Sebastian stockt und führt den begonnenen Satz anders als ursprünglich geplant fort.)*, dann steigt die Seele ja auch in den Himmel, und da fängt man dann halt ganz neu an zu leben, hat meine Mama gesagt … Warum der Mann so traurig guckt? Der weiß das mit den Bäumen wohl noch nicht … Der weiß nicht, dass man dann da im Paradies is.* (Ich frage Sebastian nach den beiden Farbstreifen auf seinem Bild.) *… Das soll dann eigentlich der ›tote Himmel‹ sein und das dann der ›Paradieshimmel‹.* (Sebastian zeigt zuerst auf den schwarzen und dann auf den hellgelben Querstreifen in der oberen Hälfte seiner Darstellung.) *… Zu dem kahlen Baum gehört der schwarze Streifen und zu dem blühenden der helle. Es ist gar nicht schön, wenn der Todeshimmel kommt. Da bist du traurig und musst weinen. Aber im Paradieshimmel, da wird es richtig schön, hat meine Mama gesagt … Das Kreuz, ja, das hab ich gemacht, weil Jesus ja auch am Kreuz gestorben ist … Warum es so da liegt und nicht steht? Ich wollte ja malen, wie es steht, aber da war kein Platz mehr, da habe ich es einfach hingelegt … Ja, das …* (Sebastian zeigt auf den Kreis mit dem Punkt in der Mitte links neben dem liegenden Kreuz.)*, das gehört dazu; das ist so ein Zeichen von den Pfadfindern … das heißt: ›Ich hab meine Aufgabe erfüllt und bin nach Hause gegangen.‹ Das machen wir immer beim Geländespiel, damit die anderen sich keine Sorgen machen … Wer das auf meinem Bild sagt? Das sagt der Jesus, als er nach Hause zu seinem Vater geht. Und darum is das da unten* (Sebastian weist auf den verdorrten und den grünenden Baum.)*, darum ist das da unten auch wahr. Aber ganz genau weiß ich es auch nicht. Da muss ich nochmal meine Mama fragen.*« (Sebastian, 10 Jahre)

Sebastian ist kein akut trauerndes Kind. Er entwickelt sein Bild vom Tod beziehungsweise vom Todes-Danach ohne konkreten Kontakt mit herannahender beziehungsweise hereinbrechender Todeswirklichkeit als »zukunftsorientiertes Lebensbild« und schafft sich so unbewusst Hoffnungspotential für später eventuell anstehende Trauerprozesse. Ausgangspunkt der Überlegungen des Zehnjährigen ist die Erfahrungstatsache, dass Tod ganz allgemein dort beginnt, wo Leben aufhört: »Also, wenn man tot geht …, da hört man auf zu leben …« Sinnlich wahrnehmbar wird dieses Faktum mit Blick auf den von Sebastian gemalten, so genannten »ersten« Baum, der all seine Blätter und damit jegliche Lebenskraft verloren hat und nun völlig entlaubt und kraftlos beziehungsweise tot dasteht: »Der erste Baum ist ganz kahl, der hört auf ... Aber ...« – und dieses »Aber« ist überaus wichtig – mit diesem kurz und bündig kommentierten Aufhören ist die Geschichte des Baumes und damit des Lebens generell für den Zehnjährigen noch nicht an ihrem endgültigen Ende angekommen. Sie geht seiner Auffassung nach auf jeden Fall weiter, denn es gibt nach unzweifelhaft nur vorübergehendem Absterben und Tod ganz gewiss einen Neuanfang, bei dem der entlaubte Baum noch einmal grünt: »Aber dann fängt er wieder an zu blühen.« Inhaltlich Gleiches, wenn auch in abgewandelter Form, erwartet Sebastian auch für Menschen, die durch den Mann zwischen den beiden Bäumen repräsentiert sind: »Man hört auf und fängt wieder an ... Er hat aufgehört zu leben, und dann fängt wieder was Neues an.« Das Neue, das sich nachtodlich entwickelt, wird allerdings nicht im Hier und Jetzt erwartet, sondern im transzendent gedachten, über uns gelegenen Himmel, in den »verlebendigte Totenseelen« aufsteigen: »Man steigt ... dann steigt die Seele ja auch in den Himmel, und da fängt man dann halt ganz neu an zu leben.« Dieser Himmel ist nach Auffassung von Sebastian offensichtlich zweigeteilt: Seine erste, dunkle Hälfte ist der »tote Himmel« oder »Todeshimmel«, der zu dem kahlen Baum gehört. Er ist negativ besetzt: »Es ist gar nicht schön, wenn der Todeshimmel kommt. Da bist du traurig und musst weinen.« Im Gegensatz dazu erscheint die zweite, helle Hälfte, der »Paradieshimmel«, der dem blühenden Baum zugeordnet wird, positiv: »Aber im Paradieshimmel, da wird es richtig schön ...«

Seine recht eigenwillige, zweigeteilte Himmelsvorstellung verbindet Sebastian mit Details der christlichen Auferstehungstradition (vergleiche dazu 1. Korinther 15,20 ff.!), die ihm durch seine Mutter vermittelt worden sind: Er geht dabei von Dreierlei aus: Erstens davon, dass Jesus als Gottes Sohn dafür gesorgt hat, dass nach dem dunklen »Todeshimmel« der helle »Paradieshimmel« kommt und neues Leben ermöglicht wird. Zweitens davon, dass er nach seinem Sterben am Kreuz nicht im Nichts verschwindet, sondern zielgerichtet zu seinem Vater geht, wörtlich: »... Ich hab meine Aufgabe erfüllt und bin nach Hause gegangen.« Und schließlich drittens davon, dass beides irgendwie zusammengehört: »... darum ist das da unten auch wahr ...« Wie und warum Letzteres der Fall ist, kann Sebastian allerdings nicht genau sagen. Aus diesem Grund beabsichtigt er, noch einmal bei seiner Mutter, die seine Anschauungen nachhaltig geprägt hat, nachzufragen. Diese vergewissernde Vorgehensweise hat ihm schließlich schon oft geholfen und auch zur Herausbildung seiner recht ausgefeilten Vorstellung vom Tod und vom möglichen Todes-Danach beigetragen. – Falls der Junge dieses Vorhaben in die Tat umgesetzt haben sollte, hat er inzwischen vielleicht auch etwas mehr zur Bedeutung des Kreises mit Punkt, der auf seinem Bild durchaus richtig positioniert gleich neben dem Christus-Kreuz auftaucht und in der Tat bei Pfadfinder-Geländespielen verwendet wird, erfahren. Dieser so genannte »Zirkumpunkt« (lateinisch: circumpunctum) ist ein Kreis mit Punkt, der ein uraltes Ewigkeitssymbol darstellt und in christlichkirchlichem

Kontext darauf verweist, dass Christinnen und Christen daran glauben, durch Jesus, den Christus, mitten im Tod neues, nie mehr endendes Leben geschenkt zu bekommen. Diese Vorstellung fand der britische Kavallerie-Offizier Robert Baden-Powell (1857–1941), der 1907 die christlich geprägte Pfadfindervereinigung gründete, besonders aufbauend. Deshalb wünschte er sich, nach seinem Tod einen mit einem Kreispunkt geschmückten Grabstein zu erhalten. Diesem Wunsch wurde entsprochen, und so können alle, die das Grab von Baden-Powell auf dem Friedhof in Nyeri (Kenia) besuchen, auch heute noch im Symbol gebunden wahrnehmen, welcher Glaubensgrundsatz dem altgedienten »Gottes-General« wichtig war: Wer stirbt, wird nicht einfach zu nichts, sondern geht, so wie Jesus, der Christus, zu Gott in die himmlische, ewige Heimat.

Wenn in einem Kinderbild – wie dem von Sebastian – vermehrt religiöse Elemente mit spezifischer Prägung auftauchen, dann ist das im Regelfall nicht anlagebedingt wie das generelle Nachdenken über das gegenwärtige beziehungsweise zukünftige Geschick Verstorbener, sondern außenbedingt und hat in den meisten Fällen mit dem jeweiligen familiären oder auch schulischen Umfeld der Zeichnenden zu tun. Die Glaubensüberzeugungen von Eltern, Großeltern und Lehrkräften werden von Heranwachsenden bis etwa zum zwölften Lebensjahr meistens sehr ernst genommen und oft unverändert oder mit nur leichten Variationen in den eigenen Vorstellungsbestand integriert. Dieser Umstand birgt sicher die Gefahr der negativen Beeinflussung und Manipulation, zumindest dann, wenn religiöse Ansichten von Erwachsenen erschreckend oder angstauslösend vermittelt und zur Disziplinierung eingesetzt werden; er kann aber ebenso – wie bei Sebastian unschwer zu erkennen – äußerst konstruktiv und positiv-wirkend im Sinne von hoffnungsfördernd und/oder tröstend sein.

Letzteres lässt sich auch durch das nachfolgende Bild des achtjährigen Michaels, einem typischen Beispiel für die Auswirkungen von Trauer-Regression auf kindliche Bildgestaltung, eindrucksvoll belegen.

Abbildung 13: »*Das Kind im Grab, das ist mein Bruder Benjamin. Der ist gestorben, weil ein Auto viel zu schnell gefahren war. Als meine Mama mir das erzählt hat, da war ich ganz erschrocken ... Ich habe geschreit (!), so sehr geschreit (!) Das tat richtig weh.*« (Michael, 8 Jahre)

Der Junge zeichnet sich selbst direkt neben dem Grab seines vor vier Jahren verstorbenen, jüngeren Bruders Benjamin. Dabei drängt er zentrale Bildelemente in einer Ecke seines Zeichenblattes zusammen, nutzt den reichlich vorhandenen Platz zum

Malen nicht vollständig aus und lässt den Hintergrund seines Bildes ungestaltet. Außerdem verzichtet er einerseits auf Vollständigkeit und überzeichnet andererseits einzelne Bildelemente. Den von ihm dargestellten Figuren fehlen zum Beispiel Hände beziehungsweise Füße, also wichtige Körperdetails, und der zunächst wohlproportionierte Kopf seiner Selbstdarstellung wird in einem zweiten Malvorgang überdimensional vergrößert. Durch Letzteres scheint der abgebildete kleine Kopf im großen Kopf zu einem schwarzen Kreis verwandelt, durch den der ursprünglich nur angedeutete rote Mund ringförmig umgeben und so hervorgehoben ist. Auf diese Weise entsteht der Eindruck, dass der in Strichmännchen-Manier mit Augen, Nase und Mund ausgestattete »Kopffüßler«-Michael seinen Mund sehr weit geöffnet bzw. regelrecht aufgerissen hat, und das erinnert nicht von ungefähr an das bekannte Gemälde »Der Schrei« von Edvard Munch: Hier steht jemand und brüllt mit allerletzter Kraft seine ganze Qual, Angst und Panik heraus. Michael selbst kommentiert diesen Zug seines Bildes, indem er mit seinem Finger auf die von ihm gezeichnete schwarze Mundaußenlinie zeigt und dann erklärt, was er getan hat, als er von Benjamins Tod erfuhr: »Ich habe geschrien (!), so sehr geschrien (!). Das tat richtig weh.« Die dabei von ihm verwendete Ausdrucksweise entspricht überhaupt nicht der eines Achtjährigen, sondern – ebenso wie die von ihm an den Tag gelegte Malweise – eher der eines Drei- bis Vierjährigen. Der Drittklässler »von heute« zeigt sich im Malvorgang kindlich-retardiert. Er erinnert sich an den Schreckmoment, in dem er vom Tod seines Bruders erfuhr, stellt sich selbst bildhaft in abgrundtiefer Traurigkeit dar und wird währenddessen in eindeutig regressiver Reaktion wieder zu dem aufschreienden kleinen, Michael »von damals«, der sein Todes-Trauma einfach nicht verwinden kann.

Die von Michael gebotene Darstellung des verstorbenen Benjamin scheint zu all dem nicht recht zu passen: Der junge Tote wirkt weder gequält noch geängstigt oder in Panik. Er liegt mit gelöstem Gesichtsausdruck in seiner dunklen Todes-Grube, und es wirkt fast so, als freue er sich lächelnd über die rot leuchtende, im Wind flatternde Fahne bzw. die ebenfalls rot gemalten »Herzblumen« auf seinem Grab.

Erst im ausführlichen Bildgespräch, das mit Michael nach Fertigstellung seiner Gesamtzeichnung geführt worden ist, wird erkennbar, wieso radikaler Schmerz auf der einen und heitere Gelassenheit auf der anderen (Bild-)Seite trotz aller auszumachenden Diskrepanzen zusammenpassen. Der Junge erzählt, was seine Mutter gesagt und getan hat, als es darum ging, ihn von Benjamins Tod in Kenntnis zu setzen, und schildert so eine äußerst komplexe Trostszene. In deren Zentrum steht die Zusage der unverbrüchlichen Treue Gottes, die im Leben, zu dem auch Sterben gehört, und im Tod als tröstlich und haltgebend empfunden wird: Zunächst einmal hat die Mutter ihren Sohn in den Arm genommen und dann auf ihren Schoß. Erst danach teilte sie mit fester Stimme mit, dass Benjamin einen Unfall hatte und im Krankenhaus gestorben sei. Als der über diese Botschaft sehr erschrockene Michael zu schreien anfing, blieb die sicherlich ebenfalls bis in ihre Grundfesten erschütterte Mutter äußerlich ruhig und begann, ihren völlig entsetzten »Großen«, der sich jetzt wie ein ganz »Kleiner« gebärdete, beruhigend zu streicheln. Erst nach geraumer Zeit fragte sie ihn, ob er sich noch an die Geburt von Benjamin und die Zeit danach erinnern könne. Michael nahm diesen Impuls sofort auf und erzählte, was ihm in den Sinn kam. »Schöne Erinnerungsbilder« rückten so neben »bedrückende Schreckensvorstellungen«, ohne sie zu verdrängen, und milderten den aufgekommenen Schmerz. Nach einiger Zeit erklärte Michaels Mutter, dass sie davon überzeugt sei, dass Gott bestimmt lange überlegt habe, in welche Familie er den Benjamin schicken wollte. Schließlich ging es ihm (so die Mutter) bestimmt darum, für einen ganz besonderen Jungen ein ganz besonderes Geschwisterkind und besondere Eltern zu finden. »Und darum«, fügte sie an, »darum kam der Benjamin zu uns. Und darum konnten wir so viel Freude miteinander erleben, und darum freut sich auch Gott an uns. Weil wir alle sehr gut zueinander passen.« Im weiteren Verlauf des Gespräches betonte Michaels Mutter, sie setze darauf, dass Gott auch während des Unfalls, der zu Benjamins Tod führte, bei Benjamin gewesen sei und ihm beigestanden habe. »Und«, so fügte sie schlussendlich an, »er wird auch uns helfen, wenn wir den Benjamin auf den Friedhof tragen und dort beerdigen. Er wird bei ihm und bei uns sein, wenn wir alle ganz traurig sind, weil wir uns verabschieden müssen. Er wird für Benjamin sorgen – jetzt, wo wir nicht mehr für ihn sorgen können. Und er sorgt für uns.«

Aufs Ganze gesehen sind es drei Elemente, die im Verlauf des von Michael geschilderten Mutter-Sohn-Gespräches besonders tröstlich wirken und dementsprechend als »Haupt-Trost-Elemente« bezeichnet werden können: Nähe, Erinnerung und Gemeinschaft.

Michaels Mutter ...

... wendet sich ihrem trauernd hinterbleibenden älteren Sohn emotional und körperlich zu; außerdem verweist sie auf die Präsenz und Zugewandtheit Gottes.

... ermöglicht den Austausch positiver Erinnerungen und vergegenwärtigt so Vergangenheit und Vergangenes.

... vertraut auf die Verbundenheit von Gott und seinen Menschen und setzt darauf, dass das so entstehende Miteinander sich ebenfalls im zwischenmenschlichen Bereich hilfreich und stärkend-stützend auswirkt.

Wichtig für den Ablauf des geschilderten Trost-Gespräches ist auch der Umstand, dass Michaels Mutter in keiner Weise aversiv-blockierend auf die Trauer-Äußerungen ihres Sohnes reagiert. Der schreiende Junge wird nicht gemaßregelt oder angeherrscht, sondern mit all seinen Gefühlsregungen ohne Bewertung derselben angenommen. – Das, was ist, wird akzeptiert und bekommt Raum, in dem es kanalisiert werden kann.

Insbesondere Letzteres dürfte maßgeblich dafür verantwortlich sein, dass Michael sich traut, in seinem Bild vom Tod zwei unterschiedliche Aspekte zu beleuchten. Er kann zu seinem Schrecken, seiner Qual, Angst und Panik stehen (rechte Bildseite) und gleichzeitig etwas von seiner Zuversicht und Hoffnung zeigen (linke Bildseite). Außerdem ist er ganz offensichtlich in der Lage, beides gedanklich und augenscheinlich miteinander zu verbinden. Zumindest malt er zwischen seine Selbstdarstellung und die Skizze seines toten Bruders im Grab ein leuchtend-rotes Band, durch das sinnfällig vermittelt wird, dass Liebe stärker und verbindender ist als der trennende Tod. – Besseres ist durch mütterlichen Trost, den Mütter und Väter, aber auch andere Menschen im Kontakt mit trauernden Kindern als Lebens- und Glaubens-Hilfe spenden können, nicht zu erwirken.

Prof. Dr. habil. Martina Plieth

5.3.12 Trauer und Trauma mit künstlerischen Mitteln begegnen: Flüchtlingskinder und geflüchtete Jugendliche in der Kunstwerkstatt von Refugio

Margit Papamokos und ihre Kolleginnen von Refugio München erreichen mitten in einem Brennpunkt der Flüchtlingsarbeit im niederschwelligen Setting geflüchtete Kinder und Jugendliche mit einem Angebot zur freien künstlerischen Tätigkeit. Die Anregung zu schöpferischem Gestalten entlastet im traumapädagogischen Sinn, Selbstwirksamkeitserfahrungen und Gruppenerleben stärken die Kinder und verbessern ihre Lebenssituation. Wir freuen uns wirklich sehr, dass Refugio uns Einblick gewährt in diesen kostbaren ressourcenorientierten Ansatz und danken Frau Papamokos stellvertretend für ihren anschaulichen Beitrag.

Die Initiative, in Flüchtlingsunterkünften Kunstgruppen anzubieten und durchzuführen, gründet auf der Idee, dass Kunst – ob Malen, Musik, Tanz oder Theater – die einzigartige Möglichkeit bietet, sich in einer weltumspannenden Sprache auszudrücken und die eigene Geschichte zu erzählen. Flüchtlingskindern hilft sie, ihre »doppelte Sprachlosigkeit« zu überwinden; neben der mangelnden Beherrschung der Sprache im fremden Land auch die Schwierigkeit, das Erlebte darzustellen.

Zur Zeit betreut die Kunstwerkstatt etwa 500 Kinder und Jugendliche im Alter von 4–20 Jahren aus Kriegs- und Bürgerkriegsländern sowie aus Krisengebieten. Neben den wöchentlich stattfindenden Gruppen werden Ausstellungen, Musik- und Tanzaufführungen und Projekte durchgeführt.

Zentrales Ziel der Kunstwerkstatt ist, Flüchtlingskindern durch künstlerische Ausdrucksformen ein Mittel für die Auseinandersetzung mit ihren traumatischen Erfahrungen von Krieg und Flucht sowie dem Leben im Exil anzubieten. Durch die Sprache der Kunst wird das kreative Potenzial der Kinder gefördert. Gleichzeitig wird die Interaktion mit der künstlerischen, pädagogischen oder kunsttherapeutischen Fachkraft dazu genutzt, die destabilisierenden Folgewirkungen der Traumatisierung zu reduzieren. Nach und nach wandeln sich mit Hilfe künstlerisch-spielerischer Interventionen die Schreckensbilder der Vergangenheit in Kraft und Phantasie.

Bildnerisches Gestalten, Musik, Tanz, Fotografie, Medien und Literatur sind vielfältige und jeweils unterschiedliche Möglichkeiten künstlerischer Ausdrucksformen

Die Kunst gestattet einen besonders wirkungsvollen Zugang zu Flüchtlingskindern, da sie zunächst eine nonverbale Kommunikation ermöglicht, und so Sprachbarrieren überwunden werden können. Gleichzeitig wird im Gruppenverlauf durch »das Sprechen über die Bilder« die Sprache gefördert. Das Malen von Bildern oder Modellieren von Figuren ermöglicht den Kindern außerdem, angstbesetzte Erfahrungen von Krieg und Flucht symbolisch auszudrücken. So können sie – in einem doppelten Sinne – darstellen, wofür ihnen die Worte fehlen.

Die Abwesenheit und der Verlust von Menschen und Umgebung wird von Flüchtlingskindern als sehr schmerzhaft empfunden. Besteht keine Möglichkeit, Kummer und Wut darüber auszudrücken, gelingt die Integration in die neue Umwelt nicht oder nur schwer und es kommt häufig zu Verhaltensauffälligkeiten. Die Sprache der Symptome, mit denen die Kinder auf Defizite reagieren, ist so vielfältig wie sie selbst. Und doch beobachten wir traumaspezifische Auffälligkeiten, die medizinisch klassifiziert sind: regressiver Rückzug, aggressives Verhalten und Konzentrationsschwächen.

Die Kinder haben Krieg und Schmerz erfahren, sie leiden unter Albträumen und Existenzverlusten und standen der Gewalt von anderen Menschen hilflos gegenüber, ohne gegen die Ungerechtigkeit etwas tun zu können. Die traumatischen und quälenden Erfahrungen zeigen sich in ihren Arbeiten. In der Kunstwerkstatt können sie mit künstlerischen Mitteln ihre Gefühle, Ängste und Wünsche ausdrücken und soziale Kompetenzen aufbauen, die für den Start in eine positive Zukunft wichtig sind.

Mit der Zeit wächst das (Selbst-) Vertrauen und die Kinder sind in der Lage, in den Kunstwerkstattgruppen ihre Ängste, Konflikte und Trauer zeigen. Die Erfahrung in der Gruppe, dass andere Kinder ein ähnliches Schicksal erlitten haben, stärkt sie zusätzlich. Das angebotene unbemalte Blatt Papier stellt einen Freiraum, ein offenes Projektionsfeld dar, das sie selbst so gestalten können, wie sie es wollen. Die Gedanken bildnerisch zum Ausdruck zu bringen bedeutet, etwas nach eigenem Wunsch erschaffen zu können, es ist auch eine Erfahrung von Selbstwirksamkeit. Die Kinder können ihre Vorstellung von der Welt für sich und andere sichtbar machen, ohne darüber sprechen zu müssen. Die Konfrontation findet indirekt über vor- und unbewusste Symbolisierung statt.

Kinder können nur schwer über den Krieg sprechen, aber sie können ihn zeichnen.

In der Kunstwerkstatt wird das Erlebte im Allgemeinen nicht von uns thematisiert. Wenn Krieg oder belastende Erlebnisse in den Raum hereingebracht werden, dann nur durch die Kinder selbst. Dies geschieht meist in der schöpferischen Arbeit, in der dann Bilder von erlittener oder beobachteter Gewalt und kriegerischer Auseinandersetzung Gestalt annehmen in oft dunklen, bedrohlichen Farben. Im Lauf der Zeit verändern sich die Bilder und die anfänglich bedrohlichen Inhalte werden von Szenen der Stärke und Harmonie abgelöst, repräsentiert durch friedliche Landschaften und deutlich freundlichere, lichte Farbgebung. Die Verwandlung im Sujet und seiner Ausführung zeigt, dass sich die Traurigkeit des Kindes langsam zurückzieht und wieder Lebensfreude zurückgewonnen werden kann. In vorsichtigen Schritten findet eine erste Verarbeitung der schrecklichen Erfahrungen statt und die Entlastung zeigt Wirkung.

Ich möchte unsere Arbeit am Beispiel von *Said* verdeutlichen:
Said ist ein achtjähriger Junge und stammt aus dem Irak. Er ist sehr unruhig und kann kaum ruhig sitzenbleiben. Beim Malen ist er sehr schnell und flüchtig und sagt, dass er Malen eigentlich gar nicht mag. Die grausamen Ereignisse aus dem Irak, die er erlebt hatte, können ein Grund dafür sein, dass es ihm so schwer fällt, sich zu konzentrieren. Dies ist auch im bildnerischen Prozess deutlich, denn es fällt ihm anfangs schwer, dabei zu bleiben. Er wendet sichtlich große Kraft auf, um sein Bild zu beenden. Beinahe scheitert er an seinem im Augenblick noch kaum vorhandenen Durchhaltevermögen und doch entsteht am Ende ein vollständiges Bild mit einem Schiff, auf das er sichtlich stolz ist. Er bemerkt, dass er mit seinen Fähigkeiten etwas schaffen kann, was ihn zufrieden macht und auf diese Stärke lernt er in den kommenden Stunden zusehens mehr zu vertrauen.

Für traumatisierte Kinder, die schlimmen Erlebnissen völlig ohnmächtig ausgeliefert waren, ist dies besonders wichtig. Sie erleben es, durch das Malen Distanz verschaffen zu können und in ihren Bildern spielerisch vergangene und gegenwärtige Situationen zu verändern. Sie sehen sich in der Lage, das ihnen Widerfahrene zu beinflussen, erlittenes Leid umzukehren und die Agressoren zu besiegen

Eine Figur, die Said über mehrere Wochen beschäftigt, ist der sogenannte »Jin«. Diese Figur kann als Geist übersetzt werden. Der Jin kommt in der Nacht und holt die Kinder, so erzählt er. Er beginnt zuerst den Namen Jin auf ein Papier zu schreiben, danach malt er auf dem nächsten Blatt nun die Figur selbst. Durch das Malen dieser Bilder kommt er geleichzeitig in Kontakt und in die Distanz zur personifizierten Bedrohung. Der »Jin« hat seine Größe verändert, er sieht nicht mehr so gefährlich aus und Said lernt, das, was ihn ängstigt, auf dem Papier so zu verändern, wie er es möchte.

Die regelmäßige Arbeit in der Gruppe hat bei Said bewirkt, dass er mit mehr Ausdauer an etwas herangehen kann. Sein gewaltbereites Verhalten gegenüber Mitschülern hat nach Auskunft der Lehrerin abgenommen. Er arbeitet auch im Unterricht konzentrierter mit.

Ein weiterer Aspekt, den wir für sehr wichtig halten, ist die Arbeit in der Gruppe. Die Kommunikation unter den Kindern kann manchmal eher von Vertrauen geprägt sein als die zwischen Kindern und Erwachsenen. Zu uns kam ein 6-jähriger Junge, der sich anfangs völlig abseits von allen hielt. Er kam, setzte sich in eine Ecke, malte für sich alleine und sprach mit niemandem. Aber er kam jede Woche. Und es dauerte noch einmal mehrere Wochen, bis er zu erstem Mal sprach, dies passierte in der Gruppe, und auch hier vorerst nur mit anderen Kindern. Erst nach längerer Zeit sprach er auch mit Erwachsenen. Wir erfuhren später, dass sich die Familie während der Flucht zwei Wochen lang an einem Ort versteckt halten musste, an dem sie absolut still sein mussten, um sich nicht zu verraten. Es kommt vor, dass

Kinder das Vertrauen in die Erwachsenen verlieren, weil sie die Erfahrung gemacht haben, dass die Erwachsenen sie nicht schützen konnten. Schließlich sind es auch die Erwachsenen, die die Kriege zu verantworten haben, die Schuld daran haben, dass alles, was ihr bisheriges Leben ausgemacht, zerstört wurde. Langsam kann Vertrauen durch Beobachtung und Interaktion mit anderen Kindern wieder- erlernt und in der Gruppe weiter entwickelt werden.

Die Herausforderungen, denen sich die Kinder und Jugendlichen stellen mussten und müssen, können ihnen dabei helfen, zu wachsen. Die Dinge und der Wert des Lebens werden in einem neuen Licht gesehen. Die Welt kann langsam wieder mehr als sicherer Ort wahrgenommen werden. Das alles trägt auch unter den schwierigen Bedingungen, in denen Flüchtlingskinder zurecht kommen müssen, dazu bei, eine individuelle persönliche Stärke zu entwickeln und neue Möglichkeiten im Leben zu entdecken.

Besonders hilfreich ist bei dieser Entwicklung die Fähigkeit, kreativ zu sein. Diese Fähigkeit, ohne jede Voraussetzungen, quasi aus dem Nichts heraus etwas zu erschaffen, war bereits eine rettende Ressource im Herkunftsland, zu Beginn und während eines Krieges, auf der Flucht durch verschiedene Länder und bleibt es dann auch in der Enge und Unruhe der Flüchtlingsunterkünfte im Ankunftsland, in denen sie oft Jahre verbringen.

Die Entdeckung, dass diese Fähigkeit Kunst hervorbringen kann, kann eine eindrucksvolle Erfahrung sein. Neugierde und die Bereitschaft, sich auf Veränderung und Unbekanntes einzulassen, führt dazu, neue Perspektiven einzunehmen.

Da hilft es auch, dass die Gruppen der Kunstwerkstatt sich aus einer Vielzahl unterschiedlicher Nationalitäten zusammensetzen. Hier gibt es verschiedene Sprachen, vielfältige Kulturen, unterschiedliche Lebenswege und Schicksale – bedeutsame Begegnungen mit anderen Menschen und deren Geschichten ergeben sich daraus.

Immer wieder berührt es uns, wie viele kleine Details aus unserer Arbeit den Kindern und Jugendlichen in tiefer Erinnerung bleiben. Oft wurde uns rückgemeldet, dass sie sich in unseren Projekten sehr ernst genommen fühlten. Ergebnisse von kleinen künstlerischen Aktionen wie das Basteln von Glücksbringern oder Traumfängern wurden nachhaltig genutzt. So nahm ein beispielsweise ein Mädchen aus einer unserer Mädchengruppen ihren kleinen Schmetterling als Glücksbringer und Mutmacher mit in alle psychiatrischen Kliniken, in denen sie die traumatischen Erlebnisse ihrer Flucht bearbeiten musste. Nach ihrer Reha über ein Jahr später rief sie uns an, um davon zu erzählen, wie gut ihr dieses kleine Symbol getan hatte.

Der Weg in ein neues Leben wird gebahnt:
Kinder sind von traumatischen Erfahrungen stärker betroffen als Erwachsene, und oft noch nach Jahren zutiefst verstört. Wie sehr es ihnen individuell gelingt, die traumatischen Erfahrungen von Krieg und Flucht, sowie die gleichzeitige Integration in eine fremde Kultur und Gesellschaft zu bewältigen, ist in hohem Maße von der Unterstützung und dem Schutz in der neuen Lebenssituation abhängig.

Viele der von uns betreuten Kinder begleiten wir auch weiterhin als Jugendliche und junge Erwachsene. Immer wieder sind wir beeindruckt von ihrer Lust am Lernen und einem Willen, sich selbst weiterzuentwickeln, der sie trotz allen Sprach- und sonstigen Problemen dazu führt, dass sie sich Berufe aussuchen, die ihren Begabungen und ihren Persönlichkeiten entsprechen.

In den Gemeinschaftsunterkünften und in unseren Projekträumlichkeiten bieten wir (Frei-)Räume fern von einer lauten und belastenden Umwelt an, in denen ohne Störung von außen die Aufmerksamkeit auf den Moment des kreativen Schaffens gerichtet wird. Die verschiedenen Facetten des künstlerischen Gestaltens können sich hier gegenseitig bereichern und verbinden. Wir bieten Orte an, an denen Kinder und Jugendliche einen Platz finden, um in einer ruhigen Arbeitsatmosphäre Kreativität leben zu können und Kultur zu schaffen.

Denn durch die Kunst wird die eigene Einzigartigkeit erlebbar und in der Zusammenarbeit mit den anderen in der Gruppe gestärkt.

Margit Papamokos und weitere Kunstwerkstatt-Mitarbeiter/innen.
Refugio München, Initiative für Flüchtlinge e. V.

5.3.13 Trauerbegleitung bei Jugendlichen im (Online-) Netzwerk der Nicolaidis YoungWings Stiftung

Christina Fuchs führt uns anhand einer authentischen beispielhaften Beratung einer Jugendlichen in die berührende Begleitung trauernder junger Menschen im virtuellen Raum ein. Das Netzwerk für die von existentiellen Verlusten betroffenen jungen Menschen ist eingebettet in das bedarfsorientiere differenzierte Angebot der Nicolaidis YoungWings Stiftung, die mittlerweile deutschlandweit Familien nach Todesfällen in allen praktischen wie pädagogisch-psychologischen Belangen unterstützt. Frau Fuchs, als junge Kollegin in großer Selbstverständlichkeit im »Element der neuen Medien« zu Hause, ist seit langem in der supportiven Arbeit verankert, ihre persönliche (therapeutische) Kompetenz schätzen wir sehr und freuen uns somit auch an einer beginnenden »Staffelübergabe« an die nachfolgende Generation bestens qualifizierter Trauerbegleiter.

Liebes YoungWings-Team,
die letzten Tage und Wochen waren besonders für mich – der 5. Todestag meines Vaters ist nun vorüber und für mich war das noch einmal eine Zeit zum Zurückblicken, Ordnen und vor allen Dingen für Dankbarkeit. Dankbarkeit, dass ich trotz aller dunklen Zeiten und Schwierigkeiten, irgendwie meinen Weg gefunden habe. Dankbarkeit, dass ich mein Studium bald abschließen kann und vor allen Dingen, dass ich lebe und viele schöne Momente genießen kann. Das sind alles Dinge, die ich vor einigen Jahren nicht für möglich gehalten habe. Und da ist eben auch Dankbarkeit für die Menschen, die mich auf diesem Weg begleitet haben.

> *Es ist einige Zeit her, dass ich das letzte Mal aktiv auf der Seite war, aber ich denke trotz der vielen schwierigen Themen, gerne an diesen »Anker« zurück. Im Zurückblicken auf die Zeit, in der mein Vater gestorben ist, ist diese Seite oft eines der ersten »positiven« und »warmen« Dinge, an die ich denken muss. Vieles ist hier auf den Weg gekommen für mich und seien es Kleinigkeiten, wie eine Idee davon zu bekommen, dass es okay oder sogar notwendig ist, mir professionelle Hilfe zu suchen und ich nicht mit all dem alleine sein muss. Das hat viele Jahre gedauert, aber es war wichtig und hat mich letztendlich wieder zurück ins Leben geführt, das ich nun leben und genießen kann.*
> *Macht weiter so!*
> *Alles Liebe, Leonie*

Leonies E-Mail, in der sie auf die Begleitung durch die Onlineberatungsstelle YoungWings Bezug nimmt, erreicht mich im Spätsommer 2017. YoungWings ist ein Projekt der Nicolaidis YoungWings Stiftung, einer Anlaufstelle für junge Trauernde, die im Jahr 1998 aus eigener Betroffenheit gegründet wurde. Die Stiftung bietet langfristige Unterstützung persönlich (in Einzel- und Gruppenangeboten) und telefonisch für Halb- und Vollwaisen bis 27 Jahre sowie für Erwachsene bis 49 Jahre nach dem Verlust des Partners. Die Onlineberatungsstelle YoungWings stellt ein weiteres, ortsunabhängiges Angebot der Stiftung dar. Jugendliche zwischen 12 und 21 Jahren, die um eine geliebte Bezugsperson trauern, können sich rund um die Uhr anonym auf der Plattform Unterstützung suchen. Diese ist in Form einer Einzelberatung mit einem Berater oder über den moderierten Austausch mit anderen Betroffenen im Forum oder im wöchentlichen Gruppenchat möglich. Ich bin seit acht Jahren bei der Nicolaidis YoungWings Stiftung tätig, selbst durch den Verlust eines Elternteils betroffen und betreue die Onlineberatungsstelle als Pädagogische Leitung.

Die Jugendphase ist eine Zeit des spürbaren Wandels und Wachstums, die für die meisten Heranwachsenden durch ein Streben nach Eigenständigkeit und Individualität geprägt ist. Rücken die Eltern als direkte Unterstützer und nahe Bezugspersonen der Kinder immer mehr in den Hintergrund, sind sie dennoch als »sicherer Hafen« bei der Suche nach Orientierung, aufkommenden Unsicherheiten und Konflikten von zentraler Bedeutung. Durch einen Wegfall dieses »Felsens in der Brandung«, gerät die ohnehin stürmische Gefühls- und Gedankenwelt der Jugendlichen stark ins Wanken. Zu den anstehenden Entwicklungsaufgaben kommen nun möglicherweise eine große Unsicherheit durch ein in den Grundfesten erschüttertes Weltbild und gleichzeitig eine Lücke in den Reihen, wo normalerweise großer Halt für solche Krisensituationen zu erwarten war.

Leonie, die Absenderin der obigen Nachricht, ist eine inzwischen junge Frau, die in den vergangenen Jahren mit dieser großen Herausforderung konfrontiert war. Der Bedarf an Unterstützungsangeboten bei Jugendlichen kann in dieser Phase so unterschiedlich sein, wie das Erleben der Trauer selbst. Im Rahmen meiner Arbeit der vergangen Jahre durfte ich feststellen, dass ein Unterstützungsnetzwerk aus Gleichaltrigen bei der Trauerbearbeitung für viele Jugendliche eine große Ressource darstellen kann, wie auch in vielen anderen Lebensbereichen während der

Jugendphase. Ein weiterer Eindruck war, dass viele Jugendliche nach einer großen Verlusterfahrung von einem langfristigen Angebot profitieren, welches als Konstante in dieser turbulenten Zeit fungiert, zwar keinen elterlichen Hafen ersetzen, aber, um in Leonies Worten zu sprechen, einen Anker bieten kann. Die virtuelle Begegnung im Internet scheint für viele Jugendliche zudem besonders niedrigschwellig zu sein, weil sie nur einen ausgewählten Teil ihrer Persönlichkeit, sowie ihrer Erfahrungen und Gefühle preisgeben müssen und sich gleichzeitig in einer ihnen vertrauten Umgebung aufhalten. So lassen sich in einer Zeit der erlebten Hilflosigkeit zumindest ein paar Dinge (z. B. selbstgewählter Zeitpunkt, das Maß an Offenheit bzw. Zurückhaltung) besser kontrollieren und Nähe und Distanz zum Thema leichter regulieren.

In den folgenden Zeilen möchte ich versuchen, exemplarisch an Leonies Geschichte die Begleitung von Jugendlichen bei YoungWings vorzustellen und dabei erstens zu verdeutlichen, wie es über den besonderen Schutz[1] der Anonymität im virtuellen Raum für viele Jugendliche erst möglich ist, Einblicke in ihr durch einen großen Schicksalsschlag verändertes Umfeld zuzulassen. Zweitens möchte ich begreifbar machen, wie durch die Begegnung mit anderen Jugendlichen im Forum und im Chat ein neues, hilfreiches System an Bezugspersonen entstehen kann, welches für die Jugendlichen eine Perspektive schafft, auch zunächst aussichtslos erscheinende Phasen in der Trauer bewältigen zu können.

Leonies Anfrage geht im Juli 2012 auf der Plattform ein; sie ist damals 16 Jahre alt und stellt sich als *sternchen* vor:

Heyy,
Ich bin neu hier und mein Vater ist vor einer Woche ganz plötzlich an einem Herzinfarkt gestorben. Er war mein ein und Alles, nachdem meine Eltern sich getrennt haben. Jetzt fühle ich mich ganz alleine. Ich kann mir nicht vorstellen, dass das alles passiert sein soll und fühle mich wie in einem schlechten Film.

So wie *sternchen* melden sich etwa 60 andere Jugendliche im Monat nach dem Verlust eines Elternteils, Geschwisterkindes, Freundes oder anderer Bezugspersonen bei YoungWings an. Am nächsten Tag erhält das Mädchen eine erste Antwort von

---

1 Als »Schutz« bezeichne ich hier die Kontrolle des Jugendlichen über die Informationen in Bezug auf seine Persönlichkeit und seine Erfahrungen sowie Gefühle, die er preisgeben möchte. Während letztere sich im persönlichen Kontakt auch nonverbal äußern, hat der Jugendliche im virtuellen Kontext einen großen Einfluss darauf, welche Aspekte seiner aktuellen Situation er beleuchten möchte. Selbstverständlich lässt sich in diesem Kontext auch die »Gefahr« diskutieren, dass die Geschichten der Jugendlichen durch eine Preisgabe im Internet weitaus größere Kreise ziehen als im Beratungszimmer bei einer Sitzung vor Ort. Um hinsichtlich dieses Aspekts größtmöglichen Schutz zu bieten, wird darauf geachtet, dass auf der Plattform so wenig Rückschlüsse wie möglich auf personenbezogene Informationen wie Wohnort, Namen oder weitere Kontaktdaten gezogen werden können. Die nicht-öffentlichen Bereiche der Seite und Nutzerprofile sind zu dem mit einer besonderen Technologie verschlüsselt.

mir, in der ich sie bei YoungWings begrüße, ihr das Angebot vorstelle und in einem ersten Schritt auf ihre Situation eingehe. Im Forum können die Jugendlichen sich mit anderen Betroffenen zwischen 12 und 21 Jahren austauschen. Die Forenthemen werden hierbei immer von Beratern begleitet, die im Rahmen eines Threads[2] für einen wertschätzenden Umgang sorgen, den Austausch wenn nötig strukturieren und Fragen beantworten. Wenn gewünscht, bringen Berater sich auch inhaltlich im Forum in die Themen mit ein. Im Lauf der Woche erhält *sternchen* eine Nachricht von Nutzerin *träne17*:

> *Hi sternchen,*
> *ich bin schon länger hier bei youngwings und hab schon viele Geschichten gelesen, trotzdem tut es mir immer noch so weh, wenn ich solche Sachen lese.*
> *Ich kann so gut verstehen, wie du dich fühlst. Mein Papa ist an den Folgen von ALS gestorben, keiner hat es geahnt. Die Diagnose damals hab ich nicht so genau von meinen Eltern erfahren, sodass es für mich auch ein richtiger Schock war. Er hat vier Jahre gekämpft und ich hab immer daran geglaubt, dass er es schaffen wird, dass alles wieder gut wird. Man fühlt sich einfach so hilflos, weil man nichts machen kann ... ich würde dir echt gerne helfen, also wenn du jemanden zum zuhören brauchst, gerne. Wie geht es dir denn momentan?*
> *Ich freu mich, von dir zu hören*
> *Liebe Grüße*
> *träne17*

Nach *sternchens* erstem Beitrag vergeht einige Zeit. Der 14-jährige *skateboarder*, der sich *sternchen* in seinem Empfinden sehr ähnlich fühlt, hat sich noch einige Male in ihrem Thema gemeldet. Dann, im Herbst, eine erneute Nachricht von *sternchen*:

> *Habe diese Seite hier ganz vergessen, es war so viel los in der letzten Zeit. Und irgendwie wollte ich den Tod meines Vaters auch noch gar nicht wahrhaben. Jetzt bin ich wieder da und überrascht davon, wie viele von euch mir geantwortet haben. Damit hätte ich nicht gerechnet. Vielen Dank für eure Nachrichten, ich hätte nicht gedacht, dass es Menschen gibt, die sich wirklich vorstellen können, wie es mir geht. Ich hoffe, es ist noch jemand hier, der mit mir schreiben will?*

In den folgenden Wochen entsteht ein reger Austausch darüber, wie es ist, wenn man nicht glauben kann, dass geliebte Menschen wirklich nicht mehr wiederkommen, wie sich die Jugendlichen mit der Trauer in ihrem Umfeld fühlen und wie schwierig es manchmal sein kann, wenn Freunde und nahestehende Verwandte nicht nachvollziehen können, wie es ihnen geht. Und dann noch das Gefühl, durch

---

2   Ein eigenständiger Diskussionsbeitrag im Forum, auf den andere Jugendliche mit ihren Antwortbeiträgen Bezug nehmen können.

die Trauer so anders zu sein und sich manchmal dafür zu schämen. *Sternchen* beschreibt ihre Situation folgendermaßen:

Das Problem ist nicht das ich niemanden habe zum reden, denn ich habe Freunde, die immer für mich da sind, sondern ich traue mich nicht und möchte nicht mit ihnen darüber reden. Desshalb bin ich hier.

Auch *träne17* nutzt ganz gezielt hauptsächlich den virtuellen Raum zur Auseinandersetzung mit ihrem Verlust:

Ich finde auch, dass das schreiben hier sehr hilft, dass es gut tut sich etwas von der Seele zu schreiben. Vor allem, weil ich auch so jemand bin, der niemanden belasten will und alles in sich hineinfrisst.

Nicht selten kommt es vor, dass Jugendliche das Bedürfnis haben, ihr Umfeld nicht mit ihren Sorgen belasten zu wollen. Nach Verlust eines Elternteils fühlen sich Heranwachsende oft für den hinterbliebenen Elternpart verantwortlich und es kommt zu Rollenverschiebungen, die es gefühlt nicht möglich machen, die eigene Belastung zu zeigen. Deutlich wird im Austausch hierzu aber auch, dass die »Normalität« im Alltag mit Freunden und anderen Bezugspersonen etwas Stabilisierendes, Halt gebendes für viele Jugendliche darstellt und sie aus diesem Grund ganz bewusst getrennte Formate für »Alltag« und »Trauer« wählen.

Im beschriebenen Forenaustausch nehme ich als Beraterin eine moderierende, aktiv zuhörende Rolle ein, wobei Nutzerin *sternchen* im Verlauf der Diskussion noch relativ wenig Bezug auf meine Beiträge nimmt. Mir ist es dennoch wichtig, Präsenz zu zeigen und den Jugendlichen ein Gefühl von einem wohlwollenden, verlässlichen Rahmen und Sicherheit im Hintergrund zu vermitteln – Dinge, die im Familiengefüge manchmal aus dem Gleichgewicht geraten, wenn eine wichtige Bezugsperson fehlt.

Kurz vor den Feiertagen meldet die Klientin sich mit einer verzweifelt anmutenden Nachricht im Forum:

Hallo zusammen, ich weiß gar nicht, wie mir geschieht. Die Feiertage stehen kurz bevor und ich habe das Gefühl, die Trauer ist so stark wie noch nie. Ich vermisse meinen Papa so! Normalerweise haben wir um diese Zeit schon den Weihnachtsbaum geschmückt und uns gemeinsam auf die Feiertage gefreut. Ich habe mir gar keine Gedanken darüber gemacht, wie Weihnachten dieses Jahr sein soll und jetzt fühlt es sich an, als würde eine Welt zusammenbrechen, weil ich merke, dass er nie wieder an Weihnachten bei mir sein wird. Was soll ich nur tun?

Sternchen ist in diesen Tagen nicht die einzige, die mit den bevorstehenden »Feiertagen« und der dann so spürbaren Abwesenheit des Verstorbenen beschäftigt ist, und sie erhält tröstende und konstruktive Rückmeldungen von anderen, die den ersten Todestag des geliebten Menschen bereits hinter sich haben. Aufgrund der für mich spürbaren Belastung verfasse ich in dieser Situation eine etwas ausführlichere Nachricht, in der ich *sternchen* u. a. anbiete, im geschützten Rahmen unserer Einzelberatung nochmals genauer überlegen zu können, was ihr aktuell helfen könnte. Sie nimmt nach kurzer Zeit mein Angebot an und antwortet in der geschützten Einzelberatung zunächst noch relativ knapp, aber in kurzen Abständen auf meine Nachrichten. Im Rahmen der nun folgenden Nachrichten versuche ich, mir ein detaillierteres Bild des Umfelds des Mädchens zu machen und mögliche Ressourcen zu identifizieren. Ich erfahre, dass *sternchen*, die nach der Trennung ihrer Eltern bei ihrem Vater gelebt hat, inzwischen wieder bei ihrer Mutter wohnt, welche wiederum recht wenig vom verstorbenen Vater wissen will und im ersten Eindruck nur wenig empathisch auf die Belastung ihrer Tochter eingehen kann. Es entsteht ein Bild von einem sozial gut integrierten Mädchen, welches sich sehr um die Gunst ihrer emotional wenig präsenten Mutter bemüht. Eine hilfreiche Person scheint die Klassenlehrerin zu sein, der sich die Heranwachsende in den nächsten Wochen noch mehr anvertrauen wird. Dass *sternchen* Vertrauen in mich als Ansprechperson gefasst hat, wird für mich nach etwa sechs Wochen spürbar, als sie mich bittet, sie mit ihrem Vornamen Leonie anzusprechen. Nach einigen Monaten intensiven Austauschs berichtet die Klientin von einer stressigen Schulphase und die Nachrichten im Forum und auch in der Einzelberatung werden weniger, sie möchte die Beratung an dieser Stelle gerne beenden.

Ein halbes Jahr später taucht *sternchen* im gerade stattfindenden, einmal wöchentlichen Chat auf, in dem sich u. a. zwei Jugendliche befinden, die sie aus dem Austausch im Forum schon kennt.

Hey, das ist ja schön, euch wiederzusehen! Es tut mir leid, dass ich mich so lange nicht gemeldet habe, aber in der letzten Zeit brauchte ich irgendwie eine Pause von meiner Trauer.

Ein neuer Jugendlicher schreibt:

In der letzten Zeit fällt es mir super schwer einzuschlafen, weil ich immer an den letzten Tag mit meinem Bruder denken muss. Habt ihr vielleicht Ideen, was ich machen könnte?

Leonie hat Ideen und findet sich zum ersten Mal in der Rolle derjenigen, die hilfreiche Erfahrungen an andere weitergeben kann. Dies erscheint mir insofern als spürbarer Schritt auf ihrem Trauerweg, als dass sie im Austausch mehr denn je als handlungsfähige Akteurin auftritt. Auch eine neue Einzelberatung bei mir kommt wieder in Gang. In einer krisenhaften Phase erörtern Leonie und ich das Für und Wider, sich eine psychotherapeutische Anlaufstelle zu suchen und sie begibt sich in eine ambulante Therapie. YoungWings als Sicherheit im Hintergrund möchte sie währenddessen nicht aufgeben und die Beratung läuft in dieser Zeit weitmaschig weiter.

Phasen von intensivem Schreiben innerhalb der verschiedenen Formate der Onlineberatungsstelle und längeren Pausen folgen über mehrere Jahre hinweg. Leonie meldet sich, wenn wichtige Jahrestage anstehen oder in Übergangssituationen, wie z. B. von der Schule ins Studium. Auch, als ihre Oma stirbt, und damit gleichzeitig die Trauer um ihren Vater nochmals verstärkt an die Oberfläche kommt, lese ich wieder von Leonie. Nach meinem Eindruck wird durch diesen Wechsel aus Kontaktaufnahme und selbstgewählten Pausen mit der »Trauerplattform« ein kontrolliertes Hin- und Herpendeln zwischen Verlust- und Wiederherstellungsorientierung, wie es Stroebe und Schut in ihrem dualen Trauerprozessmodell beschreiben, deutlich. Selbstverständlich ist es Jugendlichen auch möglich über Themen der Neuorientierung und des Weiterlebens zu schreiben. Dennoch habe ich den Eindruck, dass sich einige zeitweise bewusst vom Schreiben und Lesen über die Trauer distanzieren, wie auch Leonie.

Im Jahr 2015 hat *sternchen* noch ein offenes Forenthema, in dem sie sich mit einer anderen Nutzerin intensiv über Sinnfragen wie z. B. *Was kommt nach dem Tod? Wo sind die Verstorbenen? Wie wäre das Leben der beiden verlaufen, wären unsere Eltern nicht verstorben?* austauscht. War bei Leonies Anmeldung auf der Seite noch unvorstellbar, wie ein Weiterleben mit ihrem Verlust möglich sein könnte, scheint sie nun mit etwas Abstand auf dieses Lebensereignis blicken zu können und sogar erste Ressourcen ausmachen zu können, die ihr diese Krise für ihren weiteren Lebensweg bereitgestellt hat. An ihren Vater kann sich Leonie inzwischen am besten erinnern, wenn sie auf Reisen geht ... so freut es mich besonders, zu lesen, dass sie mir ihre Rekapitulation der letzten Jahre von einer Rucksacktour im Fernen Osten zukommen lässt.

Im Rahmen meiner Zeit mit Leonie erfolgte, besonders in kritischen und krisenhaften Situationen immer wieder ein fallbezogener Austausch mit Kolleginnen, welcher über eine technische Lösung direkt auf der Plattform stattfinden kann. Neue KollegInnen werden über diesen Weg in einem intensiven Prozess eingearbeitet. Weiterhin trifft sich das YoungWings Team zu regelmäßigen Intervisionen und Supervisionsterminen und erhält jährliche Fortbildungen zu trauerbezogenen und/oder anderen für die Beratung relevanten Themen. Im Helfersystem ist die virtuelle Anlaufstelle insofern verankert, als dass mittlerweile ein mehr und mehr tragfähiges Netzwerk an Anlaufstellen zur Weitervermittlung oder zur zusätzlichen Anbindung vor Ort entstanden ist. Dies ermöglicht es YoungWings, niedrigschwellig und bedürfnisorientiert auf die Jugendlichen einzugehen und Heranwachsende wie Leonie als langfristige Begleiter nach einem existenziellen Verlust zur Seite zu stehen.

6 Selbstverständnis als Trauerbegleiter

6.1 Identität

>»Achte auf deine Gedanken, denn sie werden Worte.
>Achte auf deine Worte, denn sie werden Handlungen.
>Achte auf deine Handlungen, denn sie werden Gewohnheiten.
>Achte auf deine Gewohnheiten, denn sie werden dein Charakter.
>Achte auf deinen Charakter, denn er wird dein Schicksal.«
>(Johann Wolfgang von Goethe)

Jedes Selbstkonzept entspricht dem spezifischen Menschenbild, das seiner Theorie zugrunde liegt, denn Selbst- und Menschenbild sind unmittelbar aufeinander bezogen. Entsprechend unserem systemisch-konstruktivistischen Ansatz verstehen wir Identität als persönliche, kontextabhängige Betrachtung, als eine Erzählung, die Menschen von sich fortlaufend entwickeln. Beständig werden Selbst- und Fremdwahrnehmungen in eigenen Selbsterzählungen abgeglichen und neue Erfahrungen bewertend in Erinnerungen, Zukunftsentwürfe und die gegenwärtige (Lebens-) Situation deutend eingeordnet. Identität als soziales Phänomen kann nur in Interaktion mit und im jeweils relevanten sozialen Diskurs hervorgebracht werden. In diesem Beziehungsgeschehen regulieren die Beteiligten auf allen Ebenen ihres Erlebens und Handelns ihr persönliches Selbsterleben und sind gleichzeitig in ihrem Verhalten und mit ihren Äußerungen Teil der Selbstentwürfe und Selbstaktualisierungen ihrer Mitmenschen. So gestalten sie kontinuierlich und in ihrem Beziehungskontext aufeinander bezogen das aktuell Mögliche an Selbsterleben, Selbstempfinden als auch Selbsterzählungen.

Identität ist somit kontextabhängig und beinhaltet, wie wir uns selbst in Beziehung zu anderen erleben. Identität ist ein jederzeit (re)aktualisierbares Potential an personenbezogenem Wissen über persönlich typische Wahrnehmungs-, Affekt- und Handlungsmuster und über unsere Wahl- und Entscheidungsmöglichkeit, sich von dominanten Geschichten zu emanzipieren und die eigenen Biografie neu verfassen und weiterentwickeln zu können. Erfahrungen mit sich und Nachdenken über sich selbst laden in diesem Zusammenhang dazu ein, Erlebtes im Kontext der eigenen Geschichten nochmals mit neuem Blickwinkel zu betrachten und gegebenenfalls neu zu erzählen. Doch sobald ein Mensch versucht, seine Identität zu thematisieren, ist ihm dies nur im Wechselspiel von Abstraktion, Reduktion und Metaphern möglich.

»Der Einzelne ist mehr als die Möglichkeiten seiner Selbstbeschreibung!«, könnte es in diesem Zusammenhang analog zum Gestaltaxiom (Der Einzelne ist mehr als die Summe seiner Teile.) heißen, was für den Begleitprozess bedeutet, dass nie »ein Ganzes« erfasst werden kann oder entlastend formuliert: »Du kannst dir kein (abschließendes) Bildnis machen!«

Eine Analogie, dieses vielschichtige Konstrukt Identität darzustellen, bietet das *Modell der fünf Säulen* aus der Gestalttherapie (Rauen, 2005, S. 99 ff.), um persönliche Identitätsbereiche näher zu erkunden, persönliche Stärken und Ungleichgewichte bewusster wahrzunehmen. Wie bei einem griechischen Tempel wird das Dach, die Identität, von fünf Säulen getragen:
- Arbeit und Leistung (1),
- materielle Sicherheit (2),
- soziales Netz und Beziehungen (3),
- Körper und Gesundheit (4),
- Werte und Sinn (5).

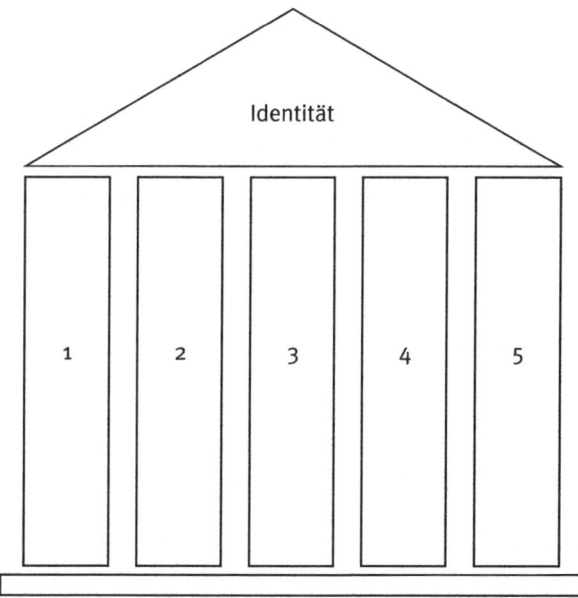

Abbildung 14: Modell der fünf Säulen

Naturgemäß sind nicht alle Säulen phänomenologisch gleichmäßig ausgeprägt, stabilere wie dünnere Säulen gehören zu unserer Persönlichkeit. Wie tragfähig wir sie erleben, ist unterschiedlich und immer auch situationsabhängig je nach Setting, eingenommener Rolle und übernommener Funktion.

Ausschlaggebend für mein Selbstempfinden ist, ob ich mich mit der Ausprägung meiner einzelnen Pfeiler gleichgewichtig fühle oder Schwerpunkte verändern möchte. Die einzelnen Ausprägungen lassen sich im Bild grafisch darstellen (Abbildung 8).

Impuls: Aktueller Blick auf die Säulen meiner Identität

1. **Arbeit und Leistung:** Über welche Ausbildung(en) verfüge ich, über welche Spezialkenntnisse, besonderen Talente und Fähigkeiten? Wie viel davon bringe ich in mein berufliches und wie viel in mein privates Leben ein? Wie ehrgeizig bin ich? Mit wem konkurriere ich und wer konkurriert mit mir? Wird meine Arbeit ausreichend anerkannt und wie bewerte ich sie?
2. **Materielle Sicherheit:** Welchen finanziellen und materiellen Rahmen benötige ich? Über welchen verfüge ich? Was erhoffe, erwarte ich von meiner zukünftigen materiellen Situation?
3. **Soziales Netz und Beziehungen:** Welche persönlichen und beruflichen Beziehungen pflege ich, welche Freundschaften? Wie erlebe ich meine familiären Beziehungen, meine Partnerschaft und wie erfahren diese mir Zugehörigen unsere Beziehungen? Wie wichtig ist mir soziales Leben und welchen aktiven, passiven Anteil nehme ich daran? Was bedeutet mir meine Umwelt und was ich ihr?
4. **Körper und Gesundheit:** Wie gesund und wie vital fühle ich mich? Welche Beachtung schenke ich meinem Körper, unternehme ich etwas, um seinen Zustand zu wahren, zu verbessern? Was mag ich an meinem Körper besonders? Wie ist zur Zeit mein physisches Selbstbild?
5. **Werte und Sinn:** Welche Ziele verfolge ich? Wann bin ich besonders zufrieden und wann meldet sich mein schlechtes Gewissen? Welche Leitbilder prägen mich, welche Vorbilder? Auf welche Werte möchte ich keinesfalls verzichten? Was macht Sinn und was ist für mich Un-Sinn? An was glaube ich, wo bin ich verankert? Wohin möchte ich mich entwickeln?

6.2 Selbstreflexion

Im Rahmen professioneller Arbeit und systemischer Weiterbildung will die Selbstreflexion personenbezogenes Wissen und individuelle Systemkompetenz fördern. Als Selbstthematisierung und in der Auseinandersetzung mit den Rückmeldungen Anderer erfolgt sie im systematischen Wechsel von Aktion, Affekt und Reflexion und steht im Dienst der Erweiterung persönlichen Handlungswissens. Diese Art der *Selbstbetrachtung* umfasst individuelle Erfahrungen und Lebensthemen (AB Persönliche Checkliste), soziale Kontaktfähigkeit, Wissen, Methodengespür, Prozesssteuerungskompetenz und Selbstachtsamkeit und hat unter anderem das Ziel, die Anschlussfähigkeit des Begleiters an die subjektive Welt des von ihm Begleiteten zu fördern. Es gilt dabei für die Profis – sich selbst als Teil der interaktiven Szene bewusst kontrollierend –, affektive Nähe und professionelle Distanz sensibel auszuloten. Dies ist in der stützenden Arbeit mit intensiv trauernden, gar schwerst traumatisierten Menschen immer eine Gratwanderung, führt an eigene Grenzen heran und manchmal auch über diese Grenzen hinaus.

Dann sind wir oft intrapsychischen Turbulenzen ausgesetzt, die unser Denken, Fühlen und Handeln beeinflussen. »Ver-störung« beim Einzelnen und in den involvierten Helferteams sind Indikationen für Übertragungsphänomene, Distanzverlust, Verstrickung und auch Spaltungsprozesse. Eine systematische Analyse der Auswirkungen andauernder Belastung bei hohem persönlichem Einsatz unter den Arbeitsbedingungen unausgereifter Strukturvoraussetzungen bietet das 2009 erschienene und in berührender Weise Innenansichten von Begleitern erschließende Buch von Christian Prosse über »Verletzte Helfer«.

Impuls: Kraftmosaik

Stellen Sie sich Ihr aktuelles Leben wie ein buntes Mosaik vor, in dem alles, was für Ihr Leben bedeutsam ist, in der jeweils entsprechenden Steinchenmenge angeordnet und in den passenden Farben vertreten ist. Vielleicht mögen Sie es sich verdeutlichen, indem Sie ein solches Mosaik mit bunten Papierschnitzeln kleben oder malend anfertigen.
– Welche Lebensbereiche sind vertreten? Welche noch?
– Wie viel Prozent Ihrer Energie fließt in jeden Bereich?
– Markieren Sie Ihre Kraftquellen, die Ihnen Lebensenergie zuführen.

Wenn Sie sich in die Betrachterrolle begeben, Ihr Mosaik vor sich auf den Boden legen und stehend, gleichsam aus der Vogelperspektive, darauf schauen:
– Welche Empfindungen nehmen Sie beim ersten Betrachten wahr?
– Wählen Sie nun einen anderen Platz im Raum, wie wirkt das Mosaik nun auf Sie? Und wie von einem dritten Platz aus?
– Angenommen, Sie würden Ihr Mosaik einem Ihnen sehr nahe stehenden Menschen zeigen, wo würde dieser stehen und was würde ihm aus seiner Perspektive auffallen?
– Wenn Sie sich nun über Ihre Eindrücke austauschen würden, welche Meinung hätten Sie und welche der andere: Ist das Verhältnis zwischen bindenden und nährenden Arealen ausgeglichen?
– Welche Aspekte haben Sie in letzter Zeit vernachlässigt, welche besonders bedacht?
– Sollte ein Ungleichgewicht vorliegen, wer in Ihrer Umgebung würde dies zuerst registrieren? Wie würde dieser Mensch es Ihnen und eventuell anderen mitteilen? Und wie könnten Sie diese Rückmeldung für sich nutzen?
– Stellen Sie sich nun bitte vor, einer dieser Lebensbereiche fiele weg (decken Sie dieses Feld mit einem weißen Blatt zu): Was würde sich für Sie verändern?
– Wenn noch ein weiterer Bereich ausfiele und anschließend noch ein dritter (wieder zudecken): Was müssten Sie betrauern; welche Veränderungschancen können Sie entdecken? Was bliebe?
– Wenn Sie nun nochmals Ihr gesamtes Mosaik betrachten: Welche Aspekte sind für Sie zentral, welche unverzichtbar und welche nachrangiger?
– Was möchten Sie mit dieser Erfahrung tun?

Selbstwahrnehmung, die zur Selbstgewissheit wird, verhilft dazu, das *persönliche Selbststeuerungspotential* zu erweitern,
– um eigene Bedürfnisse, Wünsche und Befürchtungen im Kontext der Zusammenarbeit und Beziehung zum Anderen wahrzunehmen, konstruktiv auszu-

drücken und zu nutzen; dabei gilt es, die eigene Befindlichkeit als Teil eines gemeinsamen Entwicklungsprozesses zu verstehen.
– sich für die eigene Wirkung und Einflussnahme zu sensibilisieren.
– unterschiedliche Verhaltensweisen und Wirklichkeitsinterpretationen möglichst weit wahrzunehmen und den daraus entstehenden Spannungen nicht nur standzuhalten, sondern sie weiterführend zu gestalten.
– die eigene Position zu vertreten.
– unklare, offene Situationen zu bewegen.
– eine engagierte und distanzierte Haltung zur Gruppe, Kollegen und Leitung einzunehmen.

»Gönne Dich Dir selbst«, schreibt Bernhard von Clairvaux (1090–1153) an seinen Freund und früheren Mitbruder Papst Eugen III, denn »Es ist viel klüger, Du entziehst Dich von Zeit zu Zeit Deinen Beschäftigungen, als dass sie Dich ziehen und Dich nach und nach an einen Punkt führen, an dem Du nicht landen willst. Du fragst, an welchen Punkt? An den Punkt, wo Dein Herz anfängt, hart zu werden. Frage nicht weiter, was damit gemeint sei; wenn Du jetzt nicht erschrickst, ist Dein Herz schon so weit« (Schellenberger, 1982; zit. nach www.kirchameck.de/texte8.html).

Gibt es bei Ihnen beim Lesen an dieser Stelle ein leichtes Erschrecken, ein Aufmerken bei diesem Zitat, das möglicherweise auf ein persönliches Ungleichgewicht im Geben und Nehmen hinweisen könnte? Wenn unser Engagement sich verselbstständigt und unsere guten Taten uns nicht mehr gut tun, woran bemerken wir dieses Ungleichgewicht? Wenn wir unser Energiekonto fast unbemerkt überziehen, wer in unserer Umgebung erkennt dies zuerst?

Tätige, die mit Menschen arbeiten, haben meist eine besondere Sensibilität für ihre Umgebung, haben vielleicht schon früh in ihrem Leben gelernt, auf ihre Umgebung zu achten und sind in der Lage, fein mitzuschwingen. Diese Kompetenz ist einerseits unschätzbares Kapital in der Begegnung und zugleich Verführung, einen anderen Menschen wichtiger zu nehmen, wichtiger als sich selbst. Das Gebot »Liebe deinen Nächsten wie dich selbst« ist dann keine Gleichung mehr, sondern Fürsorge und Selbstfürsorge geraten schnell wie von selbst aus der Balance. Eine Weile mag dies gut gehen (ist vermutlich auch ein lang schon erprobter Selbstversuch), doch langfristig ist die Achtsamkeit nach außen an die Achtsamkeit sich selbst gegenüber gekoppelt.

Trauerbegleiterinnen begegnen Menschen in einer besonders leidvollen Lebensphase, deren Schicksal sie tief berührt und das eigene Leben vergleichsweise als einen Spaziergang erscheinen lässt. Vielleicht sind Sie genau an dieser Stelle verführbar, sich selbst hintan zu stellen, sich im Lauf der Begleitung weniger und immer weniger zu beachten? Dann wird es nicht lange dauern und Ihre Begleitung wird unter diesem Ungleichgewicht leiden, denn auch die subtilsten individuellen Spannungen breiten sich früher oder später in der Beziehung aus, führen zu Irritationen und Überforderungen aller. Und ab einem bestimmten Punkt der *Selbstüberforderung* ist Begleitung dann nicht mehr möglich. An dieser Stelle brechen Freunde, Nachbarn oder Kollegen mit übergroßem Engagement oftmals den

Kontakt zu Trauernden ab, weil sie nicht mehr können und muten dem trauernden Menschen noch einen weiteren Verlust zu.

Umso wichtiger, dass professionelle Begleiterinnen hier die Verantwortung für die Prozesssteuerung (H Selbstcoaching) bewusst übernehmen. Ihre Aufgabe ist es, Nähe und Distanz zu beachten und eventuell anzusprechen und zu regulieren. Und sie haben auf besondere Weise für sich zu sorgen, denn ihr Gegenüber ist gegenwärtig viel zu sehr mit sich befasst, um auch noch sensibel für seine Umgebung sein zu können. Es ist legitimes Recht des Ratsuchenden, darauf zu vertrauen, dass diejenigen, die ihnen Unterstützung anbieten, ausreichend auf sich selbst achten, sich besinnen und somit die gemeinsame Beziehung schützen.

»Wenn Du Dein ganzes Leben und Erleben völlig ins Tätigsein verlegst und keinen Raum mehr für die Besinnung vorsiehst, soll ich Dich da loben? Darin lobe ich Dich nicht. Ich glaube, niemand wird Dich loben, der das Wort Salomons kennt: ›Wer seine Tätigkeit einschränkt, erlangt Weisheit‹ (Sir 28, 25). Und bestimmt ist es der Tätigkeit selbst nicht förderlich, wenn ihr nicht die Besinnung vorausgeht« (von Clairvaux, nach Schellenberger, 1982; zit. nach www.kirchameck.de/texte8.html).

Was veranlasst Begleitende zum Begleiten? Welche persönlichen Erwartungen verbinden sie mit ihrem Engagement und welche (vermuteten) Erwartungen anderer möchten sie erfüllen? Welche persönliche Bedeutung das Helfen hat, sollten gerade wir Vertreter der sogenannten helfenden Berufe uns regelmäßig stellen und unsere Einstellung zu Mitgefühl und Mitleid reflektieren. Ist es (christliche) Tugend oder laut Nietzsche »Beleidigung der Bemitleideten aus einem Überlegenheitsgefühl der Schlechtweggekommenen, das sich durch das Fehlen von Mitfreude verrät« (zit. nach Müller, 2004, S. 90)? Monika Müller geht dem »Geist des (Bei-)Leidens« (2004, S. 90) nach, dieser Bereitschaft, Leid nicht nur als lebensimmanent zu akzeptieren, sondern den anderen den Umgang mit ihrem Leiden zuzutrauen – der Fähigkeit, aus dem Herzen heraus Mitmenschen in der Zuwendung Bedeutung und Wert zu bestätigen und auf (Er-)Lösungen zu verzichten. Diese respektvolle Anteilnahme, getragen von der Achtsamkeit für sich und die anderen, hilft uns, als gelebte Haltung Überforderungssituationen zu regulieren. Intervision und Supervision sind daher längst eingeführt als unverzichtbare Orte der Reflexion und Qualitätssicherung für Trauerbegleiter (Chiwaezee, 2017).

6.3 Leitbilder

In der Auseinandersetzung mit dem eigenen Berufsbild und dem persönlichen Selbstverständnis prägen uns *Leitbilder:* Geschichten, die in der Herkunftsfamilie erzählt wurden, Mythen oder Glaubensgestalten bieten uns eine Matrix, an der wir uns reiben, ausrichten oder zur weiteren Suche entschließen. Als Vorbilder, Vorlagen, Vorstellungen können wir sie als Mutmachergeschichten nutzen, die lange vor uns entstanden sind und uns heutige Menschen anregen, Lebenserfahrungen in Sinnzusammenhängen zu deuten und unseren Standpunkt zu überdenken.

Nachdem wir uns bisher vielfältig mit den Abschiedsaspekten der Trauer befasst haben, scheint es uns nur folgerichtig, abschließend den Neubeginn ein wenig auszuleuchten. »Die Lieder zur Ermutigung waren die Umkehr meines Themas vom Verlust« (Domin, 1993, S. 45). Diesen Gedanken entdeckten wir bei Hilde Domin, während wir an diesem Buch arbeiteten, und nahmen ihn gern auf. Da wird uns etwas genommen, was in unserem Leben bisher bedeutsam war, auf das wir bauten und an dem wir uns orientierten; wir erkennen: Ende! So geht es nicht weiter! Aber es ist unklar, wie dann? Wo werden nun die Lieder zur Ermutigung komponiert?

Im Anfang, dieser Kehrseite vom Ende, sind wir mitunter in einer Art und Weise mutig, die uns ermöglicht, über uns hinauszuwachsen. Wir haben uns daraufhin in unserem jüdisch-christlichen Kulturkreis nach einem passenden Leitbild umgesehen und in der Figur der Mirjam eine Vor-Gängerin entdeckt, die in einer exemplarischen Umbruchsituation ihr lang ersehntes Neuland betritt. Die israelitische Prophetin führt mit Mose und Aaron ihren Sippenverband aus ägyptischer Sklaverei durch Wüste und Schilfmeer in neuen Lebensraum. Maßgeblich gestaltet sie den von ihrem Volk lang ersehnten Neuanfang und erobert grundlegend neue Lebensbezüge.

Es verlangt persönlichen Mut, Veränderungen als Realitäten für die Zukunft anzuerkennen, die existentiellen Verluste zu durchschmerzen, kurz: sich dieser Reifezeit Leben anzuvertrauen. Hilfreich ist da die wohl unwiderlegte Erfahrung, dass uns gerade im beginnenden Ergreifen, im beherzten Annehmen Tatkraft zuwächst. Später können wir oft nur rückblickend darüber staunen, dass wir etwas geschafft haben, was wir uns vorher nicht vorstellen konnten und uns wohl schwerlich zugetraut hätten. Was hat es mit diesem Mut auf sich? Wer erfasst wen, ich ihn oder er mich? Martin Walser (1992) erkennt in ihm einen verlässlichen Wachstumsaspekt: Mut – dem Gehenden schiebt sich der Weg unter die Füße.

»Mut gibt es gar nicht. Sobald man überlegt, wo man ist, ist man schon an einem bestimmten Punkt. Man muss nur den nächsten Schritt tun. Mehr als den nächsten Schritt kann man überhaupt nicht tun. Wer behauptet, er wisse den übernächsten Schritt, lügt. So einem ist auf jeden Fall mit Vorsicht zu begegnen. Aber wer den nächsten Schritt nicht tut, obwohl er sieht, dass er ihn tun müsste, ist feig.
Der nächste Schritt ist nämlich immer fällig. Der nächste Schritt ist nämlich nie ein großes Problem. Man weiß ihn genau. Eine andere Sache ist, dass er gefährlich werden kann. Nicht sehr gefährlich. Aber ein bisschen gefährlich kann auch der fällige nächste Schritt werden. Aber wenn du ihn tust, wirst du dadurch, dass du erlebst, wie du ihn dir zugetraut hast, auch Mut gewinnen. Während du ihn tust, brichst du nicht zusammen, sondern fühlst dich gestärkt. Gerade das Erlebnis, dass du einen Schritt tust, den du dir nicht zugetraut hast, gibt dir ein Gefühl von Stärke. Es gibt nicht nur die Gefahr, dass du zuviel riskierst, es gibt auch die Gefahr, dass du zuwenig riskierst. Dem Gehenden schiebt sich der Weg unter die Füße.«

7 Literatur

Aliti, A. (1996). Der weise Leichtsinn. Frauen auf der Höhe ihres Lebens. München: List.
Ariès, P. (2007). Geschichte der Kindheit. München: dtv.
Augustyn, B. (2002). Pallative Care in einem interdisziplinären Palliativmedizinischen Konsiliardienst. In C. Student (Hrsg.), Balsam für Leib und Seele (S. 205–213). Freiburg: Lambertus.
Aumeier, S. (2007). So habe ich es geschafft – wie man leben lernt. In Wegbegleiter für trauernde Mütter, Väter, Geschwister und Großeltern. München: Verwaiste Eltern München e. V.
Bachmann, I. (1986). Dass noch tausend und ein Morgen wird. München: Piper.
Backa, M. (1998). Trommeln sind Schwestern (2. Aufl.). Königswinter: Eigenverlag.
Bateson, G. (2005). Geist und Natur. Eine notwendige Einheit (8. Aufl.). Frankfurt a. M.: Suhrkamp.
Bausewein, C., Roller, S., Voltz, R. (2004). Leitfaden Palliativmedizin (2. Aufl.). München u. Jena: Urban und Fischer.
Beckrath-Wilking, U. (2013). Neurobiologische Aspekte der Traumapädagogik. In Zeitschrift Jugendhilfe 51, 4/2013. Traumatisierungen bei Kindern und Jugendlichen, S 245–248.
Bethge, E. (1967). Bonhoeffer. Eine Biographie (3. Aufl.). München: Kaiser.
Bogyi, G. (1998). Trauerarbeit bei Trennung und Verlust. Ein Fallbeispiel. In W. Hilweg, E. Ullman (Hrsg.), Kindheit und Trauma. Trennung, Missbrauch und Krieg. Göttingen: Vandenhoeck & Ruprecht.
Bolen, J. S. (2005). Feuerfrau und Löwenmutter. Göttinnen des Weiblichen. Ein spiritueller Leitfaden. München: dtv.
Boss, P. (2000). Leben mit ungelöstem Leid. Ein psychologischer Ratgeber. München: C. H. Beck.
Boss, P. (2008). Verlust, Trauma und Resilienz. Die therapeutische Arbeit mit dem »uneindeutigen Verlust«. Stuttgart: Klett-Cotta.
Brathuhn, S. (2006). Trauer und Selbstwerdung. Eine philosophisch-pädagogische Grundlegung des Phänomens Trauer. Würzburg: Königshauser & Neumann.
Brisch, K. H., Hellbrügge, T. (Hrsg.) (2007). Die Anfänge der Eltern-Kind-Bindung. Stuttgart: Klett-Cotta.
Brockmeier, J. (2015). Beyond the Archive. Memory, Narrative, and the Autobiographical Process. New York: Oxford University Press.
Brooks, R., Goldstein, S. (2007). Das Resilienz-Buch. Wie Eltern ihre Kinder fürs Leben stärken. Stuttgart: Klett-Cotta.
Bürgin, D. (1978). Das Kind, die lebensbedrohende Krankheit und der Tod. Bern u. a.: Huber.
Campbell, J. (1994). Die Kraft der Mythen. Bilder der Seele im Leben des Menschen. Zürich u. München: Artemis.
Canacakis, J. (2002). Ich sehe deine Tränen. Trauern, klagen, leben können. Stuttgart: Kreuz.
Canacakis, J. (2013). Ich begleite dich durch deine Trauer: Lebensfördernde Wege aus dem Trauerlabyrinth. Freiburg i. Br.: Kreuz.
Chiwaeze, E. (2017). Vom Eigenen und dem der anderen. Supervision in der Trauerbegleitung. Göttingen: Vandenhoeck & Ruprecht.
Chochinov, H.M. (2017). Würdezentrierte Therapie. Was bleibt – Erinnerungen am Ende des Lebens. Göttingen: Vandenhoeck & Ruprecht.
Christ, G. H.(2000). Healing children's grief: Surviving a parent's death from cancer. New York: Oxford University Press.
Ciompi, L. (2002) Symbolische Affektkanalisation – eine therapeutische Grundfunktion von Ritualen. In R. Welter-Enderlin, B. Hildenbrand (Hrsg.), Rituale – Vielfalt in Alltag und Therapie (S. 53–70). Heidelberg: Auer.

Condrau, G. (1991). Der Mensch und sein Tod. Zürich: Kreuz.
Cremerius, J. (Hrsg) (1972). Karl Abraham. Schriften zur Theorie und Anwendung der Psychoanalyse. Eine Auswahl. Frankfurt a. M.: Fischer.
De Jong, J., Gierveld, R. (2004). Unmarried Cohabitation, Living Apart Together: Partner Relationships Following Bereavement or Divorce. In Journal of Marriage and Family 66 (February 2004): 236–243.
DeMause, L. (1980). Hört ihr die Kinder weinen. Eine psychogenetische Geschichte der Kindheit. Frankfurt a. M.: Suhrkamp.
Deutsches Institut für Medizinische Dokumentation und Information (DIMDI) (Hrsg.) (2004). ICD-10. Internationale statistische Klassifikation der Krankheiten und verwandter Gesundheitsprobleme. 10. Revision. WHO-Ausgabe. Köln: Deutsches Institut für Medizinische Dokumentation und Information (DIMDI).
Dickens, C. (1837–1839/2006). Oliver Twist. Berlin: Aufbau.
Dilling, H., Mombour, W., Schmidt, M. H., Schulte-Markwort, E. (Hrsg.) (2011). Internationale Klassifikation psychischer Störungen. ICD-10 Kapitel V (F). Klinisch-diagnostischeLeitlinien (5. Aufl.). Bern: Huber.
Dolto, F. (1996). Scheidung – wie es ein Kind erlebt. Stuttgart: Klett-Cotta.
Domin, H. (1993). Von der Natur nicht vorgesehen. Autobiographisches. Frankfurt a. M.: Fischer.
Domin, H. (1994). Nur eine Rose als Stütze. Frankfurt a. M.: Fischer.
Duroux, A. (2006). Umgang mit belastenden Symptomen in der Kinderpalliativmedizin. In M. Führer, A. Duroux, C. D. Borasio (Hrsg.), »Können Sie denn gar nichts mehr für mein Kind tun?« Therapiezieländerung und Palliativmedizin in der Pädiatrie (S. 118–129). Stuttgart: Kohlhammer.
Ebbecke-Nohlen, A. (2015). Einführung in die systemische Supervision. Heidelberg: Carl-Auer Compact.
Erikson, E. H. (1973). Identität und Lebenszyklus. Frankfurt a. M.: Suhrkamp.
Fankhauser, S., Drobetz, R., Mortby, M., Maercker, A., Forstmeier, S. (2014). Depressive symptoms in later life: Differential impact of social support and motivational processes on depression in individuals with and without cognitive impairment. In European Journal of Ageing, 11(4), 321–332.
Fischer, G., Riedesser, P. (2003). Lehrbuch der Psychotraumatologie (3. Aufl.). München: Reinhardt.
Fischinger, E. (2014). Die Tafelrunde lädt ein. Systemische Perspektiven zur Kindertrauer. In: Röseberg, F., Müller, M. (Hrsg.), Handbuch Kindertrauer. Die Begleitung von Kindern, Jugendlichen und ihren Familien (S. 35–45). Göttingen: Vandenhoeck & Ruprecht.
Fischinger, E. (2017). http://www.v-r.de/de/in_der_erinnerung_ankern/t-0/1012046/ Die Trauer von Kindern und Jugendlichen mit Memory Books begleiten. Göttingen: Vandehoeck & Ruprecht.
Forstmeier, S., Maercker, A., van der Hal-van Raalte, E. A. M., Auerbach, M. (2014). Die Methode des therapeutischen Lebensrückblicks bei Holocaust-Überlebenden. In Psychotherapie im Alter, 11(4), 433–448.
Freud, S. (1916–1917/1971). Trauer und Melancholie. Frankfurt a. M. u. Hamburg: S. Fischer.
Freud, S. (1930/2004). Das Unbehagen in der Kultur. Und andere kulturtheoretische Schriften (9. Aufl.). Stuttgart: S. Fischer.
Führer, M. (2006). Der Arzt als Begleiter des Kindes. In M. Führer, A. Duroux, C. D. Borasio (Hrsg.), »Können Sie denn gar nichts mehr für mein Kind tun?« Therapiezieländerung und Palliativmedizin in der Pädiatrie (S. 15–25). Stuttgart: Kohlhammer.
Führer, M., Duroux, A., Borasio, C. D. (Hrsg.) (2006). »Können Sie denn gar nichts mehr für mein Kind tun?« Therapiezieländerung und Palliativmedizin in der Pädiatrie. Stuttgart: Kohlhammer.
Führer, M. (2013). Es ist immer zu früh. Kinderpalliativmedizin an der LMU. In: http://www.uni-muenchen.de/aktuelles/publikationen/mum/mum_aktuell/pdf/mum_02_13/mum_titel_02_13_web.pdf (aufgerufen 12.08.2017).
Gennep, A. van (2005). Übergangsriten. Les rites de passage. Frankfurt a. M.: Campus.

Gesundheitsberichterstattung des Bundes (2010), Robert Koch-Institut in Zusammenarbeit mit dem Statistischen Bundesamt. Depressive Erkrankungen. Heft 51, S. 23.
Gibran, K. (1983). Das Khalil Gibran Lesebuch. Ausgewählte Texte und Aufsätze zum Werk. Olten: Walter.
Gilligan, C. (1994). Die andere Stimme. Lebenskonflikte und Moral der Frau. München: dtv.
Goldbrunner, H. (1996). Trauer und Beziehung. Systemische und gesellschaftliche Dimensionen der Verarbeitung von Verlusterlebnissen. Mainz: Matthias Grünewald.
Goldbrunner, H. (2006). Dialektik der Trauer. Ein Beitrag zur Standortbestimmung der Widersprüche bei Verlusterfahrungen. Münster: LIT.
Gruen, A. (2016). Empathie versus Kognition: Die Spaltung unseres Bewusstseins. Leidfaden: Band 5, Ausgabe 2, S. 63–71.
Grypdonck, M. (1997). Die Bedeutung qualitativer Forschung für die Pflegkunde und die Pflegewissenschaft. Pflege. Wissenschaftliche Zeitschrift für Pflegeberufe, 10 (4), 222–228.
Gunneweg, A. H. J. (1972). Geschichte Israels bis Bar Kochba. Stuttgart: Kohlhammer.
Haagen, M., Möller, B. (2013). Sterben und Tod im Familienleben. Beratung und Therapie von Angehörigen von Sterbenskranken. Göttingen: Hogrefe.
Hagestad, G.O. (1984). The Continuous Bond: A Dynamic, Multigenerational Perspective on Parent-Child Relations between Adults, in Parent-Child Interactions and Parent-Child Relations in Child Development. M. Perlmutter (ed.), The Minnesota Symposium on Child Psychology, Vol. 17, Erlbaum, Hillsdale, New Jersey, pp. 129–158.
Hargasser, B. (2014) Unbegleitete minderjährige Flüchtlinge. Sequentielle Traumatisierungsprozesse und die Aufgaben der Jugendhilfe. Frankfurt a.M: Brandes & Apsel.
Hargens, J. (2004). Aller Anfang ist ein Anfang. Gestaltungsmöglichkeiten hilfreicher systemischer Gespräche. Göttingen: Vandenhoeck & Ruprecht.
Hart, O. van der (1982). Abschiednehmen. Abschiedsrituale in der Psychotherapie. München: Pfeiffer.
Hays, J.C., Gold, D., Pieper, C.F. (1997). Sibling Bereavement In Late Life. In: Omega, Vol. 35(1) 25–42, 1997.
Herpertz-Dahlmann, B., Resch, F., Schulte-Markwort, M., Warnke, A. (Hrsg.) (2008). Entwicklungspsychiatrie. Biopsychologische Grundlagen und die Entwicklung psychischer Störungen (S. 777–780). Stuttgart: Schattauer.
Herwig-Lempp, J. (2004). Die VIP-Karte – ein einfaches Instrument für die systemische Sozialarbeit. Kontext, 35 (4), 353–364.
Hess, J. (2002). Übergänge im Leben von Tieren. In R. Welter-Enderlin, B. Hildenbrand (Hrsg.), Rituale – Vielfalt in Alltag und Therapie (S. 24–39). Heidelberg: Auer.
Hildenbrand, B. (2006). Resilienz in sozialwissenschaftlicher Perspektive. In R. Welter-Enderlin, B. Hildenbrand (Hrsg.). Resilienz – Gedeihen trotz widriger Umstände (S. 20–28). Heidelberg: Auer.
Hilweg, W., Ullmann, E. (Hrsg.) (1998). Kindheit und Trauma. Trennung, Mißbrauch, Krieg. Göttingen: Vandenhoeck & Ruprecht.
Holland J. M., Currier J. M., Neimeyer R. A. (2006). Meaning reconstruction in the first two years of bereavement: The role of sense-making and benefit-finding. Omega, 53, 175–191.
Holzschuh, W. (Hrsg.) (2000). Geschwister-Trauer. Erfahrungen und Hilfen aus verschiedenen Praxisfeldern. Regensburg: Pustet.
Jochum, H. (2014). Endlich geschieden? Wie Rituale beim Abschied helfen, https://www.evangelisch.de/themen/ritual (aufgerufen 21.07.2017).
Jörns, K.-P. (1993). Von Adam und Eva bis Samuel. Männer und Frauen in der Bibel I. Göttingen: Vandenhoeck & Ruprecht.
Jung, C. G., Kerenyi, K. (1999). Das göttliche Kind. Eine Einführung in das Wesen der Mythologie. Düsseldorf: Patmos.
Kachler, R. (2010). Hypnosystemische Trauerbegleitung. Ein Leitfaden für die Praxis. Heidelberg: Carl-Auer.
Kachler (2017). http://www.kachler-roland.de/Trauerbegleitung-und-Trauertherapie (aufgerufen am 02.01.2018).

Kaltman, S., Bonanno, G. (2003). Trauma and bereavement. Examining the impact of sudden and violent deaths. Journal of Anxiety Disorders, 17, 131–147.
Kast, V. (1984). Trauern. Phasen und Chancen des psychischen Prozesses (4. Aufl.). Stuttgart: Kreuz.
Kast, V. (1995). Die Psychodynamik der Frau im mittleren Lebensalter. In V. Faust (Hrsg.), Psychiatrie. Ein Lehrbuch für Klinik, Praxis und Beratung (S. 78–84). Stuttgart: Fischer.
Kast, V. (1998). Freude, Inspiration, Hoffnung (2. Aufl.). München: dtv.
Kast, V. (2000). Lebenskrisen werden Lebenschancen. Freiburg: Herder.
Keilson, K. (1979). Sequentielle Traumatisierung bei Kindern. Stuttgart: Enke.
Kerns, L. L. (1997). Hilfen für depressive Kinder: ein Ratgeber. Bern u. a.: Huber.
Khan, M. R. (1963). Das kumulative Trauma. In M. R. Khan (Hrsg.), Selbsterfahrung in der Therapie (S. 50–70). München: Kindler.
Klass, D. (2000). Ein Trauermodell aus dem englischen Sprachraum. In W. Holzschuh (Hrsg.), Geschwister-Trauer. Erfahrungen und Hilfen aus verschiedenen Praxisfeldern (S. 67–80). Regensburg: Pustet.
Kluge, F. (1989). Etymologisches Wörterbuch. Berlin u. New York: Walter de Gruyter.
Knaevelsrud, C., Lange, A. (2004). Internet-Psychotherapie: Wirksamkeit und Besonderheiten der therapeutischen Beziehung. Verhaltenstherapie, 14 (3), 174–184.
Knauf, E. A. (2002–2004). Mirjam. In H. D. Betz, D. Browning, B. Janowski, E. Jüngel (Hrsg.), Religion in Geschichte und Gegenwart. Band 5 (4. Aufl., Sp. 1259). Tübingen: J. C. B. Mohr.
Kolb, D. A. (1984). Experimental learning. Experience as the source of learning and development. Englewoods Cliffs/New Jersey: Prentice Hall, Inc.
Kopp-Breinlinger, K., Rechenberg-Winter, P. (2007). In der Mitte der Nacht beginnt ein neuer Tag. Mit Verlust und Trauer leben (3. Aufl.). München: Kösel.
Korenhof, M. (Hrsg.). Gehen, Scheidungs- und Trennungsliturgien. Unveröffentlichtes Manuskript.
Kraft, S., Schepker, R., Goldbeck, L., Fegert, J. M. (2006). Die Behandlung der Posttraumatischen Belastungsstörung bei Kindern und Jugendlichen – Eine Übersicht empirischer Wirksamkeitsstudien. *Nervenheilkunde*, 25, 709–716.
Kriz, W. C. (2000). Lernziel: Systemkompetenz. Planspiele als Trainingsmethode. Göttingen: Vandenhoeck & Ruprecht.
Krüger, A. (2006). Vortrag im Lacrima-Zentrum für trauernde Kinder der evangelischen Jugend in München, September 2006.
Krüger, A., Reddemann, L. (2007). Psychodynamisch Imaginative Traumatherapie für Kinder und Jugendliche. Stuttgart: Klett-Cotta.
Krüsmann, M., Müller-Cyran, A. (2005). Trauma und frühe Interventionen. Stuttgart: Pfeiffer.
Kübler-Ross, E. (1969). Interviews mit Sterbenden. Gütersloh: Gütersloher Verlagsanstalt.
Kustor-Hüttl, B. (2011). Weibliche Strategien der Resilienz. Bildungserfolg in der Migration. Frankfurt/M.: Brandes & Apsel.
Küffer, A., Maercker, A., Burri, A. (2014). Transgenerational effects of PTSD and traumatic stress: do telomeres reach across the generations? Journal of Trauma & Treatment, 33(3), 8.
Lamberty-Zielinsky, H. (Hrsg.) (2002). Frauentrauer. Stuttgart: Katholisches Bibelwerk.
Lammer, K. (2004). Den Tod begreifen. Neue Wege in der Trauerbegleitung (3. Aufl.). Neukirchen-Vluyn: Neukirchener.
Lang-Langer, E. (2009). Trennung und Verlust. Frankfurt a. M.: Brandes & Apsel.
Lorenz, H. (2003). Kriegskinder (3. Aufl.). München: List.
Ludewig, K. (2007). Zum Menschenbild in der systemischen Therapie. Vortrag, gehalten auf der 7. Wissenschaftlichen Jahrestagung der Deutschen Gesellschaft für Systemische Therapie und Familientherapie, 13. Oktober 2007.
Maar, P. (1994). Meine beiden Biographien. Rede in der Frankfurter Universität am 8. Juli 1994. Vortragsmitschrift.
Maercker, A. (Hrsg.) (2002). Alterspsychotherapeutische und klinische Gerontopsychologie. Berlin u. Heidelberg: Springer.
Maercker, A., Forstmeier, S., Wagner, H., Glaesmer, H., Brähler, E. (2008). Posttraumatische Belastungsstörungen in Deutschland. Der Nervenarzt, 79(5), 577–586.

Maercker, A., Zoellner, T. (2004). The Janus face of self-perceived growth: Toward a two-component model of posttraumatic growth. Psychological Inquiry, 15(1). S. 41–48.
Maercker, A. (2010). Lebensrückblicksintervention – ein neues Verfahren zur Behandlung älterer depressiver Menschen. Interview in Ars Medici, S 631–632.
Maercker, A. (2014). Alterspsychotherapie und klinische Gerontopsychologie. Heidelberg/Berlin: Springer.
Manteufel, A. (2005). Sinn und Sinnerleben. Perspektiven der systemischen Trauer. In H. Petzold, I. Orth (Hrsg.), Sinn, Sinnerfahrung, Lebenssinn in Psychologie und Psychotherapie. Band 2 (S. 643–664). Bielefeld u. Locarno: Edition Sirius im Aisthesis Verlag.
Marks, S. (2007). Scham – die tabuisierte Emotion. Ostfildern: Patmos.
McGoldrick, M., Gerson, R. (Hrsg.) (2002). Genogramme in der Familienberatung (2. Aufl.). Stuttgart: Huber.
Mitscherlich, A., Mitscherlich, M. (2007). Die Unfähigkeit zu trauern. Grundlagen kollektiven Verhaltens (19. Aufl.). München: Piper.
Morgenroth, M. (2001). Vor Gott die Eheringe ablegen. Publik-Forum, 6, 45.
Müller, M. (2004). Dem Sterben Leben geben. Die Begleitung sterbender und trauernder Menschen als spiritueller Weg. Gütersloh: Gütersloher Verlagsanstalt.
Müller, M., Pfister, D. (Hg). (2014). Wie viel Tod verträgt das Team. Belastungs- und Schutzfaktoren in Hospizarbeit und Palliativmedizin. 3. Aufl. Göttingen: Vandenhoeck & Ruprecht.
Müller-Hohagen, J. (2008). Übermittlung von Täterhaftigkeit an die nachfolgenden Generationen. In H. Radebold, W. Bohleber, J. Zinnecker (Hrsg.), Transgenerationale Weitergabe kriegsbelasteter Kindheiten. Eine interdisziplinäre Studie zur Nachhaltigkeit historischer Erfahrungen über vier Generationen (S. 155–164). Weinheim u. München: Juventa.
Neimeyer. R.A. (2016). Constructivist Therapy and Grief Therapy. Am 24.07.2016 veröffentlicht: https://www.youtube.com/watch?v=tMX_1yeKNoI (aufgerufen am 30.12.2017).
Nemetschek, P. (2006). Systemische Familientherapie mit Kindern, Jugendlichen und Eltern. Stuttgart: Klett-Cotta.
Nicolaidis, M., Zehentner, P. (2005). Zurück ins Leben. Reinbek: Rowohlt.
Nooteboom, C. (2002). Hitze, Schnee und Liebe. In C. Nooteboom, Die Insel, das Land. Geschichten aus Spanien (2. Aufl., S. 52). Frankfurt a. M.: Suhrkamp.
Noth, M. (1995). Das zweite Buch Mose (Exodus). Hrsg. von H. Spieckermann, R. G. Kratz. Das Alte Testament Deutsch (ATD). Band 5. Göttingen: Vandenhoeck & Ruprecht.
Nowell, I. (2003). Evas starke Töchter. Darmstadt: Wissenschaftliche Buchgesellschaft.
Oberthür, R. (2002). Neles Buch der großen Fragen. München: Kösel.
Omer, H., Alon, N., Schlippe, A. von (2007). Feindbilder. Psychologie der Dämonisierung. Göttingen: Vandenhoeck & Ruprecht.
Onnasch, K. (2009). Trauma und Trauer in neurobiologischer Sicht. In Gast, U., Markert, E., Schollas, T. (2009) Trauma und Trauer (S. 38–90). Stuttgart: Klett-Cotta.
Oser, F. (1992/1993). Der Mensch. Stufen seiner religiösen Entwicklung. Ein strukturgenetischer Ansatz. Gütersloh: Gütersloher Verlagsanstalt.
Otto, E. (2004). Feste/Feiern. In H. D. Betz, D. Browning, B. Janowski, E. Jüngel (Hrsg.), Religion in Geschichte und Gegenwart. Band 3 (4. Aufl., Sp. Sp. 86–97). Tübingen: J. C. B. Mohr.
Ovid (1–8 n. Chr./1990). Metamorphosen. Band 122. Frankfurt a. M. u. Leipzig: Insel.
Palm, G. (2001). Jetzt bist Du schon gegangen, Kind. Trauerbegleitung und heilende Rituale mit Eltern früh verstorbener Kinder. München: Don Bosco.
Pamuk, O. (2003). Rot ist mein Name. Frankfurt: Fischer.
Papp, P. (1991). Paare ... In M. Walters, B. Carter, P. Papp, O. Silverstein, Unsichtbare Schlingen. Die Bedeutung der Geschlechterrollen in der Familientherapie (S. 298–330). Eine feministische Perspektive. Stuttgart: Klett-Cotta.
Paul, C. (2006). Warum hast du uns das angetan. Ein Begleitbuch, wenn sich jemand das Leben genommen hat (5. Aufl.). Gütersloh: Gütersloher Verlagsanstalt.
Paul, C. (Hrsg.) (2002). Neue Wege in der Trauer- und Sterbebegleitung. Hintergründe und Erfahrungsberichte für die Praxis. Gütersloh: Gütersloher Verlagsanstalt.

Paul, C (2014). (K)eine Trauer wie jede andere? In: Suizid-Aus-Weg-Los?! Leidfaden – Fachmagazin für Krisen, Leid, Trauer, 4, S. 73, Göttingen: Vandenhoeck & Ruprecht.
Paul, C. (2014). Kinder und Jugendliche als Trauernde nach einem Suizid. Eine Möglichkeit menschlichen Handelns. In: Röseberg, F., Müller, M. (Hrsg.), Handbuch Kindertrauer. Begleitung von Kindern und Jugendlichen und ihren Familien (S. 189–195). Göttingen: Vandenhoeck & Ruprecht.
Peichl, J., Reddemann, L., Sachsse, U. (1997). Traumazentrierte Psychotherapie. Teil 1. Stuttgart: Schattauer.
Petzold, H., Orth, I. (Hrsg.) (2005). Sinn, Sinnerfahrung, Lebenssinn in Psychologie und Psychotherapie Bd. 2. Bielefeld u. Locarno: Edition Sirius im Aisthesis Verlag.
Piumini, R. (2004). Eine Welt für Madurer (2. Aufl.). Stuttgart: dtv.
Plieth, M. (2013). Tote essen auch Nutella. Die tröstende Kraft kindlicher Todesvorstellungen. Freiburg: Kreuz.
Postman, N. (1982). Das Verschwinden der Kindheit. Frankfurt a. M.: Fischer.
Prigerson H.G., Frank E., Kasl S.V. et al. Complicated grief and bereavement-related depression as distinct disorders: preliminary empirical validation in elderly bereaved spouses. American Journal of Psychiatry 1995; 152: 22–30.
Pross, C. (2009). Verletzte Helfer. Umgang mit dem Trauma: Risiken und Möglichkeiten sich zu schützen. Stuttgart: Klett-Cotta.
Radebold, H. (2004). Abwesende Vater und Kriegskindheit (3. Aufl.). Göttingen: Vandenhoeck & Ruprecht.
Rando, T. A. (2003). Trauern: Die Anpassung an Verlust. In J. Wittkowski (Hrsg.), Sterben, Tod und Trauer (S. 173–194). Stuttgart: Kohlhammer.
Rappe-Giesecke, K. (2003). Supervision für Gruppen und Teams (3. Aufl.). Berlin u. a.: Springer.
Rauen, C. (Hrsg.) (2005). Coaching-Tools. Erfolgreiche Coaches präsentieren 60 Interventionstechniken aus ihrer Coaching-Praxis (2. Aufl.). Bonn: Managerseminare Verlag.
Rauch, F., Rinder, N. (2016). Damit aus Trauma Trauer wird. Weiterleben nach dem Suizid eines nahestehenden Menschen. Güterloher Verlagshaus.
Ravens-Sieberer (2007). Bericht zur psychischen Gesundheit bei Kindern und Jugendlichen 2016.
Rechenberg-Winter, P. (2017). Trauer in Familien – Wenn sich das Leben wendet. Göttingen: Vandenhoeck & Ruprecht.
Rechenberg-Winter, P. (2015). Leid kreativ wandeln. Biografisches Schreiben in Krisenzeiten. Göttingen: Vandenhoeck & Ruprecht.
Rechenberg-Winter, P. Metz, C. (2015). Trauer hat System – Veränderungsdynamik in Krisen. Leidfaden 2015, Heft 03.
Reddemann, L., Sachsse, U. (1999). Trauma first. PTT 3(1), S. 16–20. Stuttgart: Schattauer.
Reddemann, L. (2006). Kinderpsychiatrische Soforthilfen nach Trauma – Löst ein regionales Modell die Erwartungen ein? Nervenheilkunde, 25 (9), 719–725.
Richter-Kornweitz, A. (2011). Gleichheit und Differenz – die Relation zwischen Resilienz, Geschlecht und Gesundheit. In: Zander, M. (Hrsg) Handbuch Resilienzförderung. S. 240–274. Berlin/Heidelberg: Springer.
Rilke, R. M. (1904). Brief an Franz Xaver Kappus. In R. M. Rilke (1944), Briefe an einen jungen Dichter (S. 49). Leipzig: Insel-Bücherei.
Ritscher, W. (2003). Familien der Opfer und Täter/innen des Deutschen Nationalsozialismus: eine Drei-Generationenperspektive. Vortragsskript zur Jubilaumstagung des Wenger Muhle Centrums »Systemische Muhlen klappen anders«, Juni 2003, S. 85.
Robinson, L-M., Mahon, M.M. (1997). SIBLING BEREAVEMENT: A CONCEPT ANALYSIS To cite this article: LINDA ROBINSON MARGARET M. MAHON (1997) SIBLING BEREAVEMENT: A CONCEPT ANALYSIS, Death Studies, 21:5, 477–499, DOI: 10.1080/074811897201831.
Röseberg, F., Müller, M. (Hg.) (2014). Handbuch Kindertrauer. Die Begleitung von Kindern, Jugendlichen und ihren Familien. Göttingen: Vandenhoeck & Ruprecht.
Roser, T. (2014). Sexualität in Zeiten der Trauer. Wenn die Sehnsucht bleibt. Göttingen: Vandenhoeck & Ruprecht.

Rosner, R. (2017). Traumatherapie. In Kinder in Krisen und Katastrophen – Spezielle Aspekte psychosozialer Notfallversorgung. Reihe Krisenintervention und Notfallpsychologie, Bd. 4. Innsbruck: Studia Universitätsverlag.
Rosner, R. (2008). Vortrag an der Ludwig-Maximilian-Universität München am 15.01.2008.
Rückner-Embden-Jonasch, E., Ebbecke-Nohlen, A. (2000). Balanceakt. Familientherapie und Geschlechterrollen (2. Aufl.). Heidelberg: Auer.
Ryan, T., Walker, R. (2003). Wo gehöre ich hin? Biographiearbeit mit Kindern und Jugendlichen (2. Aufl.). Weinheim: Beltz.
Satir, V. (1979). Familienbehandlung. Kommunikation und Beziehung in Theorie, Erleben und Therapie (4. Aufl.). Freiburg: Lambertus.
Schafer, R. (1995). Erzähltes Leben. Narrationen und Dialog in der Psychoanalyse. München: Pfeiffer.
Schäfer, U. (1999). Depressionen im Kindes- und Jugendalter. Bern: Huber.
Scheidt, J. vom (2006). Kreatives Schreiben – Hyper Writing. Texte als Wege zu sich selbst und zu anderen. München: Allitera.
Schellenberger, B. (Hrsg.) (1982). Bernhard von Clairvaux. Gotteserfahrung und Weg in die Welt. Olten: Walter (www.kirchameck.de/texte8.html).
Schiepek, G. (1999). Die Grundlagen der Systemischen Therapie, Theorie, Praxis, Forschung. Göttingen: Vandenhoeck & Ruprecht.
Schins, M. (2001). Und wenn ich falle? Vom Mut, traurig zu sein. München: dtv.
Schmitz, L. (2002). Lösungsorientierte Gesprächsführung. Trainingsbausteine für Hochschule, Ausbildung und kollegiale Lerngruppen. Brühl: x-Lösungen.
Schramm, A., Berthold, D. Gramm, J. (2013). Dignity Therapy Psychologische Kurzintervention für Würde am Lebensende, www.palliativpsychologie.de.
Schulte-Markwort, M., Richterich, A., Forouher, N. (2008). Affektive Störungen. In B. Herpertz-Dahlmann, F. Resch, M. Schulte-Markwort, A. Warnke (Hrsg.) (2008), Entwicklungspsychiatrie. Biopsychologische Grundlagen und die Entwicklung psychischer Störungen (S. 771–801). Stuttgart: Schattauer.
Schul- und Erziehungszentrum (SchEZ) Linz (o. J.). Kommunikation. Zugriff unter http://schez.eduhi.at/dokumente/broschuere6.pdf.
Schwab, U. (Hrsg.) (2007). Erikson und die Religion. Münster: LIT.
Schweitzer, J., von Schlippe, A. (2016). Lehrbuch der systemischen Therapie und Beratung I: Das Grundlagenwissen. Göttingen: Vandenhoeck & Ruprecht.
Schwing, R., Fryszer, A. (2006). Systemisches Handwerk. Werkzeug für die Praxis. Göttingen: Vandenhoeck & Ruprecht.
Schwing, R., Fryszer, A. (2017). Systemisches Handwerk. Werkzeug für die Praxis. 8. Aufl. Göttingen: Vandenhoeck & Ruprecht.
Shah, H. (2017). Kinder aus Kriegsgebieten. In: Kinder in Krisen und Katastrophen – Spezielle Aspekte psychosozialer Notfallversorgung, Reihe Krisenintervention und Notfallpsychologie, Bd. 4. Innsbruck: Studia Universitätsverlag.
Selvini Palazzoli, M., Boscolo, L., Cecchin, G., Prata, G. (2003). Paradoxon und Gegenparadoxon. Ein neues Therapiemodell für die Familie mit schizophrener Störung (11. Aufl.). Stuttgart: Klett-Cotta.
Senge, P. M. (2006). Die fünfte Disziplin. Kunst und Praxis der lernenden Organisation (10. Aufl.). Stuttgart: Klett-Cotta.
Shazer, S. de (1992). Der Dreh. Überraschende Wendungen und Lösungen in der Kurzzeittherapie. Heidelberg: Auer.
Short, D., Weinspach, C. (2007). Hoffnung und Resilienz. Therapeutische Strategien von Milton H. Erickson. Heidelberg: Auer.
Shorter, E. (1986). Die große Umwälzung in den Mutter-Kind-Beziehungen vom 18. bis zum 20. Jahrhundert. In J. Martin, A. Nitschke (Hrsg.), Zur Sozialgeschichte der Kindheit (S. 503–524). Freiburg u. München: Karl Alber.
Siebenbürger, B. (2017). Unbegleitete minderjährige Flüchtlinge. In: Liedl, A., Böttche, M., Abdallah-Steinkopff, B., Knaevelsrud, C. Psychotherapie mit Flüchtlingen. Neue Herausforderungen, spezifische Bedürfnisse. Praxishandbuch für Ärzte und Therapeuten. Stuttgart: Schattauer.

Silverman, P. R.(2000). Never too young to know: Death in Childrens's lives. New York: Oxford Press.
Slaughter, V. (2005). Young childrens's understanding of death. Australian Psychologist, Nr 40. P 179–186.
Smeding, R. E. W., Heitkönig-Wilp, M. (2005). Trauer erschließen. Eine Tafel der Gezeiten. Wuppertal: Hospizverlag.
Stevens, N. (2002). RE-ENGAGING: NEW PARTNERSHIPS IN LATE-LIFE WIDOWHOOD. In: Ageing International, 2002, Vol. 27, No. 4, p. 27–42.
Steinig, J., Kersting,A. Anhaltende komplexe Trauerreaktion – ein neues Krankheitsbild?. In: PSYCH up2date 2015; 9(05): 281–295. DOI: 10.1055/s-0041-102927 Affektive Störungen. Stuttgart: Georg Thieme Verlag. https://www.thieme-connect.com/products/ejournals/html/10.1055/s-0041-102927 (aufgerufen am 07.01.2018).
Stierlin, H. (1976). Das Tun des einen ist das Tun des anderen. Eine Dynamik menschlicher Beziehungen. Frankfurt a. M.: Suhrkamp.
Stroebe, M., Shut, H. (2010). The Dual Process Model of Coping with Bereavement: A Decade On. OMEGA, 61, 4, S. 273–289.
Stroebe, M.S., Stroebe W., Hanson, R.H., Ed. (1993). Handbook of Bereavment Theory, Research, and Intervention. New York: Cambridge University Press.
Stry, R. (2012). Das Duale Trauermodell. Eine Chance für die deutsche Trauerbegleitung?. Die Hospiz-Zeitschrift, 52. 2, S. 18–21.
Theuretzbacher, K., Nemetschek, P. (2016). Coaching und Systemische Supervision mit Herz, Hand und Verstand. Handlungsorientiert arbeiten, Systeme aufbauen. 4. Aufl. Heidelberg: Klett-Cotta.
Tiedemann, P. (1993). Über den Sinn des Lebens. Die perspektivische Lebensform. Darmstadt: Wissenschaftliche Buchgesellschaft.
Trenkle, B. (1995). Das Aha!-Buch der Aphorismen und Sprüche für Therapie, Beratung und Hängematte. Heidelberg: Auer.
Trickey, D. (2006). Die Arbeit mit trauernden Kindern und Jugendlichen nach Suizid und Gewaltverbrechen. Vortrag, Sommerakademie Trauerinstitut Deutschland.
Vogelsanger, C. (2002). Chaos und Ordnung im Ritual. Eine heilsame Polarität. In R. Welter-Enderlin, B. Hildenbrand (Hrsg.), Rituale – Vielfalt in Alltag und Therapie (S. 39–53). Heidelberg: Auer.
Voss, H. (2007). Leben am seidenen Faden – was durch Krankheit ausgelöste Krisen für das Wachstum im Kindes- und Jugendalter bedeuten können. In U. Schwab (Hrsg.), Erikson und die Religion Beiträge zur Rezeption der Theorie Erik H. Eriksons in der Gegenwart. Jugend in Kirche und Gesellschaft. Band 4 (S. 55–76). Münster: LIT Verlag.
Wagner, B. (2013). Komplizierte Trauer. Berlin/Heidelberg: Springer.
Walser, M. (1992). Lektüre zwischen den Jahren. Wer kennt sich schon. Frankfurt a. M.: Suhrkamp.
Walsh, F. (2006). Ein Modell familialer Resilienz und seine klinische Bedeutung. In R. Welter-Enderlin, B. Hildenbrand (Hrsg.), Resilienz – Gedeihen trotz widriger Umstände (S. 43–79). Heidelberg: Auer.
Watzlawik, P. (Hrsg.) (1984). Die erfundene Wirklichkeit. München: Piper.
Webb, N. B. (2002). Helping bereaved children. A handbook for practitioners. New York: Guilford Press.
Weinberg, D. (2000). Psychotherapie mit traumatisierten Kindern. Ein Praxisbericht. Report Psychologie, 25 (7), 437–449.
Weinberg, D. (2010). Psychotherapie mit komplex traumatisierten Kindern. Behandlung von Bindungs- und Gewalttraumata der frühen Kindheit. Stuttgart: Klett-Cotta.
Welter-Enderlin, R. (2006). Resilienz bei Paaren: Wie das Resilienzkonzept als Langzeitperspektive meine Praxis beeinflusst. In R. Welter-Enderlin, B. Hildenbrand (Hrsg.), Resilienz – Gedeihen trotz widriger Umstände (S. 80–93). Heidelberg: Auer.
Welter-Enderlin, R., Hildenbrand, B. (Hrsg.) (2002). Rituale – Vielfalt in Alltag und Therapie. Heidelberg: Auer.
Welter-Enderlin, R., Hildenbrand, B. (Hrsg.) (2006). Resilienz – Gedeihen trotz widriger Umstände. Heidelberg: Auer.

Westrich, A. (2000). Wie alles begann: Geschichte der Hospizbewegung. In G. Everding, A. Westrich (Hrsg.), Würdig leben bis zum letzten Augenblick. Idee und Praxis der Hospizbewegung (S. 9–16). München: Beck.
Willi, J. (1975). Die Zweierbeziehung. Spannungsursachen, Störungsmuster, Klärungsprozesse, Lösungsmodelle. Reinbek: Rowohlt.
Willi, J. (1989). Ko-Evolution. Die Kunst des gemeinsamen Wachsens. Reinbek: Rowohlt.
Willke, H. (2004). Einführung in das systemische Wissensmanagement. Heidelberg: Auer.
Worden, W. W. (1991). Grief Conselling and Grief Therapie: A Handbook for the Mental Health Practitioner (2 th ed.). London: Routledge.
Worden, W. (2011). Beratung und Therapie in Trauerfällen. Ein Handbuch. Bern: Huber.
Zernikow, B., Nauck, F. (2008). Pädiatrische Palliativmedizin: Kindern ein »gutes Sterben« ermöglichen. In: Deutsches Ärzteblatt 2008; 105(25): A-1376 / B-1189 / C-1157.
Znoj, H. J., Maercker, A. (2004). Trauerarbeit und Therapie der komplizierten Trauer. In M. Linden, M. Hautzinger, Verhaltenstherapiemanual (5. vollst. überarb. Aufl., S. 401–406). Berlin u. Heidelberg: Springer.
Znoj, H. (2006) Bereavment and Postraumatic Growth. In: Calhoun, L.G., Tedeschi, R.,G. Handbook of Postraumatic Growth. Mahwah, New Jersey: Lawrence Erlbaum Associates. pp. 176–197.
Zoellner, A., Maercker,A. (2006) Postraumatic Growth and Psychotherapie In: Calhoun, L.G., Tedeschi, R.,G. Handbook of Postraumatic Growth. Mahwah, New Jersey: Lawrence Erlbaum Associates. pp. 334–355.
Zwierlein, E. (2014). Über die dreifach Trauer nach Suizid. In: Suizid – Aus-Weg-Los!? Leidfaden – Fachmagazin für Krisen, Leid, Trauer, 4, S. 24–28.

8 Ausgewählte Literaturempfehlungen zu Trauer bei Kindern und Jugendlichen

Bücher für Kinder und Jugendliche, die Verluste erleiden und um eine Bezugsperson trauern

Aakeson, K. F., Erikson, E. (2005). Erik und das Opa-Gespenst. Hamburg: Oetinger (ab 4/5 Jahre).
Abedi, I., Cordes, M. (2006). Abschied von Opa Elefant. Rheinfelden: OZ-Verlag (ab 5 Jahre).
Bauer, J. (2003). Opas Engel. Hamburg: Carlsen-Verlag (ab 8 Jahre).
Bayrischer Rundfunk (Hrsg.) (2006). DVD: Willi wills wissen: Wie ist das mit dem Tod? Frankfurt a. M.: Baumhaus Verlag (ab 6 Jahre).
Beer, J. de (2001). Yashas Vater. Düsseldorf: Sauerländer Verlag (ab 5 Jahre).
Beuscher, A., Haas, C. (2002). Über den großen Fluss. Düsseldorf: Sauerländer Verlag (ab 4/5 Jahre).
Blobel, B. (2003). Mensch Pia! Würzburg: Arena-Verlag (ab 12 Jahre).
Bode, A. de, Broere, R. (1998). Opa kommt nicht wieder. Zürich: Fuchs- und Hase-Verlag (ab 5 Jahre).
Bos,T. von Haeringen, A. (2013). Papa, hörst du mich? Stuttgart: Verlag freies Geistesleben (ab 6 Jahre).
Carter, F. (1998). Der Stern der Cherokee. München: Omnibus-TB-Verlag (ab 12 Jahre).
Couloumbis, A. (2001). Der Himmel auf dem Dach. Wien: Ueberreuter (ab 11/12 Jahre).
Donelly, E. (1977). Servus Opa, sagte ich leise. Hamburg: Cecilie-Dressler-Verlag (ab 8 Jahre).
Dros, I., Geelen, H. (1990). Das O von Opa. München: Middelhauve-Verlag (ab 4 Jahre).
Ende, M. (1973). Momo. Stuttgart: Thienemann (ab 8 Jahre).
Erlbruch, W. (2007). Ente, Tod und Tulpe. München: Antje Kunstmann (für Kinder/Jugendliche/Erwachsene).
Fessel, K.-S. (1999). Ein Stern namens Mama. Hamburg: Oetinger (ab 8/9 Jahre).
Fox, P. (1992). Inselsommer. Bielefeld: Bertelsmann (ab 12 Jahre).
Fried, A., Gleich, J. (1997). Hat Opa einen Anzug an? München: Hanser (ab 5 Jahre).
Galeano, E. (2010). Geschichte von der Auferstehung des Papageis. Zürich: Bajazzoverlag (ab 6 Jahre).
Gaarder, J. (2003). Das Orangenmädchen. München: dtv (ab 12/13 Jahre).
Gray, N., Cabban, V. (2000). Der kleine Bär und sein Opa. Rheinfelden: OZ-Verlag (ab 5 Jahre).
Hagen, H., Geelen, H.. Still, ich denke an das Huhn. München: Middelhauve-Verlag (ab 4/5 Jahre).
Hein, C. (2003). Mama ist gegangen. Weinheim: Beltz u. Gelberg (ab 10 Jahre).
Heine, H. (1995). Der Club. München: Middelhauve-Verlag (ab 5/6 Jahre).
Hemmo, S. (2006). Für immer mein Opa. Hamburg: Carlsen-Verlag (ab 6 Jahre).
Henkel, K. (2005). Der Himmel soll warten. Berlin: Bloomsbury (ab 8 Jahre).
Hole, S. (2014). Annas Himmel. München: Carl Hanser (ab 5 Jahre).
Homeier, S. (2006). Sonnige Traurigtage. Frankfurt a. M.: Mabuse (ab 7/8 Jahre).
Hoppe, M., Lenica, J. (1996). Verrückt ist ganz normal. Zürich: bohem press (ab 4/5 Jahre).
Janisch, H. (2005).Rote Wangen. Berlin: Aufbau-Verlag (ab 5 Jahre).
Janisch, H., Soganci, S. M. (2007). Schenk mir Flügel. St. Pölten: Residenz Verlag (ab 4 Jahre).
Karime, A., Behl, A.-K. (2011). Lea, Opa und das Himmelsklavier. Wien: Picus (ab 4/5 Jahre).
Kelly, T. (2007). Die Sache mit Finn. Hamburg: Carlsen (ab 10 Jahre).
Kranendonk, A. (2000). Vom Weinen kriegt man Durst. Düsseldorf: Patmos-Verlag (ab 5 Jahre).
Lüftner, K., Gehrmann, K.(2013). Für immer. Weinheim: Beltz & Gelberg (ab 4 Jahre).

Lindgren, A. (1988). Mio, mein Mio. Deutsche Grammophon-Hörspiel oder Sammelband (Erzählungen). Hamburg: Oetinger (ab 8/9 Jahre).
Lunde, S, Torster E. (2010). Papas Arme sind ein Boot. Hildesheim: Gerstenberg Verlag (ab 5/6 Jahre).
Mankell, H. (2002). Der Chronist der Winde. München: dtv (für ältere Kinder/ Jugendliche).
Mankell, H. (2003). Ein Kater, schwarz wie die Nacht. München: dtv-Junior (ab 6/7 Jahre).
Meyer-Dietrich, I. (2000). Flieg zu den Sternen. Ravensburg: Ravensburger TB-Verlag (ab 10 Jahre).
Nanetti, A. (2002). Mein Großvater war ein Kirschbaum (CD). Düsseldorf: Patmos (ab 6/7 Jahre).
Nilson, U., Erikson, E. (2006). Die besten Beerdigungen der Welt. Frankfurt: Moritz-Verlag (ab 6 Jahre).
Nilson, U., Tidholm, A.-C. (2007). Adieu, Herr Muffin. Weinheim Basel: Beltz u. Gelberg Verlag (ab 6 Jahre).
Nuzum, K. A. (2010). Hundewinter. Hamburg: Carlsen Verlag. (ab 12/13 Jahre).
Oskarsson,B. (2013). Das platte Kaninchen. Berlin: Verlagshaus Jacoby and Stuart (nicht für Betroffene in Akutsituation, allgemein: ab 6 Jahren).
Oyen, W., Kaldhol, M. (1991). Abschied von Rune. Hamburg: Ellermann (ab 4 Jahre).
Pelgrom, E. (1990). Die wundersame Reise der kleinen Sophie. Hamburg: Oetinger (ab 5 Jahre).
Piumini, R. (1994). Matti und sein Großvater. Radio Bremen: Hörbuch (ab 7/8 Jahre).
Pohl, P. (1994). Du fehlst mir, Du fehlst mir! München: Hanser (ältere Jugendliche).
Pressler, M. (2002). Für Isabel war es Liebe. Weinheim: Beltz u. Gelberg (ältere Jugendliche).
Reuter, B. (2003). So einen wie mich kann man nicht von den Bäumen pflücken, sagt Buster (1. Teil der Buster-Trilogie). Hamburg: Carlsen (ab 10 Jahre).
Rosen, M., Blake, Q. (2006). Mein trauriges Buch (2. Aufl.). Stuttgart: Verlag Freies Geistesleben (für ältere Kinder /Jugendliche/Erwachsene).
Schärer, K. (2015). Der Tod auf dem Apfelbaum. Zürich: Atlantis (ab 7/8 Jahre).
Schins, M.-T. (2001). Und wenn ich falle? München: dtv pocket (ältere Jugendliche).
Schins, M.-T. (2008). Eine Kiste für Opa. Berlin: Aufbau-Verlag (ab 5 Jahre).
Schreiber-Wicke, E. (2000). Regenbogenkind. Stuttgart: Thienemann (ab 6 Jahre).
Schössow, P. (2005). Gehört das so??! München: Hanser-Verlag (ab 5 Jahre).
Schulß, A., Bunge, D. (2009). Als Otto das Herz zum ersten Mal brach. Köln: Boje Verlag (ab 7/8 Jahre).
Stark, U., Höglund, A. (1997). Meine Schwester ist ein Engel. Hamburg: Carlsen (ab 7/8 Jahre).
Steinhöfel, A. (2004). Trügerische Stille. Hamburg: Carlsen (ab 13/14 Jahre).
Teckentrup, B. (2013). Der Baum der Erinnerung. München: ArsEd (ab 4 Jahre).
Thompson, C. (2001).Wenn Sally fliegt. Ravensburg: Ravensburger Verlag (ab 7/8 Jahre).
Tidholm, T. (1992). Die Reise nach Ugri-la-brek. Weinheim: Beltz u. Gelberg (ab 5/6 Jahre).
Treiber, J., Rasmus, J. (2006). Der Großvater im rostroten Ohrensessel. Düsseldorf: Patmos (ab 6 Jahre).
Valentine, J. (2010). Kaputte Suppe. München: DTV-Premium (für Jugendliche).
Varley, S. (1992). Leb wohl, lieber Dachs. Wien: Annette-Betz-Verlag (ab 4 Jahre).
Velthuijs, M. (1998). Was ist das, fragte der Frosch. Düsseldorf: Sauerländer Verlag (ab 3 Jahre).
Vendel van de, E. (2006). Anna Maria Sofia und der kleine Wim. Hamburg: Carlsen (ab 5/6 Jahre).
Vinje, K., Olsen, V. Z. (2000). Pelle und die Geschichte mit Mia. Gießen: Brunnen (ab 5 Jahre).
Weigelt, U., Kadmon, C. (2003). Der alte Bär muss Abschied nehmen. Zürich: Nord-Süd-Verlag (ab 4/5 Jahre).
Wild, M., Brooks, R. (1997). Das Licht in den Blättern. Frankfurt a. M.: Moritz-Verlag (ab 4/5 Jahre).
Zöller, E. (2002). Auf Wiedersehen, Mama. Stuttgart: Thienemann (ab 12 Jahre).

Einige ausgewählte Bücher für den Bereich der Pediatric Palliative Care (zum gemeinsamen Lesen oder als Gesprächseinstiegshilfe für die Familie und in der Trauerbegleitung)

Fynn, H. (1978). Hallo Mister Gott, hier spricht Anna. Frankfurt a. M.: Fischer.
Gaarder, J. (1996). Durch einen Spiegel, in einem dunklen Wort (CD). Südwestfunk (ab 8/9 Jahre). Auch als Buch erhältlich.
Green, J. (2012). Das Schicksal ist ein mieser Verräter. München: Hanser (ab 14 Jahre).
Heine, H. (1995). Der Club. München: Middelhauve-Verlag (ab 5/6 Jahre).
Lindgren, A. (1973). Die Brüder Löwenherz. Hamburg: Oetinger (ab 8/9 Jahre).
Mebs, G. (1986). Birgit – eine Geschichte vom Sterben. München: dtv-Junior (ab 10 Jahre).
Nicholls, S. (2008). Wie man unsterblich wird. München: Hanser (ab 12 Jahre).
Piumini, R. (2004). Eine Welt für Madurer. München: Hanser (für Begleiter).
Pohl, P. (2003). Ich werde immer bei Euch sein. Würzburg: Arena (ältere Jugendliche).
Schmitt, E.-E. (2003). Oskar und die Dame in Rosa. Zürich: Ammann (für Kinder ab 10 Jahre und vor allem Begleiter).
Schuyesmans, W. (1997). Adieu, Benjamin. München: ars edition (ab 12 Jahre).

Einige ausgewählte Bücher zu den Themen Migration, Exil und (Nach-)Kriegserfahrung für Kinder und Jugendliche

Altin, V. (2016). Tränen unter dem Granatapfelbaum. Frankfurt: Knesebeck (ab 12 Jahre).
Dubois, C. (2014). Akim rennt. Frankfurt: Moritz Verlag (ab 6 Jahre).
Höra, D. (2015). Das Schicksal der Sterne. München: Bloomoon (ab 10 Jahre).
Kerr, J. (1997). Eine Art Familientreffen. Ravensburg: Ravensburger TB (ab 14 Jahre).
Klement, R. (2013) 70 Meilen zum Paradies. Wien: Jungbrunnen Verlag (ab 14 Jahre).
Kobald, I., Blackwood, F. (2015). Zuhause kann überall sein. Frankfurt: Knesebeck (ab 5 Jahre).
Leyoy, M. (2006). Der gelbe Vogel. München: dtv (ab 14 Jahre).
Maar, P. (2005). Kartoffelkäferzeiten. Ravensburg: Ravensburger TB (ab 11/12 Jahre).
Marmon, U. (2015). Mein Freund Salim. Bamberg: Magellan Verlag (ab 8 Jahre).
Nöstlinger, C. (1996). Maikäfer flieg. Weinheim: Beltz u. Gelberg (ab 10 Jahre).
Philipps, C. (2007). Der Baum der Tränen. Wien: Ueberreuter (ab 12/13 Jahre).
Redondo, G.S., Wimmer, S. (2016). Am Tag als Saida zu uns kam. Wuppertal: Peter Hammer Verlag (ab 5 Jahre).
Rohrer, M. (2012). Zugvögel. Wien: Picus (ab 5 Jahre).
Sarihi, S., Völk, J. (2018). Meine liebsten Dinge müssen mit. Weinheim: Beltz und Gelberg (ab 5 Jahre).
Schulz, H. (2007). Iskender. Hamburg: Carlsen (ab 10 Jahre).
Tuckermann, A., Schulz, T. (2014). Alle da! Unser kunterbuntes Leben. Stuttgart: Klett Verlag (ab 5 Jahre)
Tietäväinen, V. (2014) Unsichtbare Hände. Berlin: Avant Verlag (ab 16 Jahre).
Zaptejoglu, C. (2006). Der Mond isst die Sterne auf. Bielefeld: Bertelsmann (ab 13/14 Jahre).

Weiterführende Literatur zu den Inhalten Tod und Trauer im Kindes- und Jugendalter

Brocher, T. (1985). Wenn Kinder trauern. Reinbek: Rowohlt.
Deutscher Hospizverein (Hrsg.) (2006). Kinderhospizarbeit. Begleitung auf dem Lebensweg. Band 1. Wuppertal: Hospizverlag.
Eckardt, J. (2007). Wohnst Du jetzt im Himmel? Ein Abschieds-und Erinnerungsbuch für trauernde Kinder. Gütersloh: Gütersloher Verlagshaus.
Erlbruch, W. (2007). Ente, Tod und Tulpe. München: Antje Kunstmann.
Everding, W. (2005). Wie ist es tot zu sein? Freiburg: Herder.

Fischinger, E. (2003). Von heilsamen Ritualen im Kontext der Trauer bei Kinder und Jugendlichen. In R. Bauer-Mehren, K. Kopp-Breinlinger, P. Rechenberg-Winter (Hrsg.): Kaleidoskop der Trauer. Regensburg: Roderer.
Fischinger, E. (2012). Angehörige in der Palliativversorgung. In: Fegg, M., Gramm, J., Pestinger, M. (Hrsg.), Psychologie und Palliative Care. Stuttgart: Kohlhammer-Verlag.
Fischinger, E. (2014). Das Undenkbare denken lernen – Kinderwissen und Kinderweisheit im Umgang mit dem Tod. In: Kränzle, S., Schmid, U., Seeger, C. (Hrsg.), Palliative Care. Handbuch für Pflege und Begleitung. Berlin/ Heidelberg: Springer.
Fischinger, E. (2014). Die Tafelrunde lädt ein. Systemische Perspektiven zur Kindertrauer. In: Röseberg, F., Müller, M. (Hrsg.), Handbuch Kindertrauer. Die Begleitung von Kindern, Jugendlichen und ihren Familien. Göttingen: Vandenhoeck & Ruprecht.
Franz, M. (2002). Tabuthema Trauerarbeit. Erzieherinnen begleiten Kinder bei Abschied, Verlust und Tod. München: Don Bosco.
Husebo, S. (2005). Liebe und Trauer. Was wir von Kindern lernen können. Freiburg: Lambertus-Verlag.
Kachler, R. (2010). Hypnosystemische Trauerbegleitung. Heidelberg: Carl-Auer-Verlag.
Karutz, H., Juen, B., Kratzer, D., Warger, R. (Hrsg.) (2017). Kinder in Krisen und Katastrophen. Spezielle Aspekte psychosozialer Notfallversorgung. Innsbruck: Studia Universitätsverlag.
Kern,T., Rinder, N., Rauch, F. (2017). Wie Kinder trauern. Ein Buch zum Verstehen und Begleiten. München: Kösel Verlag.
Kroen, W. (1998). Da sein, wenn Kinder trauern. Freiburg: Herder.
Leiter, K. (1996). Auch wie gut, dass jemand weiß … Innsbruck: Tyrolia.
Nijs, M. (1999). Trauern hat seine Zeit. Abschiedsrituale beim frühen Tod eines Kindes. Göttingen: Verlag für angewandte Psychologie.
Mankell, H. (2002). Der Chronist der Winde. München: dtv.
Mankell, H. (2003). Ich sterbe, aber die Erinnerung lebt. Wien: Zsolnay.
Nijs, M. (1999). Trauern hat seine Zeit. Abschiedsrituale beim frühen Tod eines Kindes. Göttingen: Verlag für angewandte Psychologie.
Plieth, M. (2009). Kind und Tod. Zum Umgang mit kindlichen Schreckensvorstellungen und Hoffnungsbildern (4. Aufl.) Neukirchen-Vluyn: Neukirchener Verlag.
Plieth, M. (2013).Tote essen auch Nutella. Freiburg: Kreuz Verlag.
Röseberg, F., Müller, M.(Hrsg). (2014). Handbuch Kindertrauer. Die Begleitung von Kindern, Jugendlichen und ihren Familien. Göttingen: Vandenhoeck & Ruprecht.
Schophaus, M. (2002). Im Himmel warten Bäume auf Dich. München: Goldmann.
Student, J.-C. (1992). Im Himmel welken keine Blumen. Freiburg: Herder.
Thomese, P. F. (2004). Schattenkind. Berlin: Berlin-Verlag
Warger, R. (2015). Der plötzliche Todesfall Jugendlicher. Unterstützungsmöglichkeiten in der Schule. Innsbruck: Studia Universitätsverlag.
Witt-Loers, S. (2016). Wie Kinder Verlust erleben … und wie wir sie hilfreich begleiten können. Göttingen: Vandenhoeck & Ruprecht.
Wolfelt, A. (2001). Für Zeiten der Trauer … Stuttgart: Kreuz.

Kinderbücher zu den Themen Trennung, Scheidung, Patchworkfamilie, Adoption, Pflege

Blazejlowsky, M. (1999). Lea zieht um. Wien: Jungbrunnen-Verlag (ab 4/5 Jahre).
Endres, B., Paule, I. (2007). Familie Patchwork – Nils und seine Familie. Freiburg: Herder (ab 5 Jahre).
Kunert, A., Hildebrandt, A. (2003).Und dann kamst Du. Ravensburg: Ravensburger (ab 5 Jahre).
Mankell, H. (2002).Die Reise ans Ende der Welt. München: dtv-Junior (ab 12 Jahre).
Masurel, C. (2007). Ich habe Euch beide lieb! Wenn Eltern sich getrennt haben. Gießen: Brunnen (ab 4 Jahre).
Menendez-Aponte, E. (2004). Kids-Elfenhelfer. Wenn Mama und Papa sich trennen. Gutenstein: Sequoyah-Verlag (ab 8 Jahre).

Napoli, D. J. (2004). Als Papa das Klavier mitnahm. München: dtv (ab 11 Jahre).
Nöstlinger, C. (2000). Einen Vater hab' ich auch. Weinheim: Beltz u. Gelberg (ab 11/12 Jahre).
Orinsky, E. (2011). Die Krokobären. Eine Geschichte für Kinder, deren Eltern sich trennen. Salzhausen: Iskopress (ab 4–5 Jahre).
Spinnen, B. (2004). Belgische Riesen. München: Omnibus TB (ab 7/8 Jahre).
Thiele, J. (2006). Der Junge, der die Zeit anhielt. Wuppertal: Peter Hammer (ab 7/8 Jahre).
Weitze, M., Battut, E. (1999). Wie der kleine rosa Elefant einmal sehr traurig war und wie es ihm wieder gut ging. Zürich: Bohem Press (ab 4 Jahre).
Wenniger, B., Marks, A. (1995). Auf Wiedersehen, Papa. Gossau-Zürich: Neugebauer (ab 4/5 Jahre).
Wilhelmi, F., Hein, S. (2001). Kim sucht einen neuen Papa. Passau: Prestel (ab 4 Jahre).
Zeevaert, S. (2005). Schön und traurig und alles zugleich. Weinheim: Beltz u. Gelberg (ab 10 Jahre).

Weiterführende Literatur zu Trennung, Scheidung, Patchworkfamilie, Adoption, Pflege

Baumer, K. (2017). Elterngespräche mit Trennungs-, Scheidungs- und Patchworkfamilien. Heidelberg: Carl Auer.
Dolto, F. (1996). Scheidung. Wie ein Kind sie erlebt. Stuttgart: Klett-Cotta.
Figdor, H. (2004). Kinder aus geschiedenen Ehen: Zwischen Trauma und Hoffnung. Psychoanalytische Pädagogik. Band 18. Gießen: Psychosozial-Verlag.
Largo, R., Czernin, M. (2004). Glückliche Scheidungskinder. München: Piper.
Lawick van, J., Visser, M. (2017). Kinder aus der Klemme. Interventionen für Familien in hochkonflikthaften Trennungen. Heidelberg: Carl Auer.
Marquardt, E. (2007). Kind sein zwischen zwei Welten. Paderborn: Junfermann.
Nienstedt, M., Westermann, A. (1992). Pflegekinder. Münster: Votum.
Ryan, T., Walker, R. (2003). Wo gehöre ich hin? Weinheim: Beltz.
Schöberl, E. (2004). Meine Eltern trennen sich. Wien: Uebereuter.
Sponagel, M. Gasser, W., Balscheit, P. (2000). Scheidung. Meine Eltern trennen sich. Zürich: Orell Füssli.
Unverzagt, G. (2002). Patchwork. Familienform mit Zukunft. München: dtv.

9 Inhaltsverzeichnis Download-Material

Handouts (H)
Auftragsklärung 4
Die fünf Freiheiten (Virginia Satir) 5
Entwicklungsflussmodell (nach Peter Nemetschek) 6
Erfahrungslernen und handlungsorientiertes Lernen
(Integratives Entwicklungsmodell von David Kolb) 7
Genogramm-Fragenkatalog (nach Gerda Palm) 9
Freudenbiografie (nach Verena Kast) 10
Geschwistertrauer 11
Hypothesenbildung 13
Kinder und Jugendliche – Besondere Achtsamkeit in Trauersituationen 14
Klötzchenskulptur (nach Gisal Wnuk-Gette und Werner Wnuk) 15
Kommunikation mit Trauernden 16
Kommunikationsaxiome (nach Paul Watzlawick) 17
Lebens- und Todeskonzept bei Kindern und Jugendlichen 19
Meta-Mirror 21
Pas de deux 22
Piktogramm 23
Prozessablauf und -reflexion 24
Reflecting Team (nach Tom Anderson) 25
Resilienzfaktoren 26
Ressourcenarbeit 27
Selbstcoaching 28
Symbole und Rituale – Anregungen für das Familiensystem 29
Systemkompetenz (nach Günter Schiepek) 31
Systemtypen 33
Zirkuläres Fragen 34
(Zwischen-)Bilanz 35

Arbeitsblätter (AB)
Auswertung von Impulsen, Übungen, Methoden 36
Bewahrer und Visionäre 37
Fragen und ihre Wirkungen 38
Genogramm 39
Geschlechtsspezifische Trauer – Förderliche Fragen (nach Peggy Papp) 41
Haltung und Selbstreflexion 42

Innerer sicherer Ort (nach Luise Reddemann) 43
Lebensthemen 44
Mentale Modelle 45
Netzwerkkarte (nach Johannes Herwig-Lempp) 46
Persönliche Checkliste 47
Reframing 48
Rituale aus der persönlichen Biografie (nach Evan Imber-Black) 49
Rituale reflektieren 50
Rolle und Funktion 51
(Selbst-)Steuerung 52
Sinnkonzepte 53
Systeme 1., 2. und 3. Ordnung 54
Vernetzungscheckliste 55
Wahrnehmungszirkel 56
Zeitstrahl 57

Kinderbilder als Quelle antizipatorischen Wissens
in der pädiatrischen Palliativmedizin (Dieter Bürgin) 58

Bilder einer Ausstellung (Felix-Maria Kühnl, Astrid Simader,
Walther Stamm) 62

Stelen als kreative Auseinandersetzung mit Trauerbegleitung
(Silvia Pless, Marianne Bundrock) 67